Typische Risiken des elektronischen Rechtsgeschäftsverkehrs

Schriften zum Wirtschafts- und Medienrecht, Steuerrecht und Zivilprozeßrecht

Herausgegeben von Jürgen Costede
und Gerald Spindler

Band 20

PETER LANG
Frankfurt am Main · Berlin · Bern · Bruxelles · New York · Oxford · Wien

Harriet Eidam

Typische Risiken des elektronischen Rechtsgeschäftsverkehrs

PETER LANG
Europäischer Verlag der Wissenschaften

Bibliografische Information Der Deutschen Bibliothek
Die Deutsche Bibliothek verzeichnet diese Publikation in der Deutschen Nationalbibliografie; detaillierte bibliografische Daten sind im Internet über <http://dnb.ddb.de> abrufbar.

Zugl.: Göttingen, Univ., Diss., 2005

D 7
ISSN 1614-2071
ISBN 3-631-54146-5

www.peterlang.de

Meinem lieben Vater

Vorwort

Die vorliegende Arbeit wurde im Februar 2005 von der Juristischen Fakultät der Georg-August-Universität zu Göttingen als Dissertation angenommen. Für die Veröffentlichung wurde sie umfassend aktualisiert, so dass sich Rechtsprechung und Literatur nun auf dem Stand April 2005 befinden.

Meinem Doktorvater Herrn Prof. Dr. Gerald Spindler, der mir die Anregung für das Thema gab, danke ich ganz herzlich für die engagierte Betreuung und für die Erlaubnis, meine Arbeit in der von ihm herausgegebenen Schriftenreihe zu veröffentlichen.

Ganz besonders möchte ich meinem Vater Dr. Gerd Eidam danken, der mir viel Zeit schenkte und mich geduldig unterstützte.

Hannover, im Mai 2005 Dr. Harriet Eidam

Inhaltsverzeichnis

A. Einleitung

Diese Arbeit befasst sich mit ausgewählten Problemen des elektronischen Rechtsgeschäftsverkehrs. Anhand der klassischen Problemkreise der Rechtsgeschäftslehre wird untersucht, ob die neuen Mittel und Wege, zu kommunizieren und Verträge zu schließen, sich mit den Regeln des Allgemeinen Teils des BGB lösen lassen oder ob hierfür ein neues Recht geschaffen werden muss.

Die neueren Vorschriften, die sich speziell mit dem elektronischen Geschäftsverkehr befassen, werden ebenfalls berücksichtigt. Sie basieren auf EU-Richtlinien und dienen in erster Linie dazu, den Verbraucher vor den typischen Risiken des elektronischen Geschäftsverkehrs zu schützen.

Zunächst wird untersucht, ob die zunehmende Automatisierung der Erklärungsformulierung und -abgabe – vor allem auf Unternehmerseite – Einfluss auf die Qualität solcher Erklärungen als Willenserklärungen hat.

Sodann soll überprüft werden, ob die bei Erstellung, Abgabe und Übermittlung einer Erklärung auftretenden Fehler als im Sinne des Anfechtungsrechts beachtliche Willensmängel qualifiziert werden können. Berücksichtigt wird hier auch der Einfluss der EU-Vorgaben hinsichtlich von Fehlern auf der Kundenseite.

Die sehr umstrittene Verteilung des Übermittlungsrisikos, also der Zeitpunkt des Wirksamwerdens einer elektronischen Erklärung, soll nachfolgend dargestellt und bewertet werden. Hierbei soll auch die Möglichkeit des Widerrufs nach den allgemeinen Regeln und nach EU-Vorgaben bei Fernabsatzgeschäften mit einem Verbraucher Beachtung finden.

Weiterhin soll aufgezeigt werden, dass die Präsentation eines Anbieters im Internet in der Regel bereits als bindendes Angebot zu bewerten ist und wie ein solches rechtzeitig angenommen werden kann. Dabei wird auch behandelt, unter welchen Voraussetzungen Allgemeine Geschäftsbedingungen Vertragsbestandteil werden können.

Eingehend sollen schließlich die zwar im Allgemeinen Teil des Schuldrechts angesiedelten, aber ebenfalls die Rechtsgeschäftslehre betreffenden Vorschriften der E-Commerce-Richtlinie der EU und deren Umsetzung und Sanktionierung im deutschen Recht untersucht werden.

B. Willenserklärung und Anfechtung

Das Internet und die neuen Informationstechnologien bieten vielfältige Möglichkeiten elektronischer Kommunikation. Das Besondere an der elektronischen Kommunikation ist nicht nur deren hohe Geschwindigkeit – E-Mails werden in der Regel innerhalb weniger Sekunden übertragen –, sondern auch deren zunehmende Verselbständigung.

Der Einsatz von Textverarbeitungsprogrammen zum Verfassen von Briefen ist mittlerweile zumindest in der Wirtschaft Standard. Ein mittels Textverarbeitung erstelltes und ausgedrucktes Schreiben, das eine rechtlich relevante Erklärung enthält (z. B. eine Bestellung), wird nicht anders behandelt als ein Brief, der auf einer Schreibmaschine getippt wurde[1]. Eine Hemmschwelle besteht allenfalls hinsichtlich der eigenen Bedienung eines PC s – die ausgedruckten Produkte eines Textverarbeitungsprogramms werden selbstverständlich als normale Briefe angesehen. Erstellt nun eine Person einen Brief mittels eines Textverarbeitungs- oder E-Mail-Programms und versendet diesen als E-Mail, so wird – von eventuellen beweistechnischen Fragen abgesehen – diese E-Mail unzweifelhaft dem Autor und Versender zugerechnet[2].

Hieraus wird deutlich, dass der Nutzer der Informationstechnologien trotz des IT-Einsatzes den Vorgang der Erstellung und Absendung seiner Erklärung wie beim gewöhnlichen auf dem Postwege versandten Brief komplett selbst in den Händen hält. Wie beim Versand per Post kann der Absender nur die Entscheidung für den Übermittlungsweg treffen, nicht aber die Details der Versendung bestimmen: die Betätigung der „Absenden"-Schaltfläche seines E-Mail-Programms entspricht dem Einwurf in den Briefkasten der Post. Die Geschwindigkeit der modernen Übermittlungstechnologien an sich lässt also keine Zweifel daran aufkommen, wer Urheber der Erklärung ist. Die Frage der Urheberschaft stellt sich hier allenfalls aufgrund des Fehlens einer handschriftlichen Signatur und der vielfältigen Manipulationsmöglichkeiten elektronischer Medien – diese Aspekte spielen aber hinsichtlich der Qualität einer solchen Mitteilung als Willenserklärung keine Rolle.

---

[1] Dilcher in: Staudinger (Voraufl.), Vorbem zu §§ 116-144 BGB Rn. 5; Taupitz/Kritter, JuS 1999, 839 (839); Koch, Internetrecht, S. 131; Kuhn, Rechtshandlungen, S. 55

[2] Köhler/Arndt, Recht des Internet, S. 63; Härting, Internetrecht, Rn. 60; Heun, CR 1994, 595 (595); Schwerdtfeger, Cyberlaw, S. 16; Kuhn, Rechtshandlungen, S. 55; Bierekoven, Vertragsabschluss via Internet, S. 23; Geis, NJW 1997, 3000 (3000); Hohenegg/Tauschek, BB 1997, 1541 (1542); Singer in: Staudinger, Vorbem zu §§ 116-144 BGB Rn. 57; Wiebe, Die elektronische Willenserklärung, S. 214

Anders ist die Situation aber, wenn die Erstellung der Erklärung nicht mehr eindeutig in der Hand des als Verfasser Genannten liegt, sondern über weite Strecken von Informationstechnologien wie beispielsweise einer speziellen Software dominiert wird. Beispiel hierfür sind sogenannte Agenten oder Commerce-Bots. Werden diese vom Nutzer mit einem entsprechenden Auftrag in Gang gesetzt, sind sie in der Lage, von anderen Commerce-Bots Preisauskünfte einzuholen und mit dem Agenten, welcher das günstigste Angebot abgibt, einen Vertrag zu schließen. Schon aus dieser Beschreibung ergibt sich, dass diese Agenten aufgrund ihrer Selbständigkeit zumindest bei verkürzter Schilderung des Sachverhalts als die eigentlich Handelnden dargestellt werden. Man könnte den Fall allerdings auch so schildern: Der Nutzer A schließt mit dem Nutzer B mittels Betätigung einer Software einen Vertrag. Bei dieser Beschreibung scheint das Geschehen wieder in der Hand des Erklärenden zu liegen.

Welche rechtlichen Wirkungen die zunehmende Selbständigkeit neuer Informationstechnologien hat, soll nun anhand des Begriffs der Willenserklärung untersucht werden. Zudem sollen auch die Möglichkeiten der Anfechtung von Erklärungen, die weitgehend von Informationstechnologien erstellt wurden, geklärt werden.

I. Willenserklärungen und elektronischer Rechtsgeschäftsverkehr

1. Der Begriff der Willenserklärung

Bei der Definition der Willenserklärung ist im Detail fast alles streitig. Auf diese Probleme wird diese Arbeit nur eingehen, sofern sie bei mittels neuer Medien erstellten Willenserklärungen eine Rolle spielen. Der Grundbegriff der Willenserklärung steht hingegen fest: Eine Willenserklärung ist eine Äußerung, durch die der Erklärende zu erkennen gibt, dass eine bestimmte Rechtsfolge nach seinem Willen eintreten soll[3]. Es ist also ein Verhalten erforderlich, das den Geschäftswillen des Erklärenden nach außen kundtut. Dieses Verhalten muss von dem natürlichen Handlungswillen des Erklärenden getragen sein und – im idealtypischen Falle – in dem Bewusstsein erfolgen, etwas rechtlich Erhebliches zu erklären. Die Definition der Willenserklärung geht davon aus, dass nur Menschen Willenserklärungen abgeben können, da nur sie in der Lage sind, einen Willen zu bilden. Auch für Rechtssubjekte, die keine Menschen sind, also juristische Personen, müssen Menschen handeln: Vertreter. Daraus folgt, dass auch eine elektronische Erklärung auf eine Handlung und einen Geschäftswillen eines

[3] Heinrichs in: Palandt, Einf v § 116 BGB Rn. 1; Köhler, Allgemeiner Teil, § 6 Rn. 1; Larenz/Wolf, Allgemeiner Teil, § 24 Rn. 1

Menschen rückführbar sein muss, um als Willenserklärung gewertet zu werden. Ob dieser Grundsatz überholt ist, weil Informationstechnologien immer mehr Fähigkeiten erhalten und zunehmend selbständiger werden, muss allerdings überprüft werden.

Drei typische Beispiele für die Abgabe von Erklärungen im Internet sollen hier untersucht werden: Zunächst die Kommunikation per E-Mail als Kommunikation von Mensch zu Mensch, dann der Dialog mit einer Website als Kommunikation von Mensch zu Maschine und drittens der Dialog zwischen Agenten als Dialog unter Maschinen.

2. E-Mail

Wie bereits oben dargestellt, wird die Benutzung eines Textverarbeitungsprogramms zur Erstellung eines Briefes trotz seiner automatisierten Funktionen nicht als Umstand angesehen, der den Brief nicht mehr als menschliches Produkt erscheinen lässt. Es handelt sich lediglich um ein Werkzeug, das dem Verfasser die Erstellung seines Schreibens erleichtert – quasi eine Schreibmaschine mit erweiterten Funktionen.

Auch die Versendung als E-Mail über das Internet bereitet keine Probleme. Für den Tatbestand der Willenserklärung ist nur die Abgabe maßgebend[4]. Diese erfolgt durch das Betätigen des „Absenden"-Befehls des E-Mail- oder Textverarbeitungsprogramms[5]. Dass das Schreiben hierdurch zwecks Übermittlung in elektronische Signale umgewandelt wird, hat keinen Einfluss auf die Qualität als Willenserklärung, weil diese Umsetzung vom Empfänger mit einem E-Mail-Programm wieder rückgängig gemacht werden kann. Eine telefonisch abgegebene Erklärung, bei der Sprachsignale in elektrische Impulse umgewandelt werden, war in § 147 I 2 BGB seit jeher gesetzlich als Willenserklärung anerkannt. Durch das Formvorschriftenanpassungsgesetz gilt dies nun für alle mittels einer technischen Einrichtung von Person zu Person gemachten Erklärungen[6].

---

4 Brehm in: Festschrift Niederländer, S. 233 ff. (234)

5 dazu siehe unten C I 1

6 Hiervon sollen zwar Erklärungen per E-Mail nicht erfasst sein (Regierungsentwurf des FormvorschriftenanpassungsG von 06.09.2000, S. 41; BT-Drs. 14/4987, S. 21). Dies hängt aber nur mit dem Regelungsgehalt des § 147 I 2 BGB zusammen. Deutlich wird, dass nach dem Gesetzgeber die Art der Übermittlung, auch wenn hierzu die Erklärung in elektronische Signale umgewandelt wird, keinen Einfluss auf die Qualität einer Erklärung als Willenserklärung hat.

3. Website

Problematischer ist die Bewertung der Reaktionen einer Website (bzw. der dahinterstehenden Programme) auf Bestellungen des Kunden, die dem Inhalt nach durchaus Willenserklärungen sein könnten. So könnte beispielsweise die Übermittlung einer Seite auf den Bildschirm des Kunden mit dem Text „Vielen Dank für ihre Bestellung. Die Ware wird Ihnen in Kürze geliefert“ als Annahme angesehen werden.

In einem solchen Fall ist die Äußerung eines Geschäftswillens gegeben. Für den objektiven Tatbestand einer Willenserklärung genügt jedwede Äußerung, die einen Rechtsfolgewillen nach außen erkennen lässt[7]. Diese Äußerung muss sich als menschliches Erklärungshandeln darstellen[8]. Um Willenserklärung zu sein, muss diese Erklärung aber auf einen menschlichen Willen und ein menschliches Verhalten zurückzuführen sein: Eine Willenserklärung ist ein vom Handlungswillen getragenes Verhalten, welches Außenstehenden den Schluss auf Erklärungsbewusstsein und Geschäftswillen ermöglicht[9]. Fraglich ist, ob der erkennbare Annahmewille der hinter der Website stehenden Software zuzurechnen ist oder dem Verkäufer, der über die Website Verträge mit Kunden abschließen will[10].

Feststeht, dass der Verkäufer nie konkret den Willen gebildet hat, in dem Zeitpunkt, in dem die Website-Software die entsprechende Erklärung abgegeben hat, mit dem konkreten Kunden einen Vertrag über die konkrete Ware abzuschließen, weil dies zukünftige, nicht im Detail vorhersehbare Tatbestände sind. Der Verkäufer konnte aber den Willen bilden, über die auf seiner Website präsentierten Waren mit interessierten Kunden Verträge zu den von ihm bestimmten Preisen zu schließen. Für sich genommen reicht diese abstrakte Vorstellung aber nicht aus, um als Geschäftswille gewertet werden zu können. Der Verkäufer hat jedoch diese Vorstellung durch die entsprechende Programmierung der verwendeten Software konkretisiert. Indem in der Software festgelegt wird, unter welchen Voraussetzungen sie auf Bestellungen eines Kunden mit einer Annahmeerklärung zu reagieren hat, sind die vom Verkäufer gewollten Vertragsab-

---

[7] Heinrichs in: Palandt, Einf v § 116 BGB Rn. 1

[8] Dilcher in: Staudinger (Voraufl.), Vorbem zu §§ 116-144 BGB Rn. 5

[9] Larenz/Wolf, Allgemeiner Teil, § 24 Rn. 1; Palm in: Erman, Vor § 116 BGB Rn. 5; Köhler, Allgemeiner Teil, § 6 Rn. 2

[10] Nach Geis soll der Absender bereits deshalb an die Erklärung gebunden sein, weil er ein berechtigtes Vertrauen hierauf auf Empfängerseite schaffe: NJW 1997, 3000 (3000). Der hier vertretenen Ansicht nach ist aber der Umweg über den Rechtschein nicht erforderlich, wie im folgenden festgestellt wird.

schlüsse zumindest bestimmbar. Auch die Abgabe der Erklärung, also die Äußerung, ist nach der Vorstellung des Anbieters vorprogrammiert.

a) Informationstechnologien als Stellvertreter

Die soeben geschilderte Situation ähnelt der Bevollmächtigung eines Stellvertreters, dessen Vertretungsmacht in bestimmtem Umfang eingegrenzt wird.

aa) Gesetzliche Regelung

Gemäß § 164 I BGB muss ein Vertreter in der Lage sein, eine eigene Willenserklärung abzugeben. Es genügt gemäß § 165 BGB, dass der Vertreter beschränkt geschäftsfähig ist – die Willenserklärung eines Geschäftsunfähigen ist ja ohnehin gemäß § 105 I BGB nichtig. Aus § 164 II BGB folgt, dass der Vertreter fähig sein muss, selbst Partei eines Vertrages zu werden, und aus § 179 BGB, dass er der Gegenseite haften können muss.

Nach der gesetzlichen Regelung muss also ein Vertreter rechtsfähig und zumindest beschränkt geschäftsfähig sein. Rechtsfähig sind nach dem BGB jedoch nur natürliche und juristische Personen. Künstliche Rechtssubjekte, also juristische Personen, können nur unter bestimmten gesetzlichen Voraussetzungen entstehen, durch die die Fähigkeit der juristischen Person, zu haften und durch Vertreter zu handeln, sichergestellt wird. Dies bedeutet, dass Vertreter im Sinne der §§ 164 ff. BGB letztlich nur eine natürliche Person sein kann, weil eine juristische Person nur durch ihre Organe, also ihre eigenen Vertreter, als Vertreter fungieren kann. Dies ergibt sich auch aus dem Erfordernis, dass ein Vertreter in der Lage sein muss, eine Willenserklärung abzugeben.

Die Fähigkeit des Vertreters zur Abgabe einer Willenserklärung wird in den Vorschriften zur Stellvertretung aber gerade nicht geregelt. Diese Normen sollen vielmehr klären, wie die Probleme zu lösen sind, die entstehen, wenn Dritte in den Vertragsschluss zwischen den Parteien eingeschaltet werden. Dies bedeutet, dass die Frage, ob Informationstechnologien Willenserklärungen abgeben können, nicht über die §§ 164 ff. BGB gelöst werden kann, weil die Fähigkeit zur Abgabe von Willenserklärungen in diesen Vorschriften gerade vorausgesetzt wird.

bb) Eigene Willenserklärung

Zu klären ist daher, ob Informationstechnologien eigene Willenserklärungen abgeben können. Die Fähigkeit, eigene Willenserklärungen abzugeben, geht einher mit der Fähigkeit, sich rechtlich verpflichten und eigene Rechte wahrnehmen zu können - schließlich sollen durch Willenserklärungen rechtliche Umstände geregelt werden. Willenserklärungen abgeben kann daher nur jemand, der rechtsfähig ist. Juristische Personen müssen sich hierfür immer einer natürlichen Person als Vertreter bedienen[11].

Dies bedeutet: Nach der derzeitigen Gesetzeslage könnte ein Rechner, selbst wenn er als juristische Person gestaltet und daher rechtsfähig wäre, nur durch Menschen als Vertreter handeln. Das geltende Recht lässt nur natürliche Personen Willenserklärungen abgeben. Dahinter steht der Gedanke, dass nur natürliche Personen einen Willen bilden können[12]. Sinn dieses Geschäftswillens ist grundsätzlich die privatautonome Wahrnehmung eigener Interessen. Daneben kann eine natürliche Person je nach den ihr gemachten Vorgaben auch die Interessen einer anderen Person wahrnehmen. Schöpfungen mit künstlicher Intelligenz bleibt die Rechtsfähigkeit verschlossen[13].

b) Informationstechnologien als Bote

Daher könnten Informationstechnologien nur die rechtliche Fähigkeit erlangen, fremde Interessen wahrzunehmen – also ausschließlich als Vertreter zu handeln. Somit stellt sich die Frage, ob es möglich ist, dass Instanzen Willenserklärungen abgeben, die nur für fremde Personen gelten und deren Abgabe in jeder Hinsicht nur Folgen für Dritte haben kann.

Von einem Boten unterscheiden sich solcherart programmierte Rechner dadurch, dass ihre Aufgabe nicht lediglich die Übermittlung einer Willenserklärung ist, sondern vor allem die Erstellung einer solchen[14].

c) Handlungswille der Informationstechnologien

Aus der fehlenden Rechtsfähigkeit von Informationstechnologien folgt auch, dass die Frage, ob diese überhaupt den Handlungswillen besitzen, der für die

---

[11] Wiebe, Die elektronische Willenserklärung, S. 130
[12] Gitter/Roßnagel, K&R 2003, 64 (66)
[13] Cornelius, MMR 2002, 353 (354); Wiebe, Die elektronische Willenserklärung, S. 130
[14] Gitter/Roßnagel, K&R 2003, 64 (66); Wiebe, Die elektronische Willenserklärung, S. 133

Abgabe einer Willenserklärung Mindestvoraussetzung ist[15], zweitrangig ist. Selbst, wenn Informationstechnologien zu bewussten Handlungen fähig wären – was sie nach dem heutigen Stand der Technik aber noch nicht sind und angesichts der Tatsache, dass selbst zu sehr differenzierten Emotionen fähigen Säugetieren nicht zwangsläufig ein Bewusstsein zugesprochen werden kann, möglicherweise nie sein werden – hat dies bislang noch keine rechtsgeschäftliche Wirkung[16].

d) Willenserklärungen des zu Verpflichtenden

Die Erklärungen eines Rechners sind daher nur dann als Willenserklärungen zu werten, wenn sie dem eigentlich Verpflichteten zugerechnet werden können. Dass durch die Aktion des Rechners ein Geschäftswille nach außen kundgetan wurde, steht fest. Dieser Geschäftswille muss nun dem Verkäufer zurechenbar sein. Das objektiv vorliegende Erklärungshandeln muss objektiv, das heißt aus der Sicht eines sorgfältigen Dritten[17], auf einen Willen schließen lassen, der auf die Setzung einer bestimmten Rechtsfolge gerichtet ist.

aa) Abstrakter Geschäftswille

Wie oben[18] ausgeführt, hat der Verkäufer den konkreten Geschäftswillen nicht selbst gefasst, weil hierfür zukünftige Faktoren eine Rolle spielten. Die hinter seiner Website stehende Software enthält deshalb auch keine vorgefertigten Erklärungen[19]. Der Verkäufer hat jedoch in ihr festgelegt, auf welche Weise mit den zukünftigen Faktoren umgegangen werden sollte. Das bedeutet, dass er den abstrakten Geschäftswillen hatte, mit jedem Kunden einen Kaufvertrag über die auf seiner Website angebotenen Waren zu schließen, sofern bestimmte Umstände wie Lieferbarkeit und Bonität des Kunden gegeben sind. Durch die Programmierung der Software wurde festgelegt, wie die Software auf Bestellungen von Kunden zu reagieren hat. Der Anbieter ist also gewillt, sich die von der Software produzierten Erklärungen als eigene zurechnen zu lassen, da er die Faktoren, die für ihn für einen Vertragsschluss mit einem Kunden maßgeblich sind, bei der Erstellung und Programmierung der Software vorgegeben hat[20].

---

15 Cornelius, MMR 2002, 353 (354)
16 Cornelius, MMR 2002, 353 (354)
17 Larenz/Wolf, Allgemeiner Teil, § 28 Rn. 16
18 B I 3
19 Köhler, AcP 182 (1982), 126 (132); Kreis, jur-pc 1994, 2879 (2879)
20 Dilcher in: Staudinger (Voraufl.), Vorbem zu §§ 116-144 BGB Rn. 6; Singer in: Staudinger, Vorbem zu §§ 116-144 BGB Rn. 57; Mehrings, MMR 1998, 30 (31)

Unproblematisch ist hierbei, dass in den meisten Fällen die Software nicht durch den Unternehmer selbst, sondern durch von ihm beauftragte Spezialunternehmen erstellt wird. Die beteiligten Programmierer setzen nur den Willen desjenigen um, der die Software später benutzen wird[21].

bb) Website als Erklärungsgehilfin

Die Website fungiert also als Werkzeug, das den Willen des Anbieters in Geltung setzt, ohne dass besondere Kontrolle ausgeübt werden muss[22].

Diese Situation hat eine gewisse Ähnlichkeit mit dem Ausstellen von Blanketterklärungen. Hier bleibt es dem Erklärungsgehilfen überlassen, die unterschriebene Erklärung nach den gegebenen Anweisungen zu vervollständigen. Der Erklärungsgehilfe ist in dieser Fallgestaltung nur Werkzeug zur Fertigstellung der Erklärung des Unterschriftleistenden. Anders als der Vertreter gibt der Erklärungsgehilfe keine eigene Willenserklärung ab, während er im Gegensatz zum Boten an der Erstellung der Erklärung beteiligt ist[23]. Der einzige Unterschied zur Software ist, dass der Erklärungsgehilfe als natürliche Person einen eigenen Willen besitzt, welcher in der vorliegenden Situation aber nicht rechtlich relevant wird – allenfalls bei Abweichungen von den Anweisungen des Geschäftsherrn.

Ein Teil der Literatur sieht die Informationstechnologien folglich, da es sich wie bei einer Blanketterklärung um eine arbeitsteilige Erstellung einer Willenserklärung handele, als Erklärungsgehilfen des Unternehmers an[24]. Für die rechtliche Bewertung mache es keinen Unterschied, ob der Inhalt einer Erklärung mittels menschlicher oder maschineller Hilfe fertiggestellt werde[25]. Der Anlagenbetreiber lege die Rahmenbedingungen für das rechtsgeschäftliche Handeln fest, während die Informationstechnologien die konkrete Inhaltsbestimmung vornähmen[26]. Die Informationstechnologien hätten zwar keinen eigenen Willen wie ein Erklärungsgehilfe, nähmen aber funktionsgleich wie dieser eine inhaltsbestimmende Interessenbewertung vor. Dabei sei der menschliche Wille im Programm festgelegt (Informationstechnologien werden ja nur in Bereichen einge-

---

[21] Kuhn, Rechtshandlungen, S. 70
[22] Hefermehl in: Soergel, Vor § 116 BGB, Rn. 30
[23] Hefermehl in: Soergel, Vor § 116 BGB, Rn. 30; Brauner, Erklärungsrisiko, S. 46 f.
[24] Brauner, Erklärungsrisiko, S. 56 f.; Dilcher in: Staudinger (Voraufl.), Vorbem zu §§ 116-144 BGB Rn. 6; Köhler, AcP 182 (1982), 126 (134); Brehm in: Festschrift Niederländer, S. 233 ff. (235); Gitter/Roßnagel, K&R 2003, 64 (66)
[25] Köhler, AcP 182 (1982), 126 (134)
[26] Brauner, Erklärungsrisiko, S. 47

setzt, in denen es um rein logische Entscheidungen geht), während die Daten Bezugspunkte der Erklärung seien[27]. Zudem brauche der Erklärungsgehilfe weder rechts- noch geschäftsfähig zu sein[28].

Fraglich ist allerdings, was damit gewonnen sein soll, die eingesetzten Informationstechnologien als Erklärungsgehilfen einzuordnen. Die Behandlung des Erklärungsgehilfen ist streitig[29]. Sie erschöpft sich im Wesentlichen in analoger Anwendung der Vorschriften zur Stellvertretung und zum Boten, die sich nach dem Einzelfall richten. Wenn aber ohnehin eine Wertung für den Einzelfall vorzunehmen ist, dann macht es keinen Sinn, den Umweg über die Blankettfälle zu wählen[30].

Zudem dient das Konstrukt des Erklärungsgehilfen der Klärung der Frage, wie Willensmängel beim Einsatz einer nichtvertretungsberechtigten Person zur Vervollständigung von Willenserklärungen zu behandeln sind, nicht aber, ob solche Erklärungen dem Unterschreibenden zugerechnet werden können; denn dies wird nicht angezweifelt[31]. Im Gegensatz zu den programmierten Informationstechnologien sind Fehler beim Einsatz von Menschen als Erklärungsgehilfen aufgrund ihres eigenen Willens nicht vorhersehbar oder durch Programmierfehler erklärbar[32]. Setzt der Erklärende zur Erklärungserstellung Menschen ein, so trägt er die Verantwortung für die Fehler, die naturgemäß durch die Beteiligung Dritter am Erklärungsprozess entstehen können[33]. Bei der Verwendung von Informationstechnologien zur Erklärungserstellung hingegen trägt der Geschäftsherr das Risiko, dass die von ihm abgesegnete Programmierung fehlerhaft war. Diese Unterschiede lassen es angezeigt erscheinen, zur Klärung der Frage, ob die maschinell erstellte Erklärung dem Verkäufer zugerechnet werden kann, eine eigene Lösung zu entwickeln und nicht ausschließlich auf die Untersuchungen zum Erklärungsgehilfen zurückzugreifen[34].

---

27 Brauner, Erklärungsrisiko, S. 57

28 Brauner, Erklärungsrisiko, S. 58

29 Überblick über den Meinungsstand: Keim, NJW 1996, 2774 (2774 f.)

30 Kuhn, Rechtshandlungen, S. 68 f.

31 Priller, Der ungewollte Vertrag, S. 124

32 Wiebe, Die elektronische Willenserklärung, S. 136

33 Kuhn, Rechtshandlungen, S. 68

34 Kuhn, Rechtshandlungen, S. 68 f.; Wiebe, Die elektronische Willenserklärung, S. 136, betont, dass die Regeln zur Stellvertretung ein eigenverantwortlich handelndes Subjekt voraussetzen, das sich freiwillig an die Vorgaben des Vertretenen hält.

cc) Steuerbarkeit der Konkretisierung des Geschäftswillens

Der Geschäftsherr steuert die Konkretisierung des Geschäftswillens durch die Programmierung der Software. Problematisch ist hierbei allerdings die Tatsache, dass es mittlerweile lernfähige Software gibt: die ursprüngliche Programmierung bildet in diesen Fällen nur die Basis, während die Software weiter Daten sammelt, hieraus Schlüsse zieht und ihre Reaktionen den neuen Verhältnissen entsprechend anpasst. Hier ist der Einwand berechtigt, dass der Verwender dieser Software das Verhalten der betreffenden Informationstechnologien nicht vorhersehen kann[35]. Daraus folgt aber auch, dass diese Form künstlicher Intelligenz nicht zur Verwaltung eines Internetkataloges mit Kauffunktion geeignet ist[36]. Sie wäre auch viel zu komplex, um zur Erfüllung solch verhältnismäßig einfacher Aufgaben in der Praxis eingesetzt zu werden.

Auch wenn Informationstechnologien nach ihrer Inbetriebnahme scheinbar selbständig Erklärungen erstellen und abgeben, ist diese maschinelle Äußerung auf eine menschliche Handlung zurückführbar. Diese menschliche Handlung stellt nicht lediglich einen Kausalfaktor unter vielen dar, sondern den bestimmenden. Die eingesetzten Informationstechnologien haben ausschließlich die Fähigkeit, gemäß ihrer Programmierung Daten zu erkennen, zu vergleichen, zu sortieren, zuzuordnen und zu reproduzieren, wobei auch die Daten vorher in maschinenlesbarer Form eingegeben werden müssen[37].

Zwar wird der Verkäufer den aktuellen Stand seiner von der Software verwalteten Warendatenbank nicht kennen. Trotzdem bleibt die Software sein Werkzeug: die Art und Weise, in der die Software die Datenbank verwaltet, wurde nach seinen Vorgaben programmiert. Führt die vom Geschäftsherrn veranlasste Programmierung gar nicht oder teilweise nicht zu den erwarteten Ergebnissen, so liegt hier eine Abweichung zwischen Wille und Wirklichkeit vor, der in den Bereich der Willensmängel fällt, nicht aber die Zurechnung berührt.

Meist wird argumentiert, dass die durch die Informationstechnologien produzierten Willenserklärungen dem Unternehmer zumindest deshalb zugerechnet werden müssen, weil er die Anlage in Betrieb genommen habe und die von ihr erstellten Willenserklärungen in den Rechtsverkehr gelangen lasse[38]. Schließ-

---

[35] Clemens, NJW 1985, 1998 (2001 f.); Gitter/Roßnagel, K&R 2003, 64 (66)

[36] Brauner, Erklärungsrisiko, S. 59 f.

[37] Brauner, Erklärungsrisiko, S. 40; Paefgen, Btx, S. 18

[38] Köhler/Arndt, Recht des Internet, S. 63; Strömer, Online-Recht, S. 125; Taupitz/Kritter, JuS 1999, 839 (840); Heun, CR 1994, 595 (596); Hahn in: Hoeren/Queck, Rechtsfragen der Informationsgesellschaft, S. 150; Mehrings in: Hoeren/Sieber, Handbuch Multimedia-Recht, 13.1 Rn. 116; Schwerdtfeger, Cyberlaw, S. 17; Brehm in: Festschrift Niederländer, S. 233 ff.

lich setze er die automatisierten Bestell- oder Buchungssysteme (wie Just-in-time-Systeme) ja ein, um den Geschäftsabschluss zu beschleunigen[39]. Zudem mache es für den Empfänger keinen Unterschied, ob die Erklärung von dem Erklärenden selbst oder von den von ihm eingesetzten Informationstechnologien erzeugt und abgegeben wurde[40]. Der Unternehmer schaffe ein berechtigtes Vertrauen des Empfängers dahingehend, dass er an die abgegebene Erklärung gebunden sei[41].

Dies ist zwar richtig, wichtiger ist es aber zu betonen, dass der Geschäftsherr den Vorgang der Erklärungserstellung und -abgabe nicht wirklich aus der Hand gegeben hat: Der durch die Maschine gebildete konkrete Geschäftswille kann dem dadurch Verpflichteten zugerechnet werden, weil er die Umsetzung seines abstrakten Geschäftswillens in eine konkrete Form durch die Programmierung gesteuert hat. Informationstechnologien können aber, wie oben festgestellt, keine eigenen autonomen Entscheidungen treffen, sondern werden durch ihre Programmierung und die zur Verfügung gestellten Datenbanken gesteuert[42]. Sie können nur nach logischen Regeln arbeiten[43]. Der Geschäftsherr muss sich die einzelnen Erklärungen nicht noch durch eine weitere Handlung – wie zum Beispiel eine Unterschrift – zu Eigen machen. Zudem hat es der Unternehmer weiterhin in der Hand, ob er automatisch gefertigte Erklärungen in den Verkehr gelangen lassen will oder nicht, weil er die Anlage ja jederzeit wieder außer Betrieb nehmen kann[44].

---

(235); Köhler, AcP 182 (1982), 126 (134); Müglich/Simon, K&R 2000, 282 (283); Seidel, Elektronischer Geschäftsverkehr, S. 96; Koch, Internetrecht, S. 131 f.; Kuhn, Rechtshandlungen, S. 71 f.; Scheuerer, Willenserklärung, S. 14

39 Mehrings in: Hoeren/Sieber, Handbuch Multimedia-Recht, 13.1 Rn. 118

40 Heun, CR 1994, 595 (596)

41 Cornelius, MMR 2002, 353 (355); Geis, NJW 1997, 3000 (3000); AG Westerburg, CR 2003, 699 (700)

42 Singer in: Staudinger, Vorbem zu §§ 116-144 BGB Rn. 57; Mehrings in: Handbuch Multimedia-Recht, 13.1 Rn. 115; Schwerdtfeger, Cyberlaw, S. 17; Kuhn, Rechtshandlungen, S. 70; Koch, Internetrecht, S, 131; Medicus, Allgemeiner Teil, Rn. 256; Kreis, jur-pc 1994, 2879 (2879); Paefgen, JuS 1988, 592 (593); ders., Btx, S. 18; Dilcher in: Staudinger (Voraufl.), Vorbem zu §§ 116-144 BGB Rn. 6; Hefermehl in: Soergel, Vor § 116 BGB, Rn. 30; Köhler, AcP 182 (1982), 126 (133); ders., Allgemeiner Teil, § 6 Rn. 8; Brehm in: Festschrift Niederländer, S. 233 ff. (234); Taupitz/Kritter, JuS 1999, 839 (840); Köhler/Arndt, Recht des Internet, S. 63; Wildemann, Vertragsschluss, S. 12; LG Köln, MMR 2003, 481 (481)

43 Köhler, AcP 182 (1982), 126 (133); ders., Allgemeiner Teil, § 13 Rn. 8; Kreis, jur-pc 1994, 2879 (2879); Brehm in: Festschrift Niederländer, S. 233 ff. (234)

44 Köhler, AcP 182 (1982), 126 (133); ders., Allgemeiner Teil, § 6 Rn. 8

dd) Menschliche Erklärungshandlung

Wie Kasse und Ladenräumlichkeiten sind die zum Verkauf eingesetzten Informationstechnologien nur Werkzeuge zum Verkauf der Ware. Niemand erwartet hier, dass der Verkäufer diese Hilfsmittel selbst herstellt. Wichtig ist nur, dass der Geschäftsherr sich dieser Werkzeuge bedient. Dies bedeutet, dass die maßgebende der Willenserklärung zugrunde liegende menschliche Handlung die Inbetriebnahme bzw. die Veranlassung der Inbetriebnahme der Anlage durch den Verkäufer ist[45]. Durch diese Handlung wird die Maschine erst in die Lage versetzt, konkrete Willenserklärungen zu produzieren.

Teilweise werden auch die Auswahl der Hardware, die Programmierung und die Dateneingabe, die arbeitsteilig von Unternehmer, Programmierern, Dateneingabepersonal und anderen Hilfskräften vorgenommen werden, als maßgebliche menschliche Handlungen angesehen, da all diese Schritte zweckgerichtet auf die spätere Erklärungserstellung erfolgen[46]. Nach der hier vertretenen Ansicht sollte – schon um einen klaren Zeitpunkt zu erhalten – auf den Termin abgestellt werden, zu dem der Unternehmer zuletzt auf die von seiner Website produzierten Erklärungen Einfluss genommen hat, also auf die endgültige Inbetriebnahme der dahinter stehenden Informationstechnologien. Zwar können auch während des laufenden Betriebs Eingriffe in Hardware, Software und Daten vorgenommen werden, aber diese Wartungsarbeiten und Aktualisierungen sind Teil der Entscheidung des Unternehmers, die Informationstechnologien in Betrieb zu nehmen. Erfolgen diese Arbeiten nicht während des laufenden Betriebs, so kann die erneute Inbetriebnahme wieder als maßgebende menschliche Handlung angesehen werden.

ee) Handlungswille

Die Inbetriebnahme, also die der Äußerung des durch die Maschine erstellten konkreten Geschäftswillens zugrunde liegenden menschlichen Handlung, muss mit Handlungswillen erfolgt sein: Es muss sich um eine bewusste Handlung gehandelt haben[47]. Deutlich ist, dass in den Fällen, in denen die Abgabe der Erklärung durch menschliches Handeln erfolgt, ein Handlungswille in jedem Fall gegeben ist. Werden Informationstechnologien also nur unterstützend zur Willens-

---

[45] Härting, Internetrecht, Rn. 59; Kuhn, Rechtshandlungen, S. 70; Dilcher in: Staudinger (Voraufl.), Vorbem zu §§ 116-144 BGB Rn. 5 f.; Brauner, Erklärungsrisiko, S. 40 f.; Heun, CR 1994, 595 (596); Schwerdtfeger, Cyberlaw, S. 17

[46] Kuhn, Rechtshandlungen, S. 69 f.

[47] Hefermehl in: Soergel, Vor § 116 BGB, Rn. 14, 16

bildung, Kalkulation, zur Entscheidungsfindung, zum Verfassen oder zur Übermittlung eingesetzt, liegt unproblematisch eine bewusste Handlung vor.

Eine entsprechend ausgestaltete Website schließt jedoch ohne aktuelle Veranlassung seitens Unternehmers mit Kunden im Internet Verträge. Teilweise wird es in solchen Fällen als ausreichend angesehen, dass die Verursachungshandlung des Unternehmers oder dessen Gehilfen von einem Handlungswillen getragen wurde[48]. Der hier vertretenen Ansicht nach kommt es auf die letzte menschliche willentliche Handlung an, nämlich die Inbetriebnahme des Internetladens. Dateneingabe und Programmierung wurden, selbst wenn sie vom Unternehmer selbst vorgenommen wurden, nicht mit dem Willen vorgenommen, die spätere Erklärung abzugebe – schon deshalb, weil zu diesem Zeitpunkt noch nicht feststand, ob sie überhaupt zur Abgabe einer Willenserklärung führen würden[49]. Das nachfolgende Ins-Netz-Stellen der Online-Bestellmöglichkeit erfolgte aber mit dem Willen, Willenserklärungen abzugeben. Der konkreten Vertragserklärung liegt daher zwar kein konkreter Handlungswille zugrunde, sie beruht aber auf einer bewussten menschlichen Handlung[50].

Teilweise wird in diesem Zusammenhang von einem allgemeinen Handlungswillen gesprochen, von dem die später erstellte konkrete Erklärung getragen wird[51]. Eine solche begriffliche Differenzierung ist aber nicht notwendig, da es allein ausreicht, dass die für die später produzierte Erklärung maßgebliche Handlung, der menschliche Erklärungsbeitrag, die Inbetriebnahme, willentlich erfolgte.

ff) Erklärungsbewusstsein

Desgleichen muss die Inbetriebnahme mit Erklärungswillen erfolgen, das heißt in dem Bewusstsein, etwas rechtlich Bedeutsames zu erklären. Der Handlungswille bezieht sich notwendigerweise nicht auf die Abgabe der konkreten Erklärung, sondern nur auf die Inbetriebnahme des Internetladens. Dies schadet aber nicht, weil – da die Maschine keinen eigenen Willen hat – maßgebliche menschliche Handlung zur Äußerung des Geschäftswillens die Inbetriebnahme der hinter der Website stehenden Informationstechnologien ist. Das gleiche gilt auch für das Erklärungsbewusstsein. Da die Informationstechnologien aber zur Erstellung von (rechtlich relevanten) Willenserklärungen in Betrieb genommen wur-

---

48 Kuhn, Rechtshandlungen, S. 70

49 Brauner, Erklärungsrisiko, S. 42

50 Taupitz/Kritter, JuS 1999, 839 (840); Dilcher in: Staudinger (Voraufl.), Vorbem zu §§ 116-144 BGB Rn. 6

51 Mehrings, MMR 1998, 30 (31)

den, ist ein generelles Erklärungsbewusstsein zu bejahen[52]. Schließlich ist dem Unternehmer bewusst, dass der Einsatz von Informationstechnologien aus Sicht des Empfängers rechtsgeschäftliche Bedeutung hat[53].

gg) Ergebnis

Die menschliche Handlung, die der maschinellen Äußerung des Geschäftswillens zugrunde liegt, ist die Veranlassung der Inbetriebnahme der Informationstechnologien durch den Unternehmer. Dies ist die erforderliche menschliche Erklärungshandlung, die von Handlungswillen und Erklärungsbewusstsein getragen wird. Der Geschäftswille ist zum Zeitpunkt dieser Erklärungshandlung abstrakt, die spätere Konkretisierung wird vom Unternehmer durch die Programmierung der Software gesteuert und kann diesem daher zugerechnet werden[54].

4. Agenten

Agenten verfügen im Vergleich zu Informationstechnologien, die hinter der Website eines Internetladens stehen, über die größere Autonomie. Während ein Verkäuferagent die gleichen Aufgaben erfüllt wie die Software einer Website, nur dass er anstatt mit natürlichen Personen mit Maschinen einen Vertrag schließt, verwaltet der Agent eines Käufers nicht den Warenbestand eines Internetladens, sondern agiert als Käufer. Er holt unterschiedliche Angebote ein, vergleicht sie und schließt dann mit dem Agenten auf der Plattform des günstigsten Anbieters einen Vertrag. Hierbei stellt sich die Frage, ob derjenige, der den Käuferagenten zum Vertragsschluss einsetzt, diese Software wirklich noch so weit steuert, dass ihm der von dem Agenten gebildete konkrete Geschäftswille zugerechnet werden kann.

---

52 Dilcher in: Staudinger (Voraufl.), Vorbem zu §§ 116-144 BGB Rn. 6; Mehrings, MMR 1998, 30 (31)

53 Kuhn, Rechtshandlungen, S. 71

54 Wiebe, Die elektronische Willenserklärung, S. 138 f., 204 ff., lehnt das Modell eines abstrakten Geschäftswillens und eines allgemeinen Erklärungsbewusstseins ab. Er schlägt in Anlehnung an das Deliktsrecht eine Zurechnung nach Verschulden (dort S. 214 f.) sowie bei einer weitergehenden Automatisierung nach dem Risikoprinzip vor (dort S. 206, 215 ff.). M. E. überspannt die Zurechnung nach dem Willen des Geschäftsherrn bei den in der vorliegenden Arbeit behandelten Websites und Agenten (nachfolgend B I 4) noch nicht das Konzept der Willenserklärung. Bei zukünftig zunehmendem Grad der Automatisierung, der zu einer fehlenden Steuerbarkeit führt, wird den Bedenken von Wiebe aber sicherlich zu folgen sein. Eine Zurechnung nach dem Risikoprinzip wird dann in diesen Fällen zu klaren und sachgerechten Ergebnissen führen.

Wie bereits dargestellt[55], kann eine Software nach der derzeitigen Rechtslage keine Willenserklärungen abgeben und daher auch nicht als Vertreter desjenigen, der verpflichtet werden will, angesehen werden[56]. Wie bei der für Websites eingesetzten Software verfügen auch Einkaufsagenten nicht über alle Fähigkeiten der technisch möglichen künstlichen Intelligenz, sondern nur über die Fähigkeiten, die sie zur Erfüllung ihrer Aufgaben benötigen. Ein Agent, der in der Lage ist, quasi selbst einen Willen zu bilden, der sich von dem von dem Betreiber ursprünglich gewollten unterscheidet, ist für seine eigentliche Aufgabe ungeeignet. Software, die sich dermaßen verändern kann, wird zu rechtsgeschäftlichen Zwecken nicht eingesetzt, sondern findet in anderen Bereichen Anwendung.

Das bedeutet, dass Informationstechnologien, die zum Abschluss von Rechtsgeschäften eingesetzt werden, stets nur soviel Selbständigkeit besitzen, wie für ihren Aufgabenbereich erforderlich ist[57]. Sie werden immer von ihrem Betreiber steuerbar sein. Eventuelle Fehler sind als Ausnahme zu sehen und sprechen nicht gegen die Annahme der Steuerbarkeit[58]. Daraus folgt: Auch ein Agent ist nur ein Werkzeug des Geschäftsherrn, durch das dieser seinen Geschäftswillen konkretisiert. Durch die Programmierung steuert der Geschäftsherr das Verhalten seines Agenten, so dass die maschinell erstellten Erklärungen ihm als eigene Willenserklärungen zugerechnet werden können[59].

Hiergegen wird eingewandt, dass die vollautomatische Eingehung einer rechtsgeschäftlichen Beziehung nicht möglich sei, sondern nur die nachfolgende Durchführung. Es müsse also vorab ein Rahmenvertrag geschlossen werden. Zumindest sei dies erforderlich, wenn der Computerdialog ohne die Hinzuziehung des Rahmensvertrages nicht verständlich sei[60]. Wie erläutert[61], unterliegen aber auch von Informationstechnologien selbständig erstellte Willenserklärungen noch hinreichend menschlicher Kontrolle, was sich auch nicht ändert, wenn auf beiden Seiten Anlagen kommunizieren. Solange Informationstechno-

---

55 B I 3 a

56 zur analogen Anwendung der Stellvertretungsregeln auf intelligente Agenten: Wiebe, Die elektronische Willenserklärung, S. 130 ff. (im Ergebnis ablehnend, S. 132 f.)

57 Cornelius, MMR 2002, 353 (355); a. A. Gitter/Roßnagel, K&R 2003, 64 (66); zu den intelligenten Agenten, die sich ggf. nicht mehr steuern lassen: Wiebe, Die elektronische Willenserklärung, S. 233 ff.

58 Cornelius, MMR 2002, 353 (355)

59 Singer in: Staudinger, Vorbem zu §§ 116-144 BGB Rn. 57; Boehme-Neßler, CyberLaw, S. 141; a. A. Gitter/Roßnagel, K&R 2003, 64 (66): mangels Steuerbarkeit sollen wie bei der Blanketterklärung die Regeln der Stellvertretung analog angewandt werden – zu dieser Problematik siehe oben B I 3 d bb

60 Mehrings in: Hoeren/Sieber, Handbuch Multimedia-Recht, 13.1 Rn. 123

61 B I 3 d cc

logien ihrer Programmierung und den verwendeten Protokollen nach in der Lage sind, miteinander in einen Dialog zu treten, ist ein Rahmenvertrag für die Erstellung und Abgabe wirksamer Willenserklärungen nicht erforderlich.

II. Fehlerhafte Willenserklärungen und Anfechtbarkeit

In diesem Kapitel sollen zwei wesentliche Gesichtspunkte von Willensmängeln im elektronischen Geschäftsverkehr behandelt werden. Zum einen soll nach Prüfung, ob maschinelle Erklärungen Willenserklärungen des Unternehmers darstellen untersucht werden, was für Folgen es hat, wenn die Konkretisierung des Geschäftswillens durch die verwendeten Informationstechnologien nicht dem Willen des Unternehmers entspricht. Zum anderen sollen die Auswirkungen der E-Commerce-Richtlinie auf die Anfechtbarkeit von Erklärungen des Kunden im elektronischen Geschäftsverkehr untersucht werden.

1. Fehler beim Einsatz von Informationstechnologien

Von den Informationstechnologien erstellte Erklärungen sind Willenserklärungen des Unternehmers. Er bedient sich der Informationstechnologien als Werkzeug zur Konkretisierung seines Geschäftswillens und darf dadurch nicht besser gestellt werden als jemand, der nicht von technischen Hilfsmitteln Gebrauch macht. In der vorangegangenen Untersuchung wurde festgestellt, dass die Maschine – gesteuert durch ihre Programmierung – der Konkretisierung des Geschäftswillens sowie an der Abgabe der Erklärung beteiligt ist. Die eigentliche Erklärungshandlung, getragen von Handlungswille und Erklärungsbewusstsein, geht dagegen vom Unternehmer aus. Fehlt dem Unternehmer also bei Inbetriebnahme der Informationstechnologien beispielsweise das Erklärungsbewusstsein, beruht dieser Willensmangel nicht auf dem Einsatz der Informationstechnologien, sondern auf einem Fehler innerhalb der Vorstellung des Unternehmers. Maschinell verursacht können daher nur Fehler bei der Konkretisierung des Geschäftswillens und der Abgabe der Erklärung sein.

a) Zurechenbarkeit fehlerhafter Erklärungen

An dieser Stelle stellt sich die Frage, ob von den eingesetzten Informationstechnologien fehlerhaft formulierte oder abgegebene Erklärungen dem Unternehmer überhaupt zugerechnet werden können. Schließlich will der Verwender von Informationstechnologien sich nur die korrekt formulierten und abgegebenen Erklärungen zurechnen lassen. Hier klaffen die Vorstellung des Unternehmers, die

Informationstechnologien würden wie von ihm gewünscht Erklärungen produzieren, und die fehlerhafte Wirklichkeit auseinander. Andererseits ist zu berücksichtigen, dass Informationstechnologien nach dem heutigen Stand der Technik niemals fehlerfrei arbeiten, und dass dies der Unternehmer mit der Inbetriebnahme einer solchen Anlage zwangsläufig in Kauf nehmen muss.

Wie oben bereits festgestellt[62], werden die Erklärungen, die von den Informationstechnologien geäußert werden, dem Unternehmer zugerechnet, weil er durch die Programmierung die Umsetzung seines abstrakten Geschäftswillens in den konkreten steuert. Hierbei ist zu beachten, dass der abstrakte Geschäftswille in der Programmierung bzw. der gesamten Gestaltung der zur Formulierung und Abgabe von Willenserklärungen eingesetzten Informationstechnologien festgelegt ist. Ein Fehler bei der maschinellen Erklärungserstellung ist daher immer ein Fehler im abstrakten Geschäftswillen des Unternehmers. Entspricht eine maschinell produzierte Erklärung also nicht den Wünschen des Unternehmers, so fallen der wirkliche und der erklärte Wille des Unternehmers auseinander. Dies entspricht der Situation von Willensmängeln: Die Erklärung ist nicht unwirksam, sondern kann unter bestimmten Umständen durch Anfechtung unwirksam gemacht werden[63].

Teilweise wird dies auch anders begründet: So wird ein Vergleich mit dem Aussteller einer Blankoerklärung gezogen, der die Erklärung auch wegen Fehlvorstellungen seiner Hilfspersonen anfechten könne[64]. Wie oben dargelegt[65], ist der Umweg über das Konstrukt des Erklärungsgehilfen für die Zurechnung IT-generierter Erklärungen nicht notwendig, so dass es keinen Sinn macht, nun an dieser Stelle auf diese Konstruktion zurückzugreifen.

An anderer Stelle wird zur Begründung der Zurechnung fehlerhafter Erklärungen § 166 II BGB herangezogen. Aus dieser Vorschrift folge, dass im Rahmen von § 119 I BGB auch ein früherer Irrtum relevant sein könne, sofern er weiterhin in der Erklärung fortwirke[66]. § 119 BGB verlangt jedoch nur, dass der Irrtum bei Abgabe der Erklärung besteht. Wann der Irrtum entstanden ist, ist unerheblich. Wirkt sich ein Fehler in der Steuerung der eingesetzten Informationstechnologien auf die abgegebenen Erklärungen aus, so steht fest, dass diese Fehler bei Abgabe der Erklärung noch fortwirkten. Der abstrakte Geschäftswille des Unternehmers ist kein einmaliges, den Erklärungen vorgelagertes Ereignis, sondern aktueller Bestandteil der konkreten Erklärungen.

---

62 B I 3 d

63 Mehrings in: Hoeren/Sieber, Handbuch Multimedia-Recht, 13.1 Rn. 239

64 Köhler, AcP 182 (1982), 126 (135)

65 B I 3 d bb

66 Kuhn, Rechtshandlungen, S. 148

In der Praxis wird derjenige, gegen den die von den Informationstechnologien produzierten Erklärungen später gelten sollen, jene in der Regel nicht selbst installieren, sondern hiermit Fachleute beauftragen. Hier kommt also zu der Arbeitsteilung zwischen Unternehmer und Informationstechnologien noch eine Arbeitsteilung zwischen Unternehmer und beauftragten Fachleuten hinzu. Daher wird vorgeschlagen, dass gemäß § 166 II BGB der Wille des Unternehmers für die von den Informationstechnologien abgegebenen Erklärungen maßgeblich sein soll, auch wenn dieser die Programmierung der Informationstechnologien und Pflege der Datenbanken Gehilfen überlassen hat. Habe der Anlagenbetreiber keinen konkreten Willen gefasst, so sollen seine Vorstellungen unbeachtlicher Beweggrund sein, und es sei analog § 166 I BGB auf die Vorstellungen seiner Gehilfen abzustellen[67].

Hiergegen ist einzuwenden, dass der Unternehmer mit Inbetriebnahme der Informationstechnologien sich alle Vorarbeiten etwaiger Gehilfen zu Eigen macht. Diese Gestaltungen werden zu seinem abstrakten Geschäftswillen. Insofern ist ein Rückgriff auf § 166 BGB, der zum Recht der Stellvertretung gehört, nicht notwendig; denn beim Einsatz von Informationstechnologien treffen die Wirkungen der Erklärungen auch denjenigen, der sie abgegeben hat, nämlich den Unternehmer. Anders als im Vertretungsrecht ist hier der Erklärende, nämlich der Unternehmer, gleichzeitig auch derjenige, gegen den die betreffenden Erklärungen gelten sollen.

Die Inbetriebnahme der Anlage als menschlicher Beitrag zur Willenserklärung setzt eine Zäsur. Der zu diesem Zeitpunkt bestehende abstrakte Geschäftswille, der die Ausbildung des konkreten Geschäftswillens steuert und der in den entsprechenden Informationstechnologien verkörpert ist, ist maßgebend für die Frage der Anfechtbarkeit von Fehlern. Die Irrtümer der Hilfspersonen werden in diesem Zeitpunkt zu Irrtümern des Unternehmers, ohne dass es einer entsprechenden Anwendung des Vertretungsrechts bedarf. An dieser Stelle geht es ausschließlich um die Anfechtbarkeit von fehlerhaften Erklärungen, während sich die Ansprüche des Unternehmers gegen die von ihm beauftragten Fachleute nach dem zugrunde liegenden Vertragsverhältnis richten.

b) Erweiterte Anfechtbarkeit

Aufgrund der Arbeitsteilung zwischen Mensch und Maschine und der dadurch bedingten Aufsplitterung des Geschäftswillens in einen abstrakten und einen konkreten wäre es denkbar, die zwangsläufig auftretenden Fehler als eigenen Willen der Informationstechnologien anzusehen. Dies hätte analog §§ 119, 166

---

67 Kuhn, Rechtshandlungen, S. 149 f.

BGB eine Vervielfältigung der Anfechtungsmöglichkeiten des Unternehmers zur Folge.

Hiergegen ist einzuwenden, dass die Informationstechnologien darauf beschränkt sind, programmierten Anweisungen zu folgen, und nicht über die Willensfreiheit eines Vertreters verfügen[68]. Zum anderen ist der Weg über § 166 BGB nicht erforderlich, da die Erklärungen der Informationstechnologie – wie oben dargelegt[69] – ohnehin dem Unternehmer zugerechnet werden, weil er die Anlage durch ihre Programmierung und Konfiguration steuert. Die immer wieder auftretenden, vermeintlich überraschenden Fehler beruhen allesamt auf Fehlern in den verwendeten Informationstechnologien, sei es auf Hardware- oder auf Softwareebene. Diese Fehler sind nicht Ausdruck eines eigenen Willens der Informationstechnologien, sondern gehören zum gewöhnlichen Risiko des IT-Einsatzes, auch wenn es sich um schwer erkennbare und damit aus Sicht der Beteiligten tatsächlich überraschende Fehler handelt. Ein Mehr an Anfechtungsmöglichkeiten darf dem Unternehmer hieraus nicht erwachsen, weil er das Risiko in Kauf genommen hat und schließlich aus der Automatisierung auch Nutzen zieht.

Sollte der Unternehmer – was für den rechtsgeschäftlichen Verkehr kaum vorstellbar ist – tatsächlich Informationstechnologien einsetzen, die sich in unberechenbarer Weise weiterentwickeln, so beruht dies auf seinem Willen (und seinem Leichtsinn). Da Informationstechnologien keine natürlichen Personen sind und – wie oben dargestellt[70] – keinen rechtlich erheblichen eigenen Willen bilden können, muss ihr Wirken stets demjenigen, der es ermöglicht hat, zugerechnet werden. Dies aber wird stets derjenige sein, auf dessen Willen der Einsatz dieser Informationstechnologien beruht – also der Unternehmer.

c) Fehlerarten

Das deutsche System des Anfechtungsrechts unterscheidet in § 119 BGB zwischen beachtlichen (anfechtbaren) und unbeachtlichen (nicht anfechtbaren) Irrtümern. Fehler in der Phase der Willensbildung sind unbeachtlich, Fehler bei der Abgabe der Erklärung sind beachtlich[71]. Bei maschinellen Fehlern wird nun un-

---

68 Kuhn, Rechtshandlungen, S. 161

69 B II 1 a

70 B I 3 a bb

71 Heinrichs in: Palandt, § 119 BGB Rn. 1; Hefermehl in: Soergel, § 119 BGB Rn. 2; Larenz/Wolf, Allgemeiner Teil, § 36 Rn. 2 ff.; Kramer in: Münchener Kommentar, § 119 BGB Rn. 7 ff.; Dilcher in: Staudinger (Voraufl.), § 119 BGB Rn. 8 ff.

tersucht, welcher Phase der Erklärungserstellung der betreffende Fehler zuzuordnen ist.

Die ältere Literatur zu Fehlern beim IT-Einsatz unterscheidet zwischen Hardware-, Software- und Eingabefehlern, wobei im Bereich der Hardware häufig auch noch zwischen Fehlern der Zentraleinheit und der Ausgabegeräte unterschieden wird[72].

Diese Differenzierungen beruhen auf den damaligen technischen Gegebenheiten: Es wurden Daten in den Rechner eingegeben, die dieser verarbeitete und danach ausgab. Wurden diese Verarbeitungsergebnisse früher als „Computererklärungen"[73] angesehen, so wird diesem technischen Anteil an der Erklärungserstellung heute wesentlich weniger Bedeutung beigemessen. Er erscheint lediglich als eine Phase der Erklärungserstellung, ähnlich wie der Einsatz eines Taschenrechners, nur dass hier komplexere und weniger leicht durchschaubare Vorgänge erfasst werden. Eine fehlerhaft erstellte Erklärung wird auch von dem dafür verantwortlichen Sachbearbeiter nicht immer als solche erkannt. In diesen Fällen IT-generierter Erklärungen erfolgt die Abgabe meist durch den Sachbearbeiter, der die Erklärung ausdruckt und abschickt[74], so dass hier ohnehin das menschliche Handeln den Erklärungsvorgang dominiert und die Fehler des Rechners dem Sachbearbeiter zugerechnet werden können.

Zwanzig bis dreißig Jahre später ist die Technik wesentlich komplexer geworden. Im Rahmen dieser Arbeit interessieren hier vor allem die Situationen, dass ein Kunde einem virtuellen, komplett automatisierten Laden gegenübersteht oder dass auf beiden Seiten Maschinen miteinander kontrahieren, auch wenn letzteres derzeit in der Praxis – soweit bekannt – noch nicht durchgeführt wird.

Es spielt daher keine Rolle, welchem Bestandteil der Hardware, letztlich also welchem Gerät, der Fehler zuzuordnen ist. Maßgebend für die Überprüfung von Fehlern in von Informationstechnologien produzierten Erklärungen auf ihre Beachtlichkeit ist vielmehr die Frage, auf welcher Ebene der Informationsverarbeitung der Fehler aufgetreten ist. Dementsprechend ist zwischen Programm-, Eingabe-, Konzeptions-, System- und Übermittlungsfehlern zu unterscheiden.

---

72 zum Beispiel Brauner, Erklärungsrisiko, S. 13 ff.; Köhler, AcP 182 (1982), 126 ff. (134)
73 so beispielsweise Brauner, Erklärungsrisiko, S. 39
74 Brehm in: Festschrift Niederländer, S. 233 ff. (234)

aa) Programmfehler

Programmfehler beruhen auf einer falschen oder fehlerhaften Programmierung des entsprechenden Anwendungsprogramms. Nicht erfasst sind also Fehler in der Hardware, dem BIOS und dem Betriebssystem. Diese Systemfehler werden an anderer Stelle[75] behandelt.

Ein Programm besteht aus Anweisungen in einer Computersprache (z. B. C oder Java), die mittels eines Konvertierungsprogramms in eine Binärsprache übersetzt werden, welche die Hardware verstehen und umsetzen kann. Verursacht sein können Programmfehler beispielsweise durch falsche Zeichen (Tippfehler), falschen Gebrauch der Programmiersprache oder einen Fehler in der Gestaltung des Programms. Diese Versehen können unterschiedlich große Auswirkungen haben – ein Tippfehler kann durchaus genauso viel Schaden anrichten wie ein Fehler in der Programmkonzeption, beide können jedoch auch keinerlei Wirkung zeitigen. Daher ist es für eine juristische Betrachtung nicht sinnvoll, von der genauen Ursache des Programmfehlers auszugehen. Vielmehr sollte das Augenmerk auf die Auswirkungen des Fehlers auf die Erklärung gerichtet werden; denn dies ist genau die Differenzierung, die § 119 BGB hinsichtlich der Beachtlichkeit von Irrtümern verlangt: Zu prüfen ist daher, ob der Irrtum in den Inhalt der Erklärung eingegangen ist oder nicht.

Die herrschende Meinung ordnet die Programmfehler immer den Motivirrtümern zu[76]. Ein Irrtum im Sinne des § 119 I BGB liege nicht vor, da die Erwartung, dass unter den gegebenen Voraussetzungen eine bestimmte Erklärung entstehe, lediglich das Motiv für den generellen Rechtsbindungswillen sei[77]. Auch die Software gehöre zu der Grundlage, auf der die Informationstechnologien den dem Erklärenden konkret zuzurechenden Willen bilden[78]. Es handele sich daher um Kalkulationsirrtümer[79], die allenfalls dann beachtlich sind, wenn sie für den Erklärungsempfänger erkennbar sind (erweiterte Inhaltsirrtümer).

---

[75] B II 1 c dd

[76] Mehrings in: Hoeren/Sieber, Handbuch Multimedia-Recht, 13.1 Rn. 244; Koch, Internetrecht, S. 147; Paefgen, Btx, S. 51; Dilcher in: Staudinger (Voraufl.), Vorbem zu §§ 116-144 BGB Rn. 8; ders. in: Staudinger, § 119 BGB Rn. 72; Hefermehl in: Soergel, § 119 BGB Rn. 64a; Palm in: Erman, § 119 BGB Rn. 33; Heun, CR 1994, 595 (597); Boehme-Neßler, CyberLaw, S. 148

[77] Kuhn, Rechtshandlungen, S. 151 f.

[78] Heun, CR 1994, 595 (597)

[79] Köhler, AcP 182 (1982), 126 (135); Müglich/Simon, K&R 2000, 282 (285); BGH NJW 1998, 3192 (3193); Palm in: Erman, § 119 BGB Rn. 38; Taupitz/Kritter, JuS 1999, 839 (843); Heun, CR 1994, 595 (597)

(1) Vorrang der Auslegung

Zunächst ist darauf hinzuweisen, dass die Auslegung der Erklärung Vorrang vor der Anfechtung hat[80]. Es muss also zuerst der Inhalt der Erklärung objektiv festgestellt werden. Das bedeutet: Konnte der Kunde der Erklärung trotz des Fehlers entnehmen, was der Erklärende wollte, so ist eine Anfechtung nicht erforderlich, weil die Erklärung mit dem Inhalt gilt, den der Erklärende meinte und der für den Empfänger erkennbar war. Funktioniert beispielsweise die Preisberechnung im Warenkorb nicht, so dass die Preise mehrerer Exemplare der gleichen Ware nicht addiert werden und nur der Preis für ein Exemplar der Ware als Endpreis erscheint, so ist für den Empfänger nicht nur erkennbar, dass hier ein Fehler vorliegt, sondern er hat außerdem die Möglichkeit, den wirklich gewollten Preis selbst zu berechnen.

Nach einer Ansicht soll § 118 BGB analog heranzuziehen sein (dessen Rechtsfolge gelte auch für offensichtlich und jedermann erkennbar fehlerhafte Erklärungen), wenn ohne weiteres erkennbar ist, dass die Erklärung nicht die Bedeutung haben kann, die ihr auf den ersten Blick zuzukommen scheint, und wenn eine Auslegung zu keinem eindeutigen Ergebnis führt[81]. Dies ergibt sich aber schon aus den allgemeinen Auslegungsregeln, wonach eine Erklärung unklaren Inhalts nichtig ist[82]. In dem genannten Beispiel liegt jedoch keine unklare Erklärung vor, da – mangels entgegenstehender Hinweise – offensichtlich ist, dass nur die Addition der Preise der gewünschten Warenexemplare nicht funktioniert hat, und dies keinesfalls als ein Mengenrabatt seitens des Anbieters zu verstehen ist. Das Angebot des Unternehmers beläuft sich daher auf Lieferung der vom Kunden gewünschten Warenmenge zu dem Gesamtpreis, der sich aus der korrekten Addition der Einzelpreise ergibt.

Ist für den Kunden eindeutig erkennbar, dass die Preisangaben auf der Website des Anbieters auf einem Fehler beruhen, so ist die Präsentation des Anbieters dahingehend zu verstehen, dass seine eigentlichen Preise gelten sollen. Dies gilt aber nicht zwangsläufig immer dann, wenn die angegebenen Preise besonders günstig sind[83].

---

[80] Heinrichs in: Palandt, § 119 BGB Rn. 7; Palm in: Erman, § 119 BGB Rn. 4; Hefermehl in: Soergel, § 119 BGB Rn. 6

[81] Mehrings in: Hoeren/Sieber, Handbuch Multimedia-Recht, 13.1 Rn. 238

[82] Larenz/Wolf, Allgemeiner Teil, § 28 Rn. 65; Medicus, Allgemeiner Teil Rn. 332

[83] Im Fall des OLG München, NJW 2003, 367 (367) war für den Antragsteller erkennbar, dass versehentlich für die First-Class-Tickets die Preise für die Economy-Class angegeben waren. Nicht ganz so klar ist der Fall in OLG Frankfurt, CR 2003, 450 (450): Hier war die betreffende Präsentation mit „Preisbrecherangebote“ überschrieben. Da die Preise unrealistisch niedrig waren, war für den Kläger vermutlich ersichtlich, dass hier ein Fehler vorlag.

(2) Beachtlichkeit

In den vorgenannten Beispielen ist also schon gar keine Anfechtung wegen Programmfehlers möglich. Hieran zeigt sich auch, dass das Institut des sogenannten offenen Kalkulationsirrtums, der sich als erweiterter Inhaltsirrtum darstellt, überflüssig ist[84]. Nur bei einem Fehler, der nicht durch Auslegung korrigierbar ist, kommt es auf die Frage der Beachtlichkeit an.

Die Programmierung erfolgt zwangsläufig vor der eigentlichen menschlichen Erklärungshandlung, nämlich der Inbetriebnahme der Informationstechnologien. Sie liegt daher eindeutig im Vorfeld der Konkretisierung der eigentlichen Erklärung. Die Anfechtbarkeit einer Erklärung hängt davon ab, ob der Fehler sich in der Erklärung niedergeschlagen hat, unabhängig davon, ob er für den Empfänger erkennbar ist. Setzt der Unternehmer Informationstechnologien ein, um Erklärungen zu erstellen und abzugeben, so ist ihm das zwar erlaubt, er darf daraus aber keine unbilligen rechtlichen Vorteile gegenüber dem Empfänger ziehen. Auch ein Mehr an Anfechtungsmöglichkeiten wäre ein solcher unbilliger Vorteil aufgrund des Einsatzes von Informationstechnologien.

Aufgrund der Zerstückelung des Erklärungsablaufes durch den Einsatz von Informationstechnologien kann hinsichtlich der Frage der Beachtlichkeit des Fehlers nicht wie bei unmittelbar von Menschen abgegebenen Erklärungen auf die psychologischen Phasen der Erklärungserstellung zurückgegriffen werden. Es ist daher entsprechend des Sinns der gesetzlichen Irrtumsregelung, nämlich der Verteilung des Erklärungsrisikos, zu prüfen, ob die Anfechtbarkeit aufgrund eines Programmfehlers eine unzulässige Risikoverlagerung auf den Erklärungsempfänger darstellen würde.

Dies wäre dann der Fall, wenn der Einsatz von Informationstechnologien das Risiko der Produktion fehlerhafter Erklärungen vergrößern und diese Risikosteigerung durch die Zulassung der Anfechtung auf den Erklärungsempfänger verlagert würde. Der Einsatz von Informationstechnologien birgt zwar die Gefahr,

---

Hierzu hätte aber noch geklärt werden müssen, ob die Preise auf der gesamten Website genauso niedrig waren. Geht man davon aus, dass der Fehler für den Kunden nicht erkennbar war, so liegt hier ein unbeachtlicher Programmfehler vor: Die Beklagte hätte nach Änderung der Software ihres Providers überprüfen müssen, ob die Angaben auf ihrer Website weiterhin in Ordnung waren. Hätte die Beklagte eine solche Überprüfung vorgenommen, so wäre ihr der Fehler sofort aufgefallen und sie hätte ihre Website bis zur Fehlerkorrektur vorübergehend aus dem Netz nehmen können. Den ihr u. a. durch die Leistung an den Kläger entstandenen Schaden hätte die Beklagte dann von ihrem Provider gemäß § 280 BGB zurückfordern können.

[84] Heinrichs in: Palandt, § 119 BGB Rn. 19 ff.; Hefermehl in: Soergel, § 119 BGB Rn. 30

dass durch Programmfehler fehlerbehaftete Erklärungen ausgegeben werden, verhindert aber gleichzeitig das Auftreten typischer menschlicher Fehler wie zum Beispiel Flüchtigkeitsfehler. Werden die Informationstechnologien vor ihrer Inbetriebnahme sorgfältig getestet, so ist davon auszugehen, dass eventuelle Programmfehler entdeckt und vor der endgültigen Inbetriebnahme behoben werden. Das gleiche muss geschehen, wenn Programmupdates vorgenommen werden. Auf diese Weise ist sichergestellt, dass die Empfänger nicht einem erhöhten Risiko fehlerhafter Erklärungen ausgesetzt sind. Wird dies alles berücksichtigt, so entsprechen trotzdem ausnahmsweise auftretende Fehler dem allgemeinen Erklärungsrisiko, das eine Anfechtung bei Schadensersatzpflicht gemäß § 122 BGB erlaubt. Das sorgfältige Handeln des Unternehmers rechtfertigt es hier, seine Haftung auf das negative Interesse zu begrenzen.

Unterlässt der Unternehmer die Kontrolle seiner Informationstechnologien, so sind dann auftretende Fehler als unbeachtlich anzusehen; es sei denn, der Unternehmer kann nachweisen, dass diese Fehler auch bei einer ordnungsgemäßen Überprüfung der Anlage vor ihrer Inbetriebnahme nicht entdeckt worden wären. Ein solcher Beweis wird aber kaum zu führen sein. Beim Einsatz einer nicht kontrollierten Anlage auftretende Fehler sind als Motivirrtümer zu qualifizieren: ihnen liegt nämlich der Gedanke zugrunde, die eingesetzten Informationstechnologien würden ordnungsgemäß funktionieren. Diese falsche Annahme ist aber nicht identisch mit dem Fehler, der in die Erklärung eingeht.

Eine Anfechtung von Erklärungen aufgrund von Programmfehlern ist also nur dann möglich, wenn die Informationstechnologien vor ihrer Inbetriebnahme mittels angemessen langer Testläufe auf eventuelle Programmfehler überprüft und auch während ihres Betriebes regelmäßig stichprobenweisen Kontrollen unterzogen werden.

(3) Problemfälle

Die Literatur nennt weitere Fälle, in denen ein Programmfehler beachtlich ist – ausgehend davon, dass Programmfehler grundsätzlich unbeachtlich seien: Nach einer Ansicht sollen Programmfehler dann beachtlich sein, wenn dem Erklärungsempfänger gegenüber auch die Modalitäten der Programmierung zur Grundlage der Erklärung gemacht worden sind[85]. Hierbei soll zu berücksichtigen sein, dass die bloße nebensächliche Nennung der Kalkulationsgrundlagen nicht ausreiche[86]. Dies betrifft den Fall, dass beide Parteien sich auf die Verwendung gleicher Software geeinigt haben, zum Beispiel beim EDI. Aber auch

---

85 Brauner, Erklärungsrisiko, S. 95 f.

86 Brauner, Erklärungsrisiko, S. 101 f.

in diesen Fällen muss gelten, dass Fehler, die bei einem ordnungsgemäß gewarteten System auftreten, anfechtbar sind. Im Falle der Verwendung von EDI kommt noch hinzu, dass auf der Gegenseite bei Verwendung des gleichen Programms auch der gleiche Fehler zu Tage getreten wäre.

Lassen die Informationstechnologien aufgrund einer Störung zuvor richtig eingegebene Worte oder Zahlen weg oder geben sie falsch wieder, so soll es sich um einen Erklärungsirrtum handeln[87]. Desgleichen soll ein möglicherweise relevanter Irrtum vorliegen, wenn aufgrund des Softwarefehlers die fertiggestellte Erklärung falsch ausgegeben wird (z. B. weil ein Ausgabegerät falsch angesteuert wird), was einem Verschreiben entsprechen könnte[88]. Beide Beispiele überzeugen aber nicht. Der ganze Vorgang ähnelt zwar einem Irrtum in der Erklärungshandlung, kann aber trotzdem nicht mit einem Vertippen oder Vergreifen gleichgesetzt werden, weil hier kein natürlicher Erklärungsablauf vorliegt, sondern Informationstechnologien eingesetzt sind. Der Versuch, bei IT-generierten Erklärungen rein psychologische Maßstäbe anzulegen, führt in eine Sackgasse. Vielmehr muss auf das Kriterium der Risikosteigerung Rücksicht genommen werden. Auch in solchen Fällen ist eine Anfechtung nur dann möglich, wenn die Anlage sorgfaltsgemäß gewartet wurde. Schließlich ist die Erwartung des Unternehmers, dass die von ihm genutzten Informationstechnologien fehlerfrei funktionieren, lediglich Motiv für deren Inbetriebnahme.

Der Bundesgerichthof hat in seiner Entscheidung vom 26.01.2005[89] die fehlerhafte Übermittlung eines im Warenwirtschaftsystem korrekt eingegebenen Preises in die Produktdatenbank als Irrtum in der Erklärungshandlung eingeordnet. Es handele sich nicht um einen Motivirrtum, da die Willensbildung der Klägerin, die die Software nutzte, zum Zeitpunkt des Fehlers bereits abgeschlossen gewesen sei[90]. Der Umstand, dass das Vertrauen auf das fehlerfreie Funktionieren der Informationstechnologien ebenfalls noch dem Bereich der Motivation zuzuordnen ist, wurde vom Bundesgerichtshof nicht problematisiert werden, da in dem betreffenden Fall die Übertragung in die Produktdatenbank in der Regel korrekt erfolgte[91]. Allerdings geht aus dem Tatbestand des Urteils hervor, dass der Klägerin im Februar 2003 mehrere Fälle eines solchen fehlerhaften Datentransfers bekannt wurden, was vermuten lässt, das der Fehler bis dahin mangels Prüfung der Übertragung unerkannt geblieben war. Nach der hier vertretenen

---

[87] Larenz/Wolf, Allgemeiner Teil, § 36 Rn. 19; so auch BGH (VIII ZR 79/04) Urteil v. 26.01.2005, S. 7 f.

[88] Mehrings in: Hoeren/Sieber, Handbuch Multimedia-Recht (Erstauflage Stand 1999), 13.1 Rn. 108

[89] BGH (VIII ZR 79/04) Urteil v. 26.01.2005

[90] BGH (VIII ZR 79/04) Urteil v. 26.01.2005, S. 8 f.

[91] BGH (VIII ZR 79/04) Urteil v. 26.01.2005, S. 8

Auffassung hätte die Klägerin nur dann ein Anfechtungsrecht gehabt, wenn sie die Software nachweislich sorgfältig getestet hätte und der Fehler trotz dieser Testläufe unerkannt geblieben war.

Fällt die Computererklärung aufgrund des Softwarefehlers völlig aus dem Rahmen dessen, was der Unternehmer sich abschließend als inhaltlichen Bereich seiner Willenserklärungen vorgestellt hat, also nicht zur Disposition der Informationstechnologien gestellt hat[92], so soll diese ebenfalls nach § 119 I 1. Fall BGB (Erklärungstext) bzw. § 119 I 2. Fall BGB (Erklärungsbedeutung) anfechtbar sein[93]. Der Unternehmer müsse aber konkrete Maßnahmen zur Umsetzung seiner Vorstellungen aufzeigen[94]. Als Beispiel wird der Fall aufgeführt, dass aufgrund einer Nummernverwechslung durch das Programm eine Annahmeerklärung für die Bestellung eines Kunden fälschlicherweise in die Mailbox eines Geschäftspartners gelangt, mit dem abschlussreife Verhandlungen hinsichtlich der Veräußerung des Unternehmens (ohne Grundstücke) geführt wurden, und dieser die Annahmeerklärung nach §§ 133, 157 BGB auf den Unternehmensverkauf beziehen darf[95].

Diese Ansicht entspricht letztlich dem oben[96] aufgezeigten Lösungsweg: Erklärungen, die trotz eines sorgfaltsgemäß erstellten und gewarteten Systems fehlerhaft sind, sind anfechtbar. Nur in diesem Fall hat der Unternehmer alles getan, um seine Vorstellungen in die Wirklichkeit umzusetzen. Bei dem erwähnten Beispiel ist allerdings davon auszugehen, dass ein solcher Programmfehler bei einer sorgfältigen Überprüfung vor Inbetriebnahme entdeckt worden wäre.

bb) Eingabefehler

Eingabefehler sind fehlerhafte Datenbankinhalte. So sei beispielsweise der Fall genannt, dass das Anwendungsprogramm aufgrund einer falscher Eingabe (zum Beispiel eines Tippfehlers) fehlerhaftes Datenmaterial verwendet. Es geht also nicht um Fehler im Datenbankprogramm (das wären Programmfehler), sondern um Fehler in den von der Datenbank verwalteten Daten. Beispiel hierfür sind Fehler im Katalog einer Internetbuchhandlung, zum Beispiel falsche Preisangaben.

---

92 Kuhn, Rechtshandlungen, S. 158
93 Kuhn, Rechtshandlungen, S. 155
94 Kuhn, Rechtshandlungen, S. 156
95 Kuhn, Rechtshandlungen, S. 155
96 B II 1 c aa (2)

(1) Bewertung in der Literatur

Nach der Literatur soll falsches Datenmaterial aus der Datenbank des Unternehmers grundsätzlich nur einen Motivirrtum begründen können[97]. Dies gelte auch für den Zugriff auf eine falsche Datenbank[98]. Die Eingabe falscher Daten (bzw. der Zugriff auf eine falsche Datenbank) erfolge auf einer Ebene, die der der Informationssammlung und -bewertung im Rahmen eines menschlichen Erklärungsprozesses entspricht. Diese Ebene befinde sich im Bereich der Willensbildung, so dass es sich bei diesen Fehlern um unbeachtliche Motivirrtümer handele[99]. Der Fehler erfolge also in den Vorbereitungshandlungen, nicht bei der Abgabe[100]. Es könne zudem keinen Unterschied machen, ob einem Anbieter bei einem von Hand vorbereiteten Angebot ein Fehler unterlaufe, weil er zum Beispiel aus einer Preisliste einen falschen Einheitspreis abliest, oder ob ein automatisiert erstelltes Angebot fehlerhaft sei, weil das zur Berechnung im Computer gespeicherte Datenmaterial unrichtige Zahlen enthält[101]. Es handele sich also um bloße Kalkulationsirrtümer[102].

Nur ausnahmsweise, wenn der Fehler so in die Erklärung eingehe, dass er für den Empfänger ersichtlich wird (sogenannter offener Kalkulationsirrtum), könne er beachtlich werden: Die Auslegung der Erklärung könne dann ergeben, dass deren eigentlich von dem Erklärenden gewollter fehlerfreier Inhalt Geltung erlangt[103]. Als Beispiel wird hier angeführt, dass der Empfänger aufgrund der in die Erklärung übernommenen Daten die Verwendung falschen Datenmaterials erkennt, wenn im Versicherungsschein ein falsches Geburtsjahr und dadurch ein anderer (günstigerer) Tarif herangezogen wird[104]. Bei vorsätzlichen Falschan-

---

97 Kuhn, Rechtshandlungen, S. 152; Hefermehl in: Soergel, § 119 BGB Rn. 64a; Köhler, AcP 182 (1982), 126 (135); LG Frankfurt a. M., NJW-RR 1997, 1273 (1273); Hoeren, Internetrecht, S. 132; Koch, Internetrecht, S. 147; Paefgen, Btx, S. 51; Heun, CR 1994, 595 (597); Mehrings in: Hoeren/Sieber, Handbuch Multimedia-Recht, 13.1 Rn. 242; Boehme-Neßler, CyberLaw, S. 147; LG Köln, MMR 2003, 481 (482); Schmittmann, K&R 2003, 385 (393)

98 Müglich/Simon, K&R 2000, 282 (285)

99 Brauner, Erklärungsrisiko, S. 92 f.; Koch, Internetrecht, S. 147; Köhler, AcP 182 (1982), 126 (136); Kramer in: Münchener Kommentar, § 119 Rn. 72; LG Frankfurt a. M., NJW-RR 1997, 1273 (1273); Taupitz/Kritter, JuS 1999, 839 (843); Heun, CR 1994, 595 (597)

100 Kramer in: Münchener Kommentar, § 119 Rn. 72

101 Mehrings in: Hoeren/Sieber, Handbuch Multimedia-Recht, 13.1 Rn. 242; a. A. AG Westerburg, CR 2003, 699 (700): Irrtum in der Erklärungshandlung i. S. d. § 119 I Fall 2 BGB.

102 Köhler, Allgemeiner Teil, § 17 Rn. 27; Köhler/Arndt, Recht des Internet, S. 73; Schwerdtfeger in: Schwerdtfeger, Cyberlaw, S. 22

103 Mehrings in: Hoeren/Sieber, Handbuch Multimedia-Recht, 13.1 Rn. 243; Brauner, Erklärungsrisiko, S. 94; Kuhn, Rechtshandlungen, S. 157; Köhler, Allgemeiner Teil, § 17 Rn. 27; Taupitz/Kritter, JuS 1999, 839 (843); Seidel, Elektronischer Geschäftsverkehr, S. 97

104 Mehrings in: Hoeren/Sieber, Handbuch Multimedia-Recht, 13.1 Rn. 243

gaben greife § 123 I BGB[105], bei Fahrlässigkeit oder fehlendem Verschulden sollen culpa in contrahendo (§§ 280, 311 II, 241 II BGB), Wegfall der Geschäftsgrundlage (§ 313 BGB) oder eine Anfechtung analog § 119 I BGB in Frage kommen[106].

Etwas anderes solle nach der in der Literatur vertretenen Meinung gelten, wenn den Informationstechnologien ein unveränderlicher Erklärungstext als fester Bestandteil der zukünftigen Erklärungen vorgegeben werde. Dann wird insoweit eine Anfechtung nach § 119 I BGB für möglich gehalten[107]. Darüber hinaus sei § 119 I BGB nicht nur dann anwendbar, wenn dieser Erklärungsteil falsch eingegeben werde, sondern auch, wenn er innerhalb der Informationstechnologien fehlerbedingt verändert werde[108].

(2) Risikoverlagerung

Legt man die bei den Programmfehlern herausgearbeiteten Maßstäbe an, so ergibt sich folgendes Bild:

Eingabefehler, die – wenn die Erklärung ohne Arbeitsteilung und ohne den Einsatz von Informationstechnologien erstellt würde – als Fehler in der Erklärungshandlung anfechtbar wären, gehen ohne Veränderung durch das Programm direkt in die Erklärung ein. Auch hier muss überprüft werden, ob bei einer Anfechtbarkeit eine unzulässige Risikoverlagerung auf den Empfänger erfolgt. Allerdings dürfte es kaum praktikabel sein, alle Datenbankeintragungen zu kontrollieren, schon deshalb, weil diese auch im laufenden Betrieb einem ständigen Wechsel unterliegen. Mehr als eine stichprobenweise Überprüfung der Datenbankinhalte kann daher von dem Unternehmer nicht verlangt werden. Bei einer solchen regelmäßig erfolgten Kontrolle ist anzunehmen, dass kein im Vergleich zu dem natürlichen Erklärungsrisiko erhöhtes Risiko vorliegt. Das einzige besondere Risiko, dass nämlich ein Mitarbeiter eine ungewöhnliche große Menge an Falscheintragungen aufgrund von Tippfehlern produziert hat und diese durch den Zugriff der Informationstechnologien vervielfältigt werden, kann durch die Stichprobenkontrolle ausgeschlossen werden. Eingabefehler dieser Art sind daher als Fehler in der Erklärungshandlung anzusehen.

Fraglich ist, wie Eingabefehler behandelt werden sollen, die nicht direkt in die Erklärung eingehen. Als Beispiel hierfür wäre zu nennen, dass ein bestimmter

---

105 Köhler, AcP 182 (1982), 126 (135); Brauner, Erklärungsrisiko, S. 94

106 Köhler, AcP 182 (1982), 126 (135)

107 Kuhn, Rechtshandlungen, S. 153; OLG Hamm, NJW 1993, 2321 (2321)

108 Kuhn, Rechtshandlungen, S. 153

Stadtteil mit falscher sozialer Bewertung in die dem Programm zugehörige Datenbank aufgenommen wird und einem Kunden aus einem sozial schwachen Viertel entgegen der Vorstellung des Unternehmers Lieferung der bestellten Ware auf Rechnung statt per Nachnahme angeboten wird. Oder es wird einem Kunden aufgrund eines falsch eingegebenen Berechnungsfaktors eine Versicherung zu einem eigentlich zu geringen Monatsbeitrag angeboten. Diesen Fällen ist gemein, dass der Fehler anscheinend im Bereich der Motivation begründet ist.

Beruht die falsche Eintragung in der Datenbank auf einem Tippfehler, so gilt das gleiche wie für die Eingabefehler, die bei natürlichem Erklärungsvorgang als Fehler in der Erklärungshandlung anfechtbar wären. Es ist also zu prüfen, ob eine unzulässige Risikoverlagerung auf den Erklärungsempfänger erfolgt ist. Beruht der Fehler hingegen auf einer falschen Annahme (z. B. einer falschen Einschätzung des sozialen Charakters eines Stadtviertels) oder falschen Kalkulation (z. B. für ein Produkt ohne Festpreis), so liegt hier kein Tippfehler vor, sondern ein Motivirrtum, der durch den Einsatz von Informationstechnologien nicht verändert wird.

Werden in eine Datenbank Fehlinformationen über verkehrswesentliche Eigenschaften aufgenommen, soll § 119 II BGB anwendbar sein[109]. Da § 119 II BGB Fälle des ausnahmsweise beachtlichen Motivirrtums behandelt, erscheint diese Wertung richtig.

(3) Ergebnis

Bei Eingabefehlern jedweder Art muss geprüft werden, ob der Fehler bei natürlichem Erklärungsablauf anfechtbar wäre und – wenn diese Frage bejaht werden kann –, ob der Einsatz von Informationstechnologien sorgfaltsgemäß erfolgt ist, das heißt ohne unzulässige Risikoverlagerung auf den Kunden.

cc) Konzeptionsfehler

Eine Website stellt kein einzelnes Programm dar, sondern besteht aus einer Verknüpfung verschiedener Programme. Die Website eines Unternehmens, die nicht allein als Online-Shop dient, sondern noch weitere Informationsmöglichkeiten enthält, wird neben dem Katalog über die angebotenen Produkte noch weitere Funktionen bieten wie zum Beispiel eine Suchmaschine, mit der der Inhalt der gesamten Website durchsucht werden kann. Ein Konzeptionsfehler liegt vor,

---

109 Dilcher in: Staudinger (Voraufl.), Vorbem zu §§ 116-144 BGB Rn. 8

wenn aufgrund einer falschen Gestaltung der Website Erklärungen abgegeben werden, die nicht dem Willen des Unternehmers entsprechen.

Dies ist zum Beispiel der Fall, wenn bestimmte Produkte nur einem besonderen Kundenkreis angeboten werden sollen und über den normalen Katalog den ausgeschlossenen Kunden auch nicht zugänglich sind, aber über eine allgemeine Suchmaschine auf der Website gefunden und dann bestellt werden können. Diese fehlerhafte Verknüpfung hätte leicht entdeckt werden können, wenn bei einer Überprüfung die gesamte Konzeption der Website berücksichtigt worden wäre. Daher handelt es sich um einen nicht anfechtbaren Irrtum, da auch hier davon ausgegangen wurde, dass der Internetladen wunschgemäß funktioniert – eine Anfechtbarkeit würde das Risiko der richtigen Gestaltung der Website in unbilliger Weise auf den Kunden verlagern.

Die Abgrenzung zum Programmfehler wird problematisch, wenn die einzelnen Komponenten der Website aus einer Hand stammen und sich als ein einziges Programm mit vielen Funktionen darstellen. Da der Konzeptionsfehler aber nach den gleichen Maßstäben wie der Programmfehler beurteilt wird, sollten solche Konstellationen als Programmfehler behandelt werden. Es kommt also darauf an, ob eine fehlerhafte Konzeption mittels angemessen langer Testläufe vor der Inbetriebnahme des Programms hätte festgestellt werden können. Ist dies der Fall, liegt ein unbeachtlicher Motivirrtum vor.

dd) Systemfehler

Fehler im System können sowohl Hardware- als auch Softwarefehler sein. Zwischen beiden lässt sich nicht leicht differenzieren: die Hardware wird durch das BIOS gesteuert, das Betriebssystem bildet die Grundlage für die weiteren Anwendungsprogramme. Da es sich meist gar nicht oder nur schwer klären lässt, auf welcher Ebene der Fehler seinen Ursprung hatte, soll bei Fehlern, die ihren Ursprung in der Hardware, dem BIOS oder dem Betriebssystem haben, einheitlich von Systemfehlern gesprochen werden.

Das System bietet die Basis zum Betrieb des Programms. Erfasst werden also alle Fehler beim Betrieb von Informationstechnologien, die weder auf einem Fehler des Anwendungsprogramms, der Konzeption einer Website oder Eingabefehlern beruhen.

Hinsichtlich der Anfechtbarkeit von Systemfehlern ist zu berücksichtigen, dass es in diesen Fällen meist gar nicht zur Abgabe einer Erklärung kommt, weil das entsprechende Anwendungsprogramm nicht gestartet werden kann oder es während des Arbeitens einfriert oder abstürzt. Vorstellbar sind auch Stromausfälle, die die Hardware lahm legen, wobei hier meist parallele Rechner eingesetzt werden, um eine solche Störung zu verhindern.

Der Vollständigkeit halber soll kurz auf den – unwahrscheinlichen – Fall eingegangen werden, dass trotz eines Systemfehlers eine Erklärung produziert werden kann. Die Literatur differenziert hier nach dem Ergebnis des Fehlers: Sollte dennoch eine Erklärung produziert werden können, so sind die allgemeinen Auslegungsregeln anzuwenden[110]. Ist eine Erklärung vollkommen entstellt, so kann sie dem Empfänger nicht als Grundlage für rechtsgeschäftlich schutzwürdige Erwartungen dienen[111]. Sie ist daher unwirksam. Eine Anfechtung ist nicht erforderlich. Letztlich lassen sich beide Varianten aber im Wege der Auslegung lösen.

Streitig ist die Behandlung einer Erklärung, der der Fehler nicht anzusehen ist: Nach einer Ansicht ist der Fehler als unbeachtlicher Motivirrtum zu werten: Der Fehler in der Zentraleinheit erfolge noch in der Phase der Willensbildung[112]. Dieser Motivirrtum sei unbeachtlich, weil in die Erklärung keine Fehlvorstellungen über die Wirklichkeit eingegangen seien, sondern lediglich der in der Maschine vorgefertigte Denkprozess fehlerhaft reproduziert worden sei[113]. Die Erwartung, dass unter den gegebenen Voraussetzungen eine bestimmte Erklärung entstehe, sei lediglich das Motiv für den generellen Rechtsbindungswillen hinsichtlich der von den Informationstechnologien erstellten Erklärung[114]. Beschränken sich die fehlerhaften Vorstellungen also ausschließlich auf die Entstehungsvoraussetzungen der Erklärung, wozu das Funktionieren der Hardware zähle, so liege ein unbeachtlicher Motivirrtum vor[115]. Die Hardware zähle zu den Komponenten, auf deren Grundlage die IT-Anlage den dem Erklärenden konkret zuzurechnenden Willen bilde[116]. Nach der Gegenansicht soll es sich in einem solchen Fall (als Beispiel wird eine defekte Festplatte angeführt) um einen Erklärungsirrtum handeln[117].

Nach der hier vertretenen Ansicht ist die reine Erwartung, das System werde fehlerfrei funktionieren, nur Motiv. Daher ist auch bei einem Systemfehler zu

---

110 Brauner, Erklärungsrisiko, S. 67
111 Brauner, Erklärungsrisiko, S. 67
112 Brauner, Erklärungsrisiko, S. 68; Koch, Internetrecht, S. 147; Taupitz/Kritter, JuS 1999, 839 (843); Köhler/Arndt, Recht des Internet, S. 73; Heun, CR 1994, 595 (597)
113 Brauner, Erklärungsrisiko, S. 69
114 Kuhn, Rechtshandlungen, S. 152
115 Kuhn, Rechtshandlungen, S. 151
116 Heun, CR 1994, 595 (597)
117 Müglich/Simon, K&R 2000, 282 (285)

prüfen, ob das System vor der Inbetriebnahme sorgfältig getestet und während des Betriebes ordnungsgemäß gewartet wurde. Ist dies zu bejahen, kann die aufgrund eines Systemfehlers fehlerhafte Erklärung angefochten werden.

ee) Übermittlungsfehler

§ 120 BGB erfasst sämtliche Störungen bei der Übermittlung, das heißt also zwischen Abgabe und Zugang, sofern die Übermittlung durch einen Dritten erfolgt.

Bei Fehlern in der Übermittlung der Erklärung ist daher zu differenzieren: Übermittelt der Erklärende direkt an den Empfänger ohne Zwischenspeicherung bei einem Dritten (z. B. auf telefonischem Wege), so gilt dies als eigene Übermittlung des Erklärenden[118]. Diese kann nicht nach § 120 BGB, sondern nur als Fehler in der Erklärungshandlung gemäß § 119 I 2. Fall BGB angefochten werden. Schaltet der Erklärende jedoch für die Übermittlung einen Dritten ein, bei dem eine eigene Zwischenspeicherung erfolgt (z. B. beim Erklärungsboten), so ist § 120 BGB anzuwenden.

Durch das Formvorschriftenanpassungsgesetz wurde in § 120 BGB der Begriff „Anstalt" durch den Begriff „Einrichtung" ersetzt. Dies geschah, um klarzustellen, dass jede Einrichtung zur Übermittlung, also auch die von Privatpersonen betriebene, erfasst ist[119]. Es kommt nicht darauf an, ob die Provider wie Boten eine eigene Tätigkeit entfalten und damit den Übermittlungsvorgang aktiv beherrschen, oder ob sie lediglich Leitungen zur Verfügung stellen und der Erklärende den Übermittlungsvorgang daher selbst steuert[120].

Hinsichtlich der Anwendbarkeit des § 120 BGB im elektronischen Rechtsgeschäftsverkehr wird darauf abgestellt, ob der Übermittlungsphase eine eigenständige Bedeutung zukommt. Dies soll der Fall sein, wenn das Übermittlungssystem nicht auf die sofortige und unmittelbare Ausführung der Steuerbefehle des Erklärenden beschränkt ist. Die auf der Empfängerseite technisch erstellten Kopien der übermittelten Erklärungen seien dem Provider zuzuordnen[121]. Die eigenen Informationstechnologien sind hingegen nie Bote des Erklärenden[122].

---

118 Heinrichs in: Palandt, § 120 BGB Rn. 2

119 einhellige Meinung in der Literatur, weitere Nachweise bei Heun, CR 1994, 595 (596); Cordes, Form und Zugang, S. 87

120 Mehrings in: Hoeren/Sieber, Handbuch Multimedia-Recht, 13.1 Rn. 245

121 Kuhn, Rechtshandlungen, S. 174;

122 Heun, CR 1994, 595 (596); Scheuerer, Willenserklärung, S. 102

Wird eine E-Mail also innerhalb des firmeneigenen Intranets versandt, so bedient sich der Erklärende der eigenen Einrichtungen, nicht der eines Dritten. Bei einer E-Mail, deren Empfänger seine Mailbox bei einem Provider außerhalb des Firmennetzes hat, liegt hingegen immer eine Übermittlung mithilfe eines Dritten vor, selbst wenn der Absender die Mail über den firmeneigenen SMTP-Server versendet. Die Mail wird nämlich bei dem Provider des Empfängers zwischengespeichert[123]. Der Provider fungiert hier als Empfangsbote: Der Zugang (und damit Beendigung des Übermittlungsvorgangs) ist erfolgt, wenn die Erklärung dem Empfangsboten übergeben, also bei dem Provider des Empfängers abrufbereit gespeichert wurde (§ 312e I 2 BGB).

Eine Ausnahme ist hier nur in den Fällen zu machen, in denen die E-Mail dem Empfänger schon vor der Speicherung bei dem Passieren der Schnittstelle zu seinem IT-System zugeht und auch nur dann, wenn nachweislich keine Speicherung bei einem dritten Provider erfolgte (wovon aber bei der Struktur des Internet grundsätzlich auszugehen ist).

Weiterhin wird problematisiert, ob die Vorschriften der §§ 119 I 2. Fall, 120 BGB bei Erklärungen, die von Informationstechnologien selbständig erstellt und abgegeben werden, überhaupt angewandt werden können. Schließlich fehle es an einem konkreten Rechtsbindungswillen des Anlagenbetreibers. Die analoge Anwendung der Vorschriften sei aber möglich, da §§ 119 I 2. Fall, 120 BGB ihrem Zweck nach eine umfassende Regelung der Übermittlungsfehler sein sollen[124]. Zudem kommt es auf einen konkreten Rechtsfolgewillen nicht an, da § 120 BGB den Übermittlungsirrtum dem Irrtum in der Erklärungshandlung nur gleichstellt[125], aber keinen solchen Erklärungsirrtum verlangt[126].

Bei dem abrufbar Ins-Netz-Stellen einer Website handelt es sich nicht um eine Übermittlung im Sinne des § 120 BGB. Zwar könnte hier argumentiert werden, dass auf diese Weise Angebote des Anbieters an den Kunden übermittelt würden. Menschliche Erklärungshandlung ist aber hier das Ins-Netz-Stellen durch den Anbieter. (Dies gilt, auch wenn der Unternehmer nicht selber die Site freischaltet, sondern dies sein Provider auf seine Anweisung hin tut.) Der Inhalt der Website wird ihm daher zugerechnet, weil es sich um seine eigenen Informationstechnologien handelt[127].

---

123 Scheuerer, Willenserklärung, S. 104

124 Kuhn, Rechtshandlungen, S. 174

125 Heinrichs in: Palandt, § 120 BGB Rn. 1

126 Kuhn, Rechtshandlungen, S. 174

127 unrichtig daher OLG Frankfurt, CR 2003, 450 (451). Das OLG geht von einem Übermittlungsfehler gemäß § 120 BGB aus. Im vorliegenden Fall wurden aber die Preisangaben durch einen Fehler im Programm des Providers falsch in die hinter der Website stehende Preisda-

2. Fehler auf Kundenseite

Die Fehlerquellen auf Seiten des Kunden, also desjenigen, der über die Website des Anbieters mit diesem einen Vertrag schließen will, sind weniger vielfältig. Der Bestellvorgang über eine Website ähnelt sehr stark dem klassischen, bei dem der Kunde einen Versandhauskatalog durchblättert und dann ein Bestellformular ausfüllt. Nur im Zusammenhang mit dem Ausfüllen und Versenden des Bestellformulars kann es zu rechtlich relevanten Irrtümern des Kunden kommen[128].

Möglich ist es, dass dem Kunden der Handlungswille fehlt, weil er ein Formular aufgrund einer Reflexbewegung abschickt, oder dass er ohne Erklärungsbewusstsein handelt, weil er die Gestaltung der Website missverstanden hat und sich nicht bewusst war, dass er durch das Betätigen der betreffenden Schaltfläche nicht erst noch zu den Geschäftsbedingungen geführt wird, sondern bereits das Bestellformular absendet.

a) Korrekturmittel, Art. 11 ECRL (§ 312e I 1 Nr. 1 BGB)

Gemäß Art. 11 II der E-Commerce-Richtlinie (ECRL)[129] muss der Diensteanbieter dem Nutzer angemessene, wirksame und zugängliche technische Mittel zur Verfügung stellen, mit denen der Nutzer Eingabefehler vor Abgabe der Bestellung erkennen und korrigieren kann. Der deutsche Gesetzgeber hat diese Bestimmung im Prinzip wörtlich in den § 312e I 1 Nr. 1 BGB übernommen.

Für die Berichtigungsmöglichkeit genügt es, dass Eingabefelder auch nach ihrer Ausfüllung noch per Maus angewählt und die Angaben korrigiert werden können. Da das ganze vor Abgabe der Erklärung erfolgen soll, sollte dem Kunden, auch wenn dem Ausfüllen der Felder noch einige andere Schritte folgten, direkt vor dem Absenden des Formulars noch einmal dessen Inhalt angezeigt werden, damit er bewusst die Möglichkeit hat, seine Angaben erneut durchzusehen[130]. Damit würde auch dem Erfordernis „Erkennen" Rechnung getragen. Es reicht nicht aus, wenn dem Kunden lediglich die Möglichkeit eingeräumt wird, seine

---

tenbank eingespeist. Hier liegt also ein Programmfehler vor, der dem Anbieter zugerechnet wird, da er die Website ins Netz hat stellen lassen.

128 Abgesehen von Fällen des § 119 II BGB. Diese sind aber nicht internetspezifisch.

129 zu Anwendungsbereich etc. siehe unten D III

130 Wendehorst in: Münchener Kommentar, § 312e BGB Rn. 67; Schulte-Nölke in: Hk-BGB, § 312e BGB Rn. 7

Bestellung anhand der ihm von dem Anbieter später übersandten Auftragsbestätigung zu korrigieren[131].

Da die Korrekturmöglichkeiten angemessen sein sollen, darf die Website nicht so gestaltet sein, dass es dem Kunden schwer gemacht wird, seine Angaben zu korrigieren, beispielsweise, indem Korrekturen auf der ersten Seite des Formulars es notwendig machen, die nachfolgenden Seiten des Formulars erneut auszufüllen. Auch sollten mehrseitige Formulare und Bestellvorgänge so gestaltet sein, dass der Kunde die einzelnen Teile des Bestellformulars direkt anwählen kann und nicht mühevoll Seite für Seite rückwärts unter jeweils neuer Anfrage beim Server des Anbieters durchblättern muss, weil sonst der Kunde möglicherweise davon abgehalten wird, seine Angaben vor dem Absenden noch einmal durchzusehen[132].

Wirksam sind die Mittel dann, wenn durch sie auch tatsächlich die gewünschte Korrektur möglich ist. Dazu gehört auch, dass die Korrektur einfach vonstatten geht, zum Beispiel dass bei Wortkorrekturen nicht jeder Buchstabe einzeln, sondern ganze Wörter gelöscht werden können und dass nicht jeder Korrekturschritt einzeln bestätigt werden muss.

Zugänglichkeit liegt vor, wenn die Korrekturmittel nicht lediglich vorhanden sind, sondern der Kunde sie auch benutzen kann. Ist es für einen Kunden möglich, mit einer veralteten Browserversion oder einem nicht weit verbreiteten Browserprogramm oder unter Abschaltung der Javascriptfunktionalitäten das Bestellformular auszufüllen, so sollten die Korrekturmittel dann ebenso auch für ihn benutzbar sein. Die Korrekturmittel dürfen keine höheren Anforderungen an den Rechner des Kunden stellen als das Ausfüllen des Bestellformulars.

Wird zum Beispiel vor dem Absenden der Bestellung das gesamte Bestellformular in einem Fenster angezeigt mit der Möglichkeit, dass alle Angaben sofort manuell korrigiert werden können, sind die Voraussetzungen des § 312e I Nr. 1 BGB erfüllt[133].

Gemäß Art. 11 III ECRL sowie § 312e II Nr. 1 BGB gilt die Pflicht zur Bereitstellung von Korrekturmitteln nicht, wenn der Vertrag ausschließlich durch individuelle Kommunikation geschlossen wird. Hier erfolgen nämlich die Fehler

---

131 Lütcke, Fernabsatzrecht, § 312e BGB Rn. 30

132 Wendehorst in: Münchener Kommentar, § 312e BGB Rn. 66, 68

133 Lütcke, Fernabsatzrecht, § 312e BGB Rn. 38; v. Lackum, JurPC Web-Dok. 135/1999, Abs. 33; Saenger in: Erman, § 312e BGB Rn. 15; Lorenz/Riehm, Neues Schuldrecht, Rn. 141; Masuch in: Bamberger/Roth, § 312e BGB Rn. 21; Aigner/Hofmann, Fernabsatzrecht, Rn. 343

im Bereich des Absenders in den von diesem ausgewählten Programmen und nicht in den vom Anbieter bereitgestellten Formularen und Programmen.

Des weiteren gilt gemäß Art. 11 II ECRL und § 312e II Nr. 2 BGB die Bereitstellungspflicht auch nicht, wenn zwischen Vertragsparteien, die nicht Verbraucher sind, etwas anderes vereinbart wurde. Will der Anbieter sich also im B2B-Bereich von seiner Pflicht befreien, so muss er seine Website so gestalten, dass der Kunden die rechtsgeschäftlich relevanten Formulare nur dann aufrufen kann, wenn er zuvor ein Feld mit dem Hinweis „Ich bin damit einverstanden, dass § 312e I 1 Nr. 1 BGB keine Anwendung findet“ (mit websiteinternen Link auf die entsprechende Vorschrift) angeklickt hat[134].

b) Verstoß gegen § 312e I Nr. 1 BGB

§ 312e BGB enthält keine Sanktionen für den Fall, dass die Pflicht des § 312e I 1 Nr. 1 BGB nicht erfüllt wird. Der Vertrag bleibt nach dem Willen des Gesetzgebers und dem Zweck der Norm wirksam[135].

Schickt der Kunde, obwohl keine Korrekturmöglichkeit bestand, bewusst seine fehlerhafte Erklärung ab, so liegt kein Irrtum vor, denn er wusste schließlich, dass er eine Bestellung abschickte, die nicht seinem Willen entsprach[136]. Eine Anfechtung ist in einem solchen Fall nicht möglich.

Funktioniert die Korrekturmöglichkeit nicht richtig, so dass nur scheinbar korrigierte Erklärungen an den Anbieter geschickt werden, so kann der Kunde die Erklärung durch Anfechtung unwirksam machen[137]. Der Kunde macht sich hier allerdings wegen § 122 II BGB nicht schadensersatzpflichtig. Teilweise wird diese Rechtsfolge damit begründet, dass der Unternehmer ja diesen Irrtum mitverursacht habe, so dass der Schadensersatzanspruch gemäß § 254 BGB gemindert werde oder ganz entfalle[138]. Eine andere in der Literatur vertretene Meinung will diese Folge nach § 242 BGB wegen eines venire contra factum proprium eintreten lassen[139]. Dies ergibt sich aber bereits aus § 122 II BGB direkt, da der Anbieter aufgrund dieses Verstoßes gegen § 312e I 1 Nr. 1 BGB die Fehlerhaftigkeit der Erklärung, die der Kunde nur im Vertrauen auf ihre erfolg-

---

134 siehe auch unten D III 3

135 Regierungsentwurf vom 14.05.2001, BT-Drs. 14/6040, S. 173

136 A. A. Glatt, ZUM 2001, 390 (395)

137 Lorenz/Riehm, Neues Schuldrecht, Rn. 141

138 Glatt, ZUM 2001, 390 (395)

139 Wendehorst in: Münchener Kommentar, § 312e BGB Rn. 121; Sujecki, MMR 2003, 378 (383) sieht diese und die vorangegangene Begründung als Alternativen.

reiche Korrektur abgeschickt hat, mindestens aus Fahrlässigkeit nicht kannte; denn ihm obliegt ja die Pflicht zur Bereitstellung wirksamer Korrekturmittel[140]. Alternativ kann der Kunde seine Bestellung gemäß § 312e III 2 BGB widerrufen[141].

140 ähnlich v. Lackum, JurPC Web-Dok. 135/1999, Abs. 34; so anscheinend auch Heinrichs in: Palandt, § 312e BGB Rn. 6: Unternehmer kann wegen c.i.c. aus dem Eingabefehler keine Rechte herleiten

141 zur Dauer des Widerrufsrechts siehe unten D III 9

C. Wirksamwerden von Willenserklärungen

Dieses Kapitel untersucht, wann Willenserklärungen im elektronischen Rechtsgeschäftsverkehr wirksam werden. Hierbei wird unterschieden, zu welchem Zeitpunkt der Tatbestand einer Willenserklärung vorliegt (Abgabe) und ab wann diese in rechtlicher Hinsicht wirksam wird (Zugang). Weiterhin soll auf die Möglichkeiten des Widerrufs nach § 130 I 2 BGB und § 312d BGB eingegangen werden.

I. Abgabe

Im Gesetz ist die Abgabe nicht definiert (in § 130 II BGB wird sie lediglich erwähnt). Nach gängiger Definition ist eine Erklärung abgegeben, wenn der Erklärende seinen rechtsgeschäftlichen Willen erkennbar so geäußert hat, dass an der Endgültigkeit seiner Äußerung kein Zweifel besteht[142]. Hierbei muss der Erklärende alles in seinem Einflussbereich Liegende getan haben, um seine Erklärung in Geltung zu setzen[143].

Bei empfangsbedürftigen Erklärungen muss die Abgabe einem anderen gegenüber erfolgt sein. Hierfür reicht es nicht, dass sich die Erklärung lediglich inhaltlich auf einen anderen bezieht. Vielmehr muss der Erklärende die Erklärung in Richtung auf einen bestimmten Empfänger abgeben und damit rechnen, dass sie den richtigen Empfänger – gegebenenfalls auf Umwegen – erreichen werde[144].

Die Abgabe ist also die endgültige Äußerung einer Willenserklärung, wobei diese Äußerung bei empfangsbedürftigen Willenserklärungen auf den entsprechenden Empfänger gerichtet sein muss[145]. Eine Willenserklärung ist folglich abgegeben, wenn der Erklärenden sich ihrer entäußert, damit sie dem Empfänger zugehen kann.

---

142 Heinrichs in: Palandt, § 130 Rn. 4; Larenz/Wolf, Allgemeiner Teil, § 26 Rn. 3

143 Larenz/Wolf, Allgemeiner Teil, § 26 Rn. 2; Medicus, Allgemeiner Teil, Rn. 263; Einsele in: Münchener Kommentar, § 130 BGB Rn. 13

144 Hefermehl in: Soergel, § 130 BGB, Rn. 6; Brox in: Erman (Voraufl.), § 130 BGB Rn. 4; Förschler in: Münchener Kommentar (Voraufl.), § 130 BGB Rn. 6; Dilcher in: Staudinger (Voraufl.), § 130 BGB Rn. 4

145 Hefermehl in: Soergel, § 130 BGB Rn. 5; Flume, Das Rechtsgeschäft, § 14 /2, S. 225

1. E-Mail

Eine E-Mail ist dann abgegeben, wenn der Erklärende die Absendung veranlasst hat: er muss den letzten von ihm auszuführenden Mitwirkungsakt vollzogen haben, um die Erklärung „auf die elektronische Reise zu schicken“[146]. Dies geschieht durch das Betätigen der „Absenden“-Schaltfläche, also der Abgabe des Sendebefehls[147]. Vorab muss der Absender natürlich die E-Mail-Adresse des Adressaten angegeben haben[148]. Außerdem muss der Absender eine Verbindung zum Internet hergestellt haben[149].

Gleiches gilt auch in den Fällen, in denen der Absender nicht über einen eigenen Server verfügt, sondern sich eines außenstehenden Providers bedient. Diese Situation entspricht der Aushändigung an einen menschlichen Übermittlungsboten, die ja als Abgabe gewertet wird[150]. Auch das Versenden von Bestellformularen auf Websites funktioniert auf diese Weise. Bei nicht empfangsbedürftigen Erklärungen genügt zur Abgabe die endgültige Speicherung der Erklärung[151].

Fraglich ist, ob es bei dem Versand empfangsbedürftiger Willenserklärungen per E-Mail für die Abgabe erforderlich ist, dass in der Adresszeile des E-Mail-Programmes die richtige E-Mail-Adresse des Empfängers angegeben wurde. Bei falscher Adressierung erhält der Absender die E-Mail wegen unbekannten Empfängers als unzustellbar zurück. Hierbei handelt es sich aber nur um ein theoretisches Problem, da eine empfangsbedürftige Willenserklärung erst mit dem Zugang wirksam wird, ein solcher hier aber gar nicht erfolgen kann.

Möglich ist es aber auch, die empfangsbedürftige Erklärung als E-Mail zunächst zu speichern und den Sendezeitpunkt vorzuprogrammieren. In diesem Fall ist die E-Mail mit der tatsächlichen Versendung abgegeben, weil der Erklärenden vor diesem Zeitpunkt immer noch die Absendung verhindern kann. Endgültig ist die Abgabe erst dann, wenn die Erklärung nicht mehr in der Warteschleife („queue“) des E-Mail-Programmes steht, sondern tatsächlich abgeschickt worden ist[152].

---

146 Larenz/Wolf, Allgemeiner Teil, § 26 Rn. 9

147 Kuhn, Rechtshandlungen, S. 86; Bierekoven, Vertragsabschluss via Internet, S. 24; Cordes, Form und Zugang, S. 103; Palm in: Erman, § 130 BGB Rn. 4; Einsele in: Münchener Kommentar, § 130 BGB Rn. 13

148 Bierekoven, Vertragsabschluss via Internet, S. 24

149 Cordes, Form und Zugang, S. 103 f.

150 Kuhn, Rechtshandlungen, S. 86

151 Kuhn, Rechtshandlungen, S. 87; Cordes, Form und Zugang, S. 68 f.

152 Ultsch, NJW 1997, 3007 (3007); Koch, Internetrecht, S. 136; Härting, Internetrecht, Rn. 73; Kuhn, Rechtshandlungen, S. 87

Nach einer Ansicht sollen auch Willenserklärungen, die der Provider des Absenders auf seinem Rechner zwischenspeichert, um sie später zu einem vorbestimmten Zeitpunkt weiter zu versenden, noch nicht als abgegeben gelten. Der Erklärende habe nämlich bis zum Zeitpunkt der Weiterleitung noch die Möglichkeit, die Absendung zu verhindern[153]. Dies kann freilich nur gelten, wenn der Erklärende wirklich die Möglichkeit hat, die Weiterleitung zu verhindern. Ob die Weiterleitung an den Provider dem Einwurf in einen Briefkasten, wo der Absender gegebenenfalls auf die Leerung warten und den Brief dann noch aus dem Postsack heraussuchen könnte, ähnelt, oder ob die Mail gar nicht mehr identifiziert werden kann, so dass die endgültige Absendung nicht mehr verhindert werden könnte, ist Frage des Einzelfalls. In den meisten Fällen wird hier eine Verhinderung der Absendung nicht mehr möglich sein, so dass die Abgabe mit der Absendung an den Provider erfolgt. Der Erklärende gibt mit der Absendung an den Provider seine Nachricht aus der Hand; hätte er seinen Willen zur Absendung noch nicht endgültig gefasst, so würde er die Erklärung auf seinem Rechner zwischenspeichern.

Fraglich ist, wann eine E-Mail abgegeben ist, wenn der Versand auf einen späteren Termin vorprogrammiert wird. Einer Ansicht nach soll die Erklärung erst zum Zeitpunkt der tatsächlichen Absendung abgegeben sein. Zwar sei schon mit der Ablage im Postausgangsordner alles zur Abgabe Erforderliche getan, jedoch bliebe der Erklärende noch Herr der Erklärung, da er sie jederzeit wieder aus dem Postausgangsordner entfernen könne[154]. Hier fehlt es aber an einer endgültigen Entäußerung in Richtung Empfänger[155]. Der Erklärende hat seine Erklärung noch nicht aus der Hand gegeben. Zudem soll nach seinem Willen die Erklärung ohnehin erst zu dem späteren vorprogrammierten Zeitpunkt abgegeben werden.

Weiß der Absender, dass der Empfänger seine Nachricht nicht erhalten wird, weil beispielsweise dessen Server zurzeit defekt ist, so liegt keine Abgabe vor[156]. Der Absender hat hier schließlich nicht einmal versucht, seine Erklärung in Geltung zu setzen.

---

153 Koch, Internetrecht, S. 137
154 Härting, Internetrecht, Rn. 73
155 Kuhn, Rechtshandlungen, S. 87
156 Burgard, AcP 195 (1995), 74 (106)

2. Chat

Beim Chat ist die Erklärung erst entäußert, wenn der Erklärende den Absenden-Befehl ausgelöst hat[157].

3. Internettelefonie

Hier gilt das gleiche wie beim Telefonieren und beim direktem Gespräch: Die Erklärung ist mit dem Aussprechen der Worte, aus denen sie besteht, geäußert.

4. Websitekatalog

Fraglich ist, wann Willenserklärungen abgegeben sind, die im Rahmen eines Geschäftsschlusses über eine Website von den dahinter stehenden Informationstechnologien geäußert werden.

Die menschliche Erklärungshandlung – die Inbetriebnahme der Informationstechnologien – kann nicht als die Handlung angesehen werden, mit der die Erklärung in Richtung auf den späteren Empfänger geäußert wird, weil mit der Abgabe der Erklärung bereits der vollständige Tatbestand der Willenserklärung vorliegt. Dies ist aber zum Zeitpunkt der Inbetriebnahme der Informationstechnologien nicht der Fall – der Geschäftswille hat sich noch nicht konkretisiert –, sondern geschieht erst durch die Tätigkeit der Informationstechnologien. Zudem hat es der Unternehmer jederzeit in der Hand, diese vor der Abgabe weiterer Erklärungen abzuschalten.

Es muss also der Arbeitsteilung zwischen Mensch und Maschine Rechnung getragen werden[158]. Es genügt nicht, dass der Erklärende seinerseits alles Erforderliche getan hat, um die Erklärung zu erstellen und zu übermitteln[159]. Zwar sind in der verwendeten Software die zukünftigen Erklärungen quasi vorprogrammiert. Aber von einer fertigen Willenserklärung kann noch nicht gesprochen werden. Daher ist erst das Absenden der konkreten Erklärung durch die Informationstechnologien als Abgabe anzusehen[160]. Die Erklärung muss das IT-System des Absenders tatsächlich verlassen haben (sprich: die Schnittstelle passiert haben[161]) und auf den Weg zum Empfänger gebracht worden sein[162].

---

[157] Kuhn, Rechtshandlungen, S. 86
[158] Kuhn, Rechtshandlungen, S. 87; Cordes, Form und Zugang, S. 78
[159] Kuhn, Rechtshandlungen, S. 87
[160] Cordes, Form und Zugang, S. 78
[161] Cordes, Form und Zugang, S. 79

5. EDI

Ein ähnliches Problem stellt sich beim EDI: die Erklärungen werden nach Inbetriebnahme des IT-Systems beim Eintreten bestimmter Ereignisse automatisch erstellt und versandt. Auch in diesem Fall ist zu überlegen, ob die betreffenden Erklärungen nicht bereits durch die Inbetriebnahme der entsprechend programmierten Informationstechnologien abgegeben sind. Der Unternehmer hat ja seinen Teil zum Versand der Erklärungen an den Empfänger bereits beigetragen und abgeschlossen. Aber auch hier ist daran festzuhalten, dass zu diesem Zeitpunkt der Tatbestand einer Willenserklärung noch nicht vorliegt, weil der Geschäftswille noch nicht für den Einzelfall konkretisiert ist[163].

6. Agenten

Bei der Verwendung von Agentensoftware wird am deutlichsten, dass die Abgabe der Erklärung erst mit der Äußerung durch die Software erfolgt ist. Zwar ist bei der Verwendung von Boten zur Übermittlung von Erklärungen die Erklärung mit der Abgabe an den Boten abgegeben. Der Bote übermittelt jedoch nur eine bereits fertig gestellte Erklärung, während ein Agent sich erst über die Preise informiert und dann auch noch an einen Empfänger wendet, der von dem Unternehmers nicht genau bestimmt wurde. Der komplette Tatbestand einer Willenserklärung liegt daher erst vor, wenn der Agent sie erstellt hat und an den Agenten des Vertragspartners sendet[164].

II. Abhandenkommen

Häufig wird angenommen, dass eine Willenserklärung nur dann abgegeben sei, wenn sie mit Willen des Verfassers in den Verkehr gebracht wurde[165]. Dies ist plausibel, da eine Willenserklärung die Äußerung eines Willens darstellt.

Ein Abhandenkommen läge beispielsweise vor, wenn eine vom Verfasser fertig gestellte E-Mail von einem Dritten abgesandt wird, obwohl der Verfasser sie gar nicht mehr verschicken wollte. Eine ähnliche Situation liegt vor, wenn vermeintlich außer Betrieb genommene Informationstechnologien weiterarbeiten oder ein

162 Koch, Internetrecht, S. 137; Kuhn, Rechtshandlungen, S. 88
163 Cordes, Form und Zugang, S. 78
164 Cornelius, MMR 2002, 353 (356); Gitter/Roßnagel, K&R 2003, 64 (66)
165 Hefermehl in: Soergel, § 130 BGB, Rn. 5

Agent, der von dem Unternehmer vorbereitet wurde, von einem Dritten losgeschickt wird, obwohl der Unternehmer dies gar nicht wollte.

Nach einer Ansicht ist der Tatbestand einer Willenserklärung nur gegeben, wenn die Erklärung willentlich, das heißt, zum Zwecke der Absendung an den Empfänger abgegeben wurde[166]. Wird eine Erklärung, die nicht zum Zwecke der Absendung abgegeben wurde, durch eine andere Person als den Erklärenden ohne entsprechenden Auftrag an den Empfänger weitergeleitet, so soll keine Abgabe vorliegen[167]. Die Erklärung ist in diesen Fällen jedoch dann abgegeben, wenn der Erklärende die Absendung genehmigt oder trotz Kenntnis von der Absendung nicht unverzüglich widerspricht[168].

Nach anderer Meinung soll hier die Lehre vom normativen Empfängerhorizont Anwendung finden: Dürfe der Empfänger einer Erklärung redlicherweise davon ausgehen, dass ihn die Erklärung mit Willen des Erklärenden erreicht habe, so sei sein Vertrauen auf das Vorliegen einer wirksamen Willenserklärung schutzbedürftig. Auf die Frage, ob der Erklärende die ungewollte Abgabe der Erklärung zu vertreten habe, komme es nicht an[169].

Einer dritten Ansicht nach ist eine abhanden gekommene Erklärung dann als abgegeben anzusehen, wenn der Erklärende das Inverkehrbringen aus Gründen in seinem Herrschafts- und Organisationsbereich zu vertreten habe[170] bzw. den Anschein einer abgegebenen Willenserklärung in zurechenbarer Weise herbeigeführt hat[171]. Es handele sich hier um einen Parallelfall zum Fehlen des Erklärungsbewusstseins[172]. Dieser Ansicht ist zuzubilligen, dass das reine Abstellen auf die willentliche Entäußerung den Verkehrsschutz außer Acht lässt, während das Festhalten des versehentlich Erklärenden an seiner Erklärung ohne Anfechtungsmöglichkeit den Empfänger einseitig begünstigt.

Zu berücksichtigen ist hierbei jedoch, dass es sich bei dem Willen, eine Erklärung zu äußern, nicht um einen besonderen Willen handelt, sondern um einen Bestandteil von Handlungswille, Erklärungsbewusstsein oder Geschäftswille.

---

166 Flume, Das Rechtsgeschäft, § 14 /2, S. 226; Hefermehl in: Soergel, § 130 BGB, Rn. 5

167 Flume, Das Rechtsgeschäft, § 14 /2, S. 226; Brox in: Erman (Voraufl.), § 130 BGB Rn. 4; Förschler in: Münchener Kommentar (Voraufl.), § 130 BGB Rn. 6

168 Flume, Das Rechtsgeschäft, § 14 /2, S. 226

169 Härting, Internetrecht, Rn. 72

170 Heinrichs in: Palandt, § 130 BGB, Rn. 4; Einsele in: Münchener Kommentar, § 130 BGB Rn. 14

171 Hefermehl in: Soergel, § 130 BGB, Rn. 5

172 Heinrichs in: Palandt, § 130 BGB, Rn. 4; Einsele in: Münchener Kommentar, § 130 BGB Rn. 14; ähnlich Kuhn, Rechtshandlungen, S. 90

Fällt jemand auf die Tastatur und wird auf diese Weise eine bereits verfasste, aber nicht für die Absendung vorgesehene Erklärung verschickt, so liegt mangels Handlungswillens keine Willenserklärung vor. Löst ein Dritter den Absendebefehl aus, so fehlt es ebenfalls am Handlungswillen des Verfassers. Im letzten Fall kann man dem Verfasser vorwerfen, dass er nicht genug auf die ihn umgebenden Leute geachtet habe. Im ersten kann man dem Verfasser vorwerfen, dass er sich unachtsam durch seine Räumlichkeiten bewegt habe. Diese Kritik macht die Erklärung aber noch nicht zu einer rechtlich relevanten Willenserklärung. Die berechtigten Interessen des Empfängers, der glaubt, eine wirksame Willenserklärung vor sich zu haben, werden auf anderem Wege geschützt. Der Verfasser hat einen Rechtsschein gesetzt (§ 122 BGB analog[173]).

Das gleiche gilt für das Initiieren eines Agenten durch einen Dritten. Auch in dieser Fallgestaltung fehlt es an dem Handlungswillen des Unternehmers – es wird nur ein Rechtsschein gesetzt. Diesen muss der Unternehmer jedoch nur dann gegen sich gelten lassen, wenn er ihn schuldhaft gesetzt hat (Duldungs- oder Anscheinsvollmacht oder §§ 311, 241 II, 280 BGB (c.i.c.)[174]).

Werden Informationstechnologien in Betrieb genommen ohne den Willen, dadurch schon rechtlich relevante Erklärungen gegenüber Dritten zu äußern, so fehlt es am Erklärungsbewusstsein. Der Absender haftet bei Fahrlässigkeit gemäß § 122 BGB[175]. Fehlt das Verschulden, wird § 122 BGB analog angewandt[176].

Aus dem Vorstehenden ergibt sich, dass in den Fällen abhanden gekommener Willenserklärungen meist der Handlungswille fehlt und die betreffende Erklärung damit nicht die Qualität einer Willenserklärung besitzt. Zu berücksichtigen ist außerdem, dass die Abgabe den Zeitpunkt festlegt, an dem der vollständige Tatbestand einer Willenserklärung vorliegt. Beim Fehlen des Handlungswillens liegt jedoch überhaupt keine Willenserklärung vor, weil der Handlungswille notwendiges Tatbestandsmerkmal ist. Etwas anderes gilt für das Erklärungsbewusstsein. Es liegt eine zwar fehlerhafte, aber existierende Willenserklärung vor, von der sich der Erklärende durch Anfechtung lösen kann.

Daraus ergibt sich: Es kommt nicht darauf an, ob der Unternehmer die Willenserklärung willentlich abgegeben hat oder ob ein gutgläubiger Dritter dies gegen den eigentlichen Willen des Unternehmers getan hat. Ein eigener Abgabewille

---

173 Einsele in: Münchener Kommentar, § 130 BGB Rn. 14; Heinrichs in: Palandt, § 122 BGB Rn. 2

174 Heinrichs in: Palandt, § 130 BGB Rn. 4

175 Palm in: Erman, Vor § 116 BGB Rn. 14; Hefermehl in: Soergel, Vor § 116 BGB Rn. 49

176 Heinrichs in: Palandt, § 130 BGB Rn. 4

ist nicht zu prüfen – wichtiger ist vielmehr die Frage, ob die notwendigen Tatbestandsmerkmale einer Willenserklärung erfüllt sind. Der Abgabewille ist hier meist mit dem Handlungswillen identisch. Bisweilen liegt jedoch auch ein Fall des fehlenden Erklärungsbewusstseins vor.

III. Zugang

1. Kommunikation unter Abwesenden /Anwesenden

Zugang ist der Zeitpunkt, in dem eine empfangsbedürftige Willenserklärung wirksam wird. Das Gesetz regelt dies in § 130 I 1 BGB nur für Willenserklärungen unter Abwesenden. Fraglich ist, wann eine Erklärung unter Abwesenden und wann unter Anwesenden erfolgt.

a) Übermittlung von Person zu Person, § 147 I 2 BGB

Diese Termini finden sich ebenfalls in § 147 BGB. § 147 I 2 BGB besagt, dass ein elektronisch von Person zu Person übermittelter Antrag genauso wie ein unter Anwesenden gemachter Antrag nur sofort angenommen werden kann. Daraus lässt sich aber nicht zwangsläufig schließen, dass ein beispielsweise telefonisch gemachter Antrag unter Anwesenden erfolgt. Es könnte sich genauso gut um eine Ausnahmeregelung handeln. Zudem regelt § 130 BGB das Wirksamwerden von Erklärungen, während § 147 BGB die Dauer der Wirksamkeit von Anträgen bestimmt. Der Anwendungsbereich beider Vorschriften stimmt nur folglich zum Teil überein, nämlich in Bezug auf Anträge, die gegenüber physisch Abwesenden gemacht werden.

b) Zeitmoment

§ 147 I 2 BGB enthält jedoch Anhaltspunkte dafür, welche Bedeutung der Gesetzgeber der An- oder Abwesenheit der Parteien zumaß. Aus § 147 I 2 BGB ergibt sich, dass die Situation der Parteien bei einem Telefonat bzw. ähnlicher Übermittlung der Anwesenheit soweit entspricht, dass eine einheitliche Rechtsfolge angemessen erscheint[177]. Grund hierfür ist, dass in beiden Fällen die Parteien sofort aufeinander reagieren können. Es besteht keine Zeitverzögerung zwischen der Abgabe der Erklärung und ihrem Eintreffen bei der Gegenseite. Aus der Tatsache, dass nur das Wirksamwerden von Erklärungen unter Abwe-

---

177 John, AcP 184 (1984), 385 (393)

senden ausdrücklich gesetzlich geregelt wird, ergibt sich, dass für das Wirksamwerden von Erklärungen unter Anwesenden kein Zugang im Sinne von § 130 BGB erforderlich ist. Allerdings ist deutlich, dass in diesen Fällen die bloße Abgabe der Erklärung nicht ausreicht, sondern dass der Erklärungsempfänger die Erklärung vernommen haben muss, damit sie wirksam wird.

Dies bedeutet, dass es für die Frage, ob eine Erklärung unter Abwesenden oder Anwesenden erfolgt, entscheidend darauf ankommt, auf welche Weise die Erklärung den Empfänger erreichen kann. Tritt zwischen Abgabe und Annahme eine relevante zeitliche Verzögerung ein, so handelt es sich um Kommunikation unter Abwesenden. Erreicht die Nachricht den Empfänger sofort, so liegt Kommunikation unter Anwesenden vor[178].

c) Direkter Dialog mit Rückfragemöglichkeit

Bei Erklärungen unter Anwesenden fallen Abgabe und Empfang zusammen. Der Erklärende bewirkt, dass der Empfänger die Erklärung erhält, entweder, indem er Schallwellen äußert, die der Empfänger wahrnehmen kann, oder indem er diesem eine schriftliche Erklärung in die Hand drückt. Häufig wird hierbei darauf hingewiesen, dass sich die Anwesenden in einem direkten Dialog befinden, und der Erklärende sich vergewissern kann, dass der Empfänger die Erklärung verstanden hat, genauso wie dieser die Möglichkeit hat, bei mangelndem Verständnis rückzufragen[179]. Diese Option hat aber mit dem Zugang nichts zu tun. Der Zugang bewirkt lediglich das Wirksamwerden der Erklärung. Das Verständnis spielt hier allenfalls in akustischer Hinsicht eine Rolle, nicht jedoch in inhaltlicher[180]. Diese Punkte sind im Rahmen des § 147 BGB relevant, wo es darum geht, eine inhaltliche Entscheidung auf ein Vertragsangebot zu treffen. Für den Zugang einer Erklärung ist jedoch die Frage, ob ein unmittelbarer Dialog zwischen den Parteien besteht, nicht relevant.

---

178 Hefermehl in: Soergel, § 130 BGB Rn. 3

179 Medicus, Allgemeiner Teil, Rn. 288; John, AcP 184 (1984), 385 (391 ff., 401 ff.); Larenz/Wolf, Allgemeiner Teil, § 26 Rn. 31 f. u. 37; Koch, Internetrecht, S. 139 f.; Hahn in: Hoeren/Queck, Rechtsfragen der Informationsgesellschaft, S. 153, 155; Heun, CR 1994, 595 (597); Hoppmann/Moos in: Kröger/Gimmy, Handbuch zum Internetrecht, S. 471; Gitter/Roßnagel, K&R 2003, 64 (66 f.); Palm in: Erman, § 130 BGB Rn. 5; Ende/Klein, Vertriebsrecht, S. 21

180 Nach Burgard, AcP 195 (1995), 74 (107) ist das Verständnisrisiko kein Problem des Zugangs, sondern allein eine Frage der Auslegung von Willenserklärungen.

d) Verkörperung

Vielfach wird hinsichtlich der Frage, wann eine Erklärung empfangen wurde, das Augenmerk auf die körperliche Form der Erklärung gerichtet[181]. Eine Erklärung in Form von Schallwellen wird auf andere Weise empfangen als eine schriftlich niedergelegte. Die erste Erklärung wird über das Gehör wahrgenommen, während die zweite – da es im Rahmen des Zugangs auf das inhaltliche Verständnis nicht ankommt – durch Erhalt der Verkörperung der Erklärung empfangen wird. Es leuchtet ein, dass telefonische Erklärungen trotz fehlender körperlicher Präsenz als Erklärungen unter Anwesenden behandelt werden sollen. Zweifelhaft ist aber, ob das Überreichen eines Briefes bei körperlicher Präsenz beider Parteien bereits aufgrund der Tatsache, dass die inhaltliche Wahrnehmung der Erklärung hier – weil sie zunächst gelesen werden muss – erst nach dem Empfang erfolgt, als Erklärung unter Abwesenden gewertet werden kann. Auf die inhaltliche Wahrnehmung kommt es beim Zugang ja nicht an. Die Zugangsregelung soll nur klären, welche Partei das Übermittlungsrisiko trägt[182]. Dies soll gemäß § 130 BGB bei Erklärungen unter Abwesenden der Erklärende tragen. Wenn der Erklärende die schriftliche Erklärung dem Empfänger übergeben hat, ist die Übermittlung abgeschlossen. Das gleiche gilt für die wahrnehmbare Äußerung beim Telefonat. In beiden Fällen wird deutlich, dass das Übermittlungsrisiko sehr gering ist, weil der Erklärende die Situation im Prinzip – von Problemen wie verdeckter Schwerhörigkeit des Empfängers abgesehen – zur Gänze unter Kontrolle hat. Für diese Fälle, in denen der Empfang einer Erklärung durch wahrnehmbare Äußerung oder Übergabe möglich ist, ist eine spezielle Regelung des Übermittlungsrisikos nicht erforderlich. § 130 BGB ist auf diese Fälle also nicht anwendbar.

e) Schlüsse

Daraus folgt: § 130 BGB regelt die Fälle, in denen der Erklärende die Übermittlung seiner Erklärung nicht unter Kontrolle hat. Letzteres ist dann der Fall, wenn der Erklärende sich nicht sofort von dem Übermittlungserfolg überzeugen kann, sondern erst mit einer relevanten zeitlichen Verzögerung.

Dies bedeutet für den elektronischen Rechtsgeschäftsverkehr Folgendes: Ob ein Zugang der Erklärung gemäß § 130 BGB erforderlich ist, richtet sich danach, ob

---

181 Dilcher in: Staudinger (Voraufl.), § 130 BGB Rn. 14; Härting, Internetrecht, Rn. 75 ff.; Graf Fringuelli/Wallhäuser, CR 1999, 93 (98); Schwerdtfeger in: Schwerdtfeger, Cyberlaw, S. 19; Cordes, Form und Zugang, S. 70; Dietrich, MMR 2002, 138 (139); Einsele in: Münchener Kommentar, § 130 BGB Rn. 2

182 Hefermehl in: Soergel, § 130 BGB Rn. 2 f.; Burgard, AcP 195 (1995), 74 (94 f.)

die Erklärung durch das verwendete Medium mit relevanter zeitlicher Verzögerung so übermittelt wird, dass der Erklärende nicht sofort Kenntnis vom Empfang hat.

aa) E-Mail

Bei E-Mails wird Text in mehreren Datenpäckchen an die Gegenseite übermittelt. Ob dieser Text beim Empfänger ankommt, ist für den Erklärenden nicht erkennbar. Nur in bestimmten Fällen fehlgeschlagener Übermittlung (z. B. bei einer unbekannten E-Mail-Adresse oder wenn der Mailserver des Empfängers gerade außer Betrieb ist) wird er von dem E-Mail-Provider in Kenntnis gesetzt. Eine Empfangsbescheinigung wird nur dann versandt, wenn der Empfänger die Mail öffnet. Dies fällt aber nicht notwendig mit dem tatsächlichen Zeitpunkt des Empfangs zusammen. Zwar erfolgen bei E-Mails Absendung und Empfang der meist sekundenschnellen Übermittlung wegen beinahe simultan, der Absender begibt sich aber der Möglichkeit, den Empfang der Erklärung zu kontrollieren, weil er den Weg der Erklärung durch das Internet nicht genau steuern kann, selbst wenn er sein eigener Provider ist, und die E-Mail direkt bei dem Empfänger ohne Zwischenschaltung eines weiteren Providers ankommt. Daher besteht bei der Übermittlung von E-Mails ein Risiko, das gemäß § 130 BGB der Absender zu tragen hat. Die E-Mail wird erst dann wirksam, wenn sie dem Empfänger zugegangen ist[183].

bb) Chat

Chat ist eigentlich ein Art Echtzeit-E-Mailen, läuft aber über andere Programme und Systeme. Letztlich werden aber auch hier Textdaten in einzelnen Paketen über das Internet zum Empfänger transportiert und dort wieder zusammengesetzt. Das ganze erscheint als schriftliches Telefongespräch. Beide Seiten haben den Dialog schriftlich auf ihrem Bildschirm vorliegen und sehen, wenn ihre Nachricht beim Empfänger angekommen ist, weil dann der Dialog auf ihrem Bildschirm entsprechend ergänzt wird. Reißt die Verbindung zu dem Empfänger ab, so wird das dem Absender sofort angezeigt. Die Äußerung fällt beim Chat mit dem Empfang zusammen und der Erklärende ist sofort in der Lage zu sehen,

---

183 Hefermehl in: Soergel, § 130 BGB Rn. 13d; Einsele in: Münchener Kommentar, § 130 BGB Rn. 18; Larenz/Wolf, § 26 Rn. 17; Gimmy in: Kröger/Gimmy, Handbuch zum Internetrecht, S. 68; Hoppmann/Moos in: Kröger/Gimmy, Handbuch zum Internetrecht, S. 471; Härting, Internetrecht, Rn. 75 ff.; Jessen in: Lehmann, E-Commerce, S. 140; Schwerdtfeger in: Schwerdtfeger, Cyberlaw, S. 19; Hahn in: Hoeren/Queck, Rechtsfragen der Informationsgesellschaft, S. 153; Bierekoven, Vertragsabschluss via Internet, S. 26 f.; Cordes, Form und Zugang, S. 104; Herwig, MMR 2001, 145 (146); Ende/Klein, Vertriebsrecht, S. 21

ob seine Erklärung angekommen ist. Daher hat der Erklärende das Übermittlungsrisiko unter Kontrolle, so dass § 130 BGB keine Anwendung findet[184].

cc) EDI

Beim EDI werden im Prinzip auch E-Mails versandt. Hierbei soll es sich um Kommunikation unter Abwesenden handeln[185]. Erfolgt die Übermittlung der EDI-Nachrichten über das Internet oder einen Provider, so liegt wie beim Versand von E-Mail auch tatsächlich Kommunikation unter Abwesenden vor.

Die klassische Form von EDI erfolgt jedoch über Telefonstandleitungen zwischen den Unternehmen. Die Übermittlung der Nachrichten könnte also wie ein Telefongespräch als Kommunikation unter Anwesenden angesehen werden. Der Unterschied zum Telefongespräch liegt jedoch darin, dass hier Textnachrichten übermittelt werden, die allerdings so abgefasst sind, dass die verwendeten Computersysteme sich auf diese Weise verständigen können. Dass die Parteien bei der Kommunikation nicht anwesend sind, ist unschädlich, da die verwendeten Informationstechnologien auf die Formulierung des konkreten Geschäftswillens programmiert sind. Das heißt, die Parteien sind durch die kommunizierenden Informationstechnologien in für diese Art Geschäfte ausreichender Weise präsent. Voraussetzung ist allerdings, dass beide IT-Systeme zeitgleich arbeiten, das heißt, dass eine Erklärung immer sofort empfangen werden kann.

dd) Websites

Fraglich ist die Einordnung von Formularen oder Erklärungen, die durch Betätigung einer Schaltfläche (z. B. eines Buttons mit der Aufschrift „Einverstanden") an die hinter einer Website stehende Informationstechnologien versandt werden. Wenn es sich nicht um bloße E-Mails handelt, sondern das IT-System sofort auf diese formalisierten Erklärungen reagieren kann, so entspricht die Situation der beim Chatten. § 130 BGB ist also nicht anwendbar[186]. Hiergegen wird eingewandt, dass diese Form der Kommunikation sich ausschließlich im Rahmen vorbestimmter Programmschritte bewege. Die Informationstechnologien können nie den individuellen Verständnishorizont des Empfängers begreifen[187], und es gebe für beide Seiten auch keine Nachfragemöglichkeit[188]. Es fehle an einer

184 Larenz/Wolf, § 26 Rn. 37

185 Kilian, CR 1994, 657 (659); Cordes, Form und Zugang, S. 76

186 Larenz/Wolf, Allgemeiner Teil, § 26 Rn. 37

187 Heun, CR 1994, 595 (597)

188 Heun, CR 1994, 595 (597); Graf Fringuelli/Wallhäuser, CR 1999, 93 (97 f.); Mehrings, MMR 1998, 30 (33); Ende/Klein, Vertriebsrecht, S. 21

Erklärung von Person zu Person[189]. Diese Ansicht geht aber davon aus, dass § 130 BGB nur in offenen Dialogsituationen anwendbar sei. Wie oben dargelegt, kommt es aber darauf an, ob der Erklärende das Übermittlungsrisiko unter Kontrolle hat, nicht darum, ob der Inhalt der Erklärung verstanden wird.

ee) Internettelefonie

Internettelefonie funktioniert genauso wie Chat, nur dass hierbei Sprach- und nicht Textdateien übermittelt werden. Die Klangqualität ist meistens schlechter als beim gewöhnlichen Telefonat. Trotzdem kann hier von Kommunikation unter Anwesenden gesprochen werden – der Erklärende kann sich wie bei einem gewöhnlichen Telefonat vom Empfang seiner Erklärung durch Rückfrage Überzeugung verschaffen.

ff) SMS

SMS-Nachrichten sind Textbotschaften, die der Absender von seinem Handy (oder aus dem Internet) auf die Mailbox seines Adressaten schickt, von wo aus dieser sie abrufen kann. Es handelt sich also um eine Art mobile E-Mail mit Zeichenbegrenzung und daher wie bei E-Mails um Kommunikation unter Abwesenden.

gg) Agenten

Wie beim EDI wird die Konkretisierung des Geschäftswillens des Erklärenden durch die Programmierung der Agenten gesteuert, so dass die Parteien in ihren Commerce-Bots für die entsprechenden Geschäfte hinreichend präsent sind. Da die Verständigung zwischen den Agenten in Echtzeit funktioniert, liegt auch hier Kommunikation unter Anwesenden vor.

2. Erklärungen unter Anwesenden

Es ist – von der Terminologie abgesehen – unstreitig, dass auch eine Willenserklärung, die gegenüber einem Anwesenden abgegeben wird, von diesem empfangen werden muss, um wirksam zu werden, sofern sie empfangsbedürftig ist[190].

---

[189] Heun, CR 1994, 595 (597)

[190] für Zugang: Hefermehl in: Soergel, § 130 BGB Rn. 3 sowie Einsele in: Münchener Kommentar, § 130 BGB Rn. 28; Differenzierung nach verkörperten und nicht verkörperten Erklä-

Wie bereits erläutert, ist es streitig, ob es für das Wirksamwerden von Erklärungen unter Anwesenden des Zugangs bedarf[191]. Hierbei handelt es sich aber lediglich um ein begriffliches Problem. Aus dem § 130 BGB scheint sich zu ergeben, dass nur Erklärungen unter Abwesenden des Zugangs bedürfen. Fest steht jedoch, dass für empfangsbedürftige Willenserklärungen zum Wirksamwerden nicht die bloße Abgabe ausreicht, sondern die Erklärungen tatsächlich empfangen werden müssen. Zudem muss die Erklärung nicht inhaltlich wahrgenommen werden. Es genügt, dass die Erklärung von dem Empfänger vernommen werden kann. Der Erklärende muss also hörbar und hinreichend deutlich sprechen oder die schriftliche Erklärung dem Empfänger überreichen[192].

a) Internettelefonie

Bei Telefonaten gilt das gleiche wie im persönlichen Gespräch, und dies gilt auch für die Internettelefonie. Da der Erklärende das Verständnisrisiko trägt, muss er mit entsprechender Sorgfalt kommunizieren[193].

b) Chat

Beim Chat muss der Nachrichtentext für den Empfänger lesbar werden, das heißt, auf seinem Bildschirm erscheinen, um einen Empfang zu bejahen. Die Tatsache, dass eine Chatmitteilung nicht dauerhaft gespeichert wird, schadet nicht, weil es genügt, dass der Empfänger Gelegenheit hatte, vom Inhalt Kenntnis zu nehmen[194].

c) EDI via Standleitung

Beim EDI via Telefonstandleitung muss die Erklärung so in die IT-Anlage des Empfängers gelangt sein, dass sie sofort verarbeitet werden kann. Die Erklärung muss also die Schnittstelle zum Empfängergerät passiert haben[195].

Erklärungen: Heinrichs in: Palandt, § 130 BGB Rn. 13 f. sowie Brox in: Erman (Voraufl.), § 130 BGB Rn. 16 und Palm in: Erman, § 130 BGB Rn. 16

191 siehe oben C III 1

192 Heinrichs in: Palandt, § 130 BGB Rn. 13 f.; Hefermehl in: Soergel, § 130 BGB Rn. 20 f.

193 Heun, CR 1994, CR 1994, 595 (599); Hefermehl in: Soergel, § 130 BGB Rn. 21; Einsele in: Münchener Kommentar, § 130 BGB Rn. 28

194 Koch, Internetrecht, S. 139; Larenz/Wolf, § 26 Rn. 37

195 Hahn in: Hoeren/Queck, Rechtsfragen der Informationsgesellschaft, S. 154; Cordes, Form und Zugang, S. 84

Der deutsche EDI-Rahmenvertrag sieht folgende Regelung vor: Der Zugang einer EDI-Erklärung ist dann zu bejahen, wenn sie bei der Kommunikationseinrichtung des Empfängers eingegangen ist und außerdem eine automatische Empfangsbestätigung erfolgt ist. Durch diese Regelung sollen Fehler bei der Nachrichtenübermittlung frühzeitig erkannt werden[196].

Die Geschäftszeiten müssen festgelegt werden. Sie sind maßgeblich für die Reaktionszeiten bei der Abwicklung von Leistungsbeziehungen. Bei Abrufverfahren[197] geht eine abgerufene Erklärung dem Empfänger (der diese zuvor angefordert hatte) erst zu, wenn eine automatische Abrufbestätigung bei der Kommunikationseinrichtung des Senders eingegangen ist.

d) Websites

Besteht bei einer Website die Möglichkeit, dass die dahinter stehenden Informationstechnologien sofort auf eingehende Nachrichten reagieren können, diese also sogleich weiterverarbeiten können, wird die Erklärung wirksam, wenn sie so beim Empfänger eingeht, dass sie sofort weiterverarbeitet werden kann.

Ein Großteil der Literatur geht davon aus, dass es sich auch in diesen Fällen um Kommunikation unter Abwesenden handelt und daher Zugang erforderlich ist. Die Nachricht müsse daher so in den Bereich des Empfängers gelangt sein, dass dieser nach den gewöhnlichen Umständen die Möglichkeit habe, die Erklärung zur Kenntnis zu nehmen. Nach einer Ansicht erfolge in solchen Fällen die „Kenntnisnahme" in Form der sofortigen Weiterverarbeitung[198]. Hier gebe es keinen Grund mehr für das Festhalten an den gewöhnlichen Geschäftszeiten, da der Anbieter selbst darauf verzichte[199]. Die Nachricht sei bereits dann zugegangen, wenn sie ordnungsgemäß automatisch erfasst und abgespeichert ist[200].

Nach einer weiteren Ansicht soll beim automatisierten Verfahren sogar der bloße Eingang beim Empfänger genügen[201]. In diesem Fall liege ein Verzicht auf

---

196 Kilian, CR 1994, 657 (659)

197 Beispiel von Kilian, CR 1994, 657 (659): Bei der Just-in-time-Produktion in der Autoindustrie rufen die Zulieferunternehmen von ihren Produktionsunternehmen Art und Menge der zu einem bestimmten Zeitpunkt zu liefernden Teile ab.

198 Taupitz/Kritter, JuS 1999, 839 (842); für Agenten: Cornelius, MMR 2002, S. 353 (356)

199 Heun, CR 1994, 595 (598); Gimmy in: Kröger/Gimmy, Handbuch zum Internetrecht, S. 70

200 Gimmy in: Kröger/Gimmy, Handbuch zum Internetrecht, S. 70

201 Hoppmann/Moos in: Kröger/Gimmy, Handbuch zum Internetrecht, S. 471; Schwerdtfeger in: Schwerdtfeger, Cyberlaw, S. 21; Hahn in: Hoeren/Queck, Rechtsfragen der Informationsgesellschaft, S. 154

das Tatbestandsmerkmal „Möglichkeit der Kenntnisnahme" vor[202]. Einer Möglichkeit der (menschlichen) Kenntnisnahme bedürfe es nicht, da eine solche weder erforderlich noch vom Empfänger vorgesehen sei[203]. Es bedürfe daher einer Ergänzung des Zugangsbegriffs[204]. Nach dieser Auffassung soll es sogar genügen, dass nach den getroffenen Vorkehrungen für die Kommunikationsbeziehung die Möglichkeit der Verarbeitung bestehe[205]. Der Zugang sei in diesen Fällen bereits mit dem Passieren der Schnittstelle des Empfängers bewirkt, weil diesem aufgrund der getroffenen Vorkehrungen die (mögliche) inhaltliche Erfassung der Erklärung durch die von ihm betriebenen Informationstechnologien wie eine Möglichkeit der Kenntnisnahme zugerechnet werden könne[206].

Wie oben herausgearbeitet, handelt es sich in diesen Fällen um Kommunikation unter Anwesenden, so dass der Eingang beim Empfänger genügt, um die Erklärung wirksam werden zu lassen. Ob die Weiterverarbeitung dann tatsächlich erfolgt, die Erklärung also inhaltlich wahrgenommen wird, spielt für das Wirksamwerden der Erklärung keine Rolle, sondern fällt in den Risikobereich des Empfängers.

e) Agenten

Auch bei Agenten ist die Möglichkeit zur sofortigen Weiterverarbeitung erforderlich, damit die Erklärung Wirksamkeit erlangt. Selbst wenn der empfangende Commerce-Bot auf der Plattform des erklärenden Bots angedockt hat, muss ihm die Nachricht so übermittelt werden, dass er sie sofort verarbeiten kann[207]. Dies gilt natürlich nur für die theoretische Verarbeitungsmöglichkeit. Wenn der Agent aufgrund eines internen Fehlers eine von ihm empfangene Erklärung nicht verarbeiten kann, so ändert dies nichts daran, dass diese Erklärung wirksam geworden ist.

---

202 Mehrings, MMR 1998, 30 (33); ders. in: Hoeren/Sieber, Handbuch Multimedia-Recht, 13.1 Rn. 219; Taupitz/Kritter, JuS 1999, 839 (842)

203 Taupitz/Kritter, JuS 1999, 839 (842); Mehrings in: Hoeren/Sieber, Handbuch Multimedia-Recht, 13.1 Rn. 219

204 für Agenten: Cornelius, MMR 2002, S. 353 (356)

205 Mehrings, MMR 1998, 30 (33); ders. in: Hoeren/Sieber, Handbuch Multimedia-Recht, 13.1 Rn. 219; für Agenten: Cornelius, MMR 2002, S. 353 (356)

206 Mehrings in: Hoeren/Sieber, Handbuch Multimedia-Recht, 13.1 Rn. 219

207 Cornelius, MMR 2002, S. 353 (356)

3. Zugang: Erklärungen unter Abwesenden

Nach allgemeiner Definition ist eine Erklärung dann zugegangen, wenn sie so in den Bereich des Empfängers gelangt ist, dass er die Möglichkeit hat, von ihrem Inhalt Kenntnis zu nehmen[208].

a) Bereich des Empfängers

Die Frage, ob eine Nachricht in den Bereich des Empfängers gelangt ist, darf beim Zugang nicht von der Frage der Kenntnisnahmemöglichkeit getrennt werden. Ein Brief, der in der Wohnung des Empfängers unter den Teppich geschoben wird, befindet sich zwar unbestritten im Bereich des Empfängers, aber nicht so, dass ein Zugang bejaht werden kann: Dem Empfänger ist keine Möglichkeit zur Kenntnisnahme verschafft worden[209].

aa) Eigener Mailserver

Einige Stimmen in der Literatur wollen den (Risiko-)Bereich des Empfängers hinter der Schnittstelle zum internen Datennetz des Empfängers beginnen lassen[210]. Das Übermittlungsrisiko des Absenders soll (entsprechend der gesetzlichen Definition des Netzmonopols in § 1 II Fernmeldeanlagengesetz) an der Abschlusseinrichtung des jeweiligen Übertragungsweges enden: Der Schnittstelle, an der der Empfänger seine Endeinrichtungen angeschlossen hat[211]. Speicherung oder Ausdruck der Erklärung seien nicht erforderlich[212], da eine E-Mail anders als ein gewöhnliches Telefax am Bildschirm lesbar sei oder unmittelbar elektronisch weiterverarbeitet werden könne[213]. Der Empfänger gebe mit der Verwendung seiner E-Mail- oder Internet-Adresse (URL) allgemein bekannt, dass er auf diesem Wege erreichbar sei[214]. Es sei daher auch interessengerecht,

---

208 zum Beispiel Heinrichs in: Palandt, § 130 BGB Rn. 5 m. w. N.; Hefermehl in: Soergel, § 130 BGB Rn. 8

209 Hefermehl in: Soergel, § 130 BGB Rn. 8

210 Heun, CR 1994, 595 (598); Mehrings, MMR 1998, 30 (33); ders. in: Hoeren/Sieber, Handbuch Multimedia-Recht, 13.1 Rn. 214: aber nicht, wenn Kenntnisnahme ohne vorherige Speicherung nicht möglich; Hoppmann/Moos in: Kröger/Gimmy, Handbuch zum Internetrecht, S. 471; Cordes, Form und Zugang, S. 81, 105

211 Heun, CR 1994, 595 (598); Palm in: Erman, § 130 BGB Rn. 9

212 Heun, CR 1994, 595 (598); Mehrings in: Hoeren/Sieber, Handbuch Multimedia-Recht, 13.1 Rn. 214: aber nicht, wenn Kenntnisnahme ohne vorherige Speicherung nicht möglich; Palm in: Erman, § 130 BGB Rn. 9

213 Mehrings in: Hoeren/Sieber, Handbuch Multimedia-Recht, 13.1 Rn. 214

214 Gimmy in: Kröger/Gimmy, Handbuch zum Internetrecht, S. 70

dem Empfänger bei Eingang der Erklärung in seinen Einflussbereich das Risiko des Verlustes bzw. der Unleserlichkeit aufzuerlegen, weil er die Kommunikationsmöglichkeit über das Internet angeboten habe und es ihm daher auch obliege, sein Computersystem funktionstüchtig zu halten. Programm- und Systemfehler sowie -abbrüche sollen daher zu Lasten des Empfängers gehen[215].

Andere nehmen Zugang in dem Zeitpunkt an, in dem die Nachricht den Übertragungsweg verlassen hat und sich in der Empfangseinrichtung des Empfängers befindet[216], oder wenn die Willenserklärung so auf dem Server des Adressaten eingegangen ist, dass er die gespeicherte Willenserklärung (mehrmals) abrufen kann[217]. Es wird der Vergleich mit Telefax-Geräten gezogen: Bei einem gewöhnlichen Faxgerät sei die Nachricht erst zugegangen, wenn es vom Empfängergerät ausgedruckt wurde; es sei denn ein Defekt in der Empfängersphäre verhindere diesen Ausdruck. Bei einem Faxgerät mit rein elektronischem Empfang sei die Nachricht mit dem bloßen Signaleingang zugegangen. Bei der Kommunikation via E-Mail bestehe daher die Möglichkeit der Kenntnisnahme, sobald die E-Mail auf dem Mailserver des Empfängers gespeichert sei. Eine E-Mail, die nicht gespeichert und somit nicht abrufbar sei, könne ebenso wenig zur Kenntnis genommen werden wie ein Fax, das nicht ausgedruckt werde[218].

Der hier vertretenen Ansicht nach ist die Kenntnisnahme einer gespeicherten Erklärung möglich, wenn die Speicherung zugänglich und zuverlässig, also abrufbar ist. Dem Interesse des Empfängers, nicht mit Rechtswirkungen konfrontiert zu werden, auf die er sich nicht einstellen konnte, steht das Interesse des Erklärenden gegenüber, zu einem feststellbaren Zeitpunkt an seine Erklärung gebunden zu sein[219]. Ob man hinsichtlich der Feststellbarkeit auf die Sicht eines sorgfältigen Erklärenden[220] oder auf die eines objektiven Beobachters abstellt, dürfte nicht zu unterschiedlichen Ergebnissen führen[221]. Für den sorgfältigen Erklärenden/objektiven Beobachter hat der Empfänger einer E-Mail nur dann die Möglichkeit der Kenntnisnahme, wenn diese abrufbar in dessen Mailbox gespeichert ist[222]. Eine E-Mail, die zwar die Schnittstelle zu seiner IT-Anlage überwunden hat, aber nicht auf dem Server gespeichert wurde, ist zwar im Prinzip in den Risikobereich des Empfängers gelangt, kann aber nach den Gesichtpunk-

215 Gimmy in: Kröger/Gimmy, Handbuch zum Internetrecht, S. 70; Cordes, Form und Zugang, S. 81, 105

216 Gimmy in: Kröger/Gimmy, Handbuch zum Internetrecht, S. 69

217 Kaiser/Voigt, K&R 1999, 445 (447); Heinrichs in: Palandt, § 130 BGB Rn. 7a

218 Hahn in: Hoeren/Queck, Rechtsfragen der Informationsgesellschaft, S. 154

219 John, AcP 184 (1984), 385 (403 f.)

220 John, AcP 184 (1984), 385 (404)

221 so auch John, AcP 184 (1984), 385 (404, Fn. 46)

222 Dietrich, MMR 2002, 138 (141)

ten der Zugangsregelung, nach der der Erklärende das Übermittlungsrisiko tragen soll, bis der Empfänger die Möglichkeit der Kenntnisnahme hat, nicht als wirksam angesehen werden[223]. Zudem hat ja der Erklärende diesen Übermittlungsweg für seine Nachricht gewählt und war sich der Risiken durchaus bewusst[224].

bb) Provider

Allerdings betreiben die wenigsten Adressaten einen eigenen Mailserver. Die meisten haben ein Postfach bei einem E-Mail-Provider, das sie anwählen können, um ihre Mails abzurufen. Bei Webmailern besteht die Möglichkeit, dass die Nutzer ihre Mails nicht auf ihren eigenen Rechner herunterladen, sondern über ihren Browser auf der Website des Anbieters abrufen und auf dessen Server speichern.

Dass eine mit einem E-Mail-Client abgerufene und auf den Rechner des Nutzers heruntergeladene E-Mail in den Bereich des Empfängers gelangt ist, ist unproblematisch. Ein Brief, der in einem Postfach des Empfängers gelandet ist, wird nicht mehr weiter übermittelt – das Leeren des Postfachs liegt im Ermessen des Empfängers, der mit der Ankunft des Briefes in seinem Postfach die Möglichkeit hat, dessen Inhalt zur Kenntnis zu nehmen. Das Übermittlungsrisiko endet also mit dem Einlegen des Briefes im Postfach des Empfängers. Es liegt nahe, die E-Mail-Postfächer genauso zu behandeln wie gewöhnliche Postfächer. Sobald die E-Mail von dem E-Mail-Provider in die Mailbox des Empfängers verschoben wurde, kann der Empfänger sie abrufen. Das bedeutet: Sobald die E-Mail in seiner Mailbox abrufbar ist, hat er die Möglichkeit von ihrem Inhalt Kenntnis zu nehmen[225].

Es wird auch vertreten, dass eine E-Mail erst dann zugegangen sei, wenn der Empfänger unmittelbaren Zugriff auf sie erhält[226] oder sie aus der Mailbox auf seinen Rechner heruntergeladen hat[227]. Erst danach auftretende technische

---

223 Dörner, AcP 202 (2002), 363 (370): sogenannte externe Ursachen gehören zur Übermittlungsgefahr

224 Dörner, AcP 202 (2002), 363 (370)

225 Härting, Internetrecht, Rn. 80 ff.; Mehrings in: Hoeren/Sieber, Handbuch Multimedia-Recht, 13.1 Rn. 215; Heinrichs in: Palandt, § 130 BGB Rn. 7a; Hefermehl in: Soergel, § 130 BGB Rn. 13d; Einsele in: Münchener Kommentar, § 130 BGB Rn. 18

226 Cordes, Form und Zugang, S. 108 f.

227 Herwig, MMR 2001, 145 (146); Waltl in: Loewenheim/Koch, S. 184; Dietrich, MMR 2002, 138 (140) mit dem Argument, dass der Empfänger vom Nachrichteneingang – anders als bei der postalischen Niederlegung, durch die aber auch noch kein Zugang bewirkt sei – nicht einmal benachrichtigt werde. Eine solche Nachricht erhält der Empfänger aber auch

Probleme (wie zum Beispiel Ausfall des Rechners) sollen dann zum Risikobereich des Empfängers gehören[228]. Dies geht aber zu weit: Sobald sich die Erklärung abrufbar in der Mailbox des Providers befindet, hat der Empfänger die Möglichkeit, von ihr Kenntnis zu nehmen – mehr wird für den Zugang nicht verlangt. Ein Brief ist schließlich auch nicht erst dann zugegangen, wenn der Empfänger ihn aus dem Briefkasten geholt und in sein Arbeitszimmer gebracht hat. Es ist also nicht erforderlich, dass der Empfänger die E-Mail auf seinen Rechner heruntergeladen hat.

Problematisch ist allerdings tatsächlich, dass Mailserver nicht immer tadellos funktionieren und dem Nutzer häufig der Zugriff auf sein Postfach verschlossen ist. Es stellt sich die Frage, ob die Situation, dass die E-Mail zwar im Postfach des Empfängers gespeichert ist, dieser aber aufgrund eines Serverabsturzes keine Zugriff auf sie nehmen kann, noch dem vom Absender zu tragenden Übermittlungsrisiko unterfällt. § 130 BGB stellt nicht auf die inhaltliche Wahrnehmung der Erklärung ab. Vielmehr muss die Erklärung so in den Bereich des Empfängers gebracht werden, dass dieser unter normalen Umständen von ihr Kenntnis nehmen kann. Fraglich ist, ob der Absender aufgrund der Häufigkeit von Serverabstürzen das Übermittlungsrisiko trägt, bis der Empfänger die Mail tatsächlich abrufen kann.

Hier ist zu differenzieren: Wenn der Empfänger sich durch die Veröffentlichung seiner E-Mail-Adresse als auf diese Weise erreichbar dargestellt hat, so muss der Empfänger auch für die damit verbundenen speziellen Risiken einstehen. Der Absender trägt das Übermittlungsrisiko nur, bis der Empfänger die Nachricht theoretisch auf die vorgesehene Weise abrufen könnte. Das Risiko, dass der Mailserver seines E-Mail-Providers nicht ordnungsgemäß funktioniert, trägt der Empfänger. Eventuelle Probleme hierbei gehören nicht mehr zum Übermittlungsrisiko des Erklärenden, sondern betreffen das Vertragsverhältnis zwischen dem Empfänger und seinem Provider[229]. Dies gilt selbstverständlich auch, wenn der Internetprovider in Insolvenz gerät und die auf dessen Server abgespeicherten E-Mails verloren gehen oder wenn er wegen unbezahlter Rechnungen den Zugang zur Mailbox sperrt[230].

Für Webmailer, die nur über den Browser bedient werden, gilt das gleiche. Zwar lädt der Empfänger die Mails nie auf seinen Rechner herunter (eventuell besitzt

---

nicht, wenn ein Brief in seinen Hausbriefkasten geworfen wurde. Hier wird nach der Verkehrsanschauung selbstverständlich davon ausgegangen, dass der Empfänger seinen Briefkasten regelmäßig überprüft.

228 Waltl in: Loewenheim/Koch, S. 184

229 Bierekoven, Vertragsabschluss via Internet, S. 31

230 A.A. Dietrich, MMR 2002, 138 (140)

er auch keinen, sondern nutzt nur öffentliche Terminals), aber – wie ausgeführt – kommt es hierauf auch nicht an, weil der Zugang bereits mit der theoretischen Abrufbarkeit erfolgt.

cc) SMS

Das gleiche gilt auch für SMS-Botschaften. Sie sind zugegangen, wenn sie abrufbar in der Mailbox des Empfängers gespeichert sind.

dd) EDI über Provider

Auch bei EDI über einen Provider oder eine Mailbox im Internet sind die Nachrichten mit der Abrufbarkeit zugegangen. Selbst wenn hier beide Parteien die gleiche Mailbox benutzen, so tragen sie nicht das Risiko der tatsächlichen Abrufbarkeit. Dies ist auch nicht unbillig, weil die Parteien hier ja die Risiken der Funktionsfähigkeit der Mailbox wechselseitig tragen: Sie sind ja abwechselnd Sender und Empfänger.

ee) Identischer Provider

Die vorangegangenen Erläuterungen gelten auch, wenn Absender und Empfänger denselben Provider nutzen sollten. Die Situation entspricht der, dass beide Parteien in demselben Haus einen Briefkasten haben und der eine dem anderen einen Brief per Post zuschicken lässt. Die Risikobereiche bleiben dieselben.

ff) Website ohne Reaktionsmöglichkeit

Ein Bestellformular, das auf einer Website ausgefüllt und abgeschickt werden kann, ohne dass die Möglichkeit zur sofortigen Weiterverarbeitung seitens des Empfängers besteht, entspricht einer E-Mail, so dass die vorangegangenen Ausführungen hierzu gelten.

b) Möglichkeit der Kenntnisnahme

Wie dargestellt, ist bereits die Frage, ob eine Erklärung in den Bereich des Empfängers gelangt ist, mit der Möglichkeit der Kenntnisnahme verbunden. Hierzu gehören zwei Aspekte: Zum einen, ob es sich bei der Mailbox um eine Empfangsvorrichtung handelt, also um eine Vorrichtung, die dem Empfang rechtlich relevanter Erklärungen gewidmet ist[231]. Zum anderen, in welchem Zeitraum mit der Kenntnisnahme der in die Empfangsvorrichtung eingelegten Erklärung gerechnet werden darf.

aa) Empfangsvorrichtung

(1) Mailbox

Um die Möglichkeit der Kenntnisnahme zu bejahen genügt es also nicht, dass eine E-Mail abrufbar gespeichert in die Mailbox des Empfängers verbracht wurde. Vielmehr muss der Empfänger auch damit rechnen, dass rechtlich relevante Erklärungen in seine Mailbox gelangen und er diese daher regelmäßig auf solche Nachrichten überprüfen muss. Ist dies nicht der Fall, so kann mit dem Einlegen in die Mailbox noch nicht davon gesprochen werden, dass der Empfänger nun im zugangstechnischen Sinne die Möglichkeit der Kenntnisnahme hat, weil unklar bleibt, wann und bisweilen sogar ob er die Erklärung jemals zur Kenntnis nehmen wird. Gerade im privaten Bereich werden häufig E-Mail-Adressen eingerichtet und dann nach einiger Zeit nicht mehr benutzt, weil der Inhaber sich einen anderen E-Mail-Provider gesucht hat.

Um eine Mailbox zur Empfangsvorrichtung zu widmen, muss sie zumindest konkludent für den Geschäftsverkehr freigegeben werden[232].

(a) Geschäftsverkehr

Wer im geschäftlichen Verkehr auf seine E-Mail-Adresse hinweist, widmet diese auf diese Weise zur Empfangsvorrichtung[233]. Dafür genügt es, die E-Mail-Adresse auf dem Briefbogen oder Visitenkarten zu verwenden[234] oder in der Werbung[235]. Die Mailbox ist auch dann als Empfangsvorrichtung anzusehen, wenn die E-Mail-Adresse nur einem bestimmten Geschäftspartner gegenüber

231 Hefermehl in: Soergel, § 130 BGB Rn. 8; Einsele in: Münchener Kommentar, § 130 BGB Rn. 17

232 Dörner AcP 202 (2002), 363 (367)

233 Ultsch, NJW 1997, 3007 (3007); Hahn in: Hoeren/Queck, Rechtsfragen der Informationsgesellschaft, S. 154 f.; Taupitz/Kritter, JuS 1999, 839 (841); Bierekoven, Vertragsabschluss via Internet, S. 29; Dörner AcP 202 (2002), 363 (368); Cordes, Form und Zugang, S. 105; Einsele in: Münchener Kommentar, § 130 BGB Rn. 18

234 Taupitz/Kritter, JuS 1999, 839 (841)

235 Dörner AcP 202 (2002), 363 (368)

bekannt gemacht wurde, allerdings dann nur im Verhältnis zu diesem Geschäftspartner.

Dies gilt entsprechend für SMS, EDI über Provider und Websites mit der Möglichkeit zum Versand von Nachrichten an den Anbieter.

(b) Privatpersonen

Im privaten Verkehr wird es teilweise als ausreichend angesehen, dass eine Mailbox eingerichtet und genutzt wird, um eine Widmung zur Empfangseinrichtung zu bejahen[236]. Dagegen spricht aber, dass E-Mail-Mailboxen nicht den Stellenwert von Hausbriefkästen besitzen: Das Innehaben einer E-Mail-Adresse ist noch nicht so weit verbreitet, dass es nach der Verkehrsanschauung der Bereitschaft der Entgegennahme von Willenserklärungen auf diese Weise entspricht[237]. Dazu kommt, dass aufgrund der Manipulationsmöglichkeiten und Vertraulichkeitslücken eine pauschale Widmung zum Empfang rechtlich relevanter Erklärungen nicht angenommen werden kann[238]. Dies bedeutet aber nicht, dass eine private Mailbox niemals als Empfangseinrichtung angesehen werden kann. Wird von dem Inhaber der Mailbox die E-Mail-Adresse in geschäftlichen Zusammenhang (z. B. bei mündlichen Vertragsverhandlungen) der anderen Partei mitgeteilt, so liegt hier gegenüber dieser Partei eine Widmung zur Empfangsvorrichtung vor. Eine Verwendung im Briefkopf ist hingegen nicht zwangsläufig als entsprechende Widmung anzusehen, zumindest nicht, wenn der Empfänger nicht damit rechnen musste, dass sich der Geschäftspartner nun per E-Mail an ihn wenden wird[239]. Das Argument, der Inhaber einer Mailbox habe im Gegensatz zum Inhaber eines Hausbriefkastens viel mehr Möglichkeiten, den Posteingang zu regulieren, notfalls auch durch Sperrung und Abmeldung der betreffenden Mailbox[240], spricht eher dafür, die Mailbox nicht als Empfangseinrichtung anzusehen, da sie viel weniger beständig als ein Hausbriefkasten ist.

Es bleibt also dabei: eine private Mailbox ist nur dann Empfangseinrichtung, wenn sie gegenüber der Gegenpartei einer konkreten Geschäftsbeziehung dazu gemacht wurde[241]. Genauso wie im Briefverkehr der Absender dem Empfänger nicht einseitig die Postlagerung als Zugang auferlegen kann, so kann er auch

---

236 Cordes, Form und Zugang, S. 105: bei permanenter Internetanbindung
237 Ultsch, NJW 1997, 3007 (3008); dies gilt auch heute noch.
238 Taupitz/Kritter, JuS 1999, 839 (841)
239 Cordes, Form und Zugang, S. 111
240 Heermann, K&R 1999, 6 (8)
241 Einsele in: Münchener Kommentar, § 130 BGB Rn. 18

eine Mailbox nicht eigenmächtig zur Empfangsvorrichtung umwidmen[242]. Auch wenn die Mailbox in der Beziehung zu einem Vertragspartner als Empfangsvorrichtung fungiert, so gilt sie im Verhältnis zu anderen dadurch noch nicht pauschal als ein typischerweise zum Empfang von Willenserklärungen vorgesehenes Medium. Schließlich ist der Transport von Nachrichten via E-Mail noch weniger weit verbreitet und mit mehr Unsicherheiten belastet als der gewöhnliche Briefverkehr, so dass der Absender nicht ohne weiteres davon ausgehen kann, der Mailboxinhaber wolle diese auch für rechtsverbindliche Erklärungen benutzen. Dies kann er erst, wenn der Mailboxinhaber ihm gegenüber seine Bereitschaft dazu kundgetan hat.

Für SMS gelten diese Ausführungen entsprechend.

bb) Uhrzeit

Zur Möglichkeit der Kenntnisnahme gehört auch die Frage, ob sie rund um die Uhr besteht.

(1) Geschäftsverkehr

Im Geschäftsverkehr werden E-Mails, die während der Geschäftszeiten eintreffen, an dem entsprechenden Geschäftstag auch wirksam[243]. Wird rund um die Uhr gearbeitet, so werden die E-Mails an ihrem Eingangstag wirksam. Treffen E-Mails zur Unzeit ein, das heißt unmittelbar vor oder nach dem Geschäftsschluss, so werden sie erst an dem nächsten Geschäftstag wirksam[244] – nach der Verkehrsanschauung kann erwartet werden, dass die Mailbox am nächstem Morgen zu Geschäftsbeginn auf neue Nachrichten überprüft wird.

---

242 Ultsch, NJW 1997, 3007 (3008)

243 Mehrings in: Hoeren/Sieber, Handbuch Multimedia-Recht, 13.1 Rn. 217; ders., MMR 1998, 30 (33); Heermann, K&R 1999, 6 (8); Hahn in: Hoeren/Queck, Rechtsfragen der Informationsgesellschaft, S. 155; Heun, CR 1994, 595 (598); Ultsch, NJW 1997, 3007 (3008); Schwerdtfeger in: Schwerdtfeger, Cyberlaw, S. 20; Ernst, NJW-CoR 1997, 165 (166); Härting, Internetrecht, Rn. 83; Kaiser/Voigt, K&R 1999, 445 (447); Graf Fringuelli/Wallhäuser, CR 1999, 93 (99); Bierekoven, Vertragsabschluss via Internet, S. 34; Dörner, AcP 202 (2002), 363 (369); Cordes, Form und Zugang, S. 110; Dietrich, MMR 2002, 138 (142); Lütcke, Fernabsatzrecht, § 312e Rn. 53; Hefermehl in: Soergel, § 130 BGB Rn. 13d

244 Mehrings in: Hoeren/Sieber, Handbuch Multimedia-Recht, 13.1 Rn. 217; Larenz/Wolf, Allgemeiner Teil, § 26 Rn. 28; Ultsch, NJW 1997, 3007 (3008); Härting, Internetrecht, Rn. 83; Dörner, AcP 202 (2002), 363 (369); Cordes, Form und Zugang, S. 111; Dietrich, MMR 2002, 138 (142); Heinrichs in: Palandt, § 130 BGB Rn. 7a

Ob die E-Mails mit ihrem Eingang[245], mit dem Abruf oder zumindest spätestens zum Geschäftsschluss[246] hin wirksam werden, ist streitig, spielt aber auch nur dann eine Rolle, wenn Fristen zu einer genau gesetzten Uhrzeit während der Geschäftszeiten enden. Konsequenterweise ist aber eine abrufbar gespeicherte E-Mail dann zugegangen, wenn sie während der Geschäftszeiten in der entsprechenden Mailbox eingetroffen ist, weil zu diesem Zeitpunkt dann für den Empfänger die Möglichkeit der Kenntnisnahme besteht.

Dies gilt entsprechend für SMS, EDI über Provider und Websites mit der Möglichkeit zum Versand von Nachrichten an den Anbieter.

(2) Privatpersonen

Hinsichtlich des Zugangs von Nachrichten gegenüber Privatleuten wird so ziemlich alles vertreten.

Nach einer Ansicht verzichte der private E-Mail-Nutzer auf die gewöhnlichen Zustellzeiten, da er jederzeitige Erreichbarkeit signalisiert habe[247]. Auch vom privaten Nutzer könne verlangt werden, dass er seinen elektronischen Briefkasten einmal täglich leere. Der E-Mail-Anschluss gehöre nämlich ebenso wie der heimische PC fast schon zur Grundausstattung eines modernen Privathaushaltes. Eine Trennung zwischen einem gesellschaftlich-sozialen und einem rechtlich relevanten geschäftlichen Bereich sei nicht überzeugend und wenig praktikabel[248].

Eine weitere Ansicht stellt Privatleute Geschäftsleuten gleich, da Privatpersonen ihre elektronische Korrespondenz in der Regel während ihrer Arbeitszeiten am Bürorechner erledigten[249].

Nach der Gegenansicht kann von einem Privatmann nicht erwartet werden, dass er seinen privaten (elektronischen) Briefkasten öfter als einmal pro Tag leert[250]. Anderenfalls zu würden hohe Anforderungen an die Erreichbarkeit von privaten

---

245 Heun, CR 1994, 595 (598); Gimmy in: Kröger/Gimmy, Handbuch zum Internetrecht, S. 70

246 Ernst, NJW-CoR 1997, 165 (166); Graf Fringuelli/Wallhäuser, CR 1999, 93 (99); Taupitz/Kritter, JuS 1999, 839 (842)

247 Heun, CR 1994, 595 (598)

248 Schwerdtfeger in: Schwerdtfeger, Cyberlaw, S. 20

249 Lütcke, Fernabsatzrecht, § 312e Rn. 53

250 Ernst, NJW-CoR 1997, 165 (166); Kaiser/Voigt, K&R 1999, 445 (447); Mehrings, MMR 1998, 30 (33); Taupitz/Kritter, JuS 1999, 839 (842); Gimmy in: Kröger/Gimmy, Handbuch zum Internetrecht, S. 70; Dörner, AcP 202 (2002), 363 (369)

Internetnutzern gestellt. Der überwiegende Teil der Nutzer sei nämlich tagsüber abwesend und führe auch nicht ständig einen transportablen PC mit sich[251]. Wie beim gewöhnlichen Briefkasten soll allerdings auch bei der Mailbox ein tägliches Durchsehen vom Empfänger erwartet werden können. Zugegangen sei die Nachricht am Tag ihres Eintreffens bzw., wenn sie zur Unzeit eingegangen ist, am nächsten Tag[252]. Zu berücksichtigen sei außerdem, dass den meisten E-Mail-Nutzer bei dem Abruf der E-Mails Telekommunikationskosten entstünden[253].

Nach einer vielfach vertretenen Ansicht könne eine E-Mail bei Privatleuten erst am nächsten Tag als zugegangen angesehen werden[254]. Die im Geschäftsverkehr geltenden Grundsätze sollen im privaten Rechtsverkehr nach Maßgabe der Umstände des Einzelfalls nur in stark abgemilderter Form angewendet werden. Diese sollen dann anwendbar sein, wenn der private Nutzer sich im konkreten Fall selbst der E-Mail bedient habe, da er nur dann eine entsprechende Antwort erwarten werde oder jedenfalls mit einer solchen rechnen müsse. Ob es darüber hinaus jedem Inhaber einer Mailbox obliege, diese mehrfach am Tag zu überprüfen, sei zurzeit noch zweifelhaft[255].

Eine andere Meinung will E-Mails bei privaten Nutzern erst mit der tatsächlichen Kenntnisnahme zugehen lassen[256]. Eine Obliegenheit privater E-Mail-Nutzer zur regelmäßigen Überprüfung ihrer Mailbox sei abzulehnen. Nach der Verkehrsanschauung bedeute das private Führen einer E-Mail-Adresse noch nicht, dass damit die Mailbox zur Empfangsvorrichtung gewidmet werde[257]. Eine rechtsgeschäftliche Erklärung, die ohne konkreten Anlass bei einer Privatperson, die ihre E-Mail-Adresse nur für private Zwecke verwende, eintreffe, gehe sogar erst bei tatsächlicher Kenntnisnahme zu[258].

Zu berücksichtigen ist, dass ein Computer – anders als ein Telefon – noch immer nicht zur klassischen Grundausstattung eines Privathaushaltes gehört. Vielmehr richtet sich dies nach Ausbildung, Einkommen und Alter der Haushaltsan-

---

251 Gimmy in: Kröger/Gimmy, Handbuch zum Internetrecht, S. 71

252 Gimmy in: Kröger/Gimmy, Handbuch zum Internetrecht, S. 70; Cordes, Form und Zugang, S. 112

253 Taupitz/Kritter, JuS 1999, 839 (842)

254 Ernst, NJW-CoR 1997, 165 (166); Kaiser/Voigt, K&R 1999, 445 (447); Mehrings, MMR 1998, 30 (33); Taupitz/Kritter, JuS 1999, 839 (842); Graf Fringuelli/Wallhäuser, CR 1999, 93 (99); Dietrich, MMR 2002, 138 (142)

255 Mehrings in: Hoeren/Sieber, Handbuch Multimedia-Recht, 13.1 Rn. 218

256 Hefermehl in: Soergel, § 130 BGB Rn. 13d

257 Ultsch, NJW 1997, 3007 (3008)

258 Härting, Internetrecht, Rn. 84; Dörner, AcP 202 (2002), 363 (368): sofern Mailbox nicht zur Empfangsvorrichtung gewidmet wurde

gehörigen. Genauso wenig gehört ein E-Mail-Anschluss zur Grundausstattung. Teilweise werden E-Mails nur unregelmäßig in Internetcafés oder an anderen öffentlichen Rechnern (z. B. in Bibliotheken) abgefragt. Erreichbarkeit über Internet ist daher anders als per Briefpost oder über Telefon nur eine mögliche Alternative.

Private E-Mail-Nutzer rufen keineswegs täglich ihre Mails ab, schon gar nicht, wenn sie sich dazu öffentlicher Rechner bedienen, aber auch nicht unbedingt, wenn sie einen eigenen Internetzugang in ihrer Wohnung haben. Vielmehr ist hier – wie im Geschäftsverkehr – danach zu differenzieren, ob der private Nutzer seine Mailbox dem Absender gegenüber zur Empfangseinrichtung gewidmet hat. Hat der Empfänger ausdrücklich seine E-Mail-Adresse im elektronischen Geschäftsverkehr angegeben, so kann von ihm erwartet werden, dass er seine Mailbox täglich auf Nachrichten überprüft. Da es keine festgelegten Zeiten gibt, wann der Empfänger seine Mailbox überprüft, kann eine an einen privaten Nutzer versandte rechtserhebliche E-Mail erst am nächsten Werktag nach Eingang als zugegangen gelten. Hat der Empfänger seine Mailbox dem Absender gegenüber nicht zur Empfangsvorrichtung gewidmet, so kann letzterer eine regelmäßige Überprüfung der Mailbox (auf unverlangt zugesandte E-Mails!) nicht erwarten. In solchen Fällen geht die Nachricht daher erst mit ihrer tatsächlichen Kenntnisnahme zu.

Die vorangegangenen Ausführungen gelten für den Zugang von SMS entsprechend.

c) Sonderregelung für Bestellung und Empfangsbestätigung

aa) Eingangsfiktion (Art. 11 I 2. Sp. ECRL)

Fraglich ist, ob Art. 11 I 2. Sp. ECRL als europäische Zugangsregelung zu verstehen ist. Aus Art. 11 III ECRL ergibt sich, dass diese Eingangsfiktion stets für Bestellungen und Empfangsbestätigungen im elektronischen Geschäftsverkehr gelten soll, sofern sich Verbraucher und Unternehmer gegenüberstehen. Unternehmern ist es gemäß Art. 11 I ECRL erlaubt, eine anderweitige Vereinbarung zu treffen.

Zweck dieser Vorschrift ist lediglich, eine einheitliche europäische Regelung für den erfassten Bereich des elektronischen Geschäftsverkehrs (C2B sowie B2B, in dem noch keine Vereinbarungen getroffen wurde) zu schaffen, um Unsicherheiten durch unterschiedliche Regelungen in den Mitgliedsstaaten und umstrittenen

Rechtsfragen zu umgehen. Auf die sonstige Regelung des Zugangs in den Mitgliedstaaten hat diese Vorgabe keinen Einfluss[259].

Die deutsche Fassung der E-Commerce-Richtlinie spricht von „Eingang“, da zumindest bei der Empfangsbestätigung zweifelhaft ist, ob diese überhaupt eine Willenserklärung ist[260], die zugehen kann. Zudem sollte diese Formulierung klarstellen, dass keine Vertragsschlussregelung gewollt war. Die Empfangsbestätigung soll dem Kunden die Sicherheit geben, dass seine Bestellung bei dem Anbieter eingegangen ist, ohne selbst Vertragserklärung zu sein. Zudem bedeutet das Versenden einer Empfangsbestätigung noch nicht, dass die Bestellung dem Anbieter zugegangen, sondern lediglich, dass sie eingegangen ist. Gleichzeitig definiert der in der Richtlinie geregelte Eingangszeitpunkt der Bestellung den Beginn des Zeitraums, in dem eine Empfangsbestätigung noch unverzüglich erfolgt.

Gemäß Art. 11 III ECRL ist beim Vertragschluss über E-Mails im Rahmen individueller Kommunikation keine Empfangsbestätigung erforderlich. Die Regelung des Art. 11 I 2. Sp. ECRL gibt daher nur vor, ab wann eine vom Kunden versandte E-Mail sich im Bereich des Anbieters befindet, ohne dass in die allgemeine Zugangsregelung eingegriffen werden soll[261].

bb) Zugangsfiktion (§ 312e I 2 BGB)

Die deutsche Umsetzung der E-Commerce-Richtlinie findet sich in § 312e I 2 BGB und verwendet den Begriff „Zugang“. In Anpassung an den deutschen Zugangsbegriff wurde ergänzend eingefügt, dass Zugang nur gegeben sei, wenn die betreffenden Nachrichten von den Parteien unter gewöhnlichen Umständen abgerufen werden können. Dass von „Zugang“ gesprochen wird, ändert nichts hinsichtlich der Streitfrage, ob auch Willenserklärungen unter Anwesenden zugehen müssen, da aus der Formulierung („abrufen“) hervorgeht, dass diese Regelung für Erklärungen unter Anwesenden ohnehin nicht relevant ist. Entsprechend der erläuterten Zielsetzung der E-Commerce-Richtlinie wurde keine allgemeine Regelung für den Zugang elektronischer Willenserklärungen als neuer Absatz 4 des § 130 BGB geschaffen, da eine solche nicht verlangt wurde. Zu-

---

259 Lütcke, Fernabsatzrecht, § 312e Rn. 51; Hoffmann, Willenserklärungen im Internet, S. 32; a. A. Schneider, K&R 2001, 344 (347)

260 siehe dazu D III 7 b

261 A. A. Schneider, K&R 2001, 344 (347)

dem betrifft § 130 BGB nur den Zugang von Willenserklärungen, dessen Voraussetzungen außerdem umstritten sind[262].

Der Einschub „unter gewöhnlichen Umständen" könnte an sich eine unzulässige Einschränkung der Richtlinienvorgabe darstellen, da ein Zugang nur während der Geschäftszeiten erfolgen kann, der „Eingang" jedoch jederzeit[263]. Die deutsche Regelung entlastet den Anbieter davon, die von ihm eingesetzten Informationstechnologien so einzurichten, dass jederzeit Empfangsbestätigungen versandt werden können. In der Praxis wird aber jeder Anbieter sein System entsprechend konfigurieren, was kein Problem ist, da der Eingang von E-Mails nicht bestätigt werden muss. Betroffen sind also nur Anbieter, die sich Websites bedienen. Im Übrigen müssen Empfangsbestätigungen nur unverzüglich versandt werden, so dass es genügt, wenn der Eingang einer außerhalb der Geschäftszeiten eingegangenen Bestellung am nachfolgenden Geschäftstag bestätigt wird. Zu diesem Zeitpunkt ist dann auch – spätestens – Zugang gegeben.

Für Bestellungen per E-Mail (also nicht über Bestellformulare auf Websites) ist daher in § 312e I 2 BGB über die Erfordernisse der Richtlinie hinausgehend der Zeitpunkt des Zugangs geregelt. Da die E-Commerce-Richtlinie nicht in die Zugangsregelung und damit auch nicht in Widerrufsvorschriften eingreifen wollte, führt die deutsche Umsetzung keineswegs zur Einräumung einer von der Richtlinie nicht gewollten verlängerten Widerrufsmöglichkeit[264]. Eine Diskriminierung elektronischer Verträge entgegen Art. 9 der Richtlinie ist nicht zu erkennen, da § 312e I 2 BGB das Widerrufsrecht nur in einer Weise regelt, die bei sachgerechter Anwendung des § 130 I 2 BGB ohnehin erforderlich wäre[265].

---

262 Ring in: Anwaltkommentar Schuldrecht, § 312e BGB Rn. 28 ff.; nach Ansicht von Schneider, K&R 2001, 344 (347), hätte eine richtlinienkonforme Auslegung des § 130 BGB ausgereicht. Eine solche sollte seiner Auffassung nach auf alle elektronischen Erklärungen ausgeweitet werden. Dies ist aber von der Richtlinie gerade nicht gewollt.

263 Masuch in: Bamberger/Roth, § 312e BGB Rn. 27

264 Lütcke, Fernabsatzrecht, § 312e Rn. 51; siehe auch C III 5 a

265 Das Beispiel von Hassemer, MMR 2001, 635 (638), dass auf diese Weise elektronische Bestellungen leichter zu widerrufen wären als briefliche, leuchtet nicht ein. Eine am Freitagabend abgegebene Bestellung kann in der Regel brieflich auch noch widerrufen werden, wenn der Widerruf am Sonntag versandt wird. Dass die elektronische Bestellung gegebenenfalls noch Montagfrüh widerrufen werden kann, ist kein erheblicher Unterschied. Die briefliche Bestellung könnte theoretisch noch telefonisch widerrufen werden. Ausschlaggebend ist aber, dass nicht zu erkennen ist, worin der „Schaden" liegen soll, wenn eine noch nicht bearbeitete Bestellung noch vor ihrer Kenntnisnahme widerrufen werden kann.

4. Zugangsstörungen

Zugangsstörungen sind Fälle, in denen eine Erklärung nicht wirksam werden kann, weil aufgrund besonderer Umstände ein Zugang nicht möglich ist[266].

a) Erklärungen unter Anwesenden

aa) Internettelefonie

Bei persönlichen Gesprächen, Telefonaten und Internettelefonie kann das Wirksamwerden einer Erklärung daran scheitern, dass der Empfänger die Schallsignale nicht oder nicht richtig wahrnimmt. Wenn der Empfänger etwas anderes versteht, als der Erklärende gesagt hat, ist die eigentliche Erklärung nicht zugegangen, weil sie nicht wahrgenommen wurde.

Anders ist der Fall zu behandeln, wenn es für den Erklärenden nicht ersichtlich ist, dass der Empfänger die Nachricht nicht verstanden hat. Ein bekanntes Beispiel hierfür ist, dass der Empfänger schwerhörig ist, dies aber geschickt verbirgt. Hier muss der Erklärende davon ausgehen, dass seine Erklärung wahrgenommen wurde. An diesem Beispiel wird deutlich, dass die Erklärung zwar eigentlich nicht wirksam wird, der Empfänger aber ihren Inhalt aufgrund seines Verhaltens gegen sich gelten lassen muss. Der Erklärende trägt also das Übermittlungsrisiko, aber nur soweit für ihn das Risiko ersichtlich ist. Gab es im vorangegangenen Gespräch genügend deutliche Anhaltspunkte für den Erklärenden, dass sein Gegenüber schwerhörig ist, so hätte er sich durch Nachfragen erkundigen müssen, ob seine Erklärung überhaupt und mit dem richtigen sprachlichen Inhalt verstanden wurde[267]. Bejaht der Empfänger wider besseres Wissen, dass er sie Erklärung verstanden habe, so muss er sie gegen sich gelten lassen. Das gleiche gilt für eine schlechte Telefonverbindung. Dies spielt insbesondere eine Rolle bei der qualitativ noch unbefriedigenden Internettelefonie. Ergibt sich aus dem der Erklärung vorangegangenen Gesprächsverlauf, dass die Verbindung schlecht ist und Sätze teilweise unverständlich sind, so muss der Erklärende sich rückversichern, dass seine Erklärung überhaupt wahrnehmbar zu dem Empfänger übertragen worden ist. Bejaht der Empfänger dies, auch wenn er die Erklärung nicht oder nicht richtig verstanden hat, so ist die Erklärung zwar nicht zugegangen, der Empfänger muss sie aber gegen sich gelten lassen.

---

266 Einsele in: Münchener Kommentar, § 130 BGB Rn. 37
267 Einsele in: Münchener Kommentar, § 130 BGB Rn. 28

bb) Chat

Beim Chat sieht der Erklärende, ob seine Erklärung den Empfänger erreicht hat bzw. zumindest ob der Empfänger noch online war, als der Erklärende die Mitteilung abschickte. Der Chatserver zeigt es dem Erklärenden meist an, wenn der Empfänger die Erklärung nicht erhalten hat, weil er offline gegangen ist. Die Situation beim Chat ähnelt ein wenig dem Überreichen einer schriftlichen Erklärung. Es kommt hier also nicht auf die Wahrnehmung durch den Empfänger an, sondern nur darauf, ob er die Erklärung erhalten hat. Beim Chat benutzen beide Parteien den gleichen Chatserver. Daher tragen sie zu gleichen Teilen hier das Risiko der Übermittlung. Zeigt der Chatserver dem Erklärenden also an, dass der Empfänger die abgeschickte Erklärung erhalten hat, so kann der Erklärende davon ausgehen, dass seine Erklärung wirksam geworden ist. Ist die Mitteilung des Chatservers falsch, weil der Adressat die Erklärung nicht bekommen hat, so muss dieser sie trotzdem gegen sich gelten lassen, weil beide Parteien durch die Nutzung desselben Chatservers vereinbart haben, dessen Angaben als richtig anzusehen. Meist wird die Risikoverteilung aber ohnehin nicht interessant sein, weil die Parteien beim Chat in einem Dialog stehen und gegebenenfalls nachfragen können.

cc) EDI/Standleitung

Beim EDI über eine Telefonstandleitung werden Zugangsstörungen keine besonders große Rolle spielen, da jede Aktion einer Partei eine Reaktion der anderen hervorruft. Reagiert die Gegenseite nicht, so ist davon auszugehen, dass die entsprechende Erklärung nicht angekommen ist. Der Erklärende muss seine Erklärung dann wiederholen. Ergibt sich hierbei, dass ein Fehler im System des Empfängers vorliegt, so muss der Erklärende den Empfänger auf anderem Wege darüber benachrichtigen. Der – gegebenenfalls stillschweigenden – EDI-Vereinbarung der Parteien ist zu entnehmen, dass beide Parteien die Pflicht haben, ihre Anlagen in einem für den Nachrichtenaustausch geeigneten Stand zu halten.

b) Erklärungen unter Abwesenden

aa) E-Mail

Das Übermittlungsrisiko des Absenders einer E-Mail endet mit der abrufbaren Speicherung auf dem Server des Providers oder des Empfängers selbst, sobald die Kenntnisnahme der Erklärung durch den Empfänger erwartet werden kann.

Nicht selten geschieht es jedoch, dass der Empfänger die eingegangene Nachricht nicht abrufen kann:

Zum einen ist es möglich, dass die E-Mail nicht gespeichert werden konnte, weil der Empfänger das Speicherlimit auf seinem E-Mail-Account überschritten hatte. Einige Provider lassen eine Überschreitung des Speicherlimits vorübergehend zu, andere nicht. Im letzteren Fall erhält der Absender seine Nachricht zurück mit der Mitteilung, dass die E-Mail nicht zugestellt werden konnte. In diesem Fall muss der Erklärende den Zustellungsversuch wiederholen. Scheitert dies wiederum, so muss er versuchen, den Empfänger auf anderem Wege zu erreichen. Hat der Empfänger dem Erklärenden lediglich seine E-Mail-Adresse zu Korrespondenzzwecken zur Verfügung gestellt, so muss er – sofern er mit einer Nachricht seitens des Erklärenden rechnen musste und die Überschreitung des Speicherlimits auf seinem Account auf seinem Verschulden beruht – die Erklärung des Absenders trotz fehlenden Zugangs inhaltlich gegen sich gelten lassen[268].

Die andere Möglichkeit für die Nichtabrufbarkeit der Erklärung kann im System des Empfängers liegen. So kann zum Beispiel das E-Mail-Programm des Empfängers falsch konfiguriert sein oder es wird falsch bedient. Denkbar ist zum Beispiel eine falsche Einstellung der Filterregeln, die dazu führt, dass die Nachrichten des Absenders gelöscht werden. Dieses Problem kann auch bei der Benutzung von Webmailern auftreten. Die Vielfalt der Fehler, die beim E-Mail-Abruf erfolgen kann, ist unerschöpflich. Wichtig ist hier jedoch, dass bereits mit der abrufbaren Speicherung auf dem Account des Empfängers der Zugang erfolgt ist, sobald die Kenntnisnahme der Erklärung durch den Empfänger erwartet werden kann. Das bedeutet: Alle Fehler, die nach diesem Zeitpunkt erfolgen, sind für den Zugang irrelevant. Auch wenn der Empfänger die Erklärung nicht wahrnehmen kann: das Übermittlungsrisiko des Erklärenden endete mit der theoretisch abrufbaren Speicherung – die Erklärung ist wirksam geworden[269].

Das gleiche gilt für falsche Filterregeln: Die Filterregeln greifen erst ein, wenn die Erklärung auf dem Account des Empfängers gespeichert wurde. Selbst wenn sich der Aufenthalt der E-Mail auf dem Account des Empfängers in diesen Fällen zeitlich nicht bemerkbar macht, weil sie aufgrund der Filterregeln gleichsam simultan gelöscht wird, und selbst wenn sie in diesen Fällen vom Provider selbst gelöscht wird, so beruht diese Herbeiführung der Nichtabrufbarkeit doch auf einer Handlung des Empfängers; dies unabhängig davon, ob man hier noch da-

---

268 Dörner, AcP 202 (2002), 363 (371); Cordes, Form und Zugang, S. 117; Heinrichs in: Palandt, § 130 BGB Rn. 17; Ultsch, NJW 1997, 3007 (3008)

269 Dörner, AcP 202 (2002), 363 (371); Cordes, Form und Zugang, S. 116; Ultsch, NJW 1997, 3007 (3008); Thot, Elektronischer Vertragsschluss, S. 62

von sprechen kann, dass die Erklärung zugegangen ist, muss der Empfänger die Erklärung zumindest gegen sich gelten lassen. Beim Abruf durch ein E-Mail-Programm ist die Erklärung in jedem Fall zugegangen, da sie zuvor abrufbar auf dem Account des E-Mail-Providers gespeichert war.

bb) SMS

Für SMS gilt das gleiche wie für E-Mails. Schließlich handelt es sich hierbei nur um eine Form mobiler E-Mails mit Zeichenbegrenzung.

cc) WebEDI

WebEDI ähnelt auf der Seite desjenigen, der EDI über einem Browser benutzt, einem Webmailer. Erhält der Erklärende eine Fehlermeldung, so muss er sich erneut um den Zugang seiner Erklärung bemühen. Scheitert dies, so muss der Empfänger die Erklärung gegen sich gelten lassen, sofern der Fehler von ihm verschuldet wurde. Aus der EDI-Vereinbarung zwischen den Parteien ergibt sich, dass beide Seiten die Pflicht haben, den Empfang von Nachrichten sicherzustellen.

dd) EDI/Provider

Bei EDI über einen Provider tragen beide Parteien das Risiko von Fehlern auf Seiten des Providers. Schlägt die Zustellung einer Nachricht fehl, so obliegt es dem Erklärenden, sich an den Provider zu wenden, um die Ursache des Fehlers herauszufinden. Lassen sich Erklärungen nicht abrufen, so muss der Empfänger sich diesbezüglich an den Provider wenden. Bei Fehlern des Providers muss die Erklärung nach der Beseitigung des Fehlers erneut zugestellt werden. Lässt sich die Erklärung aufgrund eines Fehlers beim Empfänger nicht abrufen, so ist die Erklärung dennoch zugegangen, da hierfür ja die abrufbare Speicherung genügt.

5. Widerruf

a) Allgemein

Gemäß § 130 I 2 BGB wird eine Willenserklärung nicht wirksam, wenn dem Empfänger vorher oder gleichzeitig ein Widerruf zugeht. Im elektronischen Rechtsgeschäftsverkehr gibt hier ein Problem: Durch die sekundenschnelle Übertragung ist es im Prinzip unmöglich, dass eine Widerrufsmail dem Empfänger vor der ersten E-Mail zugeht[270]. Eine E-Mail ist wird ja fast schon durch das Abschicken sofort bei dem Empfänger abrufbar gespeichert. Diese schnelle Zustellgeschwindigkeit macht es dem Erklärenden also nahezu unmöglich, eine einmal abgegebene Erklärung zu widerrufen. Dies liegt daran, dass, wie oben dargestellt[271], das Übermittlungsrisiko des Erklärenden mit der abrufbaren Speicherung endet. Selbst wenn der Empfänger nicht jede neue Nachricht sofort abruft, sondern seine Mailbox nur in größeren regelmäßigen Abständen (zum Beispiel viermal täglich) überprüft und er auf diese Weise Zugang und Widerruf gleichzeitig abruft, so ist doch jede E-Mail mit der Angabe, zu welchem Zeitpunkt sie in der Mailbox des Empfängers eintraf, versehen. Daher ist immer ersichtlich, welche der Mails als erste beim Empfänger eingetroffen ist.

Abhilfe schafft die teleologische Auslegung des § 130 I 2 BGB[272]. Diese Vorschrift soll das Vertrauen des Empfängers in die Wirksamkeit der erhaltenen Erklärung schützen. Ein solches Vertrauen entsteht aber erst gar nicht, wenn der Empfänger die Erklärung nicht zeitlich getrennt von dem Widerruf erhält. Es kommt also nicht darauf an, ob der Empfänger theoretisch von der eigentlichen Erklärung früher hätte Kenntnis nehmen können als von ihrem Widerruf, sondern ob ein schützenswertes Vertrauen entstanden ist. Ein solches Vertrauen kann nur durch die tatsächliche Kenntnisnahme entstehen. Während § 130 I 1 BGB der Verteilung des Übermittlungsrisikos dient, soll § 130 I 2 BGB das Vertrauen des Empfängers schützen. Daher kommt es hinsichtlich der Frage des Wirksamwerdens grundsätzlich auf die theoretische Möglichkeit der Kenntnisnahme an, während für die Ausnahme des Widerrufes der ursprünglichen Erklärung die tatsächliche Kenntnisnahme maßgeblich ist[273].

Dies bedeutet, dass eine Erklärung per E-Mail oder SMS mitunter also doch nach § 130 I 2 BGB widerrufen werden kann, wenn der Empfänger beide Erklärungen gleichzeitig in seiner Mailbox vorfindet. Auch wenn der Empfänger automatisch jede in seiner Mailbox eingehende Erklärung sofort abruft, so kann ein nachfolgender Widerruf dennoch das Wirksamwerden dieser Erklärung verhindern, wenn der Empfänger die zwar nacheinander abgerufenen Erklärungen erst später und dann gemeinsam tatsächlich zur Kenntnis nimmt.

---

270 Hoeren, NJW 1998, 2849 (2851); Cordes, Form und Zugang, S. 91; Priller, Der ungewollte Vertrag, S. 144

271 C III 3 a

272 Cordes, Form und Zugang, S. 118: nur bei E-Mails; bei Bestellungen über Websites soll das Widerrufsrecht nach der Fernabsatzrichtlinie ausreichend sein, S. 98; Palm in: Erman, § 130 BGB Rn. 15: im Einzelfall § 242 BGB

273 Cordes, Form und Zugang, S. 118: nur für E-Mails; Scheuerer, Willenserklärung, S. 43

Ein Widerruf nach § 130 I 2 BGB ist hingegen nicht möglich, wenn die Erklärung sofort nach dem Empfang automatisch weiterverarbeitet wird[274]. Dies ist zum Beispiel der Fall beim EDI über Standleitungen oder beim Einsatz von Agenten[275]. Aber auch bei Online-Shops werden Bestellungen bisweilen automatisch bearbeitet[276]. Nach der hier vertretenen Auffassung liegt in den genannten Fällen Kommunikation unter Anwesenden vor, so dass § 130 I 2 BGB, der nur für Kommunikation unter Abwesenden gilt, ohnehin keine Anwendung findet.

Fraglich ist, ob das Absenden der Zugangsbestätigung gemäß § 312e I 1 Nr. 3 BGB zur Folge hat, dass die Bestellung nicht mehr widerrufen werden kann. Hierbei ist zu beachten, dass der Versand der Empfangsbestätigung meist automatisch erfolgt und noch nicht zwangsläufig anzeigt, dass der Inhalt der Bestellung zur Kenntnis genommen wurde. Dies bedeutet: Erfolgt lediglich die Empfangsbestätigung automatisiert, während die eigentliche Bestellungsbearbeitung später geschieht, so kann die Erklärung noch bis zu dem Zeitpunkt, zu dem die Bestellung zur Kenntnis genommen wird, widerrufen werden. Wird eine Bestellung hingegen sofort bearbeitet, so kann sie auch nicht mehr widerrufen werden.

Eine nicht sofortige Bearbeitung der Bestellung ist zum Beispiel gegeben, wenn die Bestellungen erst später bearbeitet werden, zum Beispiel bei einem Online-Buchhandel, der die Bestellung weiterleitet an die an das System angeschlossenen Partnerbuchhandlungen. Bestellt der Kunde zum Beispiel nachts ein Buch, so erhält er zwar eine Empfangsbestätigung der gewählten Buchhandlung, kann die Bestellung aber noch bis zur Ladenöffnung am folgenden Werktag widerrufen, da seine Bestellung nicht vorher zur Kenntnis genommen werden wird. Zwar ist gemäß § 312e I 2 BGB der Zugang bereits erfolgt, da durch diese Vorschrift aber nicht in die Widerrufsregelung eingegriffen werden sollte[277], ist ein Widerruf unter den genannten Voraussetzungen noch möglich.

Etwas anderes gilt, wenn die betreffende Ware mit der Bestellung sofort reserviert wird und so nicht an andere Kunden verkauft werden kann. Bucht ein Kunde zum Beispiel eine Reise über ein virtuelles Reisebüro, das an das zentrale Computerreservierungssystem angeschlossen ist, so kann er seine Erklärung nicht nach § 130 I 2 BGB widerrufen, da die Reservierung seiner Reise sofort erfolgt.

---

274 Cordes, Form und Zugang, S. 90 f.

275 Cornelius, MMR 2002, 353 (356); Gitter/Roßnagel, K&R 2003, 64 (67)

276 Manche Online-Läden bieten dem Kunden jedoch die Möglichkeit, die Bestellung bis zur Ausführung zu stornieren.

277 siehe oben 3 c bb

b) Fernabsatzgesetz

Am 30.06.2000 trat das Fernabsatzgesetz (FernAbsG) in Kraft, durch das die EU-Fernabsatzrichtlinie[278] umgesetzt wurde. Mit Wirkung zum 01.01.2002 wurden die Vorschriften des Fernabsatzgesetzes durch das Schuldrechtsmodernisierungsgesetz in das BGB integriert (§§ 312 b ff. BGB). § 312d BGB räumt Verbrauchern bei Fernabsatzverträgen ein besonderes Widerrufsrecht ein.

Der Verbraucher soll vor den typischen Risiken eines Fernabsatzgeschäftes geschützt werden. Dazu gehören insbesondere, dass er nur geringe Informationen über seinen Vertragspartner hat und diesen auch nicht sieht, sowie weiterhin, dass er sich hinsichtlich der betreffenden Ware ganz auf die Angaben des Anbieters verlassen muss, die häufig unbeabsichtigt irreführend sein können, und er die Ware erst nach der Lieferung sieht und wirklich beurteilen kann[279]. Das große Problem bei Fernabsatzgeschäften ist, dass der Verbraucher nur auf die vom Händler gemachten Angaben zurückgreifen kann. Er kann in der Regel keine eigenen Fragen zu den Eigenschaften der betreffenden Ware stellen[280]. So kann zum Beispiel bei einem wissenschaftlichen Werk die Jahresangabe fehlen, woraufhin der Kunde es in der irrtümlichen Annahme, es handele sich um eine aktuelle Ausgabe, bestellt und nachher feststellen muss, dass dieses Buch inhaltlich komplett veraltet ist. Bei einer Anfechtung gemäß § 119 II BGB müsste der Kunde dem Anbieter hier gemäß § 122 BGB einen eventuellen Vertrauensschaden ersetzen.

Die §§ 312b ff. BGB sollen den Kunden in solchen Fällen typischer Irrtümer bei Fernabsatzgeschäften schützen, wobei nicht nur die Fälle anfechtbarer Irrtümer erfasst werden sollen, sondern auch enttäuschte Erwartungen[281]. Diese sehr umfassende Regelung hat den Sinn, bei Verbrauchern die Akzeptanz von Fernabsatzgeschäften zu erhöhen, und soll so letztlich den Anbietern zugute kommen, weil diese Form des direkten Vertriebes oftmals kostengünstiger ist als die Unterhaltung eines Netzes eigener Ladenlokale. Zudem haben die meisten der bislang im Fernabsatz tätigen Unternehmen den Kunden ohnehin eine Rückgabefrist eingeräumt. Durch die §§ 312b ff. BGB soll der Kunde sich auf das Bestehen einer solchen Mindestregelung verlassen können.

---

278 Richtlinie 97/7/EG des Europäischen Parlaments und des Rates vom 20.05.1997 über den Verbraucherschutz bei Vertragsabschlüssen im Fernabsatz

279 Heinrichs in: Palandt, § 312b BGB Rn. 3; Kamanabrou, WM 2000, 1417 (1419); Wendehorst in: Münchener Kommentar, Vor § 312b BGB Rn. 4: „technisch-strukturelles Informatonsdefizit“

280 Wendehorst in: Münchener Kommentar, Vor § 312b BGB Rn. 4

281 so zumindest in der Vorauflage Wendehorst in: Münchener Kommentar, Vor § 1 FernAbsG Rn. 2

Darüber hinaus soll der Kunde Informationen erhalten, die es ihm ermöglichen, seine vertraglichen Ansprüche (insbesondere Gewährleistungsrechte) gegen den Anbieter durchzusetzen[282].

aa) Anwendungsbereich: Fernabsatzverträge

(1) Definition

Fernabsatzverträge sind gemäß der Legaldefinition in § 312b I BGB Verträge über die Lieferung von Waren oder über die Erbringung von Dienstleistungen, die zwischen einem Unternehmer und einem Verbraucher unter ausschließlicher Verwendung von Fernkommunikationsmitteln abgeschlossen werden; es sei denn, dass der Vertragsschluss nicht im Rahmen eines für den Fernabsatz organisierten Vertriebs- oder Dienstleistungssystems erfolgt. Die Begriffe „Verbraucher" und „Unternehmer" sind in §§ 13, 14 BGB legaldefiniert.

(2) Fernkommunikationsmittel

Kern dieser Definition ist die ausschließliche Verwendung von Fernkommunikationsmitteln. Sie müssen sowohl für Antrag wie für Annahme eingesetzt werden[283].

Gemäß § 312b II BGB sind Fernkommunikationsmittel Kommunikationsmittel, die zur Anbahnung oder zum Abschluss eines Vertrags zwischen einem Verbraucher und einem Unternehmer ohne gleichzeitige körperliche Anwesenheit der Vertragsparteien eingesetzt werden können. Als Beispiele werden hier Briefe, Kataloge, Telefonanrufe, Telekopien, E-Mails sowie Rundfunk, Tele- und Mediendienste genannt. Auch die Annahme nach § 151 BGB gehört dazu[284] sowie Bestellformulare auf Websites[285].

Bei Geschäften über das Internet fehlt es immer an der gleichzeitigen körperlichen Anwesenheit beider Parteien. Die Verständigungsmedien sind Websites, E-Mails, Chat, SMS und Internettelefonie. Die Frage, ob beim elektronischen Rechtsgeschäftsverkehr Fernkommunikationsmittel eingesetzt werden, ist also hinfällig, denn diese Medien machen diese spezielle Form des Rechtsgeschäftsverkehrs erst möglich. Wichtig für die Anwendbarkeit des Fernabsatzgesetzes ist

282 Wendehorst in: Münchener Kommentar, Vor § 312b BGB Rn. 4
283 Heinrichs in: Palandt, § 312b BGB Rn. 8; Härting, FernAbsG, § 1 Rn. 58
284 Heinrichs in: Palandt, § 312b BGB Rn. 8; Lütcke, Fernabsatzrecht, § 312b Rn. 59
285 Kamanabrou, WM 2000, 1417 (1420)

daher die Frage, ob ein für den Fernabsatz organisiertes Vertriebs- oder Dienstleistungssystem vorliegt. Eine gesetzliche Definition fehlt hier.

(3) Vertriebssystem

Die Begründung des Referentenentwurfs zum Fernabsatzgesetz[286] sowie der Regierungsentwurf[287] erläutern zu § 1 I FernAbsG (jetzt: § 312b I BGB), dass der nur zufällige und gelegentliche[288] Einsatz von Fernkommunikationsmitteln nicht ausreiche. Vielmehr müsse der Unternehmer seinen Betrieb mit den notwendigen personellen und sachlichen Mitteln ausgestattet haben, um regelmäßig Geschäfte im Fernabsatz zu tätigen. Der Anbieter müsse zumindest einen relevanten Teil seines Vertriebs im Fernabsatz vornehmen[289]. Grund für diese Regelung ist, dass Unternehmen, die auf Geschäfte unter Anwesenden zugeschnitten sind, nicht durch die Anforderungen des Fernabsatzrechts davon abgehalten werden sollen, ausnahmsweise doch telefonische Bestellungen entgegenzunehmen[290].

Die Grenze zum organisierten Fernabsatzsystem soll dann überschritten sein, wenn der Inhaber eines Geschäfts Waren nicht nur gelegentlich versendet, sondern systematisch auch mit dem Angebot telefonischer Bestellung und Zusendung der Waren wirbt[291]. Dies wird auch für Werbung mit Dienstleistungen gelten, die ausschließlich über Fernkommunikationsmittel erfolgen sollen[292]. Die Konkretisierung der Abgrenzung im Einzelfall solle jedoch der Rechtsprechung vorbehalten bleiben[293]. Zu berücksichtigen ist, dass das Gesetz das Bestehen eines für den Fernabsatz organisierten Vertriebssystems vermutet, wenn der

---

286 Stand: 31.05.1999

287 Gesetzentwurf der Bundesregierung vom 09.02.2000, BT-Drs. 14/2658

288 Bühlow/Artz, NJW 2000, 2049 (2053); Ring in: Anwaltkommentar Schuldrecht § 312b BGB Rn. 33; Schulte-Nölke in: Hk-BGB, § 312b Rn. 6; Kamanabrou, WM 2000, 1417 (1421); Beispiel von Gößmann, MMR 1998, 88 (89): Ein Kranker bestellt bei einer – realen – Apotheke telefonisch ein Medikament.

289 Micklitz, EuZW 2001, 133 (134); Härting, FernAbsG, § 1 Rn. 78

290 Schulte-Nölke in: Hk-BGB, § 312b Rn. 6

291 BT-Drs. 14/2658 v. 09.02.2000, S. 30; Heinrichs in: Palandt, § 312b BGB Rn. 11; Lorenz, JuS 2000, 833 (838); Kamanabrou, WM 2000, 1417 (1421); Wendehorst in: Münchener Kommentar, § 312 b BGB Rn. 54; Härting, FernAbsG, § 1 Rn. 79; Lütcke, Fernabsatzrecht, § 312b Rn. 72

292 Henke, AnwBl 2002, 106 (107); Härting, FernAbsG, § 1 Rn. 79

293 BT-Drs. 14/2658 v. 09.02.2000, S. 30; Ring in: Anwaltkommentar Schuldrecht § 312b BGB Rn. 35

Vertrag unter ausschließlicher Verwendung von Fernkommunikationsmitteln geschlossen wird[294].

(4) Online-Shops

Der Verkauf via Online-Shops findet im Fernabsatz statt, sofern die Ware dem Empfänger zugesandt wird. Hier hat der Unternehmer eine Bestellmöglichkeit mittels Website und E-Mail geschaffen, bei der die Ware auf dem Postwege zu dem Kunden gebracht wird[295].

Anders ist die Sachlage zu bewerten, wenn der Kunde die bestellte Ware in einem realen Ladenlokal abholt. Hier findet der Vertragsschluss möglicherweise erst von Person zu Person im Ladenlokal statt. Denkbar ist auch, dass es sich bei der Bestellung des Kunden um ein Angebot handelt, das erst im Laden des Anbieters angenommen wird.

In dieser Konstellation ist der Vertrag dennoch via Internet abgeschlossen worden, wenn der Anbieter sich der Ladenlokale nur als Absatzmedium bedient, zum Beispiel, wenn eine Internetbuchhandlung die Auslieferung und Bezahlung über angeschlossene eigenständige Buchhandlungen abwickelt. Handelt es sich hingegen um die Website einer Buchhandlung, die es ermöglicht, dass man sich über den firmeneigenen Katalog Bücher zur Ansicht im Ladenlokal bestellen kann und diese Bücher nur bezahlen muss, wenn man sie tatsächlich abholt, so ist davon auszugehen, dass der Vertragsschluss nicht im Fernabsatz, sondern in gewöhnlicher Weise in der Buchhandlung erfolgt.

(5) Grenzfälle

Kommt der Vertrag nicht ausschließlich durch den Einsatz von Fernkommunikationsmitteln zustande, so liegt kein Fernabsatzgeschäft vor[296].

---

294 BT-Drs. 14/2658 v. 09.02.2000, S. 31; Henke, AnwBl 2002, 106 (107); Lorenz, JuS 2000, 833 (838); Kamanabrou, WM 2000, 1417 (1421); Wendehorst in: Münchener Kommentar, § 312 b BGB Rn. 64; Härting, FernAbsG, § 1 Rn. 88 ff.; Lütcke, Fernabsatzrecht, § 312b Rn. 80; Schulte-Nölke in: Hk-BGB, § 312b Rn. 6; Ring in: Anwaltkommentar Schuldrecht § 312b BGB Rn. 36; Bühlow/Artz, NJW 2000, 2049 (2053)

295 Piepenbrock/Schmitz, K&R 2000, 378 (379 f.); Lorenz, JuS 2000, 833 (838); Härting, CR 1999, 507 (508)

296 Grigoleit, NJW 2002, 1151 (1152); Wendehorst in: Münchener Kommentar, § 312b BGB Rn. 43; Härting, Fernabsatzgesetz, § 1 Rn. 69 ff.; Lütcke, Fernabsatzrecht, § 312b Rn. 60 ff.

Teilweise wird jedoch angenommen, dass mangels Ausschließlichkeit kein Fernabsatzgeschäft vorliegt, wenn der Verbraucher bei den Verhandlungen im Geschäft alle notwendigen Informationen erhalten hat und der Vertrag unmittelbar darauf über Fernkommunikationsmittel geschlossen wurde[297].

Nach anderer Ansicht soll es ausreichen, dass der Verbraucher die Möglichkeit hatte, sich entsprechend zu informieren[298]. Hier stellt sich aber die Frage, was „notwendige Informationen" sein sollen[299]. Problematisiert wird dies in der Literatur bisher nur für die Situation, dass vor dem Vertragsschluss ein persönlicher Kontakt zwischen Kunden und Anbieter zustande gekommen war. In diesen Fällen erscheint es auf den ersten Blick tatsächlich als sachgerecht, darauf abzustellen, ob der Kunde die Möglichkeit hatte, alle notwendigen Informationen vor dem eigentlichen Vertragsschluss zu erhalten.

Es ist aber zu berücksichtigen, dass nach der Verbraucher schützenden Ratio des Fernabsatzrechts in den Fällen, in denen der Vertragsschluss selbst – unabhängig von den weiteren Umständen der Vertragsanbahnung – nur über Fernkommunikationsmittel erfolgte, das Vorliegen eines Fernabsatzgeschäftes vermutet wird. Die Beweislast dafür, dass der Verbraucher vorliegend nicht des Schutzes der §§ 312b ff. BGB bedarf, trägt der Unternehmer[300]. Daher ist es sinnvoll (schon aus Gründen der Rechtssicherheit), sich an den Wortlaut des § 312b BGB zu halten und zu prüfen, ob der Vertrag ausschließlich durch die Verwendung von Fernabsatzmedien zustande gekommen ist.

In der Regel wird daher bei Konstellationen, in denen nicht ganz klar ist, ob der Vertrag im Fernabsatz oder im Ladenlokal erfolgte, mit Blick auf die Ratio der Fernabsatzrichtlinie ein Vertragsschluss im Fernabsatz angenommen werden können. Dies verlangt auch das Umgehungsverbot des § 312f S. 2[301].

bb) Widerrufsrecht

Gemäß § 312d I 1 BGB in Verb. mit § 355 BGB steht den Verbraucher ein 14-tägiges Widerrufsrecht zu. Bei Verträgen über die Lieferung von Waren kann dem Verbraucher gemäß § 312d I 2 BGB auch ein uneingeschränktes Rückgaberecht gemäß § 356 BGB eingeräumt werden.

---

297 Heinrichs in: Palandt, § 312b BGB Rn. 8; Wendehorst in: Münchener Kommentar, § 312b BGB Rn. 47 f.; Schulte-Nölke in: Hk-BGB, § 312b Rn. 4

298 Lütcke, Fernabsatzrecht, § 312b Rn. 62

299 Grigoleit, NJW 2002, 1151 (1152)

300 Lütcke, Fernabsatzrecht, § 312b Rn. 63

301 Wendehorst in: Münchener Kommentar, § 312 b BGB Rn. 44

In einem solchen Fall stellt sich die Frage, ob der Vertrag während der Widerrufsfrist schwebend unwirksam oder wirksam ist. Die bestehenden Verbraucherschutzgesetze machten ursprünglich von beiden Möglichkeiten Gebrauch. § 355 I 1 BGB legt nun fest, dass der Verbraucher, wenn er fristgerecht widerruft, nicht mehr an seine auf den Abschluss eines Vertrages gerichtete Willenserklärung gebunden ist. Daraus ergibt sich, dass bei dieser Konstruktion der Vertrag wirksam ist. Nur wenn der Kunde seine Willenserklärung widerruft, wird der Vertrag unwirksam. Fernabsatzverträge werden also nicht erst mit Ablauf der Widerspruchsfrist wirksam[302]. Vielmehr handelt es sich bei dem Widerrufsrecht um ein Gestaltungsrecht, also eine rechtsvernichtende Einwendung[303]. Da auch die anderen Verbraucherschutzvorschriften (Verbraucherdarlehensverträge § 495 I BGB, Haustürgeschäfte § 312 I BGB, Teilzeit-Wohnrechteverträge § 485 I BGB) nun auf § 355 BGB verweisen, ist die Konstruktion der schwebenden Unwirksamkeit aufgegeben worden.

cc) Ausnahmen vom Widerrufsrecht

§ 312b III führt Verträge auf, bei denen kein Widerrufsrecht im Sinne des § 312d I BGB besteht. Ein Widerrufsrecht kann aber auch in diesen Fällen vereinbart werden[304]. Zudem greifen gegebenenfalls andere gesetzliche Bestimmungen ein, wie zum Beispiel § 505 BGB für Zeitschriftenabonnements.

(1) Bestimmte Waren

Gemäß § 312d IV Nr. 1 BGB können Verträge über die aufgeführten Waren nicht nach § 312d I BGB widerrufen werden. Leider hat der Gesetzgeber den Richtlinientext wortwörtlich übernommen, ohne sich weitere Gedanken darüber zu machen, ob die deutsche Umsetzung nicht in vereinfachter und klarerer Form möglich gewesen wäre. Jetzt ist es dem Rechtsanwender überlassen, den Inhalt der Ausnahmeregelung zu eruieren. In der Begründung des Referentenentwurfs und des Regierungsentwurfs wird immerhin erwähnt, dass die Fälle erfasst werden sollen, in denen die Einräumung eines Widerrufsrechts dem Unternehmer nicht zumutbar ist, weil die Ware nach Benutzung oder auf andere Weise wertlos geworden ist[305].

---

302 Heinrichs in: Palandt, § 355 BGB Rn. 4

303 Horn, MMR 2002, 209 (212)

304 Lütcke, Fernabsatzrecht, § 312d BGB Rn. 64

305 BT-Drs. 14/2658 v. 09.02.2000, S. 44; Vehslage, DuD 1999, 639 (640); Schulte-Nölke in: Hk-BGB, § 312d Rn. 4; Ring in: Anwaltkommentar Schuldrecht § 312d BGB Rn. 41; BGH, MMR 2003, 463 (464)

Es hätte daher nahe gelegen, den Text unter Ziff. 1 zur Klarstellung wie folgt zu formulieren: „... über die Lieferung von Waren, bei denen die Einräumung eines Widerrufsrechts dem Unternehmer nicht zuzumuten ist. Hierzu gehören Waren, die nach Anweisung des Kunden angefertigt wurden oder eindeutig auf dessen Bedürfnisse zugeschnitten sind, oder die aufgrund ihrer Beschaffenheit...". Problematisch ist allerdings hieran, dass der Anwendungsbereich des Widerrufsrechts weiter eingeschränkt wird, weil der Begriff der „Zumutbarkeit" über die aufgeführten Regelbeispiele hinausgeht. Andererseits würde diese Regelung die Interessen des Unternehmers schützen, ohne den Verbraucher zu sehr zu benachteiligen, denn es handelt sich hier um Fälle, in denen für den Kunden klar erkennbar ist, dass er die Ware nicht einfach zurückschicken kann.

Gemäß Art. 249 III EGV ist eine EU-Richtlinie für jeden Mitgliedsstaat, an den sie gerichtet wird, hinsichtlich des zu erreichenden Zieles verbindlich. Den innerstaatlichen Stellen werden aber die Wahl der Form und des Mittels zur Zielerreichung überlassen. Da Ziel der Richtlinie ein möglichst umfassender Verbraucherschutz bei Fernabsatzverträgen ist, müssen die in Art. 6 III der Fernabsatzrichtlinie aufgeführten Ausnahmen als abschließend angesehen werden. Daher würde die oben vorgeschlagene Umsetzung dem Ziel der Richtlinie widersprechen. Es ist folglich verständlich, dass der deutsche Gesetzgeber den Richtlinientext wortwörtlich übernommen hat.

Da für den EU-Gesetzgeber das Verbraucherschutzrecht vorrangig ist, wäre aber folgende Formulierung möglich, die die Ratio dieser Regelung berücksichtigt, ohne das mit der Fernabsatzrichtlinie angestrebte Maß an Verbraucherschutz zu verringern, und sie dadurch für den Rechtsanwender zugänglicher macht: „... über die Lieferung von Waren, bei denen die Einräumung eines Widerrufsrechts dem Unternehmer nicht zuzumuten ist. Dies ist ausschließlich der Fall bei Waren, die nach Anweisung des Kunden angefertigt wurden oder eindeutig auf dessen Bedürfnisse zugeschnitten sind oder die aufgrund ihrer Beschaffenheit...". Hier könnte allenfalls der Fall eintreten, dass zwar der Tatbestand einer der aufgeführten Varianten vorliegt, es aber bei Würdigung des konkreten Sachverhalts für den Unternehmer zumutbar erscheint, dem Kunden ein Widerrufsrecht einzuräumen. Dies wäre mit der Ratio des Fernabsatzrechts durchaus zu vereinbaren. Aufgrund der Seltenheit dieser Fälle wäre auch die Rechtssicherheit nicht gefährdet, zumal hier in der Regel ein Umgehungsgeschäft im Sinne des § 312f S. 2 BGB vorliegen wird.

(a) Kundenspezifikation

Waren, die nach Kundenspezifikation gefertigt werden, sind solche, die in ihrer konkreten Ausgestaltung auf den speziellen Wünschen des Kunden beruhen. Der Kunde muss hier also Weisungen getroffen haben, anhand derer die Ware hergestellt wurde[306]. Mit Blick auf das obengenannte Ziel dieser Regelung muss die Berücksichtigung der Wünsche des Verbrauchers dazu führen, dass die Sache anderweitig nicht oder nur mit unzumutbaren Preisnachlass abgesetzt werden kann[307].

Fraglich ist, ob dies auch auf Kraftfahrzeuge zutrifft, die der Kunde sich auf der Homepage des Anbieters speziell zusammenstellt.

Ist das Auto aus Standardteilen zusammengesetzt, die problemlos wieder ausgebaut werden können, oder ist die Wagenkombination auch an andere Kunden verkäuflich, so kann hier ein Widerrufsrecht angenommen werden[308]. Generell ist bei gängigen Lackierungen und aus- und wieder einbaubaren Zusatzleistungen davon auszugehen, dass der Unternehmer den betreffenden Wagen an einen anderen Kunden absetzen kann.

Bei speziellen Sonderanfertigungen wie ungewöhnlichen Lackierungen (z. B. psychedelische Muster) hingegen muss jedoch angenommen werden, dass dem Anbieter eine Rücknahme nicht zuzumuten ist, wenn die Wahrscheinlichkeit verschwindend gering ist, dass er den Wagen anderweitig verkaufen kann. Der Anbieter kann zwar auch solche Sonderanfertigungen als solche besonders gekennzeichnet via Internet anbieten, muss dann aber beweisen können, dass eine Rücknahme für ihn unzumutbar ist. Es erscheint zweckmäßig, bei solchen Kombinationen nur die Zusammenstellung durch den Kunden im Internet zuzulassen, ihn aber zur Bestellung an einen Vertragshändler zu verweisen, damit der Vertragsschluss persönlich erfolgt und die §§ 312b ff. BGB nicht angewandt werden können. Bei solchen Sonderwünschen ist es ohnehin sinnvoll, dass der Kunde persönlich beraten wird.

---

306 Wendehorst in: Münchener Kommentar, § 312d BGB Rn. 26; Härting, FernAbsG, § 3 Rn. 68

307 Heinrichs in: Palandt, § 312d BGB Rn. 9; Backu, DAR 201, 106 (112); Wendehorst in: Münchener Kommentar, § 312d BGB Rn. 26; BGH, MMR 2003, 463 (464); a. A. Waldenberger, K&R 1999, 345 (351)

308 Wendehorst in: Münchener Kommentar, § 312d BGB Rn. 26; für ein Notebook: OLG Frankfort, ITRB 2002, 261 (261); BGH, MMR 2003, 463 (464)

(b) Auf persönliche Bedürfnisse zugeschnitten

Eindeutig auf die persönlichen Bedürfnisse zugeschnitten sind solche Waren, die zwar auch speziell für diesen Kunden hergestellt werden, dies aber nicht aufgrund der Anweisung des Kunden[309]. So ist ein Maßanzug speziell für den Kunden nach den von ihm eingesandten Maßen gefertigt und kann anderweitig nicht verkauft werden. Diese Ware hat (vom Materialwert abgesehen) ihren Verkehrswert nur gegenüber diesem speziellen Kunden[310]. Andere Beispiele sind eigens für die Wohnung des Kunden gefertigte Möbel oder ein anhand von Fotos gemaltes Portrait des Kunden.

(c) Nicht für Rücksendung geeignet

Unklar ist, was für Waren aufgrund ihrer Beschaffenheit nicht für eine Rücksendung geeignet sein sollen.

Auf die Art des Versandes, zum Beispiel als Päckchen, abzustellen, geht zu weit, da im Fernabsatz Waren aller Art versandt werden können, auch wenn dies nicht auf dem Postwege erfolgt. Zudem stünde dies im Widerspruch zu § 357 II 1 BGB, wonach ein Widerrufrecht auch besteht, wenn die Sache nicht durch Paket versandt werden kann.

Zu formal wäre es, darauf abzustellen, dass die betreffenden Waren nicht auf die gleiche Weise, wie sie geliefert wurden, zurückgeschickt werden können.

Möglicherweise sollen Waren erfasst werden, bei denen die Rücksendung aufwändig ist, zum Beispiel Autos oder Tiere. Damit wäre ein Widerruf aber bei allen Waren ausgeschlossen, deren Rücktransport schwierig ist. Diese Auslegung ist von dem Wortlaut nicht mehr getragen, da eine komplizierte Rücksendung nicht zwangsläufig unmöglich ist.

Es ist daher darauf abzustellen, ob die Rücksendung unmöglich ist oder – mit Blick auf die Ratio dieser Ausnahmetatbestände – ob die Ware durch eine Rücksendung weitgehend wertlos wird bzw. der Kunde sich trotz der Rücksendung den vollen wirtschaftlichen Wert der Ware aneignen kann[311]. Letzteres spielt

---

309 A. A. Wendehorst in: Münchener Kommentar, § 312d BGB Rn. 27: bereits auf Vorrat hergestellt, aber für Kunden weiterbearbeitet.

310 Heinrichs in: Palandt, § 312d BGB Rn. 9

311 Lorenz, JuS 2000, 833 (839); Wendehorst in: Münchener Kommentar, § 312d BGB Rn. 31; Ring in: Anwaltkommentar Schuldrecht § 312d BGB Rn. 37

insbesondere bei dem Versand von Dateien eine Rolle[312]. Werden diese auf Datenträgern versandt, ist allerdings § 312d IV Nr. 2 BGB lex specialis[313].

Fraglich ist, ob von dieser Variante auch erstzugelassene Autos erfasst werden. Hier entsteht zwar kein völliger, aber ein erheblicher Wertverlust. Es ist aber zu berücksichtigen, dass der Gesetzeswortlaut lediglich auf die Eignung zur Rücksendung abstellt. Ein Kraftfahrzeug verliert nun nicht durch die Rücksendung, sondern durch die Erstzulassung an Wert. Diese Zulassung wird zur Vertragserfüllung vorgenommen und steht in keinem Zusammenhang mit der Rückgabe des Wagens. Die Eignung eines Wagens zur Rückgabe wird dadurch nicht beeinträchtigt. Außerdem haftet der Verbraucher gemäß § 357 III 1 BGB dem Anbieter auf Ersatz der Wertminderung durch die bestimmungsgemäße Ingebrauchnahme, sofern er auf diese Rechtsfolge und eine Möglichkeit, diese zu vermeiden, hingewiesen wurde. Die Erstzulassung eines Kraftfahrzeuges gehört zur bestimmungsgemäßen Ingebrauchnahme[314]. Ein Wertverlust durch die Ingebrauchnahme der Sache schließt also das Widerrufsrecht nicht aus[315].

(d) Schnell verderblich

Es muss ex ante innerhalb der regulären Widerrufsfrist eine Substanzveränderung der Ware zu befürchten sein[316]. Hierunter fallen beispielsweise Blumensträuße[317] oder bestimmte Lebensmittel, sofern es sich nicht um Lieferungen handelt, die bereits gemäß § 312b III Nr. 5 BGB vom Anwendungsbereich dieses Gesetzes ausgeschlossen sind[318].

Schnell verderblich können auch Arzneimittelmischungen sein[319]. Eventuell können auch andere Medikamente durch die Rücksendung verderben. Bei den üblichen Dragees, Pillen, Kapseln und Tabletten ist bei ungeöffneter Verpa-

---

312 Lorenz, JuS 2000, 833 (838, Fn. 56); Wendehorst in: Münchener Kommentar, § 312d BGB Rn. 31; Härting, FernAbsG, § 3 Rn. 74

313 Günther, ITRB 2002, 9 (12)

314 Grigoleit, NJW 2002, 1151 (1154)

315 Heinrichs in: Palandt, § 312d BGB Rn. 9

316 Wendehorst in: Münchener Kommentar, § 312d BGB Rn. 37; anders Lütcke, Fernabsatzrecht, § 312d Rn. 76: innerhalb von sechs Wochen

317 Gößmann, MMR 1998, 88 (90); Härting, FernAbsG, § 3 Rn. 76; Lütcke, Fernabsatzrecht, § 312d Rn. 79

318 Kamanabrou, WM 2000, 1417 (1424); Wendehorst in: Münchener Kommentar, § 312d BGB Rn. 34, 36; Härting, FernAbsG, § 3 Rn. 75; genauer: Lütcke, Fernabsatzrecht, § 312d Rn. 79

319 Wendehorst in: Münchener Kommentar, § 312d BGB Rn. 36; zum Versandhandel mit Arzneimitteln via Internet s. Eichler, K&R 2001, 144 ff.

ckung (ein Öffnen des Umkartons hat keinen Einfluss) die Gefahr eines Verderbs gering. Anders sieht es bei Lösungen, Emulsionen und Salben aus, die eventuelle bestimmte Temperaturschwankungen nicht vertragen. Hier ist aber nicht unbedingt ein Widerrufsrecht auszuschließen. Vielmehr muss der Unternehmer die Ware mit einem entsprechenden Hinweis versehen, dass nur eine bestimmte Art der Rücksendung zulässig ist, um einen Verderb der Ware vorzubeugen. Eine solche Anleitung darf aber nicht beigefügt werden, um den Kunden von einem Widerruf abzuhalten.

Schnell verderblich können auch lebende Pflanzen sein. Aber es kann auch die Möglichkeit bestehen, dass es eine Anleitung zur Rücksendung gibt oder der Unternehmer eine eigene Abholung der Ware anbietet. Bei Bestellungen bis zu einem Betrag von 40 € (Bruttopreis[320]) dürfen dem Verbraucher die regelmäßigen Kosten der Rücksendung vertraglich auferlegt werden (§ 357 II 2 BGB); es sei denn, dass die gelieferte Ware der bestellten nicht entspricht, also mangelhaft im Sinne von § 434 BGB ist[321].

(e) Überschreiten des Verfalldatums

Ein Überschreiten des Verfalldatums ist vor allem bei Medikamenten denkbar[322]. Wichtig ist hierbei, dass der Unternehmer nicht versuchen darf, durch ein besonders kurz gesetztes Verfallsdatum das Widerrufsrecht des Verbrauchers auszuschließen und damit die gesetzliche Regelung zu unterlaufen (§ 312f BGB)[323]. Vielmehr sind nur solche Verfalldaten relevant, die in Übereinstimmung mit anerkannten technischen Normen festgesetzt wurden[324].

Konzerttickets und Theaterkarten, die nur für eine bestimmte Vorstellung gelten, haben zwar auch ein „Verfalldatum“. Da aber Dienstleistungen und nicht Waren angeboten werden, ist § 312d IV Nr. 1 BGB nicht anwendbar.

(2) Entsiegelte Datenträger

Gemäß § 312d IV Nr. 2 BGB ist das Widerrufsrecht des Verbrauchers auch ausgeschlossen bei Verträgen zur Lieferung von Audio- oder Videoaufzeichnungen oder von Software, sofern die gelieferten Datenträger vom Verbraucher entsie-

---

320 Heinrichs in: Palandt, § 357 Rn. 6
321 Heinrichs in: Palandt, § 357 Rn. 6
322 Härting, FernAbsG, § 3 Rn. 77
323 Härting, FernAbsG, § 3 Rn. 77; Lütcke, Fernabsatzrecht, § 312d Rn. 78
324 Heinrichs in: Palandt, § 312d BGB Rn. 9

gelt worden sind. Dies wird auch beim normalen Ladenverkauf so gehandhabt. Um zu verhindern, dass der Verkäufer das Widerrufsrecht umgeht, indem er die Ware von vornherein unversiegelt liefert, ist diese Vorschrift eng auszulegen. In einem solchen Fall greift dann auch § 312d IV Nr. 1 BGB nicht, weil die Ware vom Käufer problemlos zurückgesandt werden kann. § 312d IV Nr. 1 BGB ist mit Blick auf § 312d IV Nr. 2 BGB (lex specialis) eng auszulegen[325].

Ratio dieser Regelung ist, dass der Kunde ohne Qualitätsverlust die Daten kopieren könnte. Insbesondere wenn, wie dies überwiegend der Fall ist, die Ware auf CD oder als DVD geliefert wird, kann der Kunde sie sich problemlos auf einen CD-Rohling brennen. Hier ein Widerrufsrecht zuzulassen, hieße für den Anbieter, dass er in vielen Fällen seine Datenträger als Kopiervorlagen verschicken würde. Ein wirksamer Kopierschutz anstatt eines Ausschlusses des Widerrufsrechts würde allerdings den Interessen der Kunden eher entsprechen.

(3) Heruntergeladene Dateien

Beim Download von Dateien überspielt der Kunden diese auf seine eigenen Datenträger (Festplatte, Zip-Diskette, gewöhnliche Disketten) und brennt sie gegebenenfalls auf CD. § 312d IV Nr. 2 BGB ist also nicht anwendbar[326].

Die Stellungnahme des Bundesrates zum Regierungsentwurf sah vor, dass § 3 II Nr. 2 FernAbsG[327] wie folgt lauten sollte: „Das Widerrufsrecht besteht [...] nicht bei Fernabsatzverträgen zur Lieferung von Audio- oder Videoaufzeichnungen oder von Software, sofern die gelieferten Datenträger vom Verbraucher entsiegelt oder vom Unternehmer online übermittelt worden sind“[328].

Die Bundesregierung lehnte in ihrer Gegenäußerung den Vorschlag ab, da die Richtlinie die Aufnahme einer solchen Ausnahme in den Gesetzestext nicht ausdrücklich zuließe. Es handele sich entweder um eine Dienstleistung, bei der das Widerrufsrecht mit Übermittlung nach § 3 I 3 Nr. 2 b FernAbsG[329] entfallen könne, weil die Online-Übermittlung auf Veranlassung des Verbrauchers erfolgt ist[330], oder um eine Ware im Sinne von § 3 II Nr. 1 FernAbsG[331], die aufgrund ihrer Beschaffenheit nicht für eine Rücksendung geeignet sei, so dass das Wi-

325 Günther, ITRB 2002, 9 (12); a. A. Lorenz, JuS 2000, 833 (838, Fn. 56)
326 Lütcke, Fernabsatzrecht, § 312d Rn. 84
327 jetzt § 312d IV Nr. 2 BGB
328 BT-Drs. 14/2920 v. 15.03.2000, S. 4
329 § 312d III BGB
330 so auch Heinrichs in: Palandt, § 312d BGB Rn. 10
331 § 312d IV Nr. 1 BGB

derrufsrecht nach der Übermittlung entfalle[332]. Hier bestehe keine vergleichbare Möglichkeit, dem Verbraucher eine Rückgabemöglichkeit bis zur Entsiegelung gesetzlich einzuräumen, ohne das berechtigte Interesse des Unternehmers zu verletzen, eine unberechtigte Nutzung seiner Software oder vergleichbarer Werke zu verhindern[333]. Das Problem lasse sich nur durch eine an den praktischen Erfordernissen ausgerichtete Auslegung von § 3 I 3 Nr. 2 b FernAbsG[334] und § 3 II Nr. 1 Var. 3 FernAbsG[335] lösen, wobei letztlich der EuGH über die Richtigkeit einer solchen Auslegung entscheiden müsse[336].

Relevant wird das Widerrufsrecht des Fernabsatzgesetzes, wenn der Kunde eine (erhebliche) Gegenleistung für die Ware erbringen musste, weil er im anderen Fall kein Interesse hat, den Vertrag durch Widerruf rückgängig zu machen.

(a) Warenlieferung

Daher stellt sich hier die Frage, ob die Ermöglichung des Downloads einer Programmdatei eine Dienstleistung ist oder ob das Programm hier wesentlicher Gegenstand des Vertrages ist[337]. Für die Wertung als Dienstleistung spricht, dass Downloadmöglichkeiten – zumindest bei hinsichtlich der Dateigröße kleineren Programmen – ein Service gegenüber dem Kunden sind, weil dieser so auf einfache Weise an die gesuchte Software kommt. Bezahlen muss der Kunde allerdings nicht diese Dienstleistung, sondern das Computerprogramm. Dies ist auch so im Bewusstsein des Beteiligten verankert. Anders ist die Situation nur, wenn der Kunde für die Benutzung der Website des Anbieters ein Entgelt leisten muss, nicht aber für die heruntergeladenen Dateien. Diese Gestaltung ist aber beim Anbieten von Software im Netz nicht üblich. Daher ist bei dieser Gestaltung die Software als Ware anzusehen[338].

Allerdings stellt sich die Frage, ob beim Download von Software aus dem Netz überhaupt noch von Lieferung die Rede sein kann. Hier ist zu berücksichtigen, dass der Download zwar vom Kunden ausgelöst wird und auch die Frage, ob der Download erfolgreich verläuft, vom Provider des Kunden und dem System des

332 BT-Drs. 14/2658 v. 09.02.2000, S. 44; Piepenbrock/Schmitz, K&R 2000, 378 (385); Lütcke, Fernabsatzrecht, § 312d Rn. 73
333 BT-Drs. 14/2658 v. 09.02.2000, S. 44
334 § 312d III BGB
335 § 312d IV Nr. 1 Var. 3 BGB
336 BT-Drs. 14/2920 v. 15.03.2000, S. 13
337 Software ist – unabhängig davon, ob es sich um einen Kaufvertrag, einen Vertrag sui generis oder einen anderen Vertrag handelt – eine handelbare Ware: Ulmer, ITRB 2001, 140 (142)
338 Härting, FernAbsG, § 1 Rn. 54

Kunden abhängt. Der Anbieter ermöglicht es dem Kunden jedoch erst, sich das Programm auf seinen Rechner herunterzuladen. Zudem sind der Hersteller der Software und derjenige Anbieter, der die Software zum Download zur Verfügung stellt, nicht immer identisch. Das bedeutet, dass der Vertrag zwischen Softwarehersteller und dem Kunden über die downgeloadete Software häufig erst beim Installieren des Programms zustande kommt. Dass dieser Vertrag dann zwischen Unternehmer und Verbraucher ohne gleichzeitige physische Anwesenheit geschlossen wird, ist offenkundig.

Fraglich ist allerdings, ob es sich um einen Vertrag über die Lieferung einer Ware handelt, da der Kunde die Ware aufgrund des Downloads bereits in seinem Besitz hat. Hier ist auf die Ratio des Fernabsatzgesetzes abzustellen: Der Kunde hat hier eine Ware bekommen, die er erst nach dem Vertragsschluss in Augenschein nehmen kann, und die von einem Vertragspartner stammt, von dem er allenfalls die im Internet verfügbaren Daten kennt. Die Situation entspricht also der eines typischen Fernabsatzvertrages.

Daraus folgt: Auch Verträge über Software, die der Kunde sich aus dem Netz herunterlädt, fallen als Warenlieferungsverträge unter das Fernabsatzgesetz[339].

(c) Dienstleistung

Da bei der Abgrenzung zwischen Dienstleistung und Warenlieferung alle Verträge, deren Hauptleistung die Übertragung eines Gegenstandes ist, eine Warenlieferung zum Inhalt haben, ist der Download von Dateien als Warenlieferung zu werten. Dies gilt allerdings nur, wenn die Dateien endgültig gespeichert werden. Wird beispielsweise eine Musikdatei als mp3 dauerhaft auf dem Rechner des Kunden gespeichert, so liegt eine Warenlieferung vor. Werden hingegen Musik- oder Videodateien auf dem Rechner des Kunden nur abgespielt, ohne dass eine dauerhafte Speicherung, sondern nur eine Zwischenspeicherung erfolgt, so liegt hier eine Dienstleistung vor. Vertragsgegenstand ist ja das Abspielen der Datei, nicht aber die endgültige Übertragung einer Kopie einer Datei auf den Kunden. In diesen Fällen erlischt das Widerrufsrecht des Kunden gemäß § 312d III BGB mit dem Beginn des Abspielens der betreffenden Datei, weil der Verbraucher die Ausführung dieser Dienstleistung vor dem Ende der Widerrufsfrist veranlasst hat.

---

339 Lütcke, Fernabsatzrecht, § 312d Rn. 73; a. A.: Dienstleistung Piepenbrock/Schmitz, K&R 2000, 378 (385)

(d) Rücksendung

In den Fällen, in denen der Download als Warenlieferung einzuordnen ist, ist fraglich, ob es sich bei den betreffenden Dateien gemäß § 312d IV Nr. 1 BGB um Waren handelt, die aufgrund ihrer Beschaffenheit nicht für eine Rücksendung geeignet sind und bei denen deshalb das Widerrufsrecht ausgeschlossen ist.

Downgeloadete Dateien lassen sich problemlos als Attachment zu einer E-Mail an den Anbieter zurücksenden. Der Haken hieran ist, dass auf diese Weise nur eine Kopie dieser Datei zurückgeschickt wird, während die betreffende Datei – die auch nur eine Kopie der auf dem Server des Anbieters bereitgestellten ist – auf dem Rechner des Kunden verbleibt. Eine wirkliche Rückgabe hat also nicht stattgefunden. Zudem hat der Anbieter hier kein Interesse daran, dass ihm eine Kopie der bei ihm ohnehin befindlichen Datei zurückgeschickt wird; denn anders als bei den klassischen Waren kann eine digitalisierte Ware problemlos endlos reproduziert werden. Es bedarf also nur einer Kopie der Datei, um damit den gesamten Kundenkreis zufrieden zu stellen, so dass die Rücksendung einer Kopie dieser Datei für den Anbieter wertlos ist.

Auf der anderen Seite hat der Kunde sich auf diese Weise nicht der downgeloadeten Kopie seiner Datei begeben. Der Nachweis, dass er parallel zum Versenden des Attachments seine eigene Kopie gelöscht hat, ist kaum zu führen. Insofern kann man tatsächlich davon sprechen, dass die Rücksendung einer Datei nicht möglich ist[340]. Die Situation entspricht der bei entsiegelten Datenträgern in § 312d IV Nr. 2 BGB.

Zu berücksichtigen ist aber, dass kostenpflichtige Software über das Internet in der Regel als Shareware vertrieben wird. Das bedeutet, dass die Software so programmiert ist, dass der Kunde sie für einen begrenzten Zeitraum (meist einen Monat) testen kann. Entspricht sie seinen Vorstellungen, so zahlt er den geforderten Preis an den Hersteller, der die Software für die zeitlich meist unbegrenzte Benutzung frei schaltet. Zahlt der Kunde nicht, so wird die Software nach Ablauf des Probezeitraums unbrauchbar. Andere Anbieter stellen dem Kunden vor Erwerb der Vollversion der Software nur eine in ihren Funktionen stark eingeschränkte Demoversion zur Verfügung. Der Verbraucher hat hier also die Möglichkeit, die Ware in Augenschein zu nehmen, bevor der Kaufvertrag geschlossen wird. Daher bedarf es nicht des Schutzes des Fernabsatzrechts, weil die typi-

---

340 Ulmer, ITRB 2001, 140 (142); Lorenz, JuS 2000, 833 (840); Härting, VuR 2001, 11 (14); Lütcke, Fernabsatzrecht, § 312d Rn. 73

sche Situation eines Fernabsatzvertrages, dass der Kunde die Ware nicht vor Erwerb prüfen kann, nicht vorliegt.

(4) Zeitschriften

Das Widerrufsrecht ist gemäß § 312d IV Nr. 3 BGB auch bei Zeitungen, Zeitschriften und Illustrierten ausgeschlossen[341]. Grund hierfür ist der bei Zeitschriften durch den Zeitablauf eintretende Wertverlust[342]. Zudem ist der Verbraucher bei Abonnements nach § 505 BGB geschützt, da es sich um Ratenlieferungsverträge handelt[343].

Erfasst werden also nur – was aber den größeren Teil der Zeitschriften betrifft – Magazine, bei denen aktuelles Geschehen im Vordergrund steht. Bei Tageszeitungen versteht sich dies von selbst – diese haben bereits am folgenden Tag nur noch historischen Wert. Das gleiche gilt für wissenschaftliche Zeitschriften aller Art, sofern diese einen aktuellen Teil enthalten. Ein solcher aktueller Teil kann dann Grund hierfür sein, dass die vorangegangene Ausgabe durch das Erscheinen der nachfolgenden Ausgabe an Wert verliert. Ohne eine solche Aktualität ist ein Widerrufsrecht denkbar, da das Magazin in diesem Falle nicht nach zwei Wochen bereits veraltet und wertlos ist.

Dem Gesetzestext nach, der eine Onlineübermittlung nicht vorsieht, werden Onlinezeitschriften wie kostenpflichtige Newsletters oder kostenpflichtige Nachrichtenwebsites nicht erfasst[344]. Wie soeben dargelegt, ist der Begriff „Zeitschrift" danach zu definieren, ob bei Einräumung eines Widerrufsrechts die Wertlosigkeit der Ware zu befürchten ist. Hierbei ist aber nicht ganz eindeutig, ob die Begriffe „Zeitung, Zeitschrift, Illustrierte" nur die klassischen Printmedien erfassen oder auch Newsletters.

Auch wenn man die Ausnahmeregeln der Fernabsatzrichtlinie streng auslegt, so dürften elektronische Newsletters noch von der Ausnahme des § 312d IV Nr. 3 BGB erfasst sein[345], sofern diese tagesaktuelles Geschehen beinhalten oder zumindest Inhalte, die ihre Aktualität innerhalb der zweiwöchigen Widerrufsfrist

341 Illustrierte sind Zeitschriften mit hohem Bildanteil; Härting, FernAbsG, § 3 Rn. 85

342 Wendehorst in: Münchener Kommentar, § 312d BGB Rn. 40

343 Wendehorst in: Münchener Kommentar, § 312d BGB Rn. 39

344 Härting, FernAbsG, § 3 Rn. 86; a. A. Waldenberger, K&R 1999, 345 (351): auf Form der Übermittlung der Zeitschrift soll es nicht ankommen

345 Meents, Verbraucherschutz, S. 223; Wendehorst in: Münchener Kommentar, § 312d BGB Rn. 39; a. A. Härting, FernAbsG, § 3 Rn. 86: nur körperliche Lieferung von Druckerzeugnissen ist erfasst

verlieren. Für Newsletters gilt wegen der endlosen Kopierbarkeit von Dateien außerdem der Ausschluss des Widerrufsrechts gemäß § 312d IV Nr. 1 Var. 3 BGB[346].

Da der Kunde bei kostenpflichtigen Nachrichtenwebsites nur körperlose Information erhält, also nicht einmal eine Datei, liegt kein Fall der Warenlieferung, sondern eine Dienstleistung vor. Loggt sich der Kunde also auf der Seite ein, um die vom Anbieter zusammengestellten Informationen zur Kenntnis zu nehmen, so greift § 312d III Var. 2 BGB: Die Widerrufsfrist endet mit dem Aufruf der Seiten durch den angemeldeten Nutzer. Dies hört sich sehr ungünstig an für den Nutzer, weil er womöglich erst auf diese Weise die Leistungen des Anbieters in Augenschein nehmen kann und gleichzeitig den Vertrag nicht mehr widerrufen kann. Hierbei ist aber zu beachten, dass bei Abonnements ähnlichen Vertragsgestaltungen ja ohnehin § 505 BGB eingreift.

(5) Wett- oder Lotteriedienstleistungen

Erfasst sein sollen nur Verträge, die staatlich genehmigt und gemäß § 763 BGB rechtsverbindlich sind[347].

Es ist § 312d III BGB zu beachten: Sieht man schon die Entgegennahme und Verwaltung von Wett- oder Lotterieeinsätzen als Dienstleistung an, so ist das Widerrufsrecht bereits ausgeschlossen. § 312d IV Nr. 4 BGB dient hier anscheinend nur zur Klarstellung und soll den Anbietern dieser Spiele Sicherheit bieten[348]. Bei Bestehen eines Widerrufsrechts würden sich Wettquoten nicht mehr ermitteln lassen und es könnte nicht mit einer bestimmten Höhe von Lotterieeinsätzen (beispielsweise der Höhe des Lottojackpots) geworben werden, wenn die Kunden mit dem Widerrufsrecht spekulieren könnten[349]. Diese ausdrückliche Regelung wäre aber wegen § 312d III BGB nicht notwendig gewesen.

---

346 Härting, FernAbsG, § 3 Rn. 86

347 Heinrichs in: Palandt, § 312d BGB Rn. 12; Stögmüller, K&R 2002, 27 (31); einschränkend Wendehorst in: Münchener Kommentar, § 312d BGB Rn. 44

348 Härting, FernAbsG, § 3 Rn. 89

349 BT-Drs. 14/2658 v. 09.02.2000, S. 44; Lorenz, JuS 2000, 833 (839); Meents, Verbraucherschutz, S. 223

(6) Versteigerungen

(a) Höchstgebot

(aa) Intention des Gesetzgebers

Gemäß § 312d IV Nr. 5 BGB besteht das Widerrufsrecht des § 312d I BGB nicht bei Verträgen, die in der Form von Versteigerungen (§ 156 BGB) geschlossen werden. Nach dem Referentenentwurf und dem Gesetzentwurf sollte gemäß § 1 III Nr. 7c FernAbsG-E das Fernabsatzgesetz – entsprechend Art. 3 I Sp. 5 FARL – insgesamt keine Anwendung auf Versteigerungen finden. Erst in der Beschlussempfehlung des Rechtsausschusses[350] wurde dies geändert und von der in Art. 14 S. 1 FARL eröffneten Möglichkeit der Erhöhung des Schutzniveaus Gebrauch gemacht. In der Begründung zu dieser Beschlussempfehlung wurde ausgeführt, dass das Fernabsatzgesetz auf Versteigerungen anwendbar sein solle, nicht jedoch in Bezug auf das Widerrufsrecht. Die Einräumung eines Widerrufsrechts stehe nämlich im Widerspruch zur Endgültigkeit des Zuschlags als Wesensmerkmal einer Versteigerung[351]. Zu beachten sei dabei jedoch, dass in Konstellationen, in denen sich der Versteigernde trotz des Zuschlags die Annahme vorbehält, lediglich ein Kauf gegen Höchstgebot vorliege[352].

Dies erklärt den ausdrücklichen Hinweis auf § 156 BGB: Dieser Hinweis scheint auf den ersten Blick zu bedeuten, dass nur Versteigerungen, die in der Form des § 156 BGB erfolgen, vom Widerrufsrecht ausgenommen sind. § 156 BGB ist aber auf Internetauktionen nicht ohne weiteres anwendbar[353]. Da es sich bei Internetauktionen um eine neue Art, Verträge zu schließen, handelt, ist das Augenmerk darauf zu richten, wie nach den AGB des Auktionshauses der Vertrag zustande kommen soll[354]. Hieraus ergibt sich, dass § 156 BGB gerade nicht anwendbar ist, sondern ein Vertragsschluss bereits nach den allgemeinen Regeln zustande kommt[355].

---

350 BT-Drs. 14/3195 v. 12.04.2000

351 Meents, Verbraucherschutz, S. 223; Ring in: Anwaltkommentar Schuldrecht § 312b BGB Rn. 66

352 BT-Drs. 14/3195 v. 12.04.2000, S. 30; Lütcke, Fernabsatzrecht, § 312d Rn. 91; Schulte-Nölke in: Hk-BGB, § 312b Rn. 8; Ring in: Anwaltkommentar Schuldrecht § 312b BGB Rn. 65

353 siehe unten D I 1 c aa (1)

354 Lorenz, JuS 2000, 833 (840); Lütcke, Fernabsatzrecht, § 312d Rn. 91

355 A. A.: Lütcke, Fernabsatzrecht, § 312d Rn. 92: auch bei Vertragsschluss durch Zeitablauf soll es sich um eine Versteigerung im Sinne von § 156 BGB handeln.

Dies bedeutet aber nicht, dass nach der gesetzgeberischen Intention nun Verbraucher bei allen Internetauktionen, bei denen der Zuschlag durch Zeitablauf erfolgt, ein Widerrufsrecht besitzen[356]. Vielmehr greift § 312d IV Nr. 5 BGB bei allen Internetauktionen, in denen der Vertragsschluss verbindlich mit dem Höchstbietenden zustande kommt[357]. Wie nachfolgend dargelegt wird[358], ist – sofern in den AGB des Auktionshauses nicht etwas anderes bestimmt wird – bei Internetauktionen das Einstellen der Ware auf die Auktionsplattform bereits als verbindliches Angebot anzusehen, das durch das Gebot des Höchstbietenden angenommen wird. Ein Verbraucher, der an einer Internetauktion teilnimmt, erhält also nur die Informationen des § 312c BGB, kann den Vertrag jedoch nicht widerrufen[359].

Sehen die AGB des Auktionshauses jedoch vor, dass die Gebote verbindliche Angebote seien, unter denen der Anbieter wählen kann, so erhält der Bietende seinerseits eine Wahlmöglichkeit in Form eines Widerrufsrechts[360]. Zu beachten ist, dass je nach Ware das Widerrufsrecht aus anderen Gründen im Sinne des § 312d IV BGB ausgeschlossen sein kann.

Der andere Fall des Kaufes gegen Höchstgebot betrifft Situationen, in denen sich der Verkäufer verbindliche Angebote von potentiellen Kunden machen lässt und dann überlegt, mit wem er kontrahieren will. In diesen Fällen wird nicht nur die Höhe des angebotenen Kaufpreises eine Rolle spielen, sondern eventuell auch damit verbundene Sonderleistungen, wie zum Beispiel die fachgerechte Entsorgung beim Absatz von Schrott. Diese Vertragsschlüsse werden aber in der Regel nur unter Unternehmern erfolgen und daher von vornherein nicht unter die §§ 312 b ff. BGB fallen.

---

356 A. A.: Czeguhn, ITRB 2001, 295 (296); Kamanabrou, WM 2000, 1417 (1424); Leible/Sosnitza, K&R 2002, 89 (89); LG Hof, ITRB 2002, 288 (288) u. CR 2002, 844 (844); einschränkend Lorenz, JuS 2000, 833 (840); Härting, VuR 2001, 11 (14); Saenger in Erman, § 312d BGB Rn. 28; nur für den Fall antizipierter Annahme („ricardo.de“) Schulte-Nölke in: Hk-BGB, § 312b Rn. 8 und Schmidt-Räntsch in: Bamberger/Roth, § 312d BGB Rn. 33

357 Piepenbrock/Schmitz, K&R 2000, 378 (384); Heinrichs in: Palandt, § 312d BGB Rn. 13; Wendehorst in: Münchener Kommentar, § 312d BGB Rn. 46; Härting, FernAbsG, § 3 Rn. 98; Stögmüller, K&R 1999, 391 (395); Schmidt-Räntsch in: Bamberger/Roth, § 312d BGB Rn. 33; einschränkend Wenzel, DB 2001, 2233 (2238) u. NJW 2002, 1550 (1551): Internetauktionshaus muss als Auktionator im Sinne des § 156 BGB auftreten, wobei die entsprechenden Erfordernisse bei den meisten Online-Auktionen gegeben seien.

358 D I 1 c aa

359 Werden dem Verbraucher die erforderlichen Informationen jedoch nicht erteilt, so soll er das Recht haben, den Vertrag zu widerrufen: Wendehorst in: Münchener Kommentar, § 312d BGB Rn. 48

360 Heinrichs in: Palandt, § 312d BGB Rn. 13; Härting, FernAbsG, § 3 Rn. 97; ähnlich Günther, ITRB 2002, 93 (95)

Insofern ist der Hinweis auf § 156 BGB in § 312d IV Nr. 5 BGB unnötig. Er verweist nur darauf, dass bei Auktionsarten, die von der klassischen Versteigerung im Sinne des § 156 BGB insofern abweichen, als dass der Vertragsschluss nicht mit dem Zuschlag erfolgt, § 312d IV Nr. 5 BGB nicht gelten soll[361]. Hierbei spielt es keine Rolle, dass bei Internetauktionen der Zuschlag durch den Ablauf des Auktionszeitraums ersetzt wird. Maßgeblich ist nur die Frage, ob mit dem Zuschlag oder dessen Substitut der Vertrag geschlossen ist. Folglich wird diese Interpretation des § 312d IV Nr. 5 BGB noch vom Wortlaut der Vorschrift getragen[362].

Zu berücksichtigen ist aber noch folgendes: Teilweise werden bei Versteigerungen auch hochwertige, derzeit allgemein im Handel befindlichen Produkte zu Werbezwecken veräußert, um Aufmerksamkeit zu erzielen. Der Anbieter erhofft sich hier also keinen Gewinn aus der Versteigerung, sondern einen durch die vermehrten Verkauf seiner Waren auf den üblichen Absatzwegen. In solchen Fällen ist der Verkäufer also gar nicht darauf angewiesen, dass das Gebot des Kunden Bestand hat, weil er die Ware auch anderweitig absetzen könnte. Das Ziel, das der Anbieter mit diesem Geschäft erreichen wollte, hat er durch die mit der Durchführung der Auktion erzielte Werbewirkung auch erreicht. Gleichzeitig entspricht das Geschäft aufgrund der Neuwertigkeit des Geschäftsgegenstandes dem eines normalen Fernabsatzgeschäftes.

Für den Ausschluss des Widerrufsrechts in diesen Fällen streitet daher nur noch das Argument, dass die Herausbildung dieser neuen Geschäftsform nicht durch einen erhöhten gesetzlich festgelegten Verbraucherschutz gefährdet werden soll[363].

Dennoch ist die gesetzgeberische Entscheidung, dem Verbraucher bei Online-Versteigerungen ein Widerrufsrecht nach dem Fernabsatzrecht zu verwehren, zu begrüßen.

(bb) Urteil des Bundesgerichtshofs vom 03.11.2004

Überraschenderweise hat der Bundesgerichtshof am 03.11.2004 entschieden, dass § 312d IV Nr. 5 BGB nur Internetversteigerungen betreffe, die in der Form

361 Wendehorst in: Münchener Kommentar, § 312d BGB Rn. 47

362 A. A. wohl Michel, JurPC Web-Dok. 63/2001, Abs. 12

363 So Bundesregierung in der Begründung zu dem ursprünglich vorgesehenen § 1 III Nr. 7c FernAbsG (BT-Drs. 14/2658 v. 09.02.2000, S. 33): Versteigerungen im Wege des Fernabsatzes würden unangemessen behindert, wenn der Verbraucher ein gesetzliches Widerrufsrecht hätte.

des § 156 BGB erfolgen[364]. Ein Zuschlagssubstitut, also das Ende der Versteigerung durch Zeitablauf und nicht durch den Zuschlag eines Auktionators, erfülle die Voraussetzungen des § 312d IV Nr. 5 BGB nicht.

Zur Begründung führt der Bundesgerichtshof aus, dass sich § 312d IV Nr. 5 BGB seinem Wortlaut nach nur auf Versteigerungen in der Form des § 156 BGB beziehe, also einen Zuschlag voraussetze[365]. Ebenso weist der Bundesgerichthof darauf hin, dass es sich bei § 312d IV Nr. 5 BGB nach der gesetzlichen Systematik um eine Ausnahme handele, diese Vorschrift also eng ausgelegt werden müsse[366].

In historisch-teleologischer Hinsicht kommt der Bundesgerichtshof zu dem Schluss, dass Internetauktionen nicht von der Ausnahme des Art. 3 I der Fernabsatzrichtlinie erfasst seien[367], der deutsche Gesetzgeber sich aber auf die Stellungnahme des Rechtsausschusses hin bewusst dazu entschlossen habe, den Verbraucherschutz auch bei im Rahmen von Versteigerungen geschlossenen Kaufverträgen zu verstärken[368]. Das Schutzbedürfnis des Verbrauchers, der die Ware nicht vor Vertragsschluss nicht in Augenschein hat nehmen können, bestehe auch bei Internetversteigerungen[369].

Eine Erschwerung der Internetauktionen durch die Einräumung eines Widerrufsrechts sei nicht gegeben, da eBay in seinen AGB den Unternehmer ausdrücklich darauf hinweise, dass dieser einen Verbraucher über das gesetzliche Widerrufrecht zu belehren habe[370].

Da es an einer planwidrigen gesetzlichen Regelungslücke fehle, sei kein Raum für eine analoge Anwendung des § 312d IV Nr. 5 BGB auf Internetversteigerungen[371].

---

364 BGH MMR 2005, 37 ff.
365 BGH MMR 2005, 37 (38)
366 BGH MMR 2005, 37 (38)
367 BGH MMR 2005, 37 (39)
368 BGH MMR 2005, 37 (39f.)
369 BGH MMR 2005, 37 (40)
370 BGH MMR 2005, 37 (40)
371 BGH MMR 2005, 37 (40)

(cc) Kritik

Die wörtliche[372] und systematische Auslegung des § 312d IV Nr. 5 BGB ist vertretbar[373]. Unrichtig ist jedoch die historische und teleologische Auslegung dieser Vorschrift durch den Bundesgerichtshof.

Die EU-Fernabsatzrichtlinie wurde 1997 erlassen. Zwar wurde beispielsweise eBay bereits 1995 in Kalifornien gegründet, in Europa begann die sprunghafte Verbreitung des Internets aber erst zeitversetzt. Zum Zeitpunkt des Richtlinienerlasses war noch nicht erkennbar, welche Bedeutung die Internetmarktplätze auch beim Verbrauchsgüterkauf erlangen würden. Mit Versteigerungen waren daher nur die klassischen, nicht virtuellen Versteigerungen gemeint[374]. Zudem nahm der Richtliniengeber diese vom Anwendungsbereich der Richtlinie aus (Art. 3 I Sp. 5 FARL)[375].

Wie bereits oben dargestellt[376] wurden in den deutschen Gesetzgebungsmaterialien die Internetversteigerungen erst in der Stellungnahme des Rechtsausschusses problematisiert. Die letztlich Gesetz gewordene Fassung des § 312d IV Nr. 5 BGB entspricht dem Entwurfsvorschlag des Rechtsausschusses. Dieser wollte den Verbraucherschutz dadurch stärken, dass Versteigerungen vom Anwendungsbereich des Fernabsatzgesetzes nicht ausgenommen werden, weil er es für sinnvoll hielt, dem Verbraucher die in § 312c BGB vorgesehenen Informationen zukommen zu lassen. Ein Widerrufsrecht sollte hingegen nicht eingeräumt werden, da dieses mit dem auktionsspezifischen Preisfindungsmechanismus nicht vereinbar wäre[377]. Um einen möglichst umfangreichen Verbraucherschutz zu gewähren, sollten nur jene Geschäftsmodelle erfasst werden, bei denen es erforderlich ist, dass beide Seiten an ihre Willenserklärungen gebunden sind. Dies betrifft die Gestaltungen, in denen der Verkäufer mit der Auktion ein verbindliches Angebot abgibt und sich nicht nach Abschluss des Gebotszeitraums noch überlegen kann, ob er den Vertrag überhaupt abschließt. Nur diese für den Verkäufer durchaus mit Risiken behaftete Vorabbindung des Verkäufers sollte nach

---

372 Stern, CR 2005, 57 (58); a. A. wohl Wiebe, CR 2005, 56 (57): § 156 BGB erfasse auch Internetversteigerungen. Die Zuschlagsregel sei lediglich Rechtsfolge, nicht Tatbestandsvoraussetzung.

373 Spindler, MMR 2005, 40 (41); a. A. Braun, CR 2005, 113 (114)

374 zweifelnd Spindler, MMR 2005, 40 (42)

375 Fischer, VuR 2005, 91 (93 f.) weist darauf hin, dass der Versteigerungsbegriff der FARL nicht durch die dispositive Vorschrift des § 156 BGB konkretisiert werden könne und hält insofern Zweifel an der korrekten Umsetzung der Richtlinie durch den deutschen Gesetzgeber für angezeigt. Ähnlich zweifelnd: Staudinger/Schmidt-Bendun, BB 2005, 732 (733)

376 B III 5 b cc (6) (a) (aa)

377 Wiebe, CR 2005, 56 (57); Borges, DB 2005, 319 (322)

dem Willen des deutschen Gesetzgebers mit einer ebenso endgültigen Bindung des Verbrauchers korrelieren[378].

Mit Blick auf die Fernabsatzsituation ist ein gesenktes Schutzbedürfnis des Kunden nicht erkennbar. Die Möglichkeit, vor Vertragsschluss telefonisch mit dem Verkäufer Kontakt aufzunehmen und diesem weitere Fragen zu der Ware zu stellen, besteht in der Regel bei allen Fernabsatzgeschäften und nicht lediglich bei Internetauktionen[379]. Da der Kunde aber die Möglichkeit hat, die Ware zu einem besonders günstigen Preis zu erwerben, wenn er an sein Gebot gebunden ist, ist es in diesem Fall gerechtfertigt, ihn als mündigen Verbraucher in die Pflicht zu nehmen und einen Teil seines Schutzes zu entziehen. Hierbei darf nicht vergessen werden, dass dem Verbraucher bei Geschäften mit Unternehmern bei falsch angepriesener oder mängelbehafteter Ware die gesetzlichen Gewährleistungsrechte zukommen[380]. Das Vorenthalten der fernabsatzrechtlichen Widerrufsmöglichkeit stellt den Kunden daher nicht rechtlos.

Des weiteren ist auch nicht erkennbar, warum der Verbraucher, der an einer telefonischen Versteigerung teilnimmt, weniger schutzbedürftig sein soll als jener, der Ware im Internet ersteigert[381].

Mit Blick auf den vielfältigen Meinungsstand in der Literatur zur Interpretation des § 312d IV Nr. 5 BGB erscheint die Argumentation des Bundesgerichtshof, der Verkäufer sei schon von daher nicht schutzwürdig, weil eBay vorsichtshalber in seinen AGB auf das möglicherweise bestehende Widerrufrecht hinweise, sehr fragwürdig[382]. Schließlich ist eBay nur eines von vielen Internetauktionshäusern, so dass dessen AGB keine Schlüsse auf die Zielrichtung einer gesetzlichen Norm erlauben. § 312d IV Nr. 5 BGB ist schließlich keine lex eBay. Hier ist dem Bundesgerichtshof offensichtlich ein Zirkelschluss unterlaufen.

Da sich der Gesetzgeber mit den Internetauktionen befasst hat, ist korrekterweise keine planwidrige Regelungslücke gegeben, die eine Analogie zulässt[383].

---

378 Spindler, MMR 2005, 40 (41 f.); Braun, CR 2005, 113 (115); a. A. Fischer, VuR 2005, 91 (93)

379 Spindler, MMR 2005, 40 (42)

380 § 474 I 2 BGB findet auf Internetauktionen keine Anwendung, so z. B. Braun, CR 2005, 113 (117 u. 118)

381 Wiebe, CR 2005, 56 (57); Spindler, MMR 2005, 40 (42); a. A. Stern, CR 2005, 57 (59)

382 Wiebe, CR 2005, 56 (57)

383 Spindler, MMR 2005, 40 (42); Staudinger/Schmidt-Bendun, BB 2005, 732 (734)

(dd) Gesetzesänderung

Roma locuta, causa finita. Mag die Entscheidung des Bundesgerichtshofs hinsichtlich der historischen Auslegung zweifelhaft sein, so steht dennoch fest, dass sich mit Blick auf Wortlaut und Systematik die Zielrichtung des § 312d IV Nr. 5 BGB nicht ohne weiteres erschließt. Der Fehler liegt beim Gesetzgeber, der sich auf den wenig sachdienlichen Hinweis auf § 156 BGB beschränkte, anstatt klar zu formulieren, was er eigentlich wollte.

De lege ferenda sollte § 312d IV Nr. 5 BGB daher wie folgt korrigiert werden:
„Das Widerrufsrecht besteht, soweit nicht ein anderes bestimmt ist, nicht bei Fernabsatzverträgen

...

5. die in Form von Versteigerungen geschlossen werden. Hierzu gehören auch Versteigerungen, bei denen anstelle eines Zuschlags eine Frist zur Abgabe der Gebote gesetzt ist und der Vertrag mit Ablauf dieser Frist geschlossen ist.“

(b) Abwärtsversteigerungen[384]

§ 156 S. 2 BGB deutet mit dem Begriff „Übergebot“ an, dass nur die klassischen Auktionen mit sich gegenseitig überbietenden Bietern von dieser Vorschrift erfasst werden. Bei Abwärtsversteigerungen sinkt der Kaufpreis hingegen stetig. Zwar kommt der Vertrag dann letztlich auch mit demjenigen zustande, der bereit war, den im Vergleich zu den anderen Teilnehmern höchsten Preis zu bezahlen, indem er früher als diese durch Beendigung der Versteigerung sein Gebot abgab. Hier wird aber auch deutlich, dass es bei Abwärtsversteigerungen auch an einem Zuschlag fehlt. Der Kunde gibt sich durch seine Aktion quasi selbst den Zuschlag. Es fehlt also an einer Instanz, die durch den Zuschlag oder dessen Substitut den Vertragspartner des Anbieters festlegt.

Man könnte freilich argumentieren, dass die Möglichkeit, dass der Kunde die Versteigerung durch seine Handlung per Mausklick beendet, erst von dem jeweiligen Auktionshaus zur Verfügung gestellt wurde und dass diese Funktion daher mit dem Bereitstellen eines Auktionators vergleichbar ist. Daher ist es durchaus möglich, auch Abwärtsversteigerungen unter § 156 BGB zu subsumieren und somit das Widerrufsrecht gemäß § 312d IV Nr. 5 BGB als ausgeschlossen anzusehen.

---

384 siehe unten D I 1 c bb

Fraglich ist jedoch, ob diese Vorgehensweise dem Willen des Gesetzgebers entspricht. Schließlich besteht auch bei Abwärtsversteigerungen Bedarf an Verbraucherschutz, da der bei Onlineversteigerungen häufig auftretende Spielcharakter noch stärker in den Vordergrund tritt. Allerdings ist zu berücksichtigen, dass bei Abwärtsversteigerungen meist Ware abgesetzt wird, die in Kürze wertlos sein wird, wie zum Beispiel Plätze für einen bestimmten Flug oder andere terminlich festgelegte Reisen. Dies bedeutet, dass der Anbieter ein Interesse am Bestand des soeben geschlossenen Vertrages hat, weil zu einem späteren Zeitpunkt ein neuer Vertragsschluss mit einem anderen Kunden unwahrscheinlich oder bei einem Widerruf direkt vor Reiseantritt gar nicht mehr möglich ist.

Da § 312d IV Nr. 1 Var. 3 BGB auf die Beschaffenheit der Ware abstellt und nicht auf die Art ihrer Veräußerung, handelt es sich bei im Wege der Reverse-auction abgesetzten Gütern nicht um Waren, die nicht zur Rücksendung geeignet sind. Auch die schnelle Verderblichkeit der Ware ist nicht schon allein dadurch begründet, dass sie durch eine umgekehrte Versteigerung veräußert wurde.

Zudem stellt § 312d IV Nr. 1 BGB dem Wortlaut nach allein auf Verträge über Waren ab. Verträge über Dienstleistungen sind also nicht erfasst. Ein Platz in einem Flugzeug oder eine Kabine auf einem Schiff zu einem bestimmten Termin haben zwar gewissermaßen ein Verfallsdatum, es verfällt hierbei aber nicht die Sache – Sitz und Kabine bestehen ja in der Regel fort –, sondern die Möglichkeit, die betreffende Sache zu diesem Zeitpunkt zu vermieten und die sonstigen hiermit verbundenen Dienstleistungen zu erbringen. Bei Verträgen über Dienstleistungen besteht allerdings die Möglichkeit, dass das Widerrufsrecht nach § 312d III BGB erlischt. Dies tritt bei Reisen jedoch nur dann ein, wenn die Reise angetreten wurde. Ein Widerruf vor Reiseantritt ist jedoch nicht nach § 312d III BGB ausgeschlossen.

Das besondere Interesse des Anbieters am Ausschluss des Widerrufsrechts bei Abwärtsversteigerungen wird also von anderen Ausschlussvorschriften des Fernabsatzrechts nicht erfasst. Zwar besteht für den Verbraucher eine typische Fernabsatzsituation, die noch dazu durch den bei Abwärtsversteigerungen entstehenden Druck, möglichst schnell zuzugreifen, um ein Schnäppchen zu erlangen, verschärft wird. Art. 3 I 5. Sp. FARL besagt jedoch, dass diese Richtlinie nicht für Verträge gilt, die bei einer Versteigerung geschlossen werden. Es ist also für Internetversteigerungen ein Minus an Verbraucherschutz erlaubt. Mit Blick auf die Vorstellungen des deutschen Gesetzgebers ist festzustellen, dass auch bei Abwärtsversteigerungen durch das Gebot des Kunden ein verbindlicher Vertrag zustande kommt. Da auf Seiten der Parteien das Interesse an rechtlichem Schutz im Prinzip gleich groß und gemäß der Richtlinie eine Einschränkung des Verbraucherschutzes möglich ist, ist davon auszugehen, dass auch Abwärtsversteigerungen unter § 312d IV Nr. 5 BGB zu subsumieren sind und folglich vom Widerrufsrecht ausgenommen sind.

Da es jedoch nach der Interpretation des Bundesgerichtshofs in seiner Entscheidung vom 03.11.2004[385] auf den Zuschlag ankommt, ist davon auszugehen, dass nach dieser Ansicht auch die Abwärtsversteigerung nicht von § 312d IV Nr. 5 BGB erfasst sein soll, so dass auch hier ein Widerrufsrecht besteht.

(c) Community-Shopping

Beim Co-Shopping geben die Kunden ein verbindliches Angebot unter der Bedingung ab, dass der von ihnen genannte Höchstpreis nicht überschritten wird[386]. Der Vertragsschluss kommt dann zustande, wenn sich mindestens so viele Käufer finden, wie das der Anbieter als Bedingung für die Absenkung seines Kaufpreises auf das entsprechende Niveau gefordert hat. Im Prinzip handelt es sich um einen Rabatt, den der Anbieter bereit ist zu geben, wenn sich eine bestimmte Mindestanzahl an Kunden für die betreffende Ware findet[387]. Den Versteigerungscharakter gewinnt das Ganze lediglich dadurch, dass zu Beginn des Versteigerungszeitraums noch nicht feststeht, ob der Vertrag zu dem genannten Preis zustande kommt. Der Vertrag kommt dann zustande, wenn sich die geforderte Anzahl von Käufern gefunden hat. Im Grunde genommen wird das Co-Shopping den Internetversteigerungen nur deshalb zugeordnet, weil es sich um eine der neuen Formen des Warenabsatzes handelt, bei denen auf Seiten des Kunden nicht nur der nüchterne Warenerwerb, sondern gleichzeitig auch ein gewisser spannender Spielcharakter eine Rolle spielt.

Wichtig ist für den Verkäufer allerdings, dass die Kunden nicht nach und nach unter Ausnutzung ihres Widerrufsrechts abspringen, denn schließlich hat er ja den Rabatt aufgrund der hohen Anzahl von Verträgen kalkuliert. Es bestehen also auf beiden Seiten durchaus schutzwürdige Interessen, die die Klärung der Frage, ob § 312d IV Nr. 5 BGB hier greift, nicht einfach machen. Für die Anwendung dieser Norm würde sprechen, dass das Gebot als bedingte Annahme des Angebots des Anbieters verbindlich ist[388]. Desgleichen hat auch der Anbieter keine Handhabe, über das Zustandekommen des Vertrages zu entscheiden,

---

[385] BGH MMR 2005, 37 ff.

[386] siehe unten D I 1 c cc

[387] Anders als bei den klassischen Versteigerungen gibt es hier in der Regel keine begrenzte Anzahl an Warenexemplaren, da es sich um Neuware handelt, die sogar in möglichst großen Stückzahlen abgesetzt werden soll.

[388] siehe unten D I 1 c cc

wenn die von ihm vorab angegebenen Bedingungen (eine bestimmte Anzahl von Käufern) erfüllt sind der Vertrag kommt zustande, sobald in dem festgesetzten Zeitraum sich die geforderte Anzahl von Kunden gefunden hat. Gleichzeitig ist unklar, ob der Vertrag fortbesteht, wenn einer oder mehrere der Kunden von ihrem Widerrufsrecht Gebrauch machen. Problematisch ist auch, dass es im Detail sehr unterschiedliche Gestaltungen des Co-Shoppings gibt, zum Beispiel solche, bei denen die Erklärung des Kunden nur als unverbindliche Reservierung gilt und der Anbieter erst nach Eingang aller Reservierungen dem Kunden ein verbindliches Angebot macht.

Daher sollte bei der Beurteilung des Co-Shoppings wie folgt verfahren werden: Das Widerrufrecht ist gemäß § 312d IV Nr. 5 BGB ausgeschlossen, wenn der Vertragsschluss mit der bedingten verbindlichen Annahme des Kunden aufgrund des Bedingungseintritts zustande kommt. In den Formen des Co-Shoppings mit unverbindlichen Reservierungen seitens der Kunden, bei denen der Anbieter erst noch den Vertragsschluss überdenken kann, bleibt das Widerrufsrecht bestehen, sofern es nicht durch andere Vorschriften des Fernabsatzrechts ausgeschlossen ist.

Da es jedoch nach der Interpretation des Bundesgerichtshofs in seiner Entscheidung vom 03.11.2004[389] auf den Zuschlag ankommt, ist davon auszugehen, dass eine Anwendung des § 312d IV Nr. 5 BGB auf dass Community-Shopping schlechterdings nicht möglich ist, so dass bei jedweder Gestaltung ein Widerrufsrecht besteht.

389 BGH MMR 2005, 37 ff.

D. Vertragsschlüsse im elektronischen Geschäftsverkehr

Im Internet gibt es eine Vielzahl von Konstellationen, in denen Verträge geschlossen werden. Unklar bleibt in vielen Fällen jedoch, zu welchem Zeitpunkt der Vertrag verbindlich zustande gekommen ist. Dies spielt insbesondere eine Rolle für die Frage, von welchem Zeitpunkt an der Kunde von dem Anbieter Erfüllung, also in der Regel Lieferung der bestellten Ware verlangen kann und welche Vorschriften bei Leistungsstörungen gelten.

Steht der Vertragsschluss fest, so stellt sich die Frage, mit welchem Inhalt dieser geschlossen wurde. Sind die AGB einer der Parteien Bestandteil des Vertrages geworden? Wie werden AGB bei elektronischen Vertragsschlüssen miteinbezogen?

Die E-Commerce-Richtlinie der EU enthält in den Art. 10 und 11 Regelungen für elektronische Vertragsschlüsse, die in Deutschland in den neuen §§ 312e und 312f BGB umgesetzt und am 01.01.2002 in Kraft getreten sind. Welche Pflichten haben nun die Parteien bei einem elektronischen Vertragsabschluss nach diesen neuen Vorschriften des Bürgerlichen Gesetzbuches zu beachten bzw. zu erfüllen?

Und, als letzter in dieser Abhandlung zu prüfender Problemkreis: Wie lange ist ein Anbieter an sein Angebot gebunden?

I. Rechtsverbindliches Angebot

Ein Angebot liegt vor, wenn der Antragende ausdrücklich oder stillschweigend endgültig erklärt, unter den von ihm genannten Bedingungen einen Vertrag abschließen zu wollen[390]. Liegt ein Angebot vor, so ist dieses nicht zwangsläufig unwiderruflich, da die Bindungswirkung des § 145 BGB ausgeschlossen werden kann. Die Unwiderruflichkeit nach § 145 BGB soll dem Angebotsempfänger insbesondere bei länger befristeten Angeboten die Möglichkeit geben, in Ruhe zu überlegen, ohne fürchten zu müssen, dass der Antragende sein Angebot vor Fristablauf widerruft[391]. Die Bindung an das Angebot beruht daher nicht auf dem typischerweise vorhandenen Willen des Antragenden, auch wenn die Möglichkeit ihres Ausschlusses darauf hinzuweisen scheint. Der Wille des Antra-

390 Kramer in: Münchener Kommentar, § 145 BGB Rn. 5

391 Larenz/Wolf, Allgemeiner Teil, § 29 Rn. 24

genden ist in der Regel nur darauf gerichtet, sich für den Fall der Annahme des Angebots an den Vertrag zu binden[392].

Nachfolgend wird untersucht, wann bei den verschiedenen Möglichkeiten, im elektronischen Geschäftsverkehr aufzutreten, ein verbindliches Angebot vorliegt – in dem Sinne, dass nach dem Willen des Antragenden durch die Annahme seines Angebots ein ihn und den Angebotsempfänger bindender Vertrag zustande kommen soll.

1. Website

Das Auftreten im Internet an sich erfolgt über Websites. Das Anbieten (im untechnischen Sinne) von Leistungen im Internet geschieht in verschiedenen Ausgestaltungen. Untersucht werden nachstehend

- der Katalog mit Bestellmöglichkeiten,
- das Herunterladen von Dateien,
- die Auktion,
- der B2B-Marktplatz,
- Shopping-Bots sowie
- als Sonderform zum E-Commerce der M-Commerce über WAP.

a) Katalog mit Bestellmöglichkeit

Die klassische Form geschäftlichen Auftretens im Internet ist die, auf einer Website eine Liste (Katalog) von Leistungen zu offerieren, welche über ein Formular auf elektronischem Wege bestellt werden können.

Fraglich ist, ob ein solcher Katalog mit Bestellmöglichkeit schon ein bindendes Angebot darstellt. Dies wäre der Fall, wenn derjenige, der die Bestellmöglichkeit ins Netz gestellt hat, dadurch erklärt, einen Vertrag über die Erbringung der entsprechenden Leistung abschließen zu wollen. Es bedarf folglich im Wege der Auslegung[393] der Prüfung, ob das Verhalten des Anbieters dem Sinn nach überhaupt eine Geltungserklärung mit Erklärungsbewusstsein sein soll oder nicht[394].

---

392 Larenz/Wolf, Allgemeiner Teil, § 29 Rn. 25

393 Larenz/Wolf, Allgemeiner Teil, § 28 Rn. 3; Heinrichs in: Palandt, § 133 BGB Rn. 9; Hefermehl in: Soergel, Vor § 116 BGB Rn. 17

394 Hefermehl in: Soergel, Vor § 116 BGB Rn. 17; Larenz/Wolf, Allgemeiner Teil, § 28 Rn. 21

Empfangsbedürftige Willenserklärungen sind entsprechend § 157 BGB so auszulegen, wie sie der Erklärungsempfänger nach Treu und Glauben unter Berücksichtigung der Verkehrssitte verstehen musste[395]. Wenn der Gesetzgeber vorsieht, dass eine Willenserklärung einem anderen gegenüber abzugeben ist, so schreibt er damit vor, dass sie dem Erklärungsempfänger, um wirksam zu sein, bekannt gemacht werden muss (siehe auch § 130 BGB), und demgemäß auch nur mit dem Inhalt gelten kann, mit dem sie dem anderen bekannt gemacht worden ist und wie er sie verstehen konnte. Dies folgt aus dem Prinzip des Vertrauensschutzes, das dem Vertragsrecht zugrunde liegt[396]. Der wirkliche Wille des Erklärenden kommt also nur in dem Maße zur Geltung, wie er für den Empfänger erkennbar ist[397]. Im Gegenzug ist der Empfänger seinerseits nach Treu und Glauben verpflichtet, unter Berücksichtigung aller für ihn erkennbaren Umstände, die von Bedeutung sein können, danach zu forschen, was der Erklärende meint[398].

Bei der Auslegung dürfen nur solche Umstände berücksichtigt werden, die bei Zugang der Erklärung für den Empfänger erkennbar waren. Entscheidend ist der durch normative Auslegung zu ermittelnde objektive Erklärungswert des Verhaltens des Erklärenden[399]. Auch wenn es um die Frage geht, ob ein bestimmter Erklärungsakt als Willenserklärung aufzufassen ist oder nicht, ist nicht der innere Wille des Erklärenden, sondern die objektive Erklärungsbedeutung seines Gesamtverhaltens maßgebend[400].

Die wohl herrschende Meinung bewertet die Präsentationen in Online-Shops nur als invitationes ad offerendum[401]. Das von dem Kunden ausgefüllte und abgeschickte Bestellformular wäre dann das Angebot, das von dem Betreiber des On-

395 Heinrichs in: Palandt, § 133 BGB Rn. 9; Medicus, Allgemeiner Teil, Rn. 319

396 Larenz/Wolf, Allgemeiner Teil, § 28 Rn. 14

397 Medicus, Allgemeiner Teil, Rn. 323; Larenz/Wolf, Allgemeiner Teil, § 28 Rn. 14

398 Medicus, Allgemeiner Teil, Rn. 323; Larenz/Wolf, Allgemeiner Teil, § 28 Rn. 29

399 Heinrichs in: Palandt, § 133 BGB Rn. 9; Medicus, Allgemeiner Teil, Rn. 323

400 Heinrichs in: Palandt, § 133 BGB Rn. 9

401 Heinrichs in: Palandt, § 145 BGB Rn. 2; Löhnig, NJW 1997, 1688 (1688); Waltl in: Loewenheim/Koch, S. 182; Gimmy in: Kröger/Gimmy, Handbuch zum Internetrecht, S. 67; Jessen in: Lehmann, E-Commerce, S. 140; Köhler/Arndt, Recht des Internet, S. 65; Arndt/Köhler, EWS 2001, 102 (108); Strömer, Online-Recht, S. 145; Schwerdtfeger in: Schwerdtfeger, Cyberlaw, S. 17; für Btx: Paefgen, Btx, S. 25 ff.; ders. JuS 1988, 592 (595); Hefermehl in: Erman (Voraufl.), § 145 BGB Rn. 10; Kreis, Vertragsschluss mittels Btx, S. 51 ff.; Micklitz, EuZW 2001, 133 (141); Hoeren, MMR 1999, 192 (198); ders., Skript Internetrecht (Stand März 2005), § 7 S. 187; Brisch, CR 1999, 235 (241); Lütcke, Fernabsatzrecht, § 312e BGB Rn. 42; Eichhorn, Internet-Recht, 2.4.2.1, S. 71; Loock-Wagner, Das Internet u. sein Recht, S. 48; AG Butzbach, CR 2002, 765 (765); Masuch in: Bamberger/Roth, § 312e BGB Rn. 15

line-Shops angenommen wird – in der Regel nach § 151 BGB, ohne dass die Annahmeerklärung dem Kunden zugehen müsste. Begründet wird die herrschende Ansicht damit, dass die Online-Shops im elektronischen Geschäftsverkehr wie Schaufensterauslagen und papierene Warenkataloge den Kunden lediglich zur Abgabe von Angeboten animieren sollen. Der Anbieter wolle sich noch nicht binden, da er vor einer Bindung erst seine eigene Leistungsfähigkeit (Lieferbarkeit der bestellten Ware) überprüfen[402] und sich zudem seine Kunden selbst aussuchen wolle[403]. Außerdem wolle der Anbieter vor einem Vertragsschluss noch die Bonität des Kunden prüfen[404].

Eine Mindermeinung hält bereits die Einordnung von papierenen Warenkatalogen als invitatio ad offerendum für falsch. Vielmehr müsse der Anbieter, wolle er durch die Angebote in seinen Katalogen nicht gebunden werden, seine Bindung ausdrücklich ausschließen. Die Bestellmöglichkeit in Online-Shops sei als ein Angebot ad incertas personas anzusehen – ähnlich wie im Fall der Warenautomaten[405].

Vermittelnd wird mittlerweile die Meinung vertreten, dass nach den Gesamtumständen zu beurteilen sei, ob ein Angebot vorliege oder nicht[406].

Um die skizzierten Meinungen auf ihre Stichhaltigkeit hin überprüfen zu können, bedarf es zunächst der Darstellung, warum Schaufensterauslagen und Warenkataloge nach der herrschenden Meinung als invitationes ad offerendum angesehen werden, Warenautomaten dagegen jedoch als Angebote ad incertas personas, ob solche unterschiedlichen Bewertungen sinnvoll sind und inwieweit sie zur Übertragung auf Online-Shops geeignet sind.

---

402 Taupitz/Kritter, JuS 1999, 839 (840); Härting, Internetrecht, Rn. 89; Köhler/Arndt, Recht des Internet, S. 65; Schwerdtfeger in: Schwerdtfeger, Cyberlaw, S. 17; Hahn in: Hoeren/Queck, Rechtsfragen der Informationsgesellschaft, S. 151; Koch, Internetrecht, S. 135; Kaiser/Voigt, K&R 1999, 445 (446); Strömer, Online-Recht, S. 145; Loock-Wagner, Das Internet und sein Recht, S. 48; Thot, Elektronischer Vertragsschluss, S. 55; AG Butzbach, CR 2002, 765 (765)

403 Heinrichs in: Palandt, § 145 BGB Rn. 2; v. Lackum, JurPC Web-Dok. 135/1999, Abs. 25

404 Scheuerer, Willenserklärung, S. 51; Wildemann, Vertragsschluss, S. 30; AG Butzbach, CR 2002, 765 (765)

405 Boehme-Neßler, CyberLaw, S. 141 f.; Mehrings, BB 1998, 2373 (2375); für Btx: Kramer in: Münchener Kommentar, § 145 BGB Rn. 8; Lachmann, NJW 1984, 405 (408); Micklitz, NJW 1982, 263 (266)

406 Backu, DAR 2001, 106 (111); Ende/Klein, Vertriebsrecht, S. 18; Hoffmann, Willenserklärungen im Internet, S. 23 ff.

aa) Schaufensterauslagen

Die Rechtskonstruktion der invitatio ad offerendum wurde ursprünglich für Warenauslagen in Schaufenstern entwickelt. Sie beruhte auf einer normativen Auslegung des Erklärungsgehaltes dieser Präsentationsform hinsichtlich der Frage, ob der Kunde davon ausgehen kann, dass der Verkäufer bereit ist, seine ausgestellte Ware an jeden, der seinen Laden betritt, zu verkaufen. Die herrschende Meinung geht davon aus, dass die Auslagen in den Schaufenstern kein verbindliches Angebot darstellen, sondern den Kunden lediglich dazu auffordern sollen, den Laden zu betreten und dem Verkäufer ein Angebot zu machen[407]. Begründet wurde dies mit dem Argument, dass der Ladeninhaber mit der im Laden befindlichen Ware nicht notwendig den gesamten Bedarf aller Interessenten decken kann. Zudem wolle der Ladeninhaber nicht an jeden seine Ware verkaufen, sondern nur an zahlungsfähige Kunden.

(1) Begrenztheit des Warenvorrats

Auch der Auslage eines sehr großen Ladenlokals lässt sich in der Regel nicht entnehmen, dass von der im Schaufenster präsentierten Ware weitere Exemplare im den Geschäftsräumen vorhanden sind oder gar der gesamte Bedarf sämtlicher potentieller Interessenten gedeckt werden kann[408]. Der Betrachter eines Schaufensters ist sich bewusst, dass die Auslage nicht ständig neu dekoriert wird und dass die Ware mittlerweile im Laden bis auf das zur Dekoration verwandte Stück ausverkauft sein kann. Dieses letzte Exemplar wird in der Regel verkäuflich sein; es sei denn, es gibt ausnahmsweise besondere Gründe dafür, dass der Verkäufer dieses Exemplar nicht aus der Auslage nimmt. Schließlich ist davon auszugehen, dass der Ladeninhaber seine Ware in erster Linie verkaufen will und sie nur zu diesem Zweck im Schaufenster seines Unternehmens präsentiert, nicht dagegen zu reinen Dekorationszwecken. Dass durch die Entnahme des letzten Stückes eine Lücke in der Dekoration entsteht, dürfte regelmäßig für den Ladeninhaber weniger von Interesse sein als der kurzfristige Verkauf der ausgestellten Ware; es sei denn, das betreffende Stück ist als unverkäuflich gekennzeichnet.

Die Begrenztheit des Warenvorrats im Laden steht der Angebotsqualität der Schaufensterauslage in der Regel also nicht entgegen. Unter diesem Gesichtspunkt ist dem Angebot bereits immanent, dass es sich nur auf die noch vorhandene Ware bezieht. Auch wenn mehrere Interessenten das letzte Warenexemplar

---

[407] zum Beispiel: Dilcher in: Staudinger, § 145 BGB Rn. 3; Kramer in: Münchener Kommentar, § 145 BGB Rn. 8; Heinrichs in Palandt, § 145 BGB Rn. 2
[408] A. A. Boehme-Neßler, CyberLaw, S. 141

aus dem Schaufenster erweben wollen, ändert sich an dieser Wertung nichts, da sich aus der Schaufensterauslage nicht mehr ergibt, als dass das dort präsentierte Stück verkäuflich ist und dass derjenige, der als erster seine Kaufbereitschaft signalisiert, zum Zuge kommt. Der Betrachter eines Schaufensters kann nicht erwarten, dass von dem im Schaufenster präsentierten Warenteil noch weitere in dem Ladenlokal vorrätig sind.

(2) Auswahl des Vertragspartners

Das Institut der invitatio ad offerendum wird auch damit begründet, dass der Ladeninhaber sich die Entscheidung darüber vorbehalten wolle, ob er an den betreffenden Kunden verkaufen wolle oder nicht[409]. Denkbar ist, dass der Verkäufer wertvolle Einzelstücke, von denen er sich nur schwer zu trennen vermag, nur an besondere Kunden verkaufen will. Dies kann er gegebenenfalls auch aus Werbezwecken tun, um auf diese Weise seinen Kundenkreis zu erweitern (weil der Käufer die Ware in der Öffentlichkeit bekannt machen wird) bzw. um – beispielsweise – zu verdeutlichen, dass er nur an betuchte Kunden oder spezielle Liebhaberkreise verkauft, und dass es daher ein Zeichen von Status ist, gerade in diesem Ladengeschäft einzukaufen.

Der Wille des Anbieters, nur bestimmte gesellschaftliche Schichten in seinem Räumlichkeiten zu dulden, ist aber nicht zwangsläufig einer Schaufensterauslage mit sehr wertvollen Handelsgütern an sich zu entnehmen. In der Regel wird der Anbieter versuchen, seine Kundschaft über den Preis der von ihm angebotenen Waren zu steuern.

(3) Bonität des Vertragspartners

Vorrangig bei der Auswahl des Kunden ist folglich zumeist dessen Bonität. Auf den ersten Blick wäre davon auszugehen, dass ein Verkäufer nicht Gefahr laufen will, dass ein zahlungsunfähiger Kunde in seinen Laden stürzt und ruft: „Ich will die Ware im Schaufenster vorne links haben!“ und damit den Vertrag über diese Ware abschließt. Auf den zweiten Blick ergeben sich hieraus aber keine negativen Konsequenzen für den Anbieter. Mangels entgegenstehender Anhaltspunkte ist von einem Barkauf auszugehen. Der Verkäufer ist erst bei Zahlung des Kaufpreises (in bar, ggf. auch per EC-Karte über das Point-of-sale-System oder durch Vermittlung der Zahlungsgarantie eines Kreditkartenunternehmen) verpflichtet, dem Kunden die Ware zu überlassen. Dies ergibt sich auch aus § 271 BGB, wonach bei Vertragsschluss die jeweiligen Leistungen sofort fällig sein sollen. Da

---

409 Heinrichs in Palandt, § 145 BGB Rn. 2

es sich um einen gegenseitigen Vertrag handelt, besteht gemäß § 320 BGB auch keine Vorleistungspflicht des Anbieters. Zahlt der Kunde nicht, kann der Anbieter sofort gemäß § 323 BGB vom Vertrag zurücktreten – da der Vertrag sofortige Leistung des Kunde vorsieht, ist eine Fristsetzung nach § 323 II BGB entbehrlich bzw. eine sehr kurze Frist (Kunde darf noch einmal in Ruhe in seiner Tasche nach dem Portemonnaie suchen) bereits angemessen im Sinne des § 323 I BGB.

(4) Schlüsse

Aus der Auslage im Schaufenster ergibt sich also, dass der Ladeninhaber gewillt ist, die Ware zu dem angegebenen Preis zu verkaufen, sofern der Kunde bereit und in der Lage ist, sofort die vertragsgemäße Gegenleistung zu erbringen.

Will der Ladeninhaber nicht an jeden Interessenten verkaufen, so kann er davon absehen, die Ware im Schaufenster mit einem Preis zu versehen, sofern er damit nicht gegen die PreisangabenVO verstößt. Das Fehlen der Preisauszeichnung macht deutlich, dass der potentielle Kunde die Bedingungen für einen eventuellen Verkauf der Ware an ihn nur erfüllt, wenn er direkt im Laden vorspricht.

Präsentiert der Ladeninhaber also eine mit Preisschildern versehene Ware in seinem Schaufenster, so handelt es sich um ein ihn bindendes Angebot. Die Zahlungsfähigkeit des Kunden ist nicht Bedingung für den Vertragsschluss, sondern bereits Vertragsinhalt. Für die richtige rechtliche Bewertung ist daher der Umweg über die Rechtsgestalt der invitatio ad offerendum nicht erforderlich.

Die Präsentation von Ware ohne Preisangabe hingegen ist von vornherein nicht als Angebot zu werten, da mangels Preisangabe nicht alle essentialia negotii genannt sind. Auch hier wird aber in der Regel nicht das Angebot vom Kunden ausgehen (dieser will sich ja zunächst nach dem Preis erkundigen) – der Anbieter wird ihm im Laden mitteilen, ob und unter welchen Bedingungen er bereit ist, die Ware an ihn zu verkaufen. Eine invitatio ad offerendum im eigentlichen Sinne liegt aber nur vor, wenn das Angebot vom Kunden ausgeht[410].

bb) Warenkataloge

Bei Versandhauskatalogen und Preislisten spielen, sofern es sich um Fernabsatz handelt, Herkunft, Person und Auftreten des Kunden an sich keine Rolle. Für den Anbieter ist es jedoch wichtig, dass er nicht vertraglich gebunden wird, ohne

---

410 Dilcher in: Staudinger, § 145 BGB Rn. 3

tatsächlich leisten zu können, und dass sein Vertragspartner zahlungsfähig und -willig ist.

(1) Leistungsfähigkeit des Anbieters

Fraglich ist, wie die Präsentation von Waren in einem Versandkatalog nach Treu und Glauben und unter Berücksichtigung der Verkehrsitte zu verstehen ist. Bei einem nur selten aktualisierten Katalog kann der Kunde nicht davon ausgehen, dass die von ihm ausgesuchten Waren lieferbar sind. Schließlich ist in der Regel von einem begrenzten Warenvorrat auszugehen, der früher oder später ausverkauft sein wird. Für einen völlig veralteten Katalog gilt dies ohnehin. Bei einem druckfrischen Katalog hingegen hängt es von den Umständen des Einzelfalls (insbesondere von Art und Begehrtheit der Ware) ab, ob der bestellende Kunde davon ausgehen darf, dass der gewünschte Gegenstand lieferbar ist.

Im Geschäftsverkehr unter Unternehmern ist davon auszugehen, dass jedem Unternehmer bewusst ist, dass Ware aus einem gedruckten Katalog nicht immer lieferbar ist, da der Katalog nicht den aktuellen Warenbestand des Unternehmers zur Zeit der Bestellung wiedergeben kann. Wie der Empfänger den Katalog des Anbieters verstehen kann, hängt jedoch letztlich auch hier von den Umständen des Einzelfalls ab.

In dem Zeitpunkt der Abgabe der Erklärung durch den Anbieter (Versendung des Kataloges) ist es ungewiss, ob die präsentierte Ware in dem zukünftigen Zeitpunkt, in welchem dem Anbieter die Erklärung des Kunden zugeht, noch lieferbar ist. Das Angebot des Anbieters als Rechtsgeschäft ist also bedingt durch die Lieferbarkeit der Ware zum Zeitpunkt des Zugangs des Angebots.

(2) Bonität des Kunden

In der Regel wird der Anbieter von einem ihm unbekannten Kunden Vorkasse verlangen, das heißt die Ware per Nachnahme versenden. Auf Vorkasse durch Einzug vor Versendung per Lastschrift oder über ein Kreditkartenunternehmen wird sich der Anbieter nur einlassen, wenn er vorher die Bonität des Kunden überprüfen konnte. Gewährt der Anbieter Kredit, indem er die Ware auf Rechnung versendet, wird er in jedem Fall die Bonität des Kunden vor Vertragsschluss prüfen wollen.

Das bedeutet, dass ein Angebot für einen Vertrag, in dem keine Vorleistungspflicht des Kunden vorgesehen ist, bedingt ist durch den positiven Ausgang der Bonitätsprüfung durch den Anbieter. Verzichtet der Anbieter auf eine Bonitätsprüfung, so ist er gemäß dem Prinzip „Trau, schau, wem" an den Vertrag mit dem Kunden gebunden und kann sich aus dieser Bindung nur nach den allgemeinen Regeln der Leistungsstörungen lösen.

(3) Schlüsse

Das Verhalten des Anbieters kann demnach als doppelt bedingtes Angebot angesehen werden: Bedingt zum einen durch die Lieferbarkeit der Ware im Zeitpunkt des Zugangs der Annahme und bedingt zum anderen durch die Bonität des Kunden. Zum Zeitpunkt der Katalogversendung waren diese Aspekte zukünftige ungewisse Ereignisse, also Bedingungen im Sinne der §§ 158 ff. BGB.

Diese Auslegung ist für den Anbieter auch nicht von größerem Nachteil als die, bei der das Angebot vom Kunden ausgeht und der Anbieter das Angebot vor Annahme erst prüfen will. Schließlich hat der Anbieter in beiden Fällen die Möglichkeit, Lieferbarkeit und Bonität zu prüfen. Zwar entsteht durch die Annahme des bedingten Angebots ein Treuepflichtverhältnis zum Kunden (§§ 160 ff. BGB), dessen Pflichten entsprechen aber denjenigen, die sich ohnehin aus dem vorvertraglichen Schuldverhältnis nach §§ 311 II, 241 II BGB ergeben.

Voraussetzung für das Zustandekommen des Vertrages ist, dass zum Zeitpunkt der Prüfung durch den Anbieter beide Bedingungen erfüllt sind. Es handelt sich also nicht um aufschiebende Bedingungen, nach denen der Vertrag zustande kommen würde, wenn irgendwann in der Zukunft beide Parteien leistungsfähig sind. Schließlich haben beide Parteien ein Interesse daran, dass zeitnah nach Zugang (die Übermittlung fällt ja noch in den Risikobereich des Kunden) der Bestellung geklärt wird, ob ein Vertrag zustande kommt.

An dieser Stelle stellt sich die Frage, ob ein derart doppelt bedingtes Angebot überhaupt noch als Angebot gewertet werden kann oder ob nicht doch auf die Konstruktion der invitatio ad offerendum zurückgegriffen werden muss, weil die für ein wirksames Angebot erforderlichen essentialia negotii fehlen. Bei einem Kauf ist der Zweck dieses Umsatzgeschäftes der Austausch von Gegenständen gegen Geld[411]. Die essentialia negotii (die nicht mit den Hauptpflichten des Vertrages identisch sind) sind somit der Kaufgegenstand und der Preis. Beide sind im vorliegenden Fall benannt. Daher steht dieses Erfordernis der Bewertung eines Warenkataloges als doppelt bedingtes Angebot nicht entgegen.

Das Konstrukt der invitatio ad offerendum ist daher auch hier nicht notwendig. Insgesamt wird hier deutlich, dass die invitatio ad offerendum im Grunde ge-

---

411 Putzo in: Palandt, Einf v § 433 BGB Rn. 1

nommen nur den Blick auf den eigentlichen rechtsgeschäftlichen Inhalt des Verhaltens des Anbieters im konkreten Fall verstellt.

cc) Warenautomat

Bei einem Warenautomaten ist es dem Anbieter gleichgültig, mit wem er kontrahiert, sofern sein Vertragspartner die geforderten Zahlungsmittel in den Automaten eingibt. Das Angebot ist also durch die Zahlungsfähigkeit des Kunden bedingt, und zwar in der Form, dass die Zahlungsfähigkeit direkt wie beim Barkauf durch die Zahlung belegt werden muss. Der Kunde nimmt das Angebot durch die Auswahl der geforderten Leistung (Ware, Zugticket) und Erbringung der gewünschten Gegenleistung an. Die bloße Auswahl stellt noch keine Annahme durch den Kunden dar, da er hierdurch erst das konkrete Angebot des Anbieters einholt. Die besondere Konstellation dieser Form des Vertragsschlusses ist, dass Annahme und Erfüllungshandlung hinsichtlich der Gegenleistung zusammenfallen.

Die Zahlung per Geldkarte entspricht der Barzahlung, nur dass hierbei keine Wertgegenstände (Geldscheine, Münzen) übertragen werden, sondern ein Wert an sich. Nicht viel anders stellt sich der Fall dar, dass die Zahlung per EC- oder Kreditkarte erfolgt. Hier ist das Angebot auch durch die Erbringung der Gegenleistung bedingt. Die Zahlung erfolgt über das Point-of-sale-System, d. h. der erforderliche Betrag wird wie bei einer SB-Überweisung an den Anbieter sofort überwiesen. Im Unterschied zur Zahlung per Einzugsermächtigung ist keine vorherige Bonitätsprüfung erforderlich, weil die Zahlung sofort erfolgt.

Auch ist das Angebot durch die Leistungsfähigkeit des Anbieters bedingt. Ist bei Warenautomaten die gewünschte Ware nicht vorhanden, so liegt von vornherein kein Angebot vor, wenn dies dem Kunden erkennbar ist, zum Beispiel wenn das entsprechende Warenfach von außen sichtbar leer ist oder der Kunde vor Geldeinwurf bei Auswahl der entsprechenden Ware die Mitteilung erhält, dass die entsprechende Ware ausverkauft ist.

dd) Online-Shop

(1) Waren

(a) Leistungsfähigkeit

Bei entsprechender Vernetzung mit der Warenwirtschaft ist es möglich, den Online-Katalog stets auf dem aktuellen Stand zu halten. Ist eine Ware ausverkauft, so wird sie aus dem Katalog genommen oder mit dem Vermerk „Ausverkauft“ versehen, so dass eine Bestellung nicht mehr möglich ist. Auf diese Weise ist der Online-Katalog für die Bedürfnisse manches Anbieters sogar zu aktuell, wenn eine Ware nach wenigen Stunden wieder geliefert werden kann, so dass der kurzzeitige Ausverkauf im normalen Verbrauchergeschäft (bei dem es auf einige Stunden nicht ankommt) keine Rolle gespielt hätte.

Einschränkend ist allerdings anzumerken, dass auch ein Online-Katalog nur die Lieferung eines einzigen Exemplars der genannten Ware verbindlich angeboten wird. Für höhere Stückzahlen ist erst ein Angebot gegeben, wenn der Kunde dies entsprechend angefragt hat, z. B. durch entsprechende Eingabe der gewünschten Stückzahl in seinem Warenkorb.

Weiterhin gilt das Angebot nur für den Moment des Aufrufens[412]. Eine kurzfristige Reservierung der Ware erfolgt – wie beispielsweise in einem Supermarkt – erst durch das Verbringen in den Warenkorb.

Diese Aktualität des Leistungskataloges ist aber nicht bei allen Anbietern gegeben, weil nicht alle Ihre Online-Shops auf einem dermaßen aktuellen Stand halten. Es ist daher fraglich, ob der Kunde eines Online-Shops davon ausgehen darf, dass jede online angebotene Leistung von dem Anbieter tatsächlich erbracht werden kann. Bei einem klassischen Warenkatalog hat der Anbieter nach dem Druck keine Möglichkeit mehr, dessen Inhalt zu verändern. Eine Website hingegen unterliegt dem ständigen Zugriff des Anbieters. Er kann ihren Inhalt jederzeit ändern. Gerade diese Aktualität ist einer der Gründe, Bestellungen über das Internet vorzunehmen. Jemandem, der Leistungen über das Internet anbietet, kann daher unterstellt werden, dass seine Website nur Leistungen präsentiert, die er in dem vorgesehenen Zeitraum auch erbringen kann, gerade weil er ja in der Lage ist, die Angaben auf seiner Website jederzeit seiner Leistungsfähigkeit an-

412 siehe dazu unten D IV 1 c aa

zupassen[413]. Einige Anbieter werben sogar damit, dass die auf der Homepage angebotene Ware stets lieferbar ist[414].

Fraglich ist allerdings, was für ein Grad an Aktualität erwartet werden darf. Genügt es, die Website pro Werktag einmal zu aktualisieren oder muss sie bei jeder Veränderung in der Leistungsfähigkeit des Anbieters sofort aktualisiert werden? Unterstellt man, dass Online-Shop-Betreiber Unternehmer im Sinne des § 14 BGB sind, so ist davon auszugehen, dass diese für seinen Internetauftritt die technischen Möglichkeiten komplett ausschöpft. Ob diese Wertung richtig ist, hängt natürlich vom konkreten Fall ab, denn zur Auslegung des Verhaltens des Anbieters ist der gesamte Internetauftritt zu berücksichtigen, soweit dieser bei einer Bestellung über die betreffende Website für den Kunden zwangsläufig erkennbar wird. Findet sich also in deutlichen Zusammenhang mit dem Online-Katalog der mit Datum versehene Vermerk, auf welchem Stand diese Seiten sind, oder ein anderer Hinweis, dass die Aktualität dieser Angaben nicht erwartet werden kann, so wird für den Kunden deutlich, dass das Angebot durch die Leistungsfähigkeit des Anbieters bedingt ist.

Ist der Anbieter kein Unternehmer und ist dies für den Kunden erkennbar, so hängt es von der Gestaltung der Website ab, ob der Kunde von der Lieferbarkeit der angebotenen Ware ausgehen kann. Bei professioneller Gestaltung der Website wird der Anbieter aber ohnehin in Ausübung einer gewerblichen Tätigkeit handeln und daher Unternehmer im Sinne des § 14 BGB sein, so dass der Fall, dass der Kunde aufgrund der Gestaltung der Website eines Privatmannes von der Lieferbarkeit der Ware ausgehen kann, nicht vorkommen wird. Überhaupt ist es kaum vorstellbar, dass ein Privatmann für den Verkauf eines einzelnen Warenexemplars eine Bestellmöglichkeit über Formular und nicht einfach per E-Mail anbietet.

(b) Bonität

Bei einer Online-Bestellmöglichkeit handelt es sich wie bei einem Warenkatalog um eine Form des Fernabsatzes. Die Person des Kunden spielt wie beim klassischen Warenkatalog für den Anbieter – anders als für den Inhaber eines Laden-

413 A. A. Hoffmann, Willenserklärungen im Internet, S. 27: Bindung des Verkäufers nur bei entsprechender Werbung oder wenn dem Kunden im Rahmen des Bestellvorgangs die Verfügbarkeit ausdrücklich angezeigt wird.

414 Beispielsweise wirbt Zweitausendeins damit, dass die auf der Website http://www.zweitausendeins.de/ angebotene Ware im Gegensatz zu der im papierenen Katalog in jedem Fall lieferbar ist.

lokals – keine Rolle für den rechtsgeschäftlichen Inhalt seiner Online-Präsentation.

Hinsichtlich der Bonität des Kunden gilt im Prinzip das oben bei den klassischen Warenkatalogen Ausgeführte. Die elektronischen Medien ermöglichen bei entsprechender Vernetzung ohnehin eine sofortige Bonitätsprüfung. Erscheint also nach Abgabe der Bestellung durch den Kunden der Hinweis „Vielen Dank für Ihre Bestellung“, so wird in der Regel die Bonität des Kunden bereits innerhalb weniger Sekunden überprüft worden sein. Dies bedeutet, dass der Kunde auf diese Weise bereits über die Erfüllung der Bedingung seiner Bonität informiert wird.

Nicht nur die Gültigkeit der Kreditkarte oder die Plausibilität der angegebenen Kontoverbindung können online überprüft werden. Ebenso ist ein Abgleich mit einer anbieterinternen Schwarzen Liste unerwünschter Kunden (die sich beispielsweise bei vorangegangenen Bestellungen als zahlungsunwillig oder als Querulanten erwiesen haben) möglich. Da der Online-Bestellvorgang in der Regel den Aufruf mehrerer hintereinander geschalteter Formularseiten erfordert, kann der Anbieter die von dem Kunden zuvor eingegebenen Adressdaten mit einer Liste der sozialen Einschätzung von Stadtteilen abgleichen und aufgrund dieser Zuordnung die Zahlungsweisen einschränken. Wohnt beispielsweise der Kunde in einem Stadtteil, dessen Bewohner für ihre schlechte Zahlungsmoral berüchtigt sind, so wird der Anbieter nur die Lieferung per Nachnahme zulassen. Da der Kunde die Bestellformulare einschließlich gewünschter Zahlungsweise erst komplett ausfüllen muss, bevor er seine Bestellung abschickt, hat die Einschränkung der Zahlungsmöglichkeiten keinen Einfluss auf die Angebotsqualität der Webseitenpräsentation, sondern konkretisiert nur die Bedingung der Zahlungsfähigkeit des Kunden.

(c) Schlüsse

Es lässt sich festhalten:

Sofern der Anbieter nicht von sich aus darauf hinweist, dass sein Website-Katalog nicht immer auf dem aktuellsten Stand ist, darf der Kunde davon ausgehen, dass die angebotenen Waren in jedem Fall lieferbar sind. Das Angebot ist also insoweit unbedingt.

Der Kunde muss jedoch damit rechnen, dass das Angebot vom positiven Ausgang der Prüfung seiner Bonität abhängt. Er kann aber erwarten, dass die Bonitätsprüfung unmittelbar nach Absenden seiner Annahmeerklärung bzw. gegebenenfalls schon vorher beim geführten Bestellvorgang erfolgt und der Erhalt der Empfangsbestätigung gleichzeitig die Erfüllung der Bedingung der positiven Bonitätsprüfung anzeigt.

(2) Dienstleistungen

Der Begriff „Dienstleistung" im Bürgerlichen Gesetzbuch entspringt der E-Commerce-Richtlinie und ist daher untechnisch zu verstehen. Es sind nicht nur Dienste im Sinne von Dienstverträgen erfasst, sondern beispielsweise auch Werke, Reisen, Bankgeschäfte und Versicherungen. Dass auch das Angebot dieser Leistungen durch den positiven Ausgang der Prüfung der Bonität des Kunden bedingt ist, liegt auf der Hand. Ansonsten ist danach zu differenzieren, ob es sich – wie bei Waren – um mengenmäßig beschränkte Leistungen handelt wie zum Beispiel Reiseangebote. Weiterhin ist zu berücksichtigen, ob es hinsichtlich der jeweiligen Vertragsgegenstände einschränkende Vorschriften oder andere Gründe gibt, die es dem Anbieter nicht erlauben, ein Angebot ad incertas personas abzugeben.

Grundsätzlich gilt aber auch für Dienstleistungen, dass der Kunde davon ausgehen kann, dass der Anbieter leistungsfähig ist, solange sich aus der konkreten Website nichts Gegenteiliges ergibt, und dass die Bonitätsprüfung beim Versand der Empfangsbestätigung abgeschlossen ist.

b) Download

Kann eine im Katalog mit Bestellmöglichkeit dargestellte Leistung bereits auf elektronischem Wege erbracht werden, so ergeben sich Besonderheiten bei der Beurteilung. Leistungen, die elektronisch erbracht werden, können nämlich unbegrenzt vervielfältigt werden. Beispiele hierfür sind Informationen, z. B. Artikel aus Magazinen zur Verbraucherunterrichtung, und Software, die in Form von Dateien zur Verfügung gestellt werden.

aa) Leistungsfähigkeit

Bei der Bereitstellung von Dateien zum Download muss der Anbieter die Lieferbarkeit nicht überprüfen, da eine Datei unbegrenzt kopiert werden kann. Der Anbieter ist also in dieser Hinsicht unbegrenzt leistungsfähig und bedarf insoweit nicht des Schutzes einer invitatio ad offerendum[415]. Dies gilt nicht nur für das Anbieten von Software zum Download[416], sondern auch für Filme on demand[417].

Problematisch könnte aber die Leistungsfähigkeit des vom Anbieter genutzten Servers sein. Angesichts der Möglichkeit zur sofortigen Erfüllung des Vertrages wird diese Konstellation häufig mit einem Warenautomaten verglichen und als Angebot ad incertas personas gewertet[418]: der Vertrag soll mit dem Beginn des Downloads der entsprechenden Datei geschlossen sein. Träfe dies zu, dann würde der Anbieter für die unbegrenzte Leistungsfähigkeit seines Servers haften. Dies, obwohl dem Internetnutzer bekannt ist, dass ein Download bei einer zu hohen Zugriffsrate scheitern kann, weil er nicht gestartet werden kann oder während der Ausführung abbricht. Teilweise wird in der Literatur davon ausgegangen, dass sich der Anbieter erst binden wolle, wenn er überprüft habe, dass der Erfüllung des Vertrages seinerseits keine technischen Probleme entgegenstehen, da er sich andernfalls möglicherweise schadensersatzpflichtig machen würde[419]. Dann wäre die Software-Downloadmöglichkeit nur als invitatio ad offerendum zu werten. Dagegen ist aber einzuwenden, dass der Anbieter sich grundsätzlich ja binden will; es sei denn, er kann aus technischen Gründen gerade nicht leisten.

Sinnvoller ist es, genauer zu differenzieren: Kann der Download gar nicht erst gestartet werden, so konnte der Kunde das Angebot auch gar nicht annehmen; denn seine Annahme sollte ja durch den Start des Downloads erfolgen. Es liegt also offensichtlich kein Vertragsschluss vor.

Sofern kein Rahmenvertrag besteht, der den Anbieter zur fehlerfreien Übertragung der Software verpflichtet, muss der Kunde davon ausgehen, dass der Anbieter nicht bereit ist, das Risiko des ungewollten Abbruchs des Downloads während der Übertragung auf sich zu nehmen. Der Anbieter ist nur bereit, die auf den Rechner des Kunden übertragene Datei dem Kunden zu überlassen. Die Übertragung selbst gehört nicht zu dem Pflichtenkreis des Anbieters, da aufgrund der dezentralen Struktur des Internets (die Dateien werden in einzelnen

---

415 Gimmy in: Kröger/Gimmy, Handbuch zum Internetrecht, S. 67; Wildemann, Vertragsschluss, S. 30; Thot, Elektronischer Vertragsschluss, S. 55

416 Jessen in: Lehmann, E-Commerce, S. 140

417 Hahn in: Hoeren/Queck, Rechtsfragen der Informationsgesellschaft, S. 151; Ernst, NJW-CoR 1997, 1654 (165)

418 Ernst, NJW-CoR 1997, 1654 (165); Jessen in: Lehmann, E-Commerce, S. 140; Hahn in: Hoeren/Queck, Rechtsfragen der Informationsgesellschaft, S. 151; Ende/Klein, Vertriebsrecht, S. 18; Hoffmann, Willenserklärungen im Internet, S. 26

419 Taupitz/Kritter, JuS 1999, 839, (840 f.)

Päckchen auf unterschiedlichen Wegen über beliebige Server transportiert) eine störungsfreie Übertragung weder durch den ftp-Server des Anbieters noch durch den Provider des Kunden gewährleistet werden kann. Das Angebot ist daher durch die vollständige Übertragung der betreffenden Datei bedingt.

bb) Bonität

Bei Freeware, also Software, die von dem Kunden nicht bezahlt werden muss, spielt die Bonität des Kunden keine Rolle.

Bei kostenpflichtiger Software wird teilweise angenommen, dass der Anbieter sich nicht binden wolle, da er zunächst Zahlungsfähigkeit und -willen des Kunden überprüfen möchte[420]. Es handele sich lediglich um eine invitatio ad offerendum.

In der Regel wird das Angebot aber auf Überlassung der Datei gegen Vorkasse gerichtet sein (z. B. sofortige Zahlung per E-Cash[421]). Die Bedingung der Vorleistung des Kunden ist dann Inhalt des Vertrages, der angetragen wird. Wird dem Kunden Kredit gewährt, ist der Anbieter also zur Vorleistung bereit, so wird der Anbieter sein Angebot vom positiven Ausgang der Prüfung der Bonität des Kunden abhängig machen.

cc) Schlüsse

Bei der Bereitstellung von Dateien zum Download liegt also ein doppelt (erfolgreiche Übertragung der Datei, Bonität) bedingtes Angebot vor; es sei denn, der Anbieter schließt auf seiner Website eine Bindung aus. In der Literatur wird die Meinung vertreten, dass die Annahme durch den Kunden gemäß § 151 BGB erfolge[422]. Dies hängt aber auch von der Ausgestaltung der Website ab. Muss der Kunde beispielsweise AGB des Anbieters durch Anklicken eines Feldes akzeptieren, bevor er den Download starten kann, so liegt eindeutig eine Annahmeerklärung vor. Beschränkt sich die Handlung des Kunden lediglich auf das Auslösen des Downloads, so ist es sinnvoll, § 151 BGB anzuwenden[423].

---

420 Kaiser/Voigt, K&R 1999, 445 (446)

421 Z. B. http://www.firstgate.de. Weitere Beispiele für derzeit angebotene Online-Zahlungsmöglichkeiten werden unter http://www.warentest.de/ aufgeführt, wenn ein kostenpflichtiges Informationsangebot heruntergeladen werden soll.

422 Ernst, NJW-CoR 1997, 165 (165)

423 siehe dazu D IV 2

c) Auktion

Neben Online-Shops und Downloadmöglichkeiten hat sich im Internet eine Reihe von neuen Geschäftsformen etabliert. Dazu zählen die modifizierte Form der klassischen Versteigerung gegen Höchstgebot (Online-Auktion), die umgekehrten Versteigerungen (Abwärtsversteigerungen) sowie das sogenannte Co(mmunity)-Shopping[424].

Die vorliegende Darstellung konzentriert sich auf die Geschäftsform „Versteigerung gegen Höchstgebot". Die Besonderheiten der Geschäftsformen „Abwärtsversteigerung" und „Co-Shopping" sollen lediglich kurz skizziert werden.

aa) Versteigerung gegen Höchstgebot

Versteigerungen gegen Höchstgebot laufen im Internet wie folgt ab: Der Anbieter meldet sich bei einem Auktionshaus an, stellt seine Ware oder Dienstleistung auf der Website des Internetauktionshauses ein und setzt nach Bedarf einen Startpreis und gegebenenfalls einen Mindestpreis sowie die Höhe der Bietschritte fest. Für einen bestimmten Zeitraum können die Nutzer der Website daraufhin Gebote abgeben, das heißt, sie erhöhen das jeweilige aktuelle Höchstgebot um wenigstens den Betrag, der einem der festgelegten Mindestbietschritte entspricht. Die Auktion endet zu dem zuvor festgesetzten Zeitpunkt. Die Ware erhält derjenige Bieter, dessen Gebot zum Zeitpunkt des Schlusses der Auktion das höchste war.

(1) Versteigerung eines Unternehmers

Wie bei Warenpräsentationen auf Websites ist auch bei Internetauktionen streitig, ob es sich bei dem Einstellen der Ware auf der Website des Auktionshauses in der Regel bereits um ein bindendes Angebot handelt[425] oder nur um eine invitatio ad offerendum[426] und welchen Einfluss die AGB des Auktionshauses hierauf haben[427]. Wird die Präsentation als invitatio ad offerendum angesehen,

---

424 Czeguhn, ITRB 2001, 295 (295); Ernst in: Spindler/Wiebe, Internet-Auktionen, Kap. A; weitere Auktionsarten: Boehme-Neßler, CyberLaw, S. 169 f.; Horstmann/Butterwegge, DSWR 2000, 206 ff.

425 AG Sinsheim, MMR 2000, 181 (181); LG Berlin, ITRB 2005, 28

426 Ernst, CR 2000, 304 (309); Stögmüller, K&R 1999, 391 (394); LG Münster, MMR 2000, 280 (281)

427 Ernst, CR 2000, 304 (309); LG Münster, MMR 2000, 280 (282)

so soll das letzte wirksame Gebot eines Bieters während des Angebotszeitraums das bindende Angebot sein[428].

Bevor die vorgenannten Fragen geklärt werden können, ist zu untersuchen, welche Rolle § 156 BGB für Internetversteigerungen spielt. Eine Meinung in der Literatur vertritt die Auffassung, dass – unabhängig davon, ob sich mit den Internetauktionen womöglich ein neuer Vertragstyp herausgebildet hat[429] – auch die an die Online-Kommunikation angepasste Art und Weise des Vertragsschlusses dem klassischen Bild der Versteigerung doch noch so weit entspricht, dass die Regelung des § 156 BGB Anwendung finde[430].

Gemäß § 156 S. 1 BGB kommt bei (klassischen) Versteigerungen der Vertrag erst durch den Zuschlag zustande. Vertragsantrag ist hier das Gebot des Bieters[431]. § 156 BGB geht von den Voraussetzungen der klassischen Auktion aus: Mehrere Bieter in einem Raum mit einem Auktionator, der Gebote nach Ermessen ablehnen kann. Die gesetzliche Regelung, die auf den Zuschlag abstellt, soll daher Klarheit schaffen.

Die Internetversteigerungen hingegen laufen auf die beschriebene Weise automatisch und über mehrere Tage ab. Zwar kann der Auktionszeitraum gegebenenfalls verlängert werden, was an die Kompetenzen des klassischen Auktionators erinnert. Im Vordergrund steht aber die Automatisierung des Vorgangs. Der Zuschlag ist durch das Ende des Auktionszeitraums ersetzt.

Da sich bei Veränderung des wirtschaftlichen Umfelds auch neue Geschäftsformen herausbilden und das Privatrecht die Interessen der Beteiligten regeln soll, sollte bei neuen Geschäftsformen wie den Internetversteigerungen zunächst überprüft werden, ob für diese die Anwendung der allgemeinen Vorschriften ausreicht, bevor auf vorhandene Spezialvorschriften zurückgegriffen wird, die möglicherweise der neuen Entwicklung nicht gerecht werden. Es muss folglich zunächst geklärt werden, ob nicht schon das Einstellen der Ware auf der Auktionsplattform als Angebot gewertet werden kann. Für die Praxis ist allerdings zu berücksichtigen, dass Art und Weise des Vertragsschlusses bei den einzelnen Auktionshäusern in unterschiedlicher Weise durch jeweils geltende AGB geregelt werden, so dass es gegenwärtig noch auf den Einzelfall ankommt.

---

428 LG Münster, MMR 2000, 280 (282)

429 Wiebe in Spindler/Wiebe, Internet-Auktionen, Kap. D Rn. 31

430 Wiebe in Spindler/Wiebe, Internet-Auktionen, Kap. D Rn. 33; Stögmüller, K&R 1999, 391 (394); Boehme-Neßler, CyberLaw, S. 175; a. A. Hartung/Hartmann, MMR 2001, 278 (279)

431 Heinrichs in: Palandt, § 156 BGB Rn. 1; Stögmüller, K&R 1999, 391 (394); Boehme-Neßler, CyberLaw, S. 176

Vorliegend soll untersucht werden, zu welchem Zeitpunkt bei Internetversteigerungen der Vertragsschluss erfolgt. Zur Prüfung herangezogen werden die AGB des größten und bekanntesten Internetauktionshauses eBay[432] sowie die viel diskutierten AGB von ricardo.de[433]. Nicht außer Acht zu lassen ist allerdings, dass gerade die Entscheidungen, die hinsichtlich der AGB von ricardo.de ergangen sind, im Wesentlichen nur für Vertragsabschlüsse über dieses Auktionshaus relevant sind[434]. So wurde dort die Bindungswirkung der Freischaltung der Auktion bejaht, weil der Anbieter zuvor die entsprechende Passage der AGB mit Mausklick ankreuzen musste[435].

Die Frage, ob und wie überhaupt die AGB eines Dritten Vertragsinhalt werden können[436], soll hier nicht diskutiert werden. Vorliegend wird davon ausgegangen, dass die von den Auktionsteilnehmern akzeptierten AGB in Bezug auf das rechtlich von ihnen Gewollte – also unabhängig von einer falschen oder ungeschickten Formulierung in den AGB – für die Auslegung der jeweiligen Willenserklärungen maßgeblich sind[437].

(a) Leistungsfähigkeit

Bei Internetauktionen wird die angebotene Ware immer nur in einer begrenzten Stückzahl auf der Website eingestellt. Es steht also fest, dass der Anbieter weiß, dass er die angebotene Ware definitiv zu liefern im Stande ist, weil er sich sonst auf eine andere Stückzahl beschränkt hätte.

(b) Bonitätsprüfung

Die Nutzungsbedingungen der Auktionshäuser legen fest, dass der Anbieter sich dazu verpflichtet, die Ware bei Beendigung der Auktion an den Höchstbietenden zu veräußern[438]. Der Anbieter hat also nicht die Möglichkeit, die Bonität seines Kunden zu überprüfen. Auch ein Blick auf die eventuell vorhandenen gegensei-

---

432 Allgemeine Geschäftsbedingungen für die Nutzung der deutschsprachigen eBay-Websites, gültig ab 01.06.2003 (AGB eBay.de)

433 Allgemeine Geschäftsbedingungen, Stand Juli 2003 (AGB ricardo.de)

434 Ulrici, NJW 2001, 1112 (1113)

435 BGH NJW 2002, 363 (363); Bedenken hierzu Wiebe, CR 2002, 216 (216)

436 hierzu Hartung/Hartmann, MMR 2001, 278 (280 ff.); Lettl, JuS 2002, 219 ff.; Rüfner, MMR 2000, 597 ff.; Spindler, ZIP 2001, 809 ff.; Wenzel, DB 2001, 2233 ff.; Wiebe in: Spindler/Wiebe, Internet-Auktionen, Kap. D Rn. 40 ff.; Grapentin, GRUR 2001, 713 ff.; Deutsch, MMR 2004, 586 (587 ff.)

437 Lettl, JuS 2002, 219 (221); Wenzel, NJW 2002, 1550 (1550)

438 § 9 Ziff. 1 AGB eBay.de; § 6 VI AGB ricardo.de

tigen Bewertungen von Verkäufern und Käufern vorangegangener Auktionen setzt den Anbieter nur in die Lage, die allgemeine Bonität des Nutzerkreises der betreffenden Auktionssite zu beurteilen. Die Bonität dessen, der tatsächlich sein Vertragspartner werden wird, kann er nicht einschätzen.

Nimmt das Auktionshaus bei der Zulassung der Bieter selbst eine Bonitätsprüfung vor[439], kann sich der Anbieter darauf verlassen, dass er sich nur solchen Kunden gegenüber binden wird, deren Bonität zumindest zum Zeitpunkt ihrer Anmeldung festgestellt wurde.

Auch ohne eine Bonitätsprüfung seitens des Auktionshauses wird der Anbieter durch die genannte AGB-Klausel nicht unangemessen im Sinne von § 307 BGB benachteiligt, da die Hauptpflichten der Vertragsparteien weiterhin nach § 320 BGB Zug um Zug zu erfüllen sind[440].

Zudem kann der Verkäufer in seinem Angebot Vorkasse verlangen. Manche AGB sehen sogar vor, dass sich Käufer und Verkäufer erst nach Vertragsschluss über die Zahlungsmodalitäten einigen[441], so dass der Anbieter an § 320 BGB nicht gebunden ist. In diesem Fall hat der Anbieter die Möglichkeit, nachträglich die Bonität seines Vertragspartners zu prüfen und gegebenenfalls Vorkasse von seinem Kunden zu verlangen.

Versieht der Verkäufer seine Auktion erkennbar mit einem Vorbehalt z. B. dem Vermerk „Preis ist Verhandlungssache“, so handelt es sich nur um eine invitatio ad offerendum[442]; es sei denn, dieser Vorbehalt kann als Bedingung angesehen werden, wie z. B. die Angabe eines Mindestpreises[443].

---

439 Dies kann der Anbieter aber nicht erwarten: AG Westerstede, CR 2002, 377 (378)

440 KG NJW 2002, 1583 (1584). Entgegen der Ansicht des KG entspricht die Situation bei einer Internetauktion aufgrund der zumeist räumlichen Entfernung der Vertragsparteien nicht der bei einem Verkauf gebrauchter Gegenstände über eine Zeitungsannonce. Im letzteren Fall wird die Ware nur an denjenigen verkauft, der sie sofort bezahlt. Es handelt sich um ein „Geschäft für wen es angeht“, bei dem dem Verkäufer die Bonität des eigentlichen Käufers gleichgültig ist, da er die Gegenleistung erhalten hat.

441 § 8 III AGB ricardo.de

442 AG Kerpen NJW 2001, 3274 (3274); Günther, ITRB 2002, 93 (93)

443 a. A. Günther, ITRB 2002, 93 (93) sowie AG Hannover, MMR 2002, 262 (262) (Entscheidung erging allerdings zu einer Auktion über ricardo.de)

(c) Bestimmtheit

Fraglich ist, ob der Preis für die angebotene Ware zum Zeitpunkt des Einstellens auf die Auktionsplattform bereits hinreichend konkretisiert ist, um das Einstellen als bindendes Angebot zu werten.

Für die Auktion wird ein bestimmter Zeitraum festgesetzt, an dessen Ende der Höchstbietende durch Zeitablauf feststeht. Hierdurch sind Vertragspartner und Preis zumindest bestimmbar[444]. Ein Rückgriff auf § 315 BGB[445] ist daher nicht erforderlich, da die Vorschrift nur eine Rolle spielt, wenn die Preisbestimmung einem der Vertragsschließenden überlassen werden soll. Dies ist hier aber gerade nicht der Fall, weil der Preis schon durch die Festsetzung des Auktionszeitraums und der Höhe der Mindestbietschritte bestimmt wird[446].

Der Kunde hat es zudem in der Hand, einen Startpreis festzusetzen, um zu verhindern, dass der erzielte Preis ganz unter seinen Vorstellungen liegt. Unterlässt er dies, so ist davon auszugehen, dass er dies willentlich tut etwa um seiner Auktion zu einer höheren Attraktivität zu verhelfen.

Bei manchen Auktionshäusern kann der Anbieter das Risiko zusätzlich durch Festsetzung eines Mindestpreises mindern, um sicherstellen, dass er keinen zu großen Verlust macht, wenn die Auktion nicht seinen Wünschen gemäß verläuft, da ein Kaufvertrag dann nur zustande kommen soll, wenn ein Gebot abgegeben wird, welches diesen Mindestpreis erreicht oder übersteigt[447].

Teilweise wird angenommen, dass es sich bei Voraussetzungen „Verkauf an den Höchstbietenden", „Ablauf des Bietzeitraums" und „Mindestpreis" um Bedingungen handele[448]. Dem kann nicht beigepflichtet werden. Durch diese Angaben wird lediglich der Preis für die angebotene Ware bestimmt. Sie legen also den Inhalt des Angebotes fest und bedingen es nicht.

---

[444] OLG Hamm NJW 2001, 1142 (1143); Ulrici, NJW 2001, 1112 (1113); BGH NJW 2002, 363 (364); Leible/Sosnitza, K&R 2002, 89 (89); Lettl, JuS 2002, 219 (222)

[445] Ernst, CR 2000, 304 (309); Lettl, JuS 2002, 219 (222)

[446] Wiebe, MMR 2000, 284 (284); ders. in Spindler/Wiebe, Internet-Auktionen, Kap. D Rn. 36; OLG Hamm NJW 2001, 1142 (1143); Klewitz/Mayer, K&R 2000, 200 (201)

[447] § 9 III AGB ricardo.de

[448] Wiebe in Spindler/Wiebe, Internet-Auktionen, Kap. D Rn. 35

(d) § 307 BGB

Möglicherweise könnte die Klausel, nach der es sich beim Einstellen der Ware auf die Website des Auktionshauses um ein bindendes Angebot handeln soll[449], gemäß § 307 BGB unwirksam sein. Dann müsste sie den anbietenden Unternehmer entgegen den Geboten von Treu und Glauben unangemessen benachteiligen.

Die Regelung in den AGB der Auktionshäuser könnte gemäß dem Beispiel in § 307 II Nr. 1 BGB mit den wesentlichen Grundgedanken der gesetzlichen Regelung, von der abgewichen wird, nicht vereinbar sein. Nach der gesetzlichen Regelung hat der Anbieter die Entscheidung darüber, an wen, wann und zu welchem Preis er seine Ware verkauft. Die Regelung in den AGB schreibt dem Anbieter aber vor, seine Ware an einen Kunden, den er nicht auswählen konnte, zu einem weitgehend zufällig bestimmten Preis zu verkaufen.

Andererseits wusste der Anbieter aber, worauf er sich bei der Teilnahme an einer Auktion einließ. Es ist daher fraglich, ob ihm trotzdem das Recht eingeräumt werden muss, dem Kunden mit dem Höchstgebot den Vertragsschluss zu verweigern; insbesondere dann, wenn sich das Höchstgebot nicht mit seinen Vorstellungen von dem für seine Ware zu erzielenden Preis deckt. Hiergegen spricht aber, dass damit der Reiz des Geschäftsmodells „Internetauktionen" verloren ginge – schließlich lockt gerade die Chance auf ein Schnäppchen die Bieter an. Könnte der Anbieter bei einem zu niedrigen Preis das Angebot zurückziehen, so würde das Geschäftsmodell „Internetauktion" nicht mehr funktionieren.

Zudem hat der Anbieter ja die Möglichkeit, einen Startpreis und gegebenenfalls einen Mindestpreis festzusetzen, um einen für ihn zu niedrigen Preis zu verhindern. Dies federt das Risiko für den Anbieter ab und macht die Internetauktionen für das Publikum interessanter, weil so auch hochwertige Waren trotz niedriger Bietschritte in vergleichsweise kurzen Auktionszeiträumen angeboten werden können[450]. Gerade die Aspekte der Internetauktion, die für den Anbieter problematisch sein können, sorgen für ein interessiertes Publikum sowie für gute Gewinnaussichten für den Anbieter[451]. Es handelt sich also um zwei Seiten einer Medaille. Die Risiken für den Anbieter sind gerade seine Chancen[452]. Darüber hinaus ist bei einem Unternehmer davon auszugehen, dass er, wenn er sich auf ein für ihn neues Geschäftsmodell einlässt, sich vorher über die Risiken in-

449 § 9 Ziff. 1 AGB eBay.de
450 Hartung/Hartmann, MMR 2001, 278 (283)
451 Wiebe, MMR 2000, 284 (285 f.)
452 OLG Hamm NJW 2001, 1142 (1144)

formiert. Daher ist die betreffende AGB-Bestimmung nicht unangemessen im Sinne von § 307 II Nr. 1 BGB.

Die genannte Bestimmung könnte aber wesentliche Rechte oder Pflichten, die sich aus der Natur des Vertrages ergeben, im Sinne von § 307 II Nr. 2 BGB so einschränken, dass die Erreichung des Vertragszwecks gefährdet ist.

Zweck des Vertrages zwischen Anbieter und Internetauktionshaus ist die Durchführung einer Internetauktion. Der Anbieter soll von den Vorzügen einer Internetauktion profitieren, das Auktionshaus will, dass die Internetauktion nach seinen Regeln durchgeführt wird. Diese Regeln wiederum machen den eigentlichen Charakter der Internetauktion aus, von der der Anbieter profitieren will. Immer ist hierbei zu berücksichtigen, dass der Anbieter zumindest in groben Zügen weiß, worauf er sich einlässt, wenn er seine Ware per Internetauktion absetzen will. Selbst, wenn er die genauen Regeln nicht kennt, weiß er doch, dass er seine Ware auf der Auktionsplattform präsentiert, damit innerhalb eines festgesetzten Zeitraums ein Preis für sie bestimmt wird, und dass gerade diese Umstände potentielle Kunden anziehen und dazu veranlassen, ein Gebot für die Ware abzugeben. Daher ist auch das Beispiel des § 307 II Nr. 2 BGB nicht einschlägig.

Ein überzeugender Grund, warum die Regelung – der Anbieter gibt mit dem Einstellen der Ware ein verbindliches Angebot ab – diesen unangemessen im Sinne des § 307 I AGBG benachteiligen soll, ist nicht ersichtlich. Die Möglichkeit der Bestimmung eines Startpreises (und gegebenenfalls eines Mindestpreises sowie der Höhe der Bietschritte) überlässt es dem Anbieter zu entscheiden, wie hoch das Risiko für ihn bei der Auktion sein soll[453]. Er hat also nicht nur die Möglichkeit zu entscheiden, ob er überhaupt an einer Internetauktion teilnehmen will, sondern auch, welches Risiko er dabei eingehen will.

(e) Antizipierte Annahme

Das Auktionshaus ricardo.de sieht in seinen AGB vor, dass der Anbieter der Ware mit der Einrichtung der Auktion die Annahme des höchsten, den festgelegten Mindestpreis erreichenden oder überschreitenden Kaufangebots eines Bieters erkläre[454]. Nach dieser Konstruktion wäre die Einrichtung der Auktion eine invitatio ad offerendum mit der Besonderheit, dass der Anbieter gegenüber dem Nutzer, der das Höchstgebot abgibt, zur Annahme verpflichtet wäre[455].

---

453 Wiebe, MMR 2000, 284 (285 f.); Ernst, CR 2000, 304 (309)

454 § 6 VI 1 AGB ricardo.de

455 für diese Auslegung: Leible/Sosnitza, K&R 2002, 89 (90); s. a. AG Hannover, MMR 2002, 262 (262)

Das Gebot des Nutzers wäre dann ein Angebot, das sich aber inhaltlich nach den vom Anbieter in seiner Warenpräsentation gemachten Angaben richtet. Bei normativer Auslegung wird jedoch deutlich, dass das Angebot eigentlich vom Anbieter ausgeht[456]. Dies entspricht auch der verwirrend erscheinenden Konstruktion in den oben genannten AGB und ist vom Verwender offensichtlich auch so gewollt.

Es handelt sich hierbei um einen Fall des Grundsatzes „falsa demonstratio non nocet“: Das sich durch Auslegung ergebende eigentlich Gewollte ist lediglich falsch bezeichnet. Statt einer Verpflichtung zur Annahme liegt hier ein bindendes Angebot vor, welches durch ein dem Startpreis und gegebenenfalls dem Mindestpreis entsprechendes Höchstgebot angenommen werden kann[457]. Die betreffenden AGB unterstellen offensichtlich, dass jedwede Internetpräsentation eine invitatio ad offerendum sei. Dies ist aber, wie ausgeführt, nicht der Fall. Geht man von einem bindenden Angebot des Anbieters aus, so entfällt auch die Notwendigkeit, einen Verzicht des Kunden auf den Zugang der Annahmeerklärung gemäß § 151 S. 1 BGB[458] zu konstruieren.

(f) Verzicht auf Angabe eines Start-/Mindestpreises

Verzichtet der Anbieter beim Einstellen der Ware auf die Angabe eines Start- oder Mindestpreises, so wird argumentiert, dass in einem solchen Fall seine Erklärung nicht bindend sei. Nach Treu und Glauben müssten bei der Auslegung der Erklärung die Belange beider Parteien berücksichtigt werden. Es dürfe nicht angenommen werden, dass der Anbieter bei Abschluss eines Vertrages Vermögenseinbußen in Kauf nehmen wolle[459]. Auch eine entsprechende Verkehrssitte sei nicht ersichtlich, da noch keine allgemeine entsprechende Übung bestehe, auch wenn bereits eine Vielzahl von Geschäften nach diesem Schema abgewickelt worden sei[460].

Diese Argumentation übersieht, dass es den privatautonomen Rechtssubjekten durchaus erlaubt ist, auch wirtschaftlich ungünstige Verträge zu schließen[461].

---

456 Günther, ITRB 2002, 93 (93)

457 OLG Hamm NJW 2001, 1142 (1143); Hartung/Hartmann, MMR 2001, 278 (281); anders Günther, ITRB 2002, 93 (93): bei Preisangabe unter Vorbehalt, Mindestpreis oder Preisangabe als Verhandlungsbasis andere Auslegung möglich

458 § 6 VI 2 AGB ricardo.de

459 LG Münster, MMR 2000, 280 (283); AG Neumarkt i. d. OPf., ITRB 2001, 8 (8)

460 LG Münster, MMR 2000, 280 (284)

461 Wiebe, MMR 2000, 284 (284); Ernst, CR 2000, 304 (309); OLG Hamm, NJW 2001, 1142 (1144); siehe auch LG Wiesbaden, K&R 2000, 152 (152): Internetnutzer kennen die Abläufe von Internetauktionen und deren Risiken.

Aufgabe der Auslegung ist es gemäß §§ 133, 157 BGB den Willen des Erklärenden herauszufinden, soweit dieser erkennbar geworden ist. Nicht jedoch ist es Aufgabe der Auslegung, den festgestellten Willen zu korrigieren[462]. Zudem würde dies zu einer grundlosen Besserstellung desjenigen Anbieters führen, der keinen Startpreis angibt, gegenüber einem Anbieter, der einen Startpreis angibt, der deutlich geringer ist als der Wert der Ware[463].

Darüber hinaus ist auch keine Wertgrenze ersichtlich, ab der die Erklärung des Anbieters ohne Angabe eines Startpreises bindend sein soll[464]. Auch in den AGB findet sich hierzu nichts. Der geheim gehaltene Wille, die Ware erst ab Erreichen des Einkaufspreises verkaufen zu wollen, ist nach § 116 BGB unbeachtlich[465]. Der Anbieter hat also, indem er bewusst keinen Startpreis festgelegt hat, die Bereitschaft erklärt, auch zu einem sehr geringen Preis zu verkaufen[466].

Weiterhin wird gegen eine Bindung des Anbieters eingewandt, die Veranstaltung hätte in einem solchen Fall den Charakter eines rechtlich unverbindlichen Spieles im Sinne des § 762 BGB, weil aufgrund der Begrenzung der Bietschritte und des Zeitlimits ein Ausbieten bis zum Höchstgebot nicht möglich sei[467]. Zum einen wird der Preis aber nicht ausschließlich vom Zufall, sondern auch von den an der Auktion Beteiligten bestimmt[468], und zum anderen sind eventuelle Unwägbarkeiten ja gerade die Faktoren, die die Nutzung des Geschäftsmodells „Online-Auktion“ interessant machen[469]. In einer solchen Online-Auktion wird von den Parteien ein ernsthafter wirtschaftlicher Geschäftszweck verfolgt, der auf den Austausch gegenseitiger Leistungen mit einer Preisbildung durch zeitlich beschränkte Bieterkonkurrenz gerichtet ist. Dieser Zweck schließt die Annahme eines Spiels aus[470].

(g) Schlüsse

Aus den vorstehenden Ausführungen ergibt sich, dass das Einstellen von Ware auf die Plattform eines Internet-Auktionshauses als unbedingtes bindendes Angebot zu werten ist.

---

462 Wiebe, MMR 2000, 284 (284); Leible/Sosnitza, K&R 2002, 89 (91)
463 Ernst, CR 2000, 304 (309)
464 Ernst, CR 2000, 304 (309)
465 OLG Hamm NJW 2001, 1142 (1144); Hartung/Hartmann, MMR 2001, 278 (284)
466 Klewitz/Mayer, K&R 2000, 200 (201); OLG Hamm NJW 2001, 1142 (1144); Ulrici, NJW 2001, 1112 (1113); Hartung/Hartmann, MMR 2001, 278 (284)
467 LG Münster, MMR 2000, 280 (283)
468 Wiebe, MMR 2000, 284 (285)
469 Wilmer, NJW-CoR 2000, 172 (173)
470 BGH NJW 2002, 363 (365)

(2) Eigene Versteigerung des Auktionshauses

Bietet das Auktionshaus selbst Waren zur Ersteigerung an, so gilt das gleiche wie zuvor dargestellt. Allerdings kann das Auktionshaus schon im Vorfeld der Versteigerung bei der Zulassung der Kunden zur Nutzung der Auktionsplattform eine Bonitätsprüfung vornehmen bzw. die Zulassung bei schlechten Erfahrungen mit diesem Kunden widerrufen, so dass es davon ausgehen kann, die geforderte Gegenleistung auch zu erhalten. Zudem ist seine Erklärung auch im Lichte der eigenen Nutzungsbedingungen zu werten, nach denen sich das Unternehmen zum Verkauf an den Höchstbietenden verpflichtet. Zwar gilt der Grundsatz falsa demonstratio non nocet, aber deutlich wird durch die AGB, dass das Unternehmen sich durch das Anbieten der Ware gebunden sehen will. Dies ist jedoch nur der Fall, wenn es sich auch rechtlich um ein verbindliches Angebot handelt.

(3) Versteigerung eines Verbrauchers

Fraglich ist, ob die vorangegangenen Ausführungen auch für einen Verbraucher gelten, der einen Gegenstand versteigern will, oder ob für einen solchen Fall strengere Maßstäbe anzusetzen sind.

Die Lieferfähigkeit der Ware, die versteigert werden soll, liegt im Beurteilungsvermögen des anbietenden Verbrauchers und ist daher gegeben. Auch ist er, der anbietende Verbraucher, in der Lage, eine möglichst sichere Zahlungsweise in seinem Angebot zu fordern.

Problematisch könnte aber die Geltung der Nutzungsbedingungen im Verhältnis des Auktionshauses zu dem anbietenden Verbraucher sein. Diese Nutzungsbedingungen werden bei Erfüllung der Voraussetzungen von § 305 BGB bei der Zulassung des Kunden in den Vertrag zwischen Kunden und Auktionshaus einbezogen.

Es ist überdenkenswert, ob es sich bei dem Hinweis in den AGB, dass die Einstellung der Ware ein verbindliches Angebot zum Verkauf sei, um eine fingierte Erklärung im Sinne von § 308 Nr. 5 BGB handelt. Hier geht es nämlich nicht nur um eine Verpflichtung des Anbieters, sondern möglicherweise handelt es sich um eine Umdeutung eines eigentlich als invitatio ad offerendum zu bewertenden Verhaltens in ein bindendes Angebot ad incertas personas[471].

---

471 Wiebe in: Spindler/Wiebe, Internet-Auktionen, Kap. D Rn. 52; a. A. Hartung/Hartmann, MMR 2001, 278 (283)

Eine Ungültigkeit dieser Klausel hätte aber gemäß § 306 I BGB nur zur Folge, dass dieser Passus nicht Bestandteil des Vertrages zwischen Auktionshaus und Anbieter geworden ist. Gemäß § 306 II BGB richtet sich der Inhalt dieses Vertrages dann nach den gesetzlichen Vorschriften.

Man könnte die Regelung in den AGB zwischen Kunde und Auktionshaus aber auch als eine Regelung zu Gunsten Dritter ansehen, wonach das Verhalten des Anbieters eine Bindung gegenüber dem Kunden bedeutet[472]. Gilt diese Regelung nicht, so ist gemäß § 306 II BGB das Verhalten des Anbieters nach den üblichen Grundsätzen der normativen Auslegung zu bewerten.

Da der Anbieter seine Ware auch an einen ihm bekannten Kunden hätte verkaufen können, hat er die bei einer Internetauktion entstehende Unsicherheit hinsichtlich der Person des Kunden in Kauf genommen. Hierbei ist es irrelevant, ob der Anbieter auf anderem Wege keinen Abnehmer gefunden hat oder ob er mit einer Internetauktion einen höheren Preis zu erzielen hoffte. Die von ihm ausschließlich gewollte Zahlungsweise kann der Anbieter selbst bei der Präsentation der Ware angeben. Des Weiteren kann er einen Start- und gegebenenfalls einen Mindestpreis für die Ware festlegen. Insofern hat es der Anbieter also in der Hand, die mögliche Transaktion nach seinen Wünschen zu gestalten.

Findet sich kein Bieter, so ist der Anbieter auch nicht gebunden. Selbst wenn das Einstellen der Ware auf der Auktionsplattform ein bindendes Angebot gewesen ist, so erlischt dieses mit dem Ablauf des für die Auktion festgelegten Zeitraums. Gibt es nur einen Bieter, so entspricht dieses Gebot entweder dem vom Anbieter vorgegebenen Startpreis oder dem vom Auktionshaus vorgegebenen Betrag für einen Bietschritt. In beiden Fällen muss der Anbieter mit der Höhe der Gegenleistung für seine Ware zufrieden sein: Bei der Angabe eines Mindest- oder zumindest eines Startpreises hat er sein Risiko abgefedert, beim Unterlassen einer solchen Angabe hat er das Risiko in Kauf genommen.

Der Anbieter hatte also genug Möglichkeiten, den Erhalt einer ihn zufrieden stellenden Gegenleistung sicherzustellen, nämlich durch die Festlegung des Auktionszeitraums und der Art der Zahlung und durch die Angabe eines Start- und eines Mindestpreises. Es gibt also keinen Grund dafür, nicht von einem bindenden Angebot des Anbieters auszugehen. Schließlich macht ja gerade die Möglichkeit, eine Ware zu einem besonders günstigen Preis zu erlangen, eine Internetauktion für die Nutzer attraktiv. Das für den Anbieter erhöhte Risiko eröffnet ihm auch die Möglichkeit auf einen höheren Gewinn.

---

472 Wiebe in: Spindler/Wiebe, Internet-Auktionen, Kap. D Rn. 45; Ernst, CR 2000, 304 (309)

Zudem kann auch bei einem Verbraucher erwartet werden, dass er sich vorher über die Grundzüge des Ablaufs einer Internetauktion informiert, bevor er selbst eine Ware auf diese Plattform bringt. Es ist davon auszugehen, dass er sich die Vorzüge der Internetauktion zu Nutzen machen will und folglich auch bereit ist, die entsprechenden Risiken in Kauf zu nehmen. Daher ist nach normativer Auslegung sein Verhalten als bindendes Angebot anzusehen, gegebenenfalls bedingt durch das Erreichen des Mindestpreises. Eine Unwirksamkeit der Regelung in den AGB würde an der Bewertung des Anbieterverhaltens als Angebot also nichts ändern.

bb) Abwärtsversteigerungen

Der Unterschied zu den klassischen Online-Auktionen besteht bei Abwärtsversteigerungen darin, dass der Preis der Ware im Laufe des Auktionszeitraums sinkt und derjenige die Ware erhält, der als erster zugreift. Abwärtsversteigerungen werden vor allem für den Absatz von Ware genutzt, die zu einem bestimmten Zeitpunkt wertlos ist, wie beispielsweise eine Flugreise zu einem bestimmten Termin. Je näher dieser Termin rückt, desto niedriger wird der geforderte Preis. Da der Anbieter die Ware tatsächlich leisten kann und schnell absetzen will, ist in der Regel von einem Angebot seinerseits auszugehen[473], gegebenenfalls bedingt durch den positiven Ausgang der Prüfung der Bonität des Kunden. Zu berücksichtigen sind jedoch auch hier die AGB des jeweiligen Auktionshauses. Wird dem Anbieter die Prüfung der Kundendaten nach Auktionsende vorbehalten, so ist von einer invitatio ad offerendum auszugehen[474].

cc) Co-Shopping

Beim so genannten Community-Shopping, üblich kurz Co-Shopping genannt, gibt der Anbieter Rabatte, je nach dem, wie viele Käufer sich für die betreffende Ware finden. Der Kunde, der sich für die Ware interessiert, gibt an, zu welchem Preis er die Ware zu kaufen bereit ist, wie viele weitere Kunden sich also noch finden müssen, und wartet dann das Ende des Auktionszeitraums ab. Bei Co-Shopping-Präsentationen ist davon auszugehen, dass der Anbieter Ware in einer Stückzahl vorrätig hat, die den höchstmöglichen Rabatt möglich macht, und er mindestens an so viele Kunden auch liefern kann. Die Bonitätsprüfung erfolgt gegebenenfalls über den Anbieter der Co-Shopping-Plattform, ansonsten ist von einem Verzicht auszugehen. Die Bestimmtheit des Preises ergibt sich aus den Angaben, wie viel Rabatt bei welcher Anzahl von Kunden gegeben wird.

---

473 Wiebe in: Spindler/Wiebe, Internet-Auktionen, Kap. D Rn. 77
474 Wiebe in: Spindler/Wiebe, Internet-Auktionen, Kap. D Rn. 77

Daher ist auch bei Co-Shopping von einem – gegebenenfalls bedingten – Angebot auszugehen, welches von einem Kunden angenommen wird, sofern es zu den von diesem Kunden gemachten Vorgaben passt. Auch bei dieser Anbieterform sind die AGB des jeweiligen Co-Shopping-Unternehmens zu berücksichtigen.

d) B2B-Marktplätze

Während Internet-Auktionshäuser in erster Linie Marktplätze für den C2C- oder B2C-Bereich sind, sind die B2B-Marktplätze branchenspezifisch und am Bedarf des Handelsverkehrs orientiert[475].

Sie bieten beteiligten Unternehmen die Möglichkeit, Ausschreibungen[476] ins Netz zu stellen. Diese Ausschreibungen können auch mit einer Auktion verbunden werden. Des Weiteren dienen elektronische Marktplätze als Informationsplattform. So kann ein Anbieter dort zum Beispiel auch Verträge und Lieferbedingungen zum Download bereitstellen. Zudem werden auch privatisierte Bereiche auf den Marktplätzen angeboten, die ausschließlich einem Unternehmen und seinen Zulieferern zugänglich sind. Denkbar ist der Aufbau einer Supply-chain bei intensiven Geschäftsverbindungen. Für die Geschäftspartner wird dann über entsprechende Schnittstellen ihrer Anwendungssoftware eine gegenseitige Verfügbarkeitsprüfung aufgebaut. Diese Formen ähneln dann aber der Vernetzung über EDI oder sind sogar WebEDI[477], so dass hier Rahmenvereinbarungen zugrunde liegen.

An dieser Stelle sollen vier klassische Formen der (erstmaligen) Vertragsanbahnung über elektronische Marktplätze untersucht werden, und zwar:

- die Ausschreibung,
- die Ausschreibung mit Auktion (Käuferauktion),
- die Verkäuferauktion sowie
- das Bereitstellen von Katalogen.

---

475 Beispiele für B2B-Marktplätze sind http://www.vwgroupsupply.com und http://www.covisint.com.

476 Beispiel: Ein Ölkonzern sucht eine Bohrfirma. Der Ölkonzern schreibt seinen Bedarf auf der Beschaffungsplattform aus. Die Bohrfirmen stellen dann ihre Angebote auf die Plattform ein. Der Ölkonzern wählt das für ihn günstigste Angebot aus und schließt mit der betreffenden Bohrfirma einen Vertrag.

477 hierzu D I 3

aa) Ausschreibung[478]

In seiner Ausschreibung gibt das Unternehmen die Bedingungen an, unter denen es einen Vertrag mit einem Zulieferer schließen will. Dies umfasst zum einen die Art der Ware, die geliefert werden soll. Des Weiteren können noch weitere Vorgaben gemacht werden hinsichtlich Preis und Art der Vertragsabwicklung (Abruf der Ware, Vernetzung mittels EDI). Der weitere Verlauf richtet sich nach der Art der Plattform. Bietet sie nur die Möglichkeit, dass sich potentielle Zulieferer mittels Login und Passwort über die Ausschreibungen größerer Unternehmen informieren können, um dann mit ihnen per E-Mail, Fax oder Brief in Verbindung zu treten, so dient der Marktplatz dem Unternehmen zur Einholung von Angeboten. Da es deutlich ist, dass das Unternehmen erst noch eine Auswahl unter den eingehenden Angeboten treffen will, handelt es sich bei dieser Art von Ausschreibung um eine invitatio ad offerendum[479].

Hingegen liegt ein Angebot vor, wenn aus der Ausschreibung des Unternehmens hervorgeht, dass es das günstigste Angebot, das bis zu einem bestimmten Termin eingeht, in jedem Fall annehmen wird. Voraussetzung hierfür ist ein entsprechender Hinweis, da davon auszugehen ist, dass das Unternehmen auch auf anderem Wege Angebote einholt oder – zumindest – entgegenzunehmen bereit ist, insbesondere dann, wenn es sich um günstige handelt. Zudem haben bei Konzernen meist noch Konzernunternehmen einen internen Anspruch darauf, den Auftrag zu übernehmen (Recht des last call).

Manche Marktplätze bieten auch Agenten für Preisvergleiche an. Wie bei Shopping-Bots[480] dienen diese Agenten lediglich der Recherche nach passenden Angeboten, haben aber auf die Frage, ob ein Angebot oder nur eine invitatio ad offerendum vorliegt, keinen Einfluss.

bb) Ausschreibung mit Auktion (Käuferauktion)

Eine Ausschreibung eines Unternehmens kann auch im Rahmen einer umgekehrten Auktion erfolgen. Hierbei wird ein Termin festgesetzt, zu dem für einen bestimmten Zeitraum (z. B. zwei Stunden) die interessierten Zulieferer Gebote abgeben und sich gegenseitig unterbieten können.

---

478 Ausschreibungen auf Marktplätzen erfolgen entweder geschlossen oder öffentlich. Von geschlossenen Ausschreibungen werden die in Frage kommenden Anbieter zuvor gesondert per E-Mail informiert.

479 Wiebe in: Spindler/Wiebe, Internet-Auktionen, Kap. D Rn. 75

480 dazu D I 1 e

Ob es sich um ein Angebot handelt, hängt von den Angaben ab, die das Unternehmen diesbezüglich im Zusammenhang mit seiner Ausschreibung macht. Bei Wirtschaftskonzernen besteht häufig die Möglichkeit, dass ein Konzernunternehmen einspringt, weil es konzernintern das Recht eines solchen „last call" hat. Da diese internen Regelungen Außenstehenden nicht immer bekannt sind, muss das betreffende Unternehmen in seiner Auktionsausschreibung deutlich machen, dass es selbst durch diese Ausschreibung nicht gebunden sein will[481].

Ein Angebot des ausschreibenden Unternehmens liegt nur dann vor, wenn deutlich wird, dass mit Fristablauf der Vertrag mit dem günstigsten Anbieter, dessen Angebot zum Ablauf der Ausschreibungsfrist vorliegt, geschlossen ist. Wendet sich die Ausschreibung an einen geschlossenen Nutzerkreis, so ist die vorstehende Variante wahrscheinlich, es sei denn, das Unternehmen schließt die Bindung aus. Ein bindendes Angebot ist insbesondere dann anzunehmen, wenn das Unternehmen mit den betreffenden Nutzern ohnehin schon vertragliche Beziehungen unterhält. In diesen Fällen ist nur noch zu klären, welches dieser Unternehmen bereit und in der Lage ist, den neuen Auftrag auszuführen, und den günstigsten Preis bietet.

Steht fest, dass es sich bei der Ausschreibung des Unternehmens lediglich um eine invitatio ad offerendum handelt, so ist zu prüfen, ob es sich bei den Geboten der Zulieferer um rechtlich bindende Angebote handelt. Dies ist – sofern der Zulieferer keine Einschränkung diesbezüglich macht – zu bejahen, weil aufgrund seiner Reaktion davon auszugehen ist, dass er an dem Auftrag interessiert ist und seine Leistungsfähigkeit vorher überprüft hat. Desgleichen konnte er sich vorher der Bonität seines Vertragspartners vergewissern und gegebenenfalls seine eigene Schwarze Liste überprüfen.

cc) Verkäuferauktion

Diese Art der Auktion dient meist dem Absatz von überzähliger oder veralteter Ware oder von ausrangierten Maschinen und Schrott. Teilweise werden Verkäuferauktionen auch als Abwärtsversteigerungen gestaltet[482], bei denen der Preis mit Zeitablauf sinkt.

---

481 Im Gegensatz zu Auktionen, die sich an Verbraucher wenden, schmälert eine solche Regelung nicht den Reiz der Auktion, weil dieser Weg häufig für die potentiellen Zulieferer die einzige Möglichkeit ist, einen Auftrag bei einem Großunternehmen zu bekommen.

482 Abwärtsversteigerungen bieten sich insbesondere für Güter an, die ab einem bestimmten Termin ihren Wert völlig verlieren, z. B. Lagerraum auf einem Schiff, der mit der Abfahrt des Schiffes wertlos ist.

Generell interessiert den Anbieter bei dem Absatz von Restposten, einen möglichst guten Preis zu erzielen. Ist bei einer solchen Verkäuferauktion also ersichtlich, dass es dem Anbieter nur um den Preis geht, so ist seine Auktion als bindendes Angebot zu werten, welches der Höchstbietende durch sein Gebot annimmt. Für Abwärtsversteigerungen gilt diese Auslegung immer, da hier Preis und Schnelligkeit im Vordergrund stehen und keine Zeit für Vertragsverhandlungen bleibt.

Besteht die Möglichkeit, dass sich der Bieter neben dem Preis noch durch bestimmte Zusatzleistungen hervortun kann, wie zum Beispiel durch Abholung und ein bestimmtes Entsorgungskonzept, so ist davon auszugehen, dass der Anbieter diese Angebote erst sichten und nach einer Überlegungsfrist einen der Bieter auswählen will. In einem solchen Fall ist die Auktion als invitatio ad offerendum zu werten.

Die Gebote der potentiellen Abnehmer sind hingegen in jedem Fall bindend, da die gewählte Form der Auktion mit Bietfrist sinnlos wäre, wenn die Entscheidung über den Vertragsschluss nicht bei dem Verkäufer läge. Schließlich will dieser mit Ablauf der Bietfrist eine Entscheidung treffen können.

dd) Kataloge

Virtuelle Marktplätze bieten ihren Nutzern häufig die Möglichkeit, ihre Kataloge über die Marktplatzplattform den anderen Marktplatznutzern zugänglich zu machen. Die Einbindung der Kataloge ähnelt dann WebEDI[483]: Die Kataloge sind durch die Anbindung an das IT-System des Anbieters aktuell und Bestellungen der Kunden werden direkt in das System des Anbieters weitergeleitet und dort automatisiert bearbeitet. Aufgrund dieser Automatisierung ist davon auszugehen, dass es sich bei den Katalogen – die Lieferfähigkeit ist durch die Systemanbindung ja sichergestellt – um bindende Angebote handelt. Ist eine Bonitätsprüfung und eine sonstige Überprüfung des Kunden möglich, so liegt ein Angebot unter der Bedingung vor, dass die entsprechenden Überprüfungen zufriedenstellend verlaufen.

e) Shopping-Bots

Shopping-Bots (oder Shopping-Agents) sind Softwareprogramme, die anhand von Beschreibung der gewünschten Ware und gegebenenfalls des gewünschten

---

[483] D I 3

Preises im Internet nach Anbietern suchen. Es handelt sich also um eine spezielle Art von Suchmaschinen.

Der Vertragsschluss mit dem gewünschten Anbieter erfolgt ohne Beteiligung des Bots. Der Bot erstellt für den Kunden nur eine Liste von Unternehmen, die die gewünschte Ware anbieten. Der Kunde gelangt über einen Link in diesem Verzeichnis in den Katalog auf der Website des betreffenden Anbieters und schließt auf diesem Wege einen Vertrag mit dem Anbieter. Die genauen Modalitäten des Vertragsschlusses richten sich nach den Umständen des Einzelfalls, also danach, ob es sich bei den Angaben im Katalog des Anbieters auf der Website um ein bindendes Angebot handelt oder nur um eine invitatio ad offerendum.

f) WAP

WAP (wireless application protocol) wird im Volkmund ironisch als „Internet für Arme" bezeichnet. Dies liegt nicht daran, dass dieser Dienst besonders preisgünstig ist (im Gegenteil, bei Preisen von 0,19 €/Minute ist er wesentlich teurer als die normalen Internetservices für etwa 0,0089 € - 0,0129 €/Minute). Vielmehr wird zum einen darauf angespielt, dass für den Empfang von WAP-Diensten nicht die Anschaffung eines internetfähigen Computers erforderlich ist, sondern nur ein Mobiltelefon[484]. Zum anderen gibt es im Vergleich zum Internet nur sehr wenige WAP-Angebote. Des weiteren haben WAP-Dienste kaum Ähnlichkeit mit den Präsentationen im Internet, sondern erinnern vielmehr an Btx-Angebote, schon weil das Layout auf Texte beschränkt ist – nur dass das Display hier sehr viel kleiner ist und daher noch geringere Gestaltungsmöglichkeiten als Btx bietet.

Angesichts des geringen Raumes für die Informationsvermittlung verzichten einige Anbieter darauf, Neukunden die Möglichkeit eines Vertragsabschlusses zu bieten, sondern beschränken sich auf das Versenden einer Erinnerungsmail mit Link zu der entsprechenden Katalogseite auf der Website des Anbieters. Für die Frage, ob die WAP-Präsentation ein Angebot darstellt, spielen die eingeschränkten Gestaltungsmöglichkeiten der WAP-Dienste jedoch kaum eine Rolle – allenfalls sind die Hinweismöglichkeiten hinsichtlich des Layouts eingeschränkt, aber niemals völlig ausgeschlossen. Es ist zudem zu berücksichtigen, dass trotz des antik wirkenden Designs hinter den WAP-Seiten die gleiche moderne Systemvernetzung steht wie hinter Webseiten. WAP-Kataloge sind daher

---

484 Allerdings gibt es im WWW WAP-Simulatoren, mit denen man WAP-Dienste nutzen kann. Diese Simulatoren haben aber anscheinend nur den Sinn, potentiellen Erwerbern eines WAP-fähigen Mobiltelefons bei der Entscheidungsfindung behilflich zu sein.

genauso aktuell wie Kataloge auf Websites. Das gleiche gilt für die Bonitätsprüfung.

Daher sind auch WAP-Präsentationen grundsätzlich als bindende Angebote – bedingt allenfalls durch eine erfolgreich verlaufende Bonitätsprüfung des Kunden – anzusehen. Auch hier muss der Anbieter eine Bindung also durch entsprechende Hinweise ausschließen.

2. E-Mail

Ob E-Mails einen Antrag beinhalten, richtet sich – wie bei Briefen – nach ihrem Inhalt. Ist eine Website so aufgebaut, dass der Kunde ein E-Mail-Formular ausfüllen und absenden muss, um eine Bestellung abzugeben, so richtet sich die Qualität dieser E-Mail-Erklärung danach, ob die Website ein Angebot oder lediglich eine invitatio ad offerendum beinhaltete. Reagiert ein Kunde auf die Präsentation eines Anbieters im Internet, bei der der Anbieter lediglich seine E-Mail-Adresse, aber keine Vorgaben für ein Bestellformular bereitstellte, so handelt es sich um eine Form der Kontaktaufnahme, bei der die Besonderheiten des Internets nur in der Schnelligkeit der Übermittlung zum Tragen kommen. Die rechtliche Bewertung dieses Verhaltens richtet sich dann nach den Angaben auf der Website und dem Inhalt der E-Mail.

Wie oben dargelegt[485] ist bei der Prüfung der Willenserklärungsqualität einer Websitepräsentation der Grad der Automatisierung zu berücksichtigen. Beschränken sich die Funktionen der Website nur auf Text und Bilder ohne irgendwelche Bestellmöglichkeiten, so handelt es sich allenfalls um eine invitatio ad offerendum. Je nachdem, ob auf der Website Angaben zum Preis der vom Anbieter vertriebenen Waren gemacht werden und inwieweit die Mail des Kunden darauf Bezug nimmt, darf die E-Mail als Angebot oder als unverbindliche Anfrage angesehen werden.

3. EDI

Bei Electronic Data Interchange (EDI), dem Oberbegriff für die Vernetzung von eigenständigen Unternehmen, handelt es sich um eine Form des elektronischen Datenaustausches. Neben der reinen Datenfernübertragung ist Hauptziel des EDI die automatische Weiterverarbeitung der Informationen im Empfängersystem ohne manuelle Eingriffe der Anwender[486]. Hierbei werden Daten in stan-

485 D I 1 a dd (1)
486 Dörflein/Hennig in: Thome/Schinzer, Electronic commerce, S. 181

dardisierten Nachrichtenformaten zwischen rechtlich eigenständigen Unternehmen so übermittelt, dass sie innerhalb der Unternehmen medienbruchlos in deren Informationstechnologien weiterverarbeitet werden können[487]. Durch EDI kann die interne optimierte IT-Ausgestaltung eines Unternehmens also auch für den Kontakt zu außenstehenden Unternehmen beibehalten werden und letztere können – vorausgesetzt, sie sind intern entsprechend vernetzt – diese ebenfalls nutzen.

Die einzelnen Gestaltungsformen sind vielfältiger Art. EDI im klassischen Sinne erfolgt über Telefonstandleitungen zwischen rechtlich eigenständigen Unternehmen. Inzwischen wird EDI auch über das Internet vorgenommen, wobei das Internet als kostengünstiges Transportmedium genutzt wird[488]. Es besteht zudem die Möglichkeit der Zwischenschaltung eines EDI-Providers, was Aufbau, Betrieb und Pflege eines eigenen EDI-Systems unnötig macht[489]. Außerdem existieren mittlerweile auch Formen wie WebEDI, durch das kleinere Unternehmen über die manuelle Eingabe in einen Browser Geschäftspartnern Nachrichten via EDI übermitteln können.

Weltweit gängiger Standard hinsichtlich der Nachrichtenformate und deren Semantik soll UN/EDIFACT (EDI for Administration, Commerce and Transport) werden[490]. Obwohl an einheitlichen Standards gearbeitet wird, steht fest, dass die Verwendung von EDI stets eine Absprache zwischen den beteiligten Unternehmen erforderlich macht, weil hier zwei Systeme miteinander verbunden werden. Dies bedeutet, dass Unternehmen über EDI nicht in einen erstmaligen Geschäftskontakt treten können – die elektronische Aufnahme neuer Geschäftsbeziehungen erfolgt über Marktplätze. Es ist also für die Benutzung von EDI immer ein Rahmenvertrag nötig, auch wenn dieser nicht immer ausdrücklich geschlossen und schriftlich niedergelegt wird[491].

---

487 „Medienbruchlos" meint, dass die eingetroffenen Daten nicht ausgedruckt und manuell neu eingegeben müssen, sondern in elektronischer Form weiterverarbeitet können. Je nach der Ausgestaltung des firmeninternen Netzwerkes kann dann beispielsweise das Absinken des Warenbestandes unter eine bestimmte Marke beim Produzenten das Absenden eines Lieferabrufes auslösen. Desgleichen löst ein eingetroffener Lieferabruf beim Zulieferer den Versand der Ware, das Absenden der Versandanzeige, die Erstellung und den Versand der Rechnung sowie die entsprechenden Änderungen im Verzeichnis des Warenbestandes und der Buchhaltung aus. Werden Konsignationsläger unterhalten (beim Kunden eingerichtete ausgelagerte Warenlager), so werden auch noch Materialentnahmen und -einlagerungen übermittelt. All diese Reaktionen laufen weitgehend automatisch ab.

488 Dörflein/Hennig in: Thome/Schinzer, Electronic commerce, S. 183

489 Dörflein/Hennig in: Thome/Schinzer, Electronic commerce, S. 182

490 Merz, Electronic Commerce, S. 316

491 Häufig besteht zwischen den Parteien schon vor der Nutzung von EDI ein Rahmenvertrag über Warenlieferungen, die auf Abruf erfolgen sollen. Diese Warenabrufe erfolgen zunächst

Bei der rechtlichen Bewertung von EDI-Nachrichten ist zunächst danach zu differenzieren, ob EDI nur für die Warenabrufe aufgrund eines bestehenden Rahmenvertrages über die Warenlieferungen verwendet wird oder ob über eine bestehende EDI-Verbindung auch neue Verträge geschlossen werden. Häufig werden beide Formen ineinander übergehen, beispielsweise dann, wenn im Rahmen eines bestehenden Warenlieferungsvertrages eine größere Warenmenge als ursprünglich vorgesehen abgerufen und geliefert wird.

aa) Warenabrufe aufgrund Rahmenvertrages

Erfolgen über EDI lediglich Warenabrufe aufgrund eines Rahmenvertrags, in dem geregelt wird, welche Waren in welcher Menge wie häufig in einem bestimmten Zeitraum abgerufen werden, so haben die daraufhin über EDI erfolgenden Warenabrufe nicht mehr den Charakter von Vertragschlussangeboten, da der entsprechende Vertrag bereits vorher geschlossen wurde. Dies bedeutet, dass es sich bei den Warenabrufen über EDI nur noch um Realakte handelt[492].

bb) Warenabrufe über Rahmenvertrag hinaus

Werden Waren abgerufen, obwohl das in dem Rahmenvertrag vorgesehene Kontingent schon ausgeschöpft ist, so stellt sich die Frage nach der rechtlichen Qualität dieser Abrufe. Zu berücksichtigen ist, dass solche Abrufe je nach dem Grad der Vernetzung der Parteien automatisiert erfolgen, wenn beispielsweise der Bestand des Produzenten hinsichtlich der Ware des Zulieferers ein bestimmtes Niveau unterschreitet. Hier stellt sich die Frage, ob es sich bei einem Warenabruf, der die im Rahmenvertrag vorgesehene Anzahl überschreitet, um das Angebot für eine Vertragsänderung oder um den Abschluss eines neuen Vertrages handelt.

Inhaltlich ist die Erklärung bestimmt hinsichtlich Empfänger, Ware und Preis. Eine invitatio ad offerendum kann in dieser Erklärung nicht gesehen werden, da ihr Inhalt nicht darauf hinaus läuft, neue Angebote des Zulieferers zu erfragen, sondern sie vielmehr eine Warenlieferung zum angegebenen Preis auslösen soll. Zudem kennt EDI nur bestimmte Nachrichtenformen. Ein Warenabruf soll ande-

---

per Brief, später über Fax oder E-Mail. Dann richten die Parteien eine EDI-Verbindung hierfür ein. Ein neuer Vertrag wird hierüber aber nicht abgeschlossen. Es gilt weiterhin der alte Rahmenvertrag, ohne dass spezielle Probleme des EDI geregelt und in einem schriftlichen Vertrag niedergelegt werden. In anderen Fällen macht der Produzent die Verwendung von EDI zur Voraussetzung für den Vertragsschluss mit seinem Zulieferer. Auch in diesen Fällen werden die Probleme des EDI aber nicht notwendig ausdrücklich vertraglich geregelt.

492 Hahn in: Hoeren/Queck, Rechtsfragen der Informationsgesellschaft, S. 151

re Reaktionen in den Informationstechnologien der Gegenseite bewirken als beispielsweise eine Bestellung. Daher ist im EDI bei Auslegung der Erklärung immer die gewählte Nachrichtenart zu berücksichtige – eventuelle Fehler bei der Auswahl fallen in den Bereich der Willensmängel.

Ein Lieferabruf über den Rahmenvertrag hinaus ist nicht als neue Bestellung, sondern als Antrag auf eine Vertragsänderung hinsichtlich der Dauer des Vertragsverhältnisses und der Quantität der Ware anzusehen. Selbst wenn dieser Antrag automatisiert erfolgt, ergibt sich seine Willenserklärungsqualität bereits aus der Tatsache, dass das EDI-System von den Parteien derart gestaltet wurde, dass es einen Lieferabruf über die vereinbarte Menge hinaus zulässt. Reagiert die Gegenseite darauf mit dem Absenden der Ware und der Versandanzeige, so ist in der Versandanzeige aus den gleichen Gründen die Annahme zu sehen, selbst wenn der Warenversand aufgrund der Vernetzung automatisiert als Reaktion auf den Lieferabruf erfolgte, ohne dass irgendein Mitarbeiter des Lieferanten darauf Einfluss hatte. Alternativ kann nach § 151 BGB von einem Verzicht auf die Annahmeerklärung ausgegangen werden.

cc) Bestellungen über EDI

Erfolgt über eine bestehende EDI-Verbindung eine Bestellung, so ist hierbei folgendes zu berücksichtigen: Zum einen müssen die Parteien zuvor eine EDI-Verbindung zueinander eingerichtet haben. Zum anderen muss in dieser EDI-Verbindung die Nachrichtenart „Bestellung" überhaupt vorgesehen und eine entsprechende Reaktion der Gegenseite darauf überhaupt möglich sein. Bei einer solchen Vernetzung der Parteien wird die Gegenseite bei Lieferbarkeit auf die Bestellung automatisch mit der Lieferung der Ware reagieren. Sendet der Produzent daher eine Bestellung an den Zulieferer, so ist diese Bestellung auch als bindendes Angebot zu sehen und nicht als eine bloße Anfrage hinsichtlich einer Ware, über die kein Rahmenvertrag besteht. Sieht die EDI-Vereinbarung der Parteien keine Auftragsbestätigung von Seiten des Lieferanten vor, so liegt darin ein Verzicht des Antragenden auf Zugang der Annahmeerklärung nach § 151 BGB.

4. Commerce-Bots

Commerce-Bots sind Programme, die mit dem Auftrag, nach Angeboten über eine bestimmte Leistung für eine bestimmte Gegenleistung zu suchen, eigenständig das Internet durchwandern und ähnlich wie Computerviren an entsprechende Plattformen andocken können. Commerce-Bots sind in Deutschland noch weitgehend unbekannt. Für den Rechtsgeschäftsverkehr werden sie – abgesehen von Shopping-Bots im B2C-Bereich – selten eingesetzt. Meist ist ihre Einführung auch nicht geplant; virtuelle Marktplätze gelten hier als die bessere Alternative.

Bei Commerce-Bots handelt es sich um intelligente Software. Commerce-Bots können damit beauftragt werden, einen möglichst günstigen Anbieter für eine bestimmte Ware zu finden und mit diesem einen Vertrag zu schließen. Der Bot wandert dann durch das Internet und dockt an entsprechend programmierten Plattformen an. Auf diese Weise sammelt er Angebote, schließt dann mit dem günstigsten Anbieter einen Vertrag und kehrt zum Unternehmen zurück. Von welcher Seite das bindende Angebot ausgeht, ist unklar. Teilweise wird angenommen, dass es von der Seite ausgehen soll, die als erste aktiv wurde. Hier ist aber zunächst zu überprüfen, wie die technische Umsetzung überhaupt aussieht[493].

Ein mögliches Modell besteht aus einem Buyer-agent und mehreren Store-agents[494]. Der Benutzer des Buyer-agents wählt ein Produkt und die gewünschte Menge aus und startet den Buyer-agent. Dieser schickt Anfragen hinsichtlich der Preise an entsprechende Store-agents. Der Buyer-agent wählt den Store-agent mit dem niedrigsten Preis aus und schickt an diesen eine Kaufanfrage. Der Store-Agent bestätigt daraufhin den Kauf, senkt seinen lieferbaren Warenbestand, addiert den Kaufpreis zu seinem Kontostand und sendet dem Buyer-agent eine Annahmebestätigung. Daraufhin erhöht der Buyer-agent den Warenbestand seines Unternehmens und zieht den Kaufpreis von dessen Kontostand ab.

Im Prinzip liegt hier eine ähnliche Situation wie bei einem B2B-Marktplatz vor. Der Unterschied ist, dass der potentielle Käufer die möglichen Anbieter direkt anschreibt und nicht auf Reaktionen auf eine Ausschreibung wartet. Die Store-agents sind über die Lieferfähigkeit ihres Unternehmens informiert und können vor dem Absenden eines Angebots die Bonität sowie weitere Merkmale des potentiellen Käufers überprüfen. Daher sind die Antworten der Store-agents auf die Anfrage des Käufers als bindende Angebote zu werten.

II. Einbeziehung von AGB

Nach § 305 II BGB werden Allgemeine Geschäftsbedingungen nur dann Bestandteil eines Vertrages,

493 Cornelius, MMR 2002, 353 (357)
494 http://www.agentBuilder.com/Documentation/appnote/buyerSeller.html

„wenn der Verwender bei Vertragsabschluss
1. die andere Vertragspartei ausdrücklich oder, wenn ein ausdrücklicher Hinweis wegen der Art des Vertragsabschlusses nur unter unverhältnismäßigen Schwierigkeiten möglich ist, durch deutlich sichtbaren Aushang am Ort des Vertragsabschlusses auf sie hinweist und
2. der anderen Vertragspartei die Möglichkeit verschafft, in zumutbarer Weise [....] von ihrem Inhalt Kenntnis zu nehmen,
und wenn die andere Vertragspartei mit ihrer Geltung einverstanden ist.“

Diese Vorschrift beabsichtigt, dass AGB auch mit dem Willen des Kunden Bestandteil des Vertrages werden, ohne dass der Rechtsverkehr unnötig behindert wird[495]. Der Kunde soll sich zumindest bewusst sein, dass die AGB in den Vertrag einbezogen werden[496]. Idealerweise soll es dem Kunden möglich sein, die AGB zur Kenntnis zu nehmen, sich über seine vertraglichen Rechte und Pflichten zu informieren und gegebenenfalls unangemessene Bedingungen abzulehnen[497].

Nachfolgend wird die Einbeziehung von AGB bei Vertragsschlüssen über Websites (mit dem Sonderfall des Abrufs über WebTV) und WAP untersucht. Vorab ist darauf hinzuweisen, dass die Pflicht des Anbieters nach § 312e I 1 Nr. 4 BGB, dem Kunden die Möglichkeit zu verschaffen, die Vertragsbestimmungen einschließlich der Allgemeinen Geschäftsbedingungen bei Vertragsschluss abzurufen und in wiedergabefähiger Form zu speichern, keine lex specialis zur Regelung des § 305 II BGB darstellt, sondern nur deren Ergänzung[498].

1. Vertragsschluss über Website

Bei Leistungen, die über ein Online-Formular bestellt werden können, ist der Vertragsinhalt bereits durch die Bestellmöglichkeiten der Website soweit eingeschränkt, dass der Kunde nur noch die Leistung selbst anhand des entsprechenden Kataloges auf der Website auswählen kann. Gegenleistung, Art und Weise der Erfüllung und sonstige Regelungen werden vom Anbieter der Leistung vorgegeben. Insofern spielt es also eigentlich keine Rolle, von welcher Partei das bindende Angebot ausgeht – selbst wenn es vom Kunden stammt, so muss es sich doch in den Grenzen dessen, was der Anbieter über seine Website vorgegeben hat, bewegen. Trotzdem ist zu untersuchen, ob der Anbieter in einer solchen

---

495 Ulmer in: Ulmer/Brandner/Hensen, § 2 AGBG Rn. 2; Wolf in: Wolf/Horn/Lindacher, § 2 AGBG Rn. 1
496 Wolf in: Wolf/Horn/Lindacher, § 2 AGBG Rn. 1
497 Wolf in: Wolf/Horn/Lindacher, § 2 AGBG Rn. 1
498 Artz, JuS 2002, 528 (534); siehe dazu unten D III 8 c

Konstellation tatsächlich klargestellt hat, dass er nur Angebote unter Einbeziehung seiner AGB akzeptiert. Um Vertragsbestandteil werden zu können, müssen die AGB bereits in dieses Angebot miteinbezogen sein. Ein Angebot muss schließlich im Prinzip so formuliert sein, dass es der Empfänger mit einem einfachen „Ja" annehmen kann[499]. Jede Änderung seitens des Empfängers ist gemäß § 150 II BGB als Ablehnung verbunden mit einem neuen Angebot zu werten.

Wichtig ist im Zusammenhang mit dem Vertragsschluss über Websites auch, dass diese nahezu unbegrenzte Möglichkeiten der Gestaltung bieten.

a) Ausdrücklicher Hinweis bei Vertragsschluss

Der Anbieter muss in seinem Angebot auf der Website bei Vertragsabschluss den Kunden ausdrücklich darauf hinweisen, dass die AGB Bestandteil des Vertrages werden sollen. Denkbar wäre hier ein Hinweis im Text: „Es gelten unsere Geschäftsbedingungen". Bereits die Platzierung eines solchen Hinweises auf die AGB wird in der Literatur heftig diskutiert. Befürwortet wird die Anbringung eines entsprechenden Links neben der E-Mail-Adresse des Verwenders[500], auf der Eingangsseite der Website[501], auf der Angebotsseite der Website[502], in besonderer Nähe zum Bestellformular[503] oder im Bestellformular[504]. Teilweise wird auch angenommen, dass es genüge, wenn der Link nicht zu übersehen sei und eindeutig als Hinweis auf die AGB des Anbieters beschriftet sei[505].

aa) Platzierung des Hinweises

Zu berücksichtigen ist, dass der Hinweis ausdrücklich erfolgen muss. Dies bedeutet: Er muss so gestaltet sein, dass er vom Kunden in keinem Fall übersehen

---

499 Larenz/Wolf, Allgemeiner Teil, § 29 Rn. 16

500 Ernst, NJW-CoR 1997, 165 (167)

501 Gimmy in: Kröger/Gimmy, Handbuch zum Internetrecht, S. 73; Lauktien/Varadinek, ZUM 2000, 466 (469)

502 Härting, Internetrecht, Rn. 137; OLG Hamburg, DWW 2002, 339 (339) (= ZAP Fach 1, S. 161)

503 Köhler/Arndt, Recht des Internet, S. 75; Horst, DWW 2002, 324 (325)

504 Löhnig, NJW 1997, 1688 (1688 f.); Strömer, Online-Recht, S. 142; Schwerdtfeger in: Schwerdtfeger, Cyberlaw, S. 34; Gimmy in: Kröger/Gimmy, Handbuch zum Internetrecht, S. 73; Horst, DWW 2002, 324 (325); Graf von Bernstorff, RIW 2000, 14 (15); Horn, MMR 2002, 209 (209); Kamanabrou, CR 2001, 421 (422); Heinrichs, NJW 1999, 1596 (1598); für Dienstleistung über BTX OLG Köln, NJW-RR 1998, 1277 (1278); Hoenike/Hülsdunk, MMR 2002, 415 (420); Koch, K&R 2001, 87 (88); Backu, DAR 2001, 106 (111)

505 Härting, Internetrecht, Rn. 136

werden kann. Das hat zur Folge, dass der Hinweis nicht irgendwo auf der Website versteckt sein darf, sondern so angelegt sein muss, dass jeder Kunde, der das Angebot des Anbieters annehmen will, auf diesen Hinweis stößt[506]. Außerdem muss der Hinweis so groß angelegt sein, dass er nicht übersehen werden kann[507]. Ist er als Link gestaltet, so muss er auch deutlich als solcher zu erkennen sein[508]. Daraus folgt, dass der Hinweis in jedem Fall in dem Bestellformular erscheinen muss, weil nur auf diese Weise klar wird, dass die AGB in den Vertrag, der gerade geschlossen werden soll, miteinbezogen werden sollen. Dies fordert auch § 305 BGB, welcher den Hinweis auf die AGB bei Vertragsschluss vorschreibt. Ein Hinweis, der dem Kunden irgendwo beim Stöbern auf der Website begegnet, steht nicht im Zusammenhang mit einem eventuellen Vertragsschluss. Vielmehr wird der Kunde, der sich auf der Website des Anbieters umsieht, darauf konzentriert sein, sich über die angebotenen Leistungen zu informieren. Selbst wenn er den Hinweis trotzdem wahrnimmt, wird er nicht darüber nachdenken, ob die genannten Bedingungen später für einen Vertragsschluss relevant sind. Erst ein Hinweis, der ihm beim Ausfüllen des Online-Bestellformulars begegnet, wird ihm den Einbeziehungswillen des Anbieters bewusst machen.

Wichtig ist aus diesem Grund, dass der Hinweis auf die AGB direkt im Zusammenhang mit dem Bestellvorgang angebracht wird[509]. Die Anbringung eines Hinweises unterhalb des Bestellformulars genügt nicht[510]. Der Kunde muss also, unmittelbar bevor er den Absenden-Befehl mit Klick auf den entsprechenden Button auslöst, noch einmal mit dem Hinweis auf die AGB konfrontiert werden.

Der Einwand, das Erfordernis des Hinweises zum Zeitpunkt des Vertragsschlusses sei auch erfüllt, wenn der Hinweis irgendwo auf der Website des Anbieters auftauche, da er dann definitiv vor Vertragsschluss erfolge[511], trägt nicht. Der Hinweis muss bei Vertragsschluss gegeben werden, das heißt im Zusammenhang mit den Erklärungen, die zum Abschluss des konkreten Vertrages geführt

---

506 Härting, Internetrecht, Rn. 136; Gimmy in: Kröger/Gimmy, Handbuch zum Internetrecht, S. 73; Waldenberger in: Handbuch Multimedia-Recht, 13.4 Rn. 175 f.; OLG Hamburg, DWW 2002, 339 (339) (= ZAP Fach 1, S. 161); Horst, DWW 2002, 324 (325)

507 Gimmy in: Kröger/Gimmy, Handbuch zum Internetrecht, S. 73; Waldenberger in: Handbuch Multimedia-Recht, 13.4 Rn. 175; Kamanabrou, CR 2001, 421 (422)

508 Waldenberger in: Handbuch Multimedia-Recht, 13.4 Rn. 175

509 Schwerdtfeger in: Schwerdtfeger, Cyberlaw, S. 34; Horst, DWW 2002, 324 (325); Graf von Bernstorff, RIW 2000, 14 (15); Horn, MMR 2002, 209 (210); Heinrichs, NJW 1999, 1596 (1598); Hoenike/Hülsdunk, MMR 2002, 415 (420)

510 Waldenberger in: Handbuch Multimedia-Recht, 13.4 Rn. 176

511 Härting, Internetrecht, Rn. 135; Gimmy in: Kröger/Gimmy, Handbuch zum Internetrecht, S. 73; Lauktien/Varadinek, ZUM 2000, 466 (469) genügt ein Link auf der „Homepage", womit hier wahrscheinlich die Startseite der Anbieterwebsite gemeint ist

haben[512]. Der anderen Vertragspartei soll die Möglichkeit gegeben werden, die Risiken und Lasten der AGB abzuschätzen und diese abzulehnen[513]. Maßgeblich ist deshalb grundsätzlich der Zeitpunkt, in dem die andere Vertragspartei die für sie bindende Einbeziehungserklärung abgibt, gleichgültig ob als Bestandteil des Vertragsangebots oder der Vertragsannahme[514]. Zwar ist es in jedem Fall sinnvoll, schon an früherer Stelle im Formular und auf der Website auf die AGB aufmerksam zu machen[515], weil der Kunde bereits auf diese Weise die Gelegenheit erhält zu überlegen, ob er mit diesem Anbieter überhaupt einen Vertrag abschließen will. Ein solcher – früherer – Hinweis auf die Geschäftsbedingungen genügt aber nicht, weil nicht ausgeschlossen werden kann, dass die AGB möglicherweise durch die Auseinandersetzung mit Problemen beim Ausfüllen des Formulars in Vergessenheit geraten. Zu berücksichtigen ist ebenfalls, dass das Angebot des Anbieters normativ ausgelegt wird, das meint, der Teil des Formulars, der die angebotene Leistung betrifft, muss auch den Hinweis auf die AGB enthalten, da es sich hierbei um das eigentliche Angebot handelt.

Geht das Angebot vom Kunden aus, so ist zudem berücksichtigen, dass dieser nicht ohne weiteres ein Angebot abgeben wird, in dem die AGB der Gegenseite enthalten sind. Daher müssen auch hier die Erfordernisse des § 305 BGB eingehalten werden[516]. Dies bedeutet: Der Kunde muss von vornherein darauf hingewiesen werden, dass der Anbieter nur Angebote akzeptiert, nach denen seine AGB Vertragsbestandteil werden sollen. Der Anbieter hat den Kunden bei dem Betreten des Teils der Website, der der Vertragsanbahnung dient, sofort darauf hinzuweisen, dass er nur die oben genannten Angebote akzeptiert. Auf diese Weise kann der Kunde noch vor der möglicherweise aufwendigen Produktrecherche überprüfen, ob ein Vertragsschluss mit diesem Anbieter unter Einbeziehung von dessen AGB überhaupt für ihn in Frage kommt. Anderenfalls macht sich der Anbieter gemäß §§ 280, 311 II, 241 II BGB (culpa in contrahendo) haftbar. Auch wenn der Kunde durch die unnötig aufgewandten Internetkosten keinen in finanzieller Hinsicht großen Schaden erleidet – Zeit ist Geld, der Anbieter hat die Pflicht, auf solche offensichtlichen (wirtschaftlichen) Belange seines potentiellen Kunden Rücksicht zu nehmen.

Die Pflicht zur Rücksichtnahme auf die Interessen potentieller Kunden bedeutet jedoch nicht, dass eine schlecht gestaltete Website mit langen Ladezeiten bereits einen Fall der culpa in contrahendo darstellt. Hier entscheidet der Kunde selbst,

---

512 Heinrichs in: Palandt, § 305 BGB Rn. 6

513 Wolf in: Wolf/Horn/Lindacher, § 2 AGBG Rn. 35

514 Wolf in: Wolf/Horn/Lindacher, § 2 AGBG Rn. 35

515 Löhnig, NJW 1997, 1688 (1688 f.); Hoenike/Hülsdunk, MMR 2002, 415 (420): auf jeder einzelnen Internetseite

516 Löhnig, NJW 1997, 1688 (1688); Horn, MMR 2002, 209 (210)

ob er mit dem betreffenden Anbieter einen Vertrag schließen will oder ob er lieber zu einem Anbieter mit einer besser gestalteten und schneller zu ladenden Website wechselt. Es ist aber davon auszugehen, dass ein Kunde, der eine bestimmte Leistung sucht, sich in erster Linie auf die Recherche konzentriert und mit seinen Gedanken noch nicht bei den Geschäftsbedingungen ist.

Daher sollte auf der Website ein deutlich sichtbarer Link zu den AGB untergebracht werden, am besten in einer Frame-Leiste, damit der Link die ganze Zeit sichtbar und erreichbar ist. Besondere Hinweiskraft hätte auch ein Pop-up-Fenster, das sich gleich bei dem Betreten der Site öffnet mit dem Vermerk „Bitte lesen Sie unsere Lieferbedingungen", die dann auch gleich zu Lektüre geöffnet sind. Möglicherweise könnte ein solches Verfahren aber als aufdringlich von Kunden empfunden werden, die sich erst informieren wollen. Daher kann eine solche Gestaltung rechtlich nicht verlangt werden, da der Anbieter rechtlich schließlich nicht dazu gezwungen werden darf, seine Kunden abzuschrecken. Die Gestaltung einer Website muss also in fairer Balance erfolgen zwischen dem Erfordernis der Ausdrücklichkeit des Hinweises und den Belangen einer für Kunden ansprechend gestalteten Website.

Die Interessen des Verbrauchers sind also in zwei Richtungen zu berücksichtigen: Einmal hinsichtlich der möglichst frühzeitig erfolgenden rechtlichen Information, auf der anderen Seite hinsichtlich des Bedürfnisses, unbehelligt und nicht durch unnötige Komplikationen (wie ungewollte Pop-up-Fenster) gestört die Marktlage und die Angebote an Leistungen zu untersuchen.

bb) Gestaltung des Hinweises

Wichtig ist, dass der Hinweis auf die AGB eindeutig und unmissverständlich beschriftet sein muss[517]. Es genügt nicht nur ein Link „Allgemeine Geschäftsbedingungen". Vielmehr muss ein Hinweis erfolgen „Es gelten unsere Lieferbedingungen" verbunden mit einem Link „Hier können sie unsere Lieferbedingungen lesen"[518]. Ein bloßer Link auf die AGB weist noch nicht ausdrücklich genug auf das Einbeziehungsverlangen des Anbieters hin. Es muss deutlich sein, dass es um verbindliche Vertragsbestimmungen geht[519]. Teilweise wird auch vorgeschlagen, die AGB einfach komplett so vor dem Bestellbutton zu stellen, dass der Kunde sie durchscrollen muss, um zu dem Bestellbutton zu gelangen

---

517 Gimmy in: Kröger/Gimmy, Handbuch zum Internetrecht, S. 73; Schwerdtfeger in: Schwerdtfeger, Cyberlaw, S. 34; Koch, K&R 2001, 87 (88)
518 ähnlich Koch, K&R 2001, 87 (88)
519 Härting, Internetrecht, Rn. 136 f.; Schwerdtfeger in: Schwerdtfeger, Cyberlaw, S. 34

und die Bestellung abzusenden[520], zumindest bei kürzeren AGB[521]. Natürlich stellt der Zwang zum Durchscrollen der AGB einen wirklich sehr deutlichen ausdrücklichen Hinweis dar. Es handelt sich um eine zulässige und sicherlich wünschenswerte Gestaltungsweise, weil die Aufmerksamkeit des Kunden durch seine eigene, zwingend erforderliche manuelle Tätigkeit geweckt und ihm so sehr deutlich vor Augen gestellt wird, dass er einer Vielzahl ihn betreffender rechtlicher Regelungen zustimmt. Gleichzeitig werden ihm die Regelungen zur Kenntnis gebracht, was sicherlich über das Erfordernis des Hinweises hinausgeht. Für den ausdrücklichen Hinweis auf die AGB genügt jedoch ein deutlich gestalteter Hinweis vor dem Absendebutton im Bestellformular.

cc) Besonderheiten beim Download von Dateien

Ist es nicht erforderlich, dass der Kunde ein Formular ausfüllt, da seine Daten den Anbieter nicht interessieren und die Leistung kostenlos ist, zum Beispiel bei dem Download von Freeware, so muss der Anbieter dennoch, wenn er seine AGB in den Vertrag einbezogen haben will, den Hinweis auf seine AGB neben der Schaltfläche, die den Download auslöst, anbringen. Vorteilhaft wäre in dieser Konstellation, wenn sich durch den Klick auf den Download-Button erst noch ein kleines Fenster mit dem Hinweis auf die AGB öffnet, der angeklickt werden muss, um den eigentlichen Download auszulösen. Häufig werden Click-wrap-agreements[522] praktiziert, bei denen der Kunde sich durch den Text der Anbieter-AGB scrollen muss und erst nach Anklicken einer Schaltfläche mit dem Vermerk „Akzeptiert" den Download starten kann.

(1) Click-wrap-agreements nach Download von Hersteller-Site

Häufig versuchen Softwareanbieter jedoch, die AGB erst nach dem Download einzubeziehen. In diesen Fällen muss nach dem Öffnen der heruntergeladenen Datei ein Click-wrap-agreement geschlossen werden, bevor das Programm installiert werden kann. Diese Gestaltung führt jedoch nicht zur Einbeziehung der AGB, weil der Kunde nicht bei Vertragsschluss auf die AGB hingewiesen wurde – der Vertrag über die Software wurde ja durch das Auslösen des Downloads (bedingt durch dessen erfolgreichen Abschluss) geschlossen. Zwar ist es theoretisch möglich, auch einen Vertrag bei der Installation der Software zu schließen. Damit verletzt der Anbieter aber die Interessen des Kunden, der sich die Software ja erst herunterladen musste, um dann mit den Geschäftsbedingungen kon-

520 Köhler/Arndt, Recht des Internet, S. 75
521 Löhnig, NJW 1997, 1688 (1688 f.)
522 Contreras/Slade, CRi 2000, 104 (105)

frontiert zu werden. Hier liegt ein Fall von culpa in contrahendo (§§ 280, 311 II, 241 II BGB) vor mit der rechtlichen Folge, dass der Kunde die ihm durch den Download der Software entstandenen Kosten (Telefongebühren, Providerkosten) von dem Anbieter ersetzt verlangen kann. Schließlich hätte der Kunde die Software nicht heruntergeladen, wenn er von vornherein die für ihn nicht akzeptablen AGB gekannt hätte.

Es liegt dann zwar ein Angebot des Anbieters auf die Änderung des Vertrages durch die Einbeziehung der AGB vor, dadurch aber, dass der Kunde auf „Akzeptieren" klickt, um die Software zu installieren, wird kein Vertrag geschlossen, da sein Verhalten nicht als Annahme interpretiert werden darf. Nach dem Download der Software, der häufig sehr langwierig und durch Störungen unterbrochen sein kann, hat der Kunde keine wirkliche Entscheidungsfreiheit mehr, die AGB zu akzeptieren, sondern er will endlich die benötigte Software installieren[523].

Stellt ein Anbieter seine Software ohne Hinweis auf seine AGB zur Verfügung, so muss sein Verhalten normativ als Angebot zum Download kostenloser Software interpretiert werden. Ist die Software dann aufgrund ihrer Programmierung nur eingeschränkt zu benutzen (z. B. bei Shareware, die nur 30 Tage lang läuft und dann erst nach kostenpflichtiger Registrierung wieder in Gang gesetzt werden kann), so muss der Anbieter aus culpa in contrahendo dem Kunden einen durch die eingeschränkte Nutzbarkeit eventuell entstehenden Schaden ersetzen, wenn er den Kunden nicht vor dem Download darüber aufklärte, dass es sich um kostenpflichtige und vorerst nur befristet nutzbare Shareware handelte. So könnte es zum Beispiel geschehen, dass der Kunde die Software mühevoll in sein System integriert und nach 30 Tagen dann eine andere Software erwerben und installieren muss, weil er die erste Software bei Kenntnis ihrer Kostenpflichtigkeit nicht ausgewählt hätte und er sich dann für eine andere (auch kostenlose oder eine kostenpflichtige mit besseren Funktionen) entschieden hätte. Eine andere rechtliche Konsequenz ergibt sich wenn der Anbieter nach dem Öffnen der Set-up-Datei auf die Befristung der kostenfreien Nutzung hinweist. In diesem Fall kann der Kunde einen Schaden, der ihm durch die dann trotzdem vorgenommene Installation entstanden ist, natürlich nicht ersetzt verlangen, sondern lediglich die etwa bei ihm angefallenen Downloadkosten.

(2) Click-wrap-agreements nach Download von Mirror-Site

Eine wiederum andere Konstellation zeigt sich beim Download von Software über (legale) Mirror-Sites. Hier wird dem Kunden von dem Betreiber der Site

---

523 Ernst, NJW-CoR 1997, 165 (167)

nur der Download von Software von verschiedenen Herstellern angeboten. Für die Einzelheiten der Softwarenutzung wird der Kunde auf die Websites der betreffenden Hersteller verwiesen, die dann auch deren AGB enthalten. Installiert der Kunde in einem solchen Fall die Software eines Herstellers, so ist sein Verhalten tatsächlich als Annahme des vom Hersteller gemachten Angebots zum Click-wrap-agreement unter Einschluss von dessen Geschäftsbedingungen zu betrachten. Hier ist der Hinweis auf die AGB auch rechtzeitig und bei Vertragsschluss erfolgt, da der Anbieter bei dieser Art von Download keine Möglichkeit hatte, vor dem Öffnen der Datei eine Vereinbarung mit dem Nutzer zu treffen.

dd) Aushang

Der Vollständigkeit halber sei erwähnt, dass § 305 II Nr. 1 BGB als Alternative zum ausdrücklichen Hinweis auf die Allgemeinen Geschäftsbedingungen einen solchen Hinweis durch deutlich sichtbaren Aushang am Ort des Vertragsabschlusses erlaubt. Diese Ausnahme spielt beim Geschäftsverkehr über Websites aufgrund der oben dargestellten vielfältigen Gestaltungsmöglichkeiten keine praktische Rolle. Ein ausdrücklicher Hinweis ist hier in jedem Fall möglich[524] und bereitet keine unverhältnismäßigen Schwierigkeiten[525]. Daher darf der Anbieter auf die Alternative „Aushang“ nicht zurückgreifen[526].

b) Möglichkeit zumutbarer Kenntnisnahme

aa) Grundsätzliches

Zweckmäßig ist es, wenn der Hinweis auf die Allgemeinen Geschäftsbedingungen als Link gestaltet ist[527], durch den mit einem Klick der AGB-Text geöffnet wird. Das Suchen der AGB über eine Kette von Links ist nicht zumutbar[528]. Teilweise wird empfohlen, dass zumindest kürzere AGB vollständig in das Online-Bestellformular integriert werden, damit der Kunde sie wenigstens gesehen

524 Mehrings, BB 1998, 2373 (2374)
525 Köhler/Arndt, Recht des Internet, S. 74
526 Schwerdtfeger in: Schwerdtfeger, Cyberlaw, S. 34
527 Heinrichs, NJW 1999, 1596 (1598); Hoenike/Hülsdunk, MMR 2002, 516 (516)
528 Härting, Internetrecht, Rn. 144; Horn, MMR 2002, 209 (210)

hat[529], oder dass sich im Bestellablauf automatisch Fenster mit dem AGB-Text öffnen, die der Kunde dann durch Mausklick schließen muss[530].

Die Lösung mittels Link ist aber ausreichend, wenn die folgenden Erfordernisse beachtet werden: Wichtig ist, dass der Link nicht auf eine andere Website führt, die dann möglicherweise nicht oder nur sehr langsam geladen werden kann, sondern dass der Text der AGB schnell erreichbar auf derselben Website untergebracht ist. Die Seite, auf der die AGB niedergelegt sind, sollte außerdem so gestaltet sein, dass sie ohne weiteres schnell geladen werden kann[531]. Ein der besseren Lesbarkeit der AGB dienendes Layout sollte also darauf achten, dass es nicht zu datenlastig ist und sich schnell aufbaut. Zudem sollte der Text schnell speicher- und ausdruckbar sein[532]. Hilfreich kann zudem sein, wenn eine spezielle Druckversion zur Verfügung gestellt wird. Es sollte nämlich dem Kunden überlassen werden, ob er die AGB online oder offline lesen will und ob er dies lieber am Bildschirm oder anhand eines Ausdrucks tun will. Für den Fall, dass der Kunde die AGB lieber in Ruhe und ohne tickenden Gebührenzähler studieren möchte, ist zu beachten, dass der Bestellvorgang dann wieder neu aufgenommen werden muss.

Sinnvoll wäre es, den Bestellvorgang so einzurichten, dass dieser zeitlich unbeschadet das Studium der AGB ermöglicht, so beispielsweise durch eine Warenkorbgestaltung, die es erlaubt, die Ware für eine halbe Stunde zu reservieren, auch wenn der Kunde zwischenzeitlich offline geht.

Bei Software und ähnlichen unbegrenzt lieferbaren Produkten und Leistungen ist eine solche Speicherung nicht erforderlich, da diese zum einen nicht reserviert werden müssen und zum anderen die Annahme für jedes Stück einzeln durch den Download der betreffenden Leistung erfolgt. Der Kunde könnte sich die Seiten mit der gewünschten Software mittels Lesezeichen in seinem Browser markieren. Es wäre sinnvoll, wenn der Anbieter dem Kunden auf diese Möglichkeit aufmerksam macht oder ihm eine Speicherung der gewünschten Software-Download-Links auf seinem Server (wieder in Form eines Warenkorbs) ermöglicht.

---

529 Löhnig, NJW 1997, 1688 (1688 f.); Ulmer in: Ulmer/Brandner/Hensen, § 2 AGBG Rn. 49a; Horst, DWW 2002, 324 (325)

530 Hoenike/Hülsdunk, MMR 2002, 415 (420)

531 für Btx OLG Köln, NJW-RR 1998, 1277 (1278): problemlos abrufbar

532 Graf von Bernstorff, RIW 2000, 14 (16); Horn, MMR 2002, 209 (210); zumindest bei längeren AGB (ab einer Seite): Heinrichs, NJW 1999, 1596 (1598); Backu, DAR 2001, 106 (111); Hoenike/Hülsdunk, MMR 2002, 516 (516); Deville/Kalthegener, NJW-CoR 1997, 168 (168)

Auf diese Weise werden auch Kunden ohne Flatrate nicht vom Ticken des Gebührenzählers davon abgehalten, die AGB in Ruhe zu lesen. Auch wenn argumentiert wird, die Online-Kosten seien nicht hoch (eine halbe Stunde kostet ungefähr 0,40 €), in den Nutzern ist regelmäßig der Wunsch verankert, unnötige Kosten zu vermeiden. Bei häufigen Aufenthalten im Netz summieren sich selbst kleinere Beträge rasch. Zudem entstehen auch durch den Download weitere, von der Schnelligkeit der Internetverbindung und der des Rechners abhängige Kosten.

Teilweise wird auch gefordert, die Kenntnisnahme der AGB kostenlos zu ermöglichen[533]. Tatsächlich gibt es bereits einige Internetshops, die es dem Kunden über eine spezielle Einwahl ermöglichen, die Shop-Website kostenlos zu durchforsten. Zwingend erforderlich in punkto zumutbarer Kenntnisnahme der AGB ist dies jedoch nicht, weil der Kunde schließlich selbst den Weg des Einkaufs über das Internet beschritten hat und die anfallenden Gebühren hierfür grundsätzlich in Kauf nehmen muss[534].

bb) Umfang der AGB

Hinsichtlich des Umfangs des Bedingungswerks wird – noch mit Blick auf die Btx-Zeiten – argumentiert, AGB von mehreren Bildschirmseiten Länge seien nicht mehr zumutbar[535].

Nun sind Internet-AGB durch die vielfältigeren Gestaltungsmöglichkeiten wesentlich besser lesbar als Btx-AGB. Darüber hinaus sind die Internetkosten von etwa 0,89 - 1,29 Cents pro Minute deutlich moderater als die Btx-Gebühren. Daraus folgt, dass AGB von einer Seite Länge in ansprechender Gestaltung problemlos online gelesen werden können. Ansprechende Gestaltung meint hier keinen Kleindruck, sondern eine normale Schriftgröße sowie ein übersichtliches Layout[536] (kein Fließtext wie bei SMS ohne Punkt und Komma und ohne Untergliederung in Absätze)[537], wozu auch eine klare Gliederung gehört[538].

533 Ulmer in: Ulmer/Brandner/Hensen, § 2 AGBG Rn. 49a; Heinrichs, NJW 1999, 1596 (1598)
534 Köhler/Arndt, Recht des Internet, S. 75 f.; Horn, MMR 2002, 209 (210)
535 Ulmer in: Ulmer/Brandner/Hensen, § 2 AGBG Rn. 49a
536 Horn, MMR 2002, 209 (210) ; Horst, DWW 2002, 324 (325)
537 Härting, Internetrecht, Rn. 142
538 Köhler/Arndt, Recht des Internet, S. 75; LG Köln, CR 2003, 697 (698); für Btx OLG Köln, NJW-RR 1998, 1277 (1278); Koch, K&R 2001, 87 (88)

Allerdings wird wohl die Lektüre von Texten am Bildschirm nicht von jedermann bevorzugt werden. Dies schon nicht aufgrund der Tatsache, dass der Monitor immer nur einen Ausschnitt aus dem Gesamttext wiedergibt und sich das Aufsuchen bestimmter Textpassagen daher mühsam gestalten kann[539]. Dieses Hindernis kann aber durch eine entsprechende Aufbereitung der AGB gelöst werden, zum Beispiel indem dem Text ein Inhaltsverzeichnis mit Links zu den entsprechenden Vorschriften vorangestellt wird. Außerdem können Wortsuchfunktionen bereitgestellt werden (zumindest können diese bei downgeloadeten AGB angewandt werden).

Zwar wird auch argumentiert, dass es bei längeren AGB genüge, wenn der Verwender ausdrücklich auf die Einbeziehung seiner AGB hinweist und der Kunde auf die Einräumung zumutbarer Kenntnisnahme wirksam verzichtet hat, indem er seine Bestellung trotz des Hinweises der Verwenders aufrechterhält[540]. Die Beweislast für eine solche Verzichtserklärung trage allerdings der Verwender[541]. Letzteres ergibt sich schon daraus, dass das bloße Absenden der Bestellung noch keinen Verzicht auf die zumutbare Kenntnisnahme bedeutet. Die Kenntnisnahme wird nicht schon dadurch zumutbar, dass der Kunde sie sich erspart; denn dann würde das Erfordernis des § 305 I BGB leer laufen.

Bei längeren AGB sollte dem Kunden in jedem Fall die Möglichkeit eingeräumt werden, die AGB offline zu studieren[542]. Je nach Kompliziertheit des Vertrages sollte dem Kunden hier auch die Gelegenheit gegeben werden, die gewünschte Ware für einen angemessenen Zeitraum zu reservieren. Dies wird umso mehr eine Rolle spielen, wenn es sich um kostspieligere Produkte handelt.

Regelmäßig wird der Kunde bei teurerer Ware ohnehin nicht sofort bestellen wollen. Aber geht es beispielsweise um den Erwerb eines Autos via Internet, bei dem sich der Kunde den gewünschten Wagen hinsichtlich der Ausstattung zu-

---

539 Wolf in: Wolf/Horn/Lindacher, § 2 AGBG Rn. 24; Kamanabrou, CR 2001, 421 (422 f.) differenziert nach der Länge des Textes. Zwei Seiten in leserfreundlicher Gestaltung seien zumutbar.

540 Ulmer in: Ulmer/Brandner/Hensen, § 2 AGBG Rn. 49a, 49

541 Ulmer in: Ulmer/Brandner/Hensen, § 2 AGBG Rn. 49a

542 Zu den Anforderungen an eine zumutbare Ausdruckmöglichkeit: Kamanabrou, CR 2001, 421 (422 ff.); nach Koch, K&R 2001, 87 (89) kann dem Kunden schon gar nicht zugemutet werden, die entsprechenden Einrichtungen für Speicherung und Ausdruck bereitzuhalten. AGB dürften daher nur einen Umfang haben, der die Lektüre am Bildschirm erlaubt; a. A. Hoenike/Hülsdunk, MMR 2002, 516 (516): Druckerbenutzung kann vorausgesetzt werden; Backu, DAR 2001, 106 (112) empfiehlt, bei wichtigen Verträgen über größere Summen die AGB außerhalb des Internet zur Verfügung zu stellen. Dann würde der Vertrag aber nicht auf elektronischem Wege geschlossen bzw. die dem Kunden erst nach Vertragsschluss vorliegenden AGB würden nicht miteinbezogen.

sammenstellen kann und ihm dann der entsprechende Preis ausgerechnet wird, so sollte der Kunde die von ihm gewählte Zusammenstellung bei dem Anbieter speichern können, damit er nicht beim nächsten Website-Besuch wieder von vorne damit anfangen muss. Ist das Kontingent an Fahrzeugen begrenzt, handelt es sich beispielsweise um ein besonders günstiges Sonderangebot, so steht der Kunde unter einem gewissen Zeitdruck. Um ihm dennoch die Möglichkeit zu geben, die AGB zur Kenntnis zu nehmen, sollte ihm die Option eingeräumt werden, das gewünschte Fahrzeug für einen angemessenen Zeitraum zu reservieren. Je nach Günstigkeit des Sonderangebots können dies ein oder mehrere Tage sein. Der Anbieter könnte die Wahrscheinlichkeit, dass einige Wagen reserviert werden, ohne dass es letztendlich zu deren Verkauf kommt, bei seiner Preiskalkulation (erhöhte Kosten dadurch, dass das Warenlager langsamer geleert wird) berücksichtigen.

Bei kostspieligen Produkten (zum Beispiel Neuwagen) sollte dem Kunden, ohne dass ihm dadurch Nachteile (erneute zeitraubende Zusammenstellung der gewünschten Ware) entstehen, immer die Möglichkeit eingeräumt werden, den Vertragsschluss zumindest eine Nacht zu überschlafen.

cc) Flüchtigkeit

Häufig wird mit der Flüchtigkeit elektronischer AGB argumentiert. Der Anbieter könnte die Geschäftsbedingungen jederzeit ändern, ohne dass der Kunde etwas in der Hand habe. Daher könnten die AGB nur in den Vertrag einbezogen werden, wenn der Kunde sie ohne Mühe und Kosten bei sich speichern und für sich ausdrucken könne[543]. Dies ist im Internet aber über die Funktionen des Browsers (von den Onlinegebühren abgesehen) ohnehin immer möglich[544]. Relevant wird diese Frage nur bei WebTV[545]. Hierbei handelt es sich aber nicht um ein Problem hinsichtlich der Einbeziehung von AGB; denn die Kenntnisnahme bedeutet nicht, dass der Kunde in die Lage versetzt wird, die AGB bei sich zu speichern. Es handelt sich u. a. um eine Frage der prozessualen Beweisbarkeit. Die Beweislast trage der Verwender, wobei ein Ausdruck des Kunden als Augenscheinsobjekt zu einer erhöhten Darlegungslast des Verwenders führe[546]. Diese Frage wird jetzt aber ohnehin durch Art. 10 III ECRL und dessen Umsetzung in § 312e I 1 Nr. 4 BGB, wonach der Anbieter dem Kunden die Möglichkeit verschaffen muss, die Vertragsbestimmungen einschließlich der

543 Wolf in: Wolf/Horn/Lindacher, § 2 AGBG Rn. 24

544 Härting, Internetrecht, Rn. 140; Horst, DWW 2002, 324 (325); Horn, MMR 2002, 209 (210)

545 D II 2

546 Köhler/Arndt, Recht des Internet, S. 76

Allgemeinen Geschäftsbedingungen bei Vertragsschluss abzurufen und in wiedergabefähiger Form zu speichern, gegenstandslos[547].

c) Einverständnis des Kunden mit der Geltung der AGB

Das Einverständnis kann, soweit für die Verträge keine Formvorschriften bestehen, auch schlüssig erklärt werden[548]. Es ist in der Regel zu bejahen, wenn die Voraussetzungen von § 305 II Nr. 1 und 2 BGB erfüllt sind und es zum Vertragsabschluss kommt[549]. Dafür genügt auch, dass der Kunde die unter den Voraussetzungen von § 305 II Nr. 1 und 2 BGB angebotene Leistung annimmt[550].

aa) Bedeutung

Der Bundesgerichtshof hat in seinem Urteil vom 07.11.2001 die Einverständniserklärung als individuelle Willenserklärung qualifiziert, die nicht der Inhaltskontrolle nach §§ 307 ff. BGB unterliegt[551]. In dem dieser Entscheidung zugrundeliegenden Sachverhalt hatte der Nutzer einer Auktionsplattform sich mit der Geltung der AGB des Auktionshauses durch Ankreuzen eines Kästchens einverstanden erklärt. Das Berufungsgericht zog daraufhin die AGB des Auktionshauses zur Auslegung des rechtsgeschäftlichen Inhalts der Warenpräsentation des Nutzers auf der Auktionsplattform heran[552].

Der Bundesgerichtshof weist in der erwähnten Entscheidung darauf hin, dass auch AGB, die weder von dem Verkäufer noch von dem Käufer gestellt wurden, durchaus der Inhaltskontrolle unterliegen können[553]. Im vorliegenden Fall habe sich die Einverständniserklärung jedoch nicht auf Regelungen zur inhaltlichen Ausgestaltung des Vertrages zwischen Einlieferer und Ersteigerer bezogen, sondern auf den Bindungswillen des Einlieferers und damit auf den Vertragsabschluss selbst. Auch wenn der entsprechende Passus nicht ausdrücklich in der Warenpräsentation, sondern nur in einer AGB-Klausel des Auktionshauses enthalten sei, lasse der Umstand, dass der Einlieferer einen inhaltsgleichen Text-

---

547 D III 8

548 Wolf in: Wolf/Horn/Lindacher, § 2 AGBG Rn. 43; Heinrichs in: Palandt, § 305 BGB Rn. 16; Löhnig, NJW 1997, 1688 (1689); OLG Köln, NJW-RR 1998, 1277 (1278)

549 Heinrichs in: Palandt, § 305 BGB Rn. 16; Löhnig, NJW 1997, 1688 (1689); Kamanabrou, CR 2001, 421 (424)

550 Wolf in: Wolf/Horn/Lindacher, § 2 AGBG Rn. 43; Kamanabrou, CR 2001, 421 (422)

551 BGHZ 149, 129 (137) (= NJW 2002, 363 ff.)

552 OLG Hamm, NJW 2001, 1142 (1143)

553 BGHZ 149, 129 (137)

baustein ankreuzen musste, um seine Präsentation frei zu schalten, auf den Bindungswillen des Einlieferers schließen[554].

bb) Gestaltung

Ist der Hinweis auf die Einbeziehung der AGB oberhalb des Bestellbuttons erfolgt und hatte der Kunde auch an dieser Stelle die Gelegenheit, per Link auf die AGB Zugriff zu nehmen und diese zu lesen, und betätigt er unter diesen Voraussetzungen den Bestellbutton, so ist dies als Einverständnis mit der Geltung der AGB anzusehen[555]. Um jedes Missverständnis auszuschließen, sollte das Bestellformular so gestaltet sein, dass der Kunde erst ein Kästchen mit der Bemerkung „Mit der Einbeziehung der erwähnten Geschäftsbedingungen bin ich einverstanden" ankreuzen muss, bevor er die Bestellung absenden kann[556]. Hierbei muss neben dieser Ankreuzoption ein deutlich beschrifteter Link (z. B. „Lesen Sie unsere Lieferbedingungen") zu den AGB platziert sein. Auf diese Weise wird zugleich sichergestellt, dass der Kunden mit der Einbeziehung der betreffenden AGB einverstanden ist.

Die Variante, dass vor dem Bestellbutton einfach nur deutlich sichtbar Hinweis und Link auf AGBs platziert werden, lässt weniger auf das Einverständnis des Kunden schließen. Zudem sollten die vielfältigen Gestaltungsmöglichkeiten von Websites ausgeschöpft werden. Es handelt sich bei diesen schließlich nicht um papierene Bestellformulare in herkömmlichen Katalogen.

Die Gestaltungsvariante, dass der Kunde sich erst durch den gesamten Text der AGB scrollen muss[557], ist zwar sinnvoll, aber nicht erforderlich, da ein Link, der den oben genannten Kriterien entspricht, für die zumutbare Kenntnisnahme ausreichend ist. Der Zwang, sich durch die AGB zu scrollen, macht den Vertragsschluss nur unnötig umständlich. Wenn dem Kunden die AGB unwichtig sind (insbesondere bei Geschäften über kostenlose Leistungen mit geringem Risiko, wie z. B. eine Freeware, die aufgrund ihrer Funktionsweise kaum Schaden an dem Rechner des Nutzers bewirken kann), so bedarf es nicht des Zwangs, die

554 BGHZ 149, 129 (138)

555 Löhnig, NJW 1997, 1688 (1689), Härting, Internetrecht, Rn. 146

556 Härting, Internetrecht, Rn. 145; Strömer, Online-Recht, S. 141; Horst, DWW 2002, 324 (325) verlangt eine alternativ gestellte Frage (Ja/Nein), mit zwei entsprechenden Ankreuzmöglichkeiten. Dies ist aber unpraktisch, da der Anbieter dann für ihn nicht akzeptable Angebote ablehnen muss, die bei anderer Gestaltung gar nicht erfolgt wären. Wenn seine Präsentation als Angebot zu werten ist, würde bei dieser Gestaltung sogar ein Vertragsschluss ohne Geltung der Anbieter-AGB ermöglicht.

557 Horst, DWW 2002, 324 (326)

AGB zu lesen, schon weil aufgrund der §§ 305 ff. BGB unangemessene und überraschende Klauseln unwirksam sind.

Zu einem anderen Ergebnis führt die Prüfung bei den oben erwähnten nachträglichen Click-Wrap-Verträgen[558]. Hier will der Anbieter mit dem Kunden vor der Installation der Software nach dem Download noch einen Vertrag mit dem Kunden schließen, bei dem die AGB des Anbieters bezüglich der Software akzeptiert werden sollen. Das Setup-Programm kann nicht gestartet werden, ohne dass der Kunde einen Button „Ich akzeptiere die genannten Geschäftsbedingungen" anklickt. Der Text der AGB kann an der gleichen Stelle gelesen werden.

Klickt der Kunde hier den Bestätigen-Button an, so kann daraus nicht geschlossen werden, dass er die genannten Bedingungen akzeptiert. Vielmehr ist davon auszugehen, dass er nach dem – häufig recht zeitraubenden – Download die Software endlich installieren will. Der Kunde hätte als Alternative nur die Wahl, die mühsam heruntergeladene Software zu löschen. Dass dies kaum eine wirkliche Alternative sein kann, steht außer Frage. Zudem können Websites problemlos so gestaltet werden, dass vor dem Auslösen des Downloads auf die AGB hinsichtlich der Software hingewiesen und ihr Text zugänglich gemacht wird. Nach dem Download muss der Kunde mit solchen Vereinbarungen nicht mehr rechnen.

Hierbei spielt es auch keine Rolle, dass die meisten Softwarehersteller dieses Verfahren tatsächlich noch praktizieren. Zwar ist bei der Auslegung von Willenserklärungen gemäß § 157 BGB auch die Verkehrsitte zu berücksichtigen. Dies entbindet aber nicht von den Voraussetzungen des § 305 BGB. Hier muss die Einbeziehung bei Vertragsschluss erfolgen und mit dem Willen des Kunden geschehen. Ein solcher Wille des Kunden kann aber bei nachträglichen Click-Wrap-Agreements nicht angenommen werden.

Formalisierte Einverständniserklärungen des Kunden dürfen außerdem weder zu einer Beweislastumkehr führen noch den Anschein erwecken, dass es sich um individuell ausgehandelte AGB handelt. Der vor dem Auslösen des Absendebefehls zu markierende Vermerk „Ich habe die AGB gelesen" ist unzulässig, weil er eine Beweislastumkehr bewirken soll. Eine solche Kenntnisnahmeklausel kann nicht konstitutiv die tatsächlichen Voraussetzungen der Einbeziehung ersetzen; es sei denn, der Kunde ist auf die Klausel hingewiesen worden und die AGB sind eng mit ihr verbunden (die Klausel hat dann aber nur feststellenden Charakter)[559].

---

558 D II 1 a cc
559 Wolf in: Wolf/Horn/Lindacher, § 2 AGBG Rn. 48

2. Vertragsschluss bei Nutzung von WebTV

Bei WebTV[560] werden Websites mittels einer Set-top-Box über den Fernseher empfangen. Diese Boxen werden in der preiswertesten Variante nur eine reine Browserumsetzung des Internets auf den Fernseher inklusive eines Modems und einer Tastatur enthalten. Teuere Ausstattungen werden darüber hinaus eine Speichermöglichkeit bieten und eventuell auch Schnittstellen zum Anschluss weiterer Geräte wie eines Druckers[561]. Diese Ausführungen werden dann aber wieder PCs ähneln. Der Markt für Internet-TV-Boxen ist auf längere Sicht möglicherweise sogar größer als der für PCs, weil neue Zielgruppen erreicht werden können[562], zum Beispiel Haushalte, in denen kein Interesse an den sonstigen Funktionen eines PCs besteht. Bislang hat sich WebTV jedoch noch nicht durchgesetzt.

Empfängt der Kunde die Website über WebTV und fehlen Ausdruck- und Speichermöglichkeit, so tritt wiederum das Problem auf, dass AGB nachträglich geändert werden könnten[563]. Dieses Problem dürfte nunmehr durch den neuen § 312e I 1 Nr. 4 BGB behoben sein, wonach dem Kunden die Vertragsbestimmungen einschließlich der AGB speicherbar zur Verfügung gestellt werden müssen[564]. Zudem wird sich ein Verwender, der AGB nachträglich abändert, wegen Betruges nach § 263 StGB strafbar machen[565].

Des Weiteren ergibt sich hier das Problem, dass die Offline-Lektüre der AGB nicht möglich ist, was für die Möglichkeit der zumutbaren Kenntnisnahme eine Rolle spielt. Solange die Nutzung von WebTV jedoch noch eine Ausnahme darstellt, muss der Kunde, der diesen Weg zur Vertragsanbahnung gewählt hat, die Nachteile in Kauf nehmen. Bei weiterer Verbreitung von WebTV ohne Speichermöglichkeit müssen die Anbieter bei der Erstellung ihrer Websites dann auch auf die Belange dieser Kunden Rücksicht nehmen und zumindest bei Geschäften über kostspielige Ware mit langen AGB eine kostenlose Online-Lektüre der Geschäftsbedingungen ermöglichen.

---

560 Zerdick/Picot, Die Internetökonomie, S. 232 ff.
561 Zerdick/Picot, Die Internetökonomie, S. 238
562 Zerdick/Picot, Die Internetökonomie, S. 239
563 Gimmy in: Kröger/Gimmy, Handbuch zum Internetrecht, S. 74
564 D III 8
565 Waldenberger in: Handbuch Multimedia-Recht, 13.4 Rn. 181; Horn, MMR 2002, 209 (210)

3. Vertragsschluss über WAP

Vertragsschlüsse über WAP gleichen weitgehend Vertragsschlüssen via Internet[566]. Der große Unterschied liegt aber in den längeren Übertragungszeiten, den ähnlich wie beim Btx eingeschränkten Gestaltungsmitteln und dem sehr kleinen Display.

Bei WAP-Seiten, über die Verträge geschlossen werden können, sollte im jeweiligen Menü immer auch ein Hinweis auf die AGB untergebracht werden. Das Absenden der Bestellung muss in jedem Fall so gestaltet sein, dass der Nutzer vor dem Auslösen des Senden-Befehls noch einmal mit dem Hinweis auf die AGB konfrontiert wird. Da das Display so klein ist, kann dann davon ausgegangen werden, dass der Nutzer den Hinweis gesehen und in Kenntnis dieses Hinweises die Bestellung abgeschickt hat. Lässt es sich bei der Gestaltung der WAP-Seite einrichten, dass sich der Sendebefehl nur bei vorigem Markieren des AGB-Hinweises auslösen lässt, so wäre dies die optimale Gestaltung.

Das große Problem ist allerdings – vor allem der Kleinheit des Displays wegen – die Möglichkeit zumutbarer Kenntnisnahme. Hier wird deutlich, dass die AGB kurz sein müssen, wobei die Darstellung auf dem Display sehr übersichtlich und klar lesbar sein muss[567].

Hinzu kommen die Kosten: WAP-Services schlagen mit 0,19 €/Minute zu Buche. Das bedeutet, dass der durchschnittlich vermögende Kunde kein Interesse daran hat, länger als nötig WAP-Dienste in Anspruch zu nehmen. Eine Alternative wäre, dass der Kunde in einem Call-Center des Anbieters anruft und von dort aus zurückgerufen wird und sich bei Bedarf die AGB vorlesen lassen kann. Der Kunde kann sich gezielt nach bestimmten Regelungen erkundigen, wie z. B. der Garantiefrist. Wichtig ist, dass die AGB für diese Art der Kenntnisnahmeverschaffung klar aufgebaut und mit einem Inhaltsverzeichnis ausgestattet sind, damit der Kunde sich nicht den ganzen Text vorlesen lassen muss, sondern sich nach Verlesen des Inhaltsverzeichnisses nach bestimmten Regelungen erkundigen kann. Bei dieser Alternative kann der Wortlaut der Geschäftsbedingungen auch umfangreicher sein.

---

566 zur Frage der Anwendbarkeit des § 305a Nr. 2 BGB (Ausnahmen vom Einbeziehungserfordernis): Ranke, MMR 2002, 509 (510 f.). Dieser Ausnahmetatbestand betrifft lediglich Verträge, die sogleich online erfüllt werden (Download). Nach Ranke ist diese Vorschrift aber nur auf die Telefonauskunft und andere Mehrwertdienste anwendbar, nicht jedoch auf Tele- und Mediendienste.

567 Ranke, MMR 2002, 509 (510)

Es liegt aber nahe, dass über WAP mit Neukunden wohl nur solche Verträge abgeschlossen werden, die ihrem Inhalt nach sehr kurze und auch auf dem Mobilfunktelefon einigermaßen bequem lesbare AGB erlauben. Es zeigt sich die Tendenz, dass die Anbieter Geschäfte über WAP nur mit Kunden abschließen, die bereits einen Rahmenvertrag gemäß § 305 III BGB mit dem Anbieter abgeschlossen haben.

§ 305 II Nr. 1 BGB bietet für den Fall, dass ein ausdrücklicher Hinweis wegen der Art des Vertragsschlusses nur unter unverhältnismäßigen Schwierigkeiten machbar ist, alternativ die Möglichkeit des Hinweises durch deutlich sichtbaren Aushang am Ort des Vertragsschlusses an. Dies ist aber nur eine Alternative für den Hinweis auf die AGB (§ 305 II Nr. 1 BGB), nicht aber für die zumutbare Kenntnisnahme (§ 305 I Nr. 2 BGB). Der Hinweis kann ja unproblematisch über das Display des Handys erfolgen. Schwierig ist die Verschaffung einer zumutbaren Kenntnisnahmemöglichkeit.

Denkbar ist jedoch auch bei WAP ein Verzicht auf die Kenntnisnahmemöglichkeit. Eine solche Verzichtserklärung des Kunden muss ausdrücklich vor Vertragsschluss eingeholt werden[568].

III. Anbieterpflichten (Art. 10, 11 ECRL/§ 312e BGB)

Am 17.07.2000 wurde die „EU-Richtlinie über bestimmte rechtliche Aspekte der Dienste der Informationsgesellschaft, insbesondere des elektronischen Rechtsgeschäftsverkehrs, im Binnenmarkt“ (Richtlinie über den Elektronischen Geschäftsverkehr, ECRL) veröffentlicht[569]. Relevant sind in Bezug auf das Zustandekommen von Verträgen über das Internet die Art. 10 und 11 dieser Richtlinie. Die deutsche Umsetzung dieser Vorschriften findet sich in dem neuen § 312e BGB.

1. Anwendungsbereich

a) Dienste der Informationsgesellschaft

Die E-Commerce-Richtlinie soll gemäß Art. 1 II für eine Angleichung bestimmter für die Dienste der Informationsgesellschaft geltender innerstaatlicher Regeln sorgen. Der Begriff „Dienste der Informationsgesellschaft“ wird in Art. 2 a der

568 Ranke, MMR 2002, 509 (511)
569 ABl. L 178 v. 17.07.2000

Richtlinie definiert, der auf die Definition in Art. 1 Nr. 2 der Richtlinie 98/34/EG in der Fassung der Richtlinie 98/48/EG verweist. In dem Erwägungsgrund 17 zur Richtlinie wird erläutert, dass der Begriff „Dienste der Informationsgesellschaft" alle Dienstleistungen umfasst, die in der Regel gegen Entgelt im Fernabsatz mittels Geräten für die elektronische Verarbeitung (einschließlich digitaler Kompression) und Speicherung von Daten auf individuellen Abruf eines Empfängers erbracht werden[570]. Der Begriff des Fernabsatzes ist nicht deckungsgleich mit dem Begriff des Fernabsatzes in der Fernabsatzrichtlinie, da nur elektronische Kommunikationsmittel erfasst sind, nicht aber der Telefon- oder Briefverkehr[571]. Ausgenommen sind gemäß Anhang V zur Richtlinie 98/48/EG Sprachtelefondienste, Telefax-/Telexdienste, über Sprachtelefon oder Telefax erbrachte Dienste, Hörfunkdienste und Fernsehdienste. Dazu sollen auch InternetTV und Internetradio gehören, da sie nicht auf individuellen Abruf erbracht werden[572].

Der Erwägungsgrund 18 zur E-Commerce-Richtlinie führt Beispiele für Dienste der Informationsgesellschaft auf[573]:

- Online-Verkauf von Waren (die Auslieferung von Waren als solche sowie die Erbringung von Offline-Diensten werden nicht erfasst),
- Dienste, die nicht von denjenigen vergütet werden, die sie empfangen, wie etwa Online-Informationsdienste, kommerzielle Kommunikation oder Dienste, die Instrumente zur Datensuche, zum Zugang zu Daten oder zur Datenabfrage bereitstellen, sofern es sich bei diesen Diensten überhaupt um eine wirtschaftliche Tätigkeit handelt,
- Dienste, die Informationen über ein Kommunikationsnetz übermitteln, Zugang zu einem Kommunikationsnetz anbieten oder Informationen, die von einem Nutzer des Dienstes stammen, speichern,
- Dienste, die von Punkt zu Punkt erbracht werden, wie Video auf Abruf oder die Verbreitung kommerzieller Kommunikationen mit elektronischer Post.

Keine Dienste der Informationsgesellschaft sind[574]:

- Fernsehsendungen im Sinne der Richtlinie 89/552/EWG und Radiosendungen, da sie nicht auf individuellen Abruf erbracht werden (auch der Teletext gehört nicht dazu[575]),

---

570 ABl. L 178 v. 17.07.2000, S. 3

571 Micklitz, EuZW 2001, 133 (137); Saenger in: Erman, § 312e BGB Rn. 11

572 Arndt/Köhler, EWS 2001, 102 (104); a. A. Wendehorst in: Münchener Kommentar, § 312e BGB Rn. 36

573 ABl. L 178 v. 17.07.2000, S. 3 f.

574 ABl. L 178 v. 17.07.2000, S. 3 f.

- die Verwendung der elektronischen Post oder gleichwertiger individueller Kommunikationen zum Beispiel durch natürliche Personen außerhalb ihrer gewerblichen, geschäftlichen oder beruflichen Tätigkeit, einschließlich ihrer Verwendung für den Abschluss von Verträgen zwischen derartigen Personen,
- die vertragliche Beziehung zwischen einem Arbeitnehmer und seinem Arbeitgeber,
- Tätigkeiten, die ihrer Art nach nicht aus der Ferne und auf elektronischem Wege ausgeübt werden können, wie die gesetzliche Abschlussprüfung von Unternehmen oder ärztlicher Rat mit einer erforderlichen körperlichen Untersuchung eines Patienten.

Erwägungsgrund 18 fasst daher kurz zusammen: „Die Dienste der Informationsgesellschaft umfassen einen weiten Bereich von wirtschaftlichen Tätigkeiten, die online vonstatten gehen“ [576].

Zu berücksichtigen ist auch, dass an sich kostenlose Dienstleistungen im Internet, wie zum Beispiel die kostenfreie Bereitstellung von Datenbanken oder E-Mail-Diensten, gegen Entgelt erfolgen, wenn diese mit Bannerwerbung versehen und damit werbefinanziert sind. Auch diese Dienstleistungen sind dann Dienste der Informationsgesellschaft[577].

Im Gegensatz dazu sollen Tätigkeiten, die typischerweise eigentlich gegen Entgelt erbracht werden, nicht dem Anwendungsbereich der E-Commerce-Richtlinie unterfallen, wenn sie unentgeltlich erbracht werden[578].

In dem Diskussionsentwurf zum Schuldrechtsmodernisierunggesetz wurde der Begriff „Dienst der Informationsgesellschaft“ bewusst nicht definiert, weil davon ausgegangen wurde, dass eine Legaldefinition in einem öffentlich-rechtlichen Sondergesetz eingeführt werde, das die anderen Teile der E-Commerce-Richtlinie umsetzte und parallel zum SchuldrechtsmodernisierungsG in Kraft getreten ist[579]. Dieses „Gesetz über rechtliche Rahmenbedingungen für

---

575 Diskussionsentwurf vom 04.08.2000, S. 347

576 ABl. L 178 v. 17.07.2000, S. 3

577 Arndt/Köhler, EWS 2001, 102 (103); Wendehorst in: Münchener Kommentar, § 312e BGB Rn. 28

578 Lütcke, Fernabsatzrecht, § 312e BGB Rn. 16; a. A. Wendehorst in: Münchener Kommentar, § 312e BGB Rn. 26 wegen der Wendung „in der Regel gegen Entgelt“ (für ihr Beispiel aber korrekt, s. vorangegangene Fn.). Aus Beispiel 2 des Erwägungsgrundes 18 ergibt sich aber, dass es sich überhaupt um eine wirtschaftliche Tätigkeit handeln muss.

579 Diskussionsentwurf vom 04.08.2000, S. 346

den elektronischen Geschäftsverkehr“ (EGG) vom 14.12.2001[580] enthält jedoch keine solche Legaldefinition. In den erläuternden Hinweisen zum BMWi-Entwurf vom 01.12.2000 wird nur erwähnt, dass die von der E-Commerce-Richtlinie geregelten „Dienste der Informationsgesellschaft“ nach der geltenden Rechtslage als Teledienste unter das Teledienstegesetz (TDG) und als Mediendienst unter den Mediendienstestaatsvertrag (MDStV) fallen[581].

§ 312e BGB bezieht sich nunmehr ausdrücklich auf Verträge im elektronischen Geschäftsverkehr, also gewissermaßen „E-Commerce-Verträge“. Dies ist folgerichtig, denn Art. 10 und 11 ECRL, die durch § 312e BGB in deutsches Recht transformiert werden sollten, finden sich in Abschnitt 3 „Abschluss von Verträgen auf elektronischem Weg“ der EU-Direktive. Der Anwendungsbereich des § 312e BGB darf daher enger sein als der sich aus Art. 1 II und III ECRL insgesamt ergebende.

Anders als im Diskussionsentwurf bedient sich der Unternehmer nicht eines Dienstes der Informationsgesellschaft, sondern eines Tele- oder Mediendienstes. Dies hat den Vorteil, dass auf die Definitionen im TDG und MDStV zurückgegriffen werden kann, durch die durch das EEG auch Teile der E-Commerce-Richtlinie umgesetzt wurden. Aufgrund der schwierigen Balance zwischen Bundes- und Landeskompetenzen im Medienbereich wurden die Begriffe Teledienst und Mediendienst beibehalten und auf eine Einführung des Begriffes „Dienst der Informationsgesellschaft“ in das deutsche Recht verzichtet[582].

Tele- und Mediendienste erfassen wie die E-Commerce-Richtlinie nur Angebote und Dienstleistungen, die auf Abruf im Fernabsatz und in elektronischer Form erbracht werden. Zudem sind die Bereiche Rundfunk und Telekommunikation entsprechend der E-Commerce-Richtlinie ausdrücklich vom Anwendungsbereich des TDG (§ 2 IV TDG) und MDStV ausgenommen[583]. Zwar gehören zu den Tele- und Mediendiensten auch nichtkommerzielle Angebote sowie elektronische Verteildienste. § 312e BGB macht aber mit der Formulierung „zwecks Abschlusses eines Vertrages“ deutlich, dass zum einen nur gewerbsmäßige An-

---

580 BGBl. I, S. 3721 ff.

581 Erläuternde Hinweise zum Arbeitspapier „Entwurf eines Gesetzes über rechtliche Rahmenbedingungen für den elektronischen Geschäftsverkehr“ vom 01.12.2000, S. 7; so auch Schneider, K&R 2001, 344 (348)

582 Tettenborn/Bender/Lübben/Karenfort, Beilage 1 zu K&R 12/2001, S. 6; Ring in: Anwaltkommentar Schuldrecht vor § 312e BGB Rn. 12; sehr kritisch zu dieser Umsetzung Wendehorst in: Münchener Kommentar, § 312e BGB Rn. 21 ff.

583 Regierungsentwurf vom 14.05.2001, BT-Drs. 14/6040, S. 170

gebote erfasst sind und zum anderen das betreffende Angebot für den Kunden zum Zwecke einer Bestellung individuell aufrufbar sein muss[584].

b) Diensteanbieter/Unternehmer

Diensteanbieter im Sinne der E-Commerce-Richtlinie ist nicht nur, wer sich ausschließlich zur Abwicklung seiner Geschäfte eines Dienstes der Informationsgesellschaft bedient, sondern auch derjenige, welcher nur einen Teil seines Absatzes auf diesem Wege abwickelt[585].

Während die E-Commerce-Richtlinie vom Diensteanbieter spricht, richtet sich § 312e BGB an Unternehmer. Die Bezeichnung „Unternehmer" wurde für die Umsetzung ins deutsche Recht gewählt, da „Diensteanbieter" dem üblichen Sprachgebrauch widersprechen würde und außerdem die Gefahr der Verwechslung mit dem Provider des Dienstes bestünde[586]. Die Vorschrift spricht jedoch nur denjenigen Diensteanbieter an, der seinen grundsätzlich auf eine andere Art von Tätigkeiten gerichteten Geschäftsgegenstand elektronisch zugänglich macht[587].

Der Begriff „Unternehmer" wird in § 14 BGB legaldefiniert: Gemäß § 14 I BGB ist Unternehmer eine natürliche oder juristische Person oder eine rechtsfähige Personengesellschaft, die bei Abschluss eines Rechtsgeschäfts in Ausübung ihrer gewerblichen oder selbständigen beruflichen Tätigkeit handelt. Daraus folgt, dass § 312e BGB auf Geschäfte, an denen nur Verbraucher beteiligt sind, nicht anzuwenden ist[588].

Teilweise wird angenommen, dass die deutsche Umsetzung von der E-Commerce-Richtlinie abweicht, da diese auch einmalige Geschäfte von Privatpersonen[589] erfasse, während der Unternehmerbegriff im deutschen Recht an die ständig ausgeübte berufsmäßige Tätigkeit anknüpfe[590]. Hierbei ist aber zu berücksichtigen, dass kein Privatmann für den einmaligen Verkauf einer Ware eine Website mit Online-Bestellformular ins Netz stellen wird. Diese Geschäfte werden über individuelle Kommunikationsmittel abgeschlossen werden, so dass

---

584 Regierungsentwurf vom 14.05.2001, BT-Drs. 14/6040, S. 170 u. 171; Lütcke, Fernabsatzrecht, § 312e BGB Rn. 16; Artz, JuS 2002, 528 (534)

585 Micklitz, EuZW 2001, 133 (137)

586 Diskussionsentwurf vom 04.08.2000, S. 346

587 Diskussionsentwurf vom 04.08.2000, S. 344

588 Regierungsentwurf vom 14.05.2001, BT-Drs. 14/6040, S. 171

589 Hassemer, MMR 2001, 635 (638); kritisch Wendehorst in: Münchener Kommentar, § 312e BGB Rn. 15

590 Heinrichs in: Palandt, § 14 BGB Rn. 2

allenfalls die Dokumentationspflicht nach Art. 10 III ECRL betroffen sein könnte. Zudem handelt es sich um ein C2C-Geschäft, so dass verbraucherschutzrechtliche Problemstellungen hier ebenfalls nicht relevant werden. Die sich anschließende Frage, ob es hinsichtlich Rechtssicherheit und Beweisbarkeit zu verschmerzen sei, bei solchen einzelnen Verträgen unter Privatpersonen auf die Dokumentationspflicht zu verzichten, stellt sich aber nicht: Gemäß Erwägungsgrund 18 der E-Commerce-Richtlinie soll es sich bei Verträgen unter Privatpersonen, die durch individuelle Kommunikationsmittel geschlossen werden, ohnehin nicht um Dienste der Informationsgesellschaft handeln[591]. Die durch die Verwendung des Begriffes „Unternehmer" von § 312e BGB nicht erfassten Rechtsgeschäfte sind daher auch nicht Gegenstand der E-Commerce-Richtlinie.

2. E-Mail und vergleichbare individuelle Kommunikation

Die Pflichten der Art. 10 (ausgenommen Absatz 3) ECRL und Art. 11 ECRL (hier wird die Zugangsfiktion in Absatz 1, 2. Spiegelstrich ausgenommen) gelten gemäß Art. 10 IV und 11 III ECRL nicht für Verträge, die per E-Mail oder durch damit vergleichbare individuelle Kommunikation geschlossen werden. Auf diese Weise sollen Vertragsabschlüsse, die solchen am Telefon oder per Brief ähneln und damit nicht die Besonderheiten von formalisierten Online-Geschäften aufweisen, von den Pflichten der Art. 10, 11 ECRL entlastet werden, da diese hier sinnlos wären[592].

Das Schuldrechtsmodernisierungsgesetz fasst Art. 10 IV und 11 III ECRL in § 312e II 1 BGB zusammen und stellt in § 312f BGB klar, dass im übrigen abweichende Vereinbarungen unzulässig sind. Grund hierfür ist, dass die Pflichten des § 312e BGB Vertragsabschlüsse, die solchen am Telefon oder per Brief ähneln und damit nicht die spezifischen Besonderheiten des Online-Einkaufs aufweisen, insbesondere wenn sie nur zwischen zwei Verbrauchern erfolgen, unnötig verkomplizieren würden[593]. Allerdings gilt § 312e BGB für Verträge unter Verbrauchern ohnehin nicht.

Bei einem Vertragsschluss per E-Mail ist dem Kunden freilich klar, wie ein solcher Vertragsschluss technisch vonstatten geht. Schließlich kann der Kunde sein E-Mail-Programm bedienen, sonst hätte er nicht diesen Weg des Vertragsschlusses gewählt[594]. Hier liegt nicht die Situation vor, dass der Kunde sich einem vom Anbieter geforderten formalisierten Vertragsschluss unterwirft. Der Regie-

---

591 ABl. L 178 v. 17.07.2000, S. 3
592 Micklitz, EuZW 2001, 133 (138)
593 Diskussionsentwurf vom 04.08.2000, S. 348
594 Spindler, MMR-Beilage 7/2000, 4 (12); Glatt, ZUM 2001, 390 (391)

rungsentwurf geht davon aus, dass beim typischen Online-Einkauf sich der Unternehmer unter Verwendung eines elektronischen Kommunikationsdienstes an eine unbegrenzte Zahl nicht individualisierter potentieller Kunden wendet, indem er etwa seinen Verkaufskatalog ins Internet stellt[595].

Die meisten Vertragsschlüsse im B2C-Bereich im Internet werden über Online-Formulare auf Websites erfolgen, ähnlich wie in der nicht virtuellen Welt in Kaufhäusern, Läden und Supermärkten mit Waren, Preisschildern und Kassen. Vertragsschlüsse über E-Mail werden Geschäfte betreffen, die nicht über einen Verkaufsraum voller Regale, gefüllt mit mit Preisschildern versehenen Waren, die vom Kaufinteressierten zur Kasse gebracht werden müssen, geschlossen werden. Es handelt sich um nichtformalisierte Geschäfte, bei denen die Verhandlung zwischen Anbieter und Kunde im Vordergrund steht. Aufgrund dieser technisch gleichberechtigten Basis entspricht die Situation tatsächlich einem Telefonat oder dem Briefverkehr, so dass sich eine Regelung über das Prozedere beim Vertragsschluss erübrigt, weil es sinnlos wäre, diese Art elektronischer Bestellungen anders als die traditionellen Formen zu behandeln.

Nach der Begründung des Regierungsentwurfes sollen auch Vertragsabschlüsse, bei denen der Unternehmer direkt mit dem jeweiligen Kunden Kontakt aufnimmt, indem er zum Beispiel an dessen E-Mail-Adresse ein Verkaufsangebot elektronisch übersendet, von den Pflichten des § 312e BGB entlastet werden[596]. Hier muss aber § 312f BGB beachtet werden: Eine solche Gestaltung darf nicht dazu dienen, die Vorschriften des § 312e BGB zu umgehen. Dieses Verbot entspricht auch Erwägungsgrund 39 der E-Commerce-Richtlinie[597].

Hieraus folgt auch, welche anderen elektronischen Medien eine der E-Mail vergleichbare individuelle Kommunikationsform darstellen. Wie zuvor dargelegt ist der Gegenbegriff zu „individuell" „formalisiert". Die Formalisierung erfasst Situationen, in denen die Vorgehensweise beim Vertragsschluss vom Anbieter vorgegeben wird. Als Beispiele für individuelle Kommunikation sind hier der Chat[598] als eine Mischung aus E-Mail und Telefonat sowie die Internettelefonie (auch in der Form von Videoübertragungen über das Internet)[599] zu nennen.

---

595 Regierungsentwurf vom 14.05.2001, BT-Drs. 14/6040, S. 172

596 Regierungsentwurf vom 14.05.2001, BT-Drs. 14/6040, S. 172; Lütcke, Fernabsatzrecht, § 312e BGB Rn. 24

597 ABl. L 178 v. 17.07.2000, S. 6; Wendehorst in: Münchener Kommentar, § 312e BGB Rn. 47

598 Spindler, MMR-Beilage 7/2000, 4 (11); Tettenborn/Bender/Lübben/Karenfort, Beilage 1 zu K&R 12/2001, S. 25; Glatt, ZUM 2001, 390 (392); Wendehorst in: Münchener Kommentar, § 312e BGB Rn. 46

599 Glatt, ZUM 2001, 390 (392)

Abstrakt ausgedrückt sind alle elektronischen Formen der Kommunikation, die nicht ausschließlich für den Abschluss eines Vertrages mit oder über einen bestimmten Anbieter konzipiert wurden, individuelle Kommunikation.

Wird bei einer Bestellung via Internet von dem Kunden ein Online-Bestellformular abgeschickt und schickt der Anbieter eine Empfangsbestätigung über einen Autoresponder per E-Mail, so könnte dies auch als Vertragsschluss per E-Mail angesehen werden. Das gleiche gilt für den Fall, dass das Online-Bestellformular des Kunden nicht über einen Webserver, sondern in der Form einer E-Mail versandt wird[600]. In diesem Zusammenhang weist Erwägungsgrund 39 darauf hin, dass die Ausnahmen für Verträge, die ausschließlich durch den Austausch elektronischer Post oder durch damit vergleichbare individuelle Kommunikation geschlossen werden, nicht dazu führen sollten, dass Anbieter diese Vorschriften umgehen[601]. Tatsächlich ist zu berücksichtigen, dass die E-Commerce-Richtlinie von E-Mail oder vergleichbarer individueller Kommunikation spricht. Bei dem vorgenannten Beispiel handelt es sich aber um einen formalisierten Vertragsschluss, bei dem die Parteien nicht wirklich miteinander kommunizieren. Die Konstruktion ähnelt eher einem Warenautomaten. Ein solchermaßen formalisierter Vertragsschluss ist gerade die Art von Rechtsgeschäft, die durch die Vorschriften der E-Commerce-Richtlinie erfasst werden soll. Daher handelt es sich also nicht um individuelle Kommunikation[602], da gerade kein freier Austausch von Mitteilungen stattfindet[603].

Das gleiche gilt für Vertragschlüsse im Wege einer Online-Auktion. Auch wenn die Gebote per Mail versandt werden, ist die Art und Weise des Vertragsschlusses vom Anbieter vorgegeben[604]. Die Erfüllung der Pflichten durch den Anbieter macht daher auch Sinn.

Zweifelhaft ist der Fall, dass der Anbieter seine Leistungen auf einer Website im Internet präsentiert, für Bestellungen aber kein Formular bereitgehalten wird, sondern formlos per E-Mail bestellt werden muss, worauf der Anbieter seine Leistung dann unmittelbar erbringt[605]. Bei dieser Vorgehensweise fehlt es am Austausch von E-Mails. Tatsächlich besteht bei einem nichtformalisierten Ver-

---

600 Beispiel von Spindler, MMR-Beilage 7/2000, 4 (11)

601 ABl. L 178 v. 17.07.2000, S. 6

602 Tettenborn/Bender/Lübben/Karenfort, Beilage 1 zu K&R 12/2001, S. 25; Glatt, ZUM 2001, 390 (392)

603 Spindler, MMR-Beilage 7/2000, 4 (11); Glatt, ZUM 2001, 390 (392); Wendehorst in: Münchener Kommentar, § 312e BGB Rn. 47 f.

604 Wiebe, MMR 2000, 323 (328) begründet das Fehlen der Individualität mit der Öffentlichkeit der Warenpräsentation und der Gebote.

605 Beispiel von Glatt, ZUM 2001, 390 (391)

tragschluss nicht die Notwendigkeit, den Kunden über die technischen Vertragsschlussmodalitäten oder Korrekturmöglichkeiten zu informieren. Sinn macht nur die Dokumentationspflicht des Art. 10 III ECRL, welche aber auch bei individueller Kommunikation besteht. Es handelt sich also auch hier um einen Fall individueller Kommunikation[606].

3. Abdingbarkeit

Die Informations- und sonstigen Pflichten der Art. 10, 11 ECRL – ausgenommen ist Art. 10 III ECRL – stehen unter dem Vorbehalt abweichender Vereinbarungen zwischen Parteien, die nicht Verbraucher sind. Entsprechend können Parteien, die nicht Verbraucher sind, gemäß § 312e II 2 BGB die Regelungen in § 312e I 1 Nr. 1 bis 3 und I 2 BGB, nicht jedoch in § 312e I Nr. 4 BGB abbedingen. Der Diskussionsentwurf und der Gesetzentwurf der Bundesregierung sahen im Gegensatz zur Richtlinie aus Gründen der besseren Lesbarkeit eine positive Formulierung vor („wenn zwischen Unternehmern etwas anders vereinbart wird“)[607]. Der Bundesrat regte daraufhin in seiner Stellungnahme vom 13.07.2001[608] an, statt der Bezeichnung „Unternehmer“ den Wortlaut der Richtlinie zu übernehmen[609]. Der Unternehmerbegriff in § 14 BGB erfasse nämlich beispielweise nicht Idealvereine, gemeinnützige Stiftungen und öffentliche Einrichtungen, deren Leistungsbeziehungen ausschließlich öffentlich-rechtlich ausgestaltet sind[610]. Diese Personen bzw. Personenvereinigungen sind aber auch keine Verbraucher und wären damit nach der EC-Direktive wie Unternehmer befugt, die Vorschriften abzubedingen. Um der Richtlinie gerecht zu werden, wurde daraufhin deren Formulierung übernommen. Parteien, die nicht Verbraucher sind, sind daher nicht zwangsläufig Unternehmer[611].

Eine entsprechende abweichende Vereinbarung kann sowohl für einen einzigen Vertrag als auch innerhalb eines Rahmenvertrages für kommende Vertragschlüsse getroffen werden[612], also für eine Vielzahl von Verträgen im Vor-

---

606 Glatt, ZUM 2001, 390 (392); a. A. Wendehorst in: Münchener Kommentar, § 312e BGB Rn. 50. Ihr ist aber zu folgen, wenn es sich bei der Präsentation des Anbieters bereits um ein bindendes Angebot handelt und der Vertrag durch die E-Mail des Kunden geschlossen wird, weil es sich dann wieder um einen formalisierten Vertragsschluss handeln würde.

607 Diskussionsentwurf vom 04.08.2000, S. 349; BT-Drs. 14/6040, S. 15; Regierungsentwurf vom 14.05.2001, BT-Drs. 14/6040, S. 172

608 BT-Drs. 14/6857, S. 6 ff.

609 BT-Drs. 14/6857, S. 20 f.

610 BT-Drs. 14/6857, S. 21

611 Ring in: Anwaltkommentar Schuldrecht, § 312e BGB Rn. 32; Wendehorst in: Münchener Kommentar, § 312e BGB Rn. 53

612 Diskussionsentwurf vom 04.08.2000, S. 349

aus[613]. Die Parteien müssen sich also in jedem Fall vorab über das Prozedere beim Vertragsschluss einigen und können erst dann den eigentlichen Vertragsschluss vornehmen[614]. Es wird folglich davon ausgegangen, dass sich regelmäßig der Anbieterunternehmer mit dem Vertragspartner über das Verfahren beim Abschluss von Verträgen im elektronischen Geschäftsverkehr verständigen wird[615]. Eine Abbedingung durch Allgemeine Geschäftsbedingungen ist nicht möglich, da § 312e BGB zwischen Unternehmern dann so gut wie nie Anwendung finden würde[616]. Dies widerspräche dem Sinn des § 312e II 2 BGB, der lediglich Parteien, die häufiger Verträge miteinander schließen, den Vertragsabschluss erleichtern soll[617].

a) EDI

Es gilt einen Blick auf die unter Unternehmern typischen Formen der Internetvertragsschlüsse zu werfen. Wie oben dargelegt[618] ist für die Nutzung von EDI immer ein Rahmenvertrag erforderlich. Sollen über EDI neue Verträge geschlossen oder alte verlängert werden, so müsste der Anbieter den Informationspflichten des § 312e I 1 Nr. 2 BGB nachkommen sowie dem Kunden Korrekturmöglichkeiten bei Eingabefehlern zur Verfügung stellen. Die Pflicht zur Empfangsbestätigung gemäß § 312e I 1 Nr. 3 BGB ist unproblematisch, weil bei EDI ohnehin automatisch Empfangsbestätigungen verschickt werden. Die anderen Informationspflichten, wie zum Beispiel die Erläuterung, welche technischen Schritte zu einem Vertragsabschluss führen, erscheinen in diesem Zusammenhang sinnlos.

Wie ausgeführt[619] wird die Vereinbarung über die Verwendung von EDI nicht immer im Rahmen eines schriftlichen Vertrages getroffen. Selbst wenn ein ausdrücklicher schriftlicher EDI-Rahmenvertrag abgeschlossen wurde, so braucht dieser nicht nach dem Inkrafttreten des § 312e BGB um den Passus „Die Pflichten des § 312e I 1 Nr. 1 bis 3 und I 2 BGB werden abbedungen" ergänzt zu werden. Bereits die stillschweigenden Vereinbarungen zur Nutzung von EDI oder die Fortsetzung der laufenden Nutzung sind als Vereinbarung gemäß § 312e II 2

---

613 Regierungsentwurf vom 14.05.2001, BT-Drs. 14/6040, S. 172

614 Diskussionsentwurf vom 04.08.2000, S. 349; Regierungsentwurf vom 14.05.2001, BT-Drs. 14/6040, S. 172

615 Regierungsentwurf vom 14.05.2001, BT-Drs. 14/6040, S. 172

616 A. A. Masuch in: Bamberger/Roth, § 312e BGB Rn. 39; differenzierend Wendehorst in: Münchener Kommentar, § 312e BGB Rn. 56: Empfangsbekenntnis kann auch in AGB abbedungen werden.

617 Lütcke, Fernabsatzrecht, § 312e BGB Rn. 27

618 D I 3

619 D I 3

BGB anzusehen. Versendet der Produzent eine Bestellung über EDI ohne Einhaltung der in § 312e I 1 Nr. 1 bis 3, I 2 BGB genannten Pflichten und reagiert der Lieferant darauf mit einer Empfangsbestätigung, so sind die Voraussetzungen des § 312e II 2 BGB erfüllt, auch wenn die Empfangsbestätigung automatisch versandt wird.

b) Marktplätze

Bei Marktplätzen, die nur von Unternehmern genutzt werden dürfen, wäre es sinnvoll, die Abbedingung gemäß § 312e II 2 BGB gleich beim Vertragsschluss über die Nutzung der Plattform vorzunehmen. Diese Vereinbarung sollte dem eigentlichen Vertragsschluss über die Plattformnutzung vorgeschaltet sein. So wäre eine Gestaltung denkbar, nach der der Nutzer, bevor er auf das eigentliche Online-Formular gelangt, eine Schaltfläche „Akzeptieren" betätigen muss, die sich unterhalb des Hinweises „Die Pflichten des § 312e I 1 Nr. 1 bis 3 und I 2 BGB werden gemäß § 312e II 2 BGB für den nachfolgenden Vertragsschluss abbedungen" nebst Link zu dieser Gesetzesvorschrift findet.

Andererseits muss dem Nutzer einer solchen Plattform ohnehin die Gestaltung und Funktionsweise der angebotenen Online-Formulare und Software erläutert werden. Zudem besteht bei virtuellen Marktplätzen häufig ein Gefälle zwischen dem technologischen Know-how der Plattformbetreiber (häufig ein Verbund von Konzernen) und den mit dem Einsatz neuer Medien oftmals kaum vertrauten Nutzern (kleinere Zulieferer). Viele Plattformanbieter werben sogar mit kleinen downloadbaren Präsentationen wie „Procurement-Tour" oder „Supply-Chain-Tour", in denen die Funktionen und die Bedienungsweise des betreffenden Marktplatzes genau erläutert werden, für die Nutzung ihrer Plattform. Insofern besteht eigentlich kein Grund für den Plattformbetreiber, § 312e I 1 Nr. 1 bis 3 und I 2 BGB abzubedingen; denn dies sind alles Informationen, die er dem Kunden ohnehin geben wird. Zudem ist die Abbedingung technisch genauso aufwändig wie die Erfüllung des Erfordernisses.

Anders ist hingegen die Situation bei den Vertragsschlüssen, die von bereits angemeldeten Nutzern der Plattform vorgenommen werden. Hier ist die Technik des Vertragsschlusses schon geklärt und mit Empfangsbestätigungen wird im kaufmännischen Verkehr ohnehin gearbeitet. Auch eventuelle Verhaltenskodizes sind für den unternehmerischen Nutzer nicht interessant, weil diese die Interessen von Verbrauchern schützen sollen.

Daher empfiehlt sich hier, dass mit der Zulassung zur Plattform gleichzeitig alle Nutzer einen Verzicht auf die Einhaltung der Pflichten des § 312e I 1 Nr. 1 bis 3 und I 2 BGB zugunsten ihrer potentiellen Vertragspartner erklären. Da die potentiellen Vertragpartner nicht von vornherein feststehen, ist eine Vereinbarung zwischen diesen Parteien noch nicht möglich. Daher kann die Befreiung des Anbieters von seinen Pflichten nur durch einen vorweggenommenen Verzicht begründet werden. Dies wäre dann eine Vereinbarung zugunsten Dritter im Sinne von § 328 BGB. Die Bestimmbarkeit des begünstigten Dritten ist dann gewährleistet, wenn feststeht, dass es sich nur um Nutzer der Plattform handelt; selbst wenn es sich um eine sehr große Anzahl an Personen handeln sollte.

Zudem steht der Verzicht auf die Einhaltung der Pflichten des § 312e I 1 Nr. 1 bis 3 und I 2 BGB unter der Bedingung, dass der Verzichtende mit dem Begünstigten in Vertragsverhandlungen tritt. Steht fest, dass ein Nutzer auf der Plattform lediglich Ware anbieten will, aber selbst keine Ware erwerben wird, so ist eine Verzichtserklärung seinerseits nicht erforderlich – schließlich ist er der ausschließlich Verpflichtete. In dieser Rechtsposition kann er sich nicht selbst einseitig von seinen Pflichten entbinden.

c) Agenten

Ähnlich wie beim EDI erscheinen die Informationspflichten, die auf Geschäfte mit Verbrauchern zugeschnitten sind, bei Vertragsschlüssen über Agenten überflüssig. Der Vertragsschluss wird allein von dem Softwareprogramm durchgeführt, ohne weitere Einflussnahme seitens des Nutzers dieser Technik. Einem Softwareprogramm die technischen Schritte zu einem Vertragsschluss über ein anderes Softwareprogramm zu erklären, ist ohne erkennbaren Sinn[620]. Ohne die Fähigkeit, mit der Plattform, an welcher der Agent andockt, kommunizieren zu können, kann es nicht zu einem Vertragsschluss kommen.

Entsprechendes gilt für die anderen vorgeschriebenen Informationen. Wenn für den Anwender des Agenten eine bestimmte Information wichtig ist, wird er den Agenten entweder so programmieren, dass nur Vertragsschlüsse mit Anbietern zustande kommen, die sich beispielsweise einem bestimmten Verhaltenskodex unterwerfen, oder er wird den Agenten zunächst diese für ihn bedeutsamen Informationen einholen lassen. Beides ist aber im vorliegenden Fall nicht vorstellbar, weil die Informationen nach § 312e I BGB für einen Unternehmer schlechthin nicht von Interesse sind, der einen Agenten einsetzt[621]. Eine Auftragsbestätigung wird im unternehmerischen Verkehr ohnehin versandt[622]. Daher wird

---

620 ähnlich Gitter/Roßnagel, K&R 2003, 64 (68)

621 Gitter/Roßnagel, K&R 2003, 64 (69) gehen davon aus, dass hinsichtlich § 3 Nr. 2 und 5 BGB-InfoV zumindest eine nachträgliche Information erfolgen müsse.

622 Gitter/Roßnagel, K&R 2003, 64 (69)

man bereits im Einsatz von Commerce-Bots einen stillschweigenden Verzicht auf die Einhaltung der Anforderungen des § 312e I 1 Nr. 1-3, 2 BGB sehen müssen.

d) Sinn der ECRL-Pflichten bei Geschäften unter Unternehmern

Nach der Untersuchung der typischen unternehmerischen Verwendungsarten des Internets stellt sich die Frage, warum Geschäfte unter Unternehmern nicht von vornherein von den Pflichten der Art. 10 I, II und 11 I, II ECRL freigestellt wurden.

Der Gedanke, der hinter dieser Regelung steht, ist sicherlich, dass elektronischer Geschäftsverkehr sich noch nicht in allen Unternehmen etabliert hat. Besonders in kleinen und mittelständischen Unternehmen ist die Hemmschwelle, EDI zu nutzen, noch sehr groß. In Großunternehmen hingegen gehört der Umgang mit Informationstechnologien schon zum Tagesgeschäft. Sie sind die Hauptanwender von EDI. Da aber in der Wirtschaft das Wissen um diese Informationstechnologien und deren Verwendungsgrad höchst unterschiedlich ausgebildet sind, erscheint es durchaus angebracht, dafür zu sorgen, dass die Unternehmer, die mit dem Umgang mit Informationstechnologien noch nicht vertraut sind, die für sie wichtigen Informationen vor Vertragsschluss erhalten, um ihnen den Einstieg in die Nutzung von Informationstechnologien zu erleichtern. Dies spielt freilich – wie zuvor ausgeführt[623] – nur eine Rolle, wenn mittels Informationstechnologien sofort ein Vertrag geschlossen werden soll, ohne dass die Parteien sich vorher über die Nutzung von Informationstechnologien verständigt haben. Bei EDI oder Agenten steht hingegen vor Vertragsschluss fest, dass die Parteien sich mit der verwendeten Technologie auskennen – ansonsten wäre eine Kommunikation auf diesem Wege gar nicht möglich. Bei Marktplätzen kommt es zum Vertragsschluss mit dem Betreiber der Plattform. Hier sind die Informationspflichten sinnvoll, um die Hemmschwelle zur Nutzung solcher Plattformen auf Dauer abzubauen.

4. Sanktionen

a) Überblick

Es folgt ein Überblick über das Sanktionssystem der deutschen Umsetzung der Art. 10 und 11 ECRL gegeben werden. Daran schließt sich eine Darstellung der

---

[623] D III 3 b

einzelnen Pflichten des § 312e BGB an sowie eine Bewertung der deutschen Umsetzung.

Gemäß Art. 20 ECRL sollen die Mitgliedsstaaten wirksame, verhältnismäßige und abschreckende Sanktionen festlegen, die bei Verstößen gegen die einzelstaatlichen Vorschriften zur Umsetzung der Richtlinie anzuwenden sind. Außerdem sollen die Mitgliedsstaaten alle geeigneten Maßnahmen zur Durchsetzung der Sanktionen treffen.

In diesem Zusammenhang sah der Referentenentwurf in dem damaligen § 305b V BGB-E die Regelung vor, dass die Wirksamkeit des Vertrages über die Ware oder die Dienstleistung nicht davon berührt werde, dass eine der in § 305b BGB-E genannten Pflichten nicht erfüllt wird. Die Begründung des Entwurfs wies darauf hin, dass die Unwirksamkeit des betroffenen Vertrages nicht geeignet wäre, die Informationspflichten in der von der Richtlinie verlangten Weise effektiv durchzusetzen. Der Nutzer würde die Informationen nicht erhalten, während der Unternehmer die Leistung so erbringen könnte, dass ein Bereicherungsausgleich gemäß § 814 BGB nicht möglich ist[624].

Die im Referentenentwurf enthaltene Regelung des § 305b V BGB-E wurde bereits im Regierungsentwurf fallen gelassen. Dies geschah mit der zutreffenden Begründung, dass eine solche Klarstellung eine an sich klare Rechtslage ungewollt in Zweifel ziehen und Unklarheiten hinsichtlich der anderen möglichen Folgen begründen würde[625]. Eine Nichtigkeit des Vertrages widerspräche auch dem Sinn der Vorschrift, die den Kunden schützen soll, da der Kunde dann nicht einmal einen durchsetzbaren Anspruch auf nachträgliche Information hätte[626]. Anderenfalls würde die Verlängerung der Widerrufsfrist gemäß § 312e III 2 BGB keinen Sinn machen[627]: Der Lauf der Widerrufsfrist bei einem Widerrufsrecht des Kunden aufgrund anderer Vorschriften beginnt erst nach Erfüllung der Pflichten des § 312e I 1 BGB[628]. In der Regel wird dem Verbraucher beim Abschluss eines Vertrages im elektronischen Geschäftsverkehr ein Widerrufsrecht nach §§ 312d, 355 BGB zustehen, da es sich gleichzeitig um einen Fernabsatz-

624 Diskussionsentwurf vom 04.08.2000, S. 349

625 Regierungsentwurf vom 14.05.2001, BT-Drs. 14/6040, S. 173

626 Regierungsentwurf vom 14.05.2001, BT-Drs. 14/6040, S. 173; Schmidt-Räntsch, Das neue Schuldrecht, Rn. 1082

627 Lütcke, Fernabsatzrecht, § 312e BGB Rn. 61

628 Wendehorst in: Münchener Kommentar, § 312e BGB Rn. 106 weist darauf hin, dass § 312 III 2 BGB nicht nur das Widerrufsrecht nach § 355 BGB, sondern auch das Rückgaberecht nach § 356 BGB erfasse. Dies ergibt sich aber bereits aus dem Wortlaut von § 356 BGB selbst. Es liegt also kein Redaktionsversehen vor.

vertrag handeln wird[629]. Die Regelung in § 312e III 2 BGB entspricht § 312 d II BGB, da kein Grund ersichtlich ist, warum der Lauf der Widerrufsfrist bei einem im elektronischen Geschäftsverkehr geschlossenen Fernabsatzvertrag nur von der Erfüllung der Informationspflichten des § 312c I und II BGB, nicht aber von den in diesen Fällen gleichermaßen vom Unternehmer zu beachtenden Pflichten des § 312e I BGB abhängig sein sollte[630]. Es wird hier also mittelbar ein Widerrufsrecht für den Fall der Verletzung der Pflichten nach § 312e BGB begründet[631]. Gemäß § 355 III 3 BGB erlischt dieses Widerrufsrecht nicht, da der Kunde ja nicht ordnungsgemäß belehrt worden ist[632].

Des Weiteren besteht ein Unterlassungsanspruch nach § 2 II Nr. 2 Unterlassungsklagengesetz (UKlaG) wegen verbraucherschutzgesetzwidriger Praktiken[633]. Anspruchsinhaber ist hier aber nicht der Verbraucher, sondern berechtigt zur Anspruchsstellung sind gemäß § 3 I UKlaG qualifizierte Einrichtungen (gemäß § 4 UKlaG sind dies u.a. Verbraucherzentralen), bestimmte rechtsfähige Verbände zur Förderung gewerblicher Interessen, die Industrie- und Handelskammern sowie die Handwerkskammern.

Außerdem verschafft sich der Anbieter durch die Verletzung der Vorschriften des § 312e BGB auch einen zumindest formalen gesetzwidrigen Wettbewerbsvorteil, so dass gegen ihn auf Unterlassung gemäß § 8 I UWG geklagt werden kann[634]. Klagebefugt sind hier aber gemäß § 8 III UWG nicht Verbraucher, sondern Mitbewerber (§ 8 III Nr. 1 UWG) sowie bestimmte in § 8 III Nr. 2 – 4 UWG aufgeführte rechtsfähige Verbände. Auch ein Verstoß gegen die Informationspflichten des § 312c BGB ist derzeit durch die Unterlassungsklage nach § 2 II Nr. 1 UKlaG sanktioniert. Zudem kommen Unterlassungsansprüche von Mitbewerbern gemäß §§ 3, 8 UWG in Frage[635].

---

629 Regierungsentwurf vom 14.05.2001, BT-Drs. 14/6040, S. 173; Hassemer, MMR 2001, 635 (636)

630 Regierungsentwurf vom 14.05.2001, BT-Drs. 14/6040, S. 173; Lütcke, Fernabsatzrecht, § 312e BGB Rn. 67

631 Ring in: Anwaltkommentar Schuldrecht, § 312e BGB Rn. 43

632 mehr zu § 312e III 2 BGB nachfolgend unter 9

633 Diskussionsentwurf vom 04.08.2000, S. 350; Regierungsentwurf vom 14.05.2001, BT-Drs. 14/6040, S. 173 f.; Lütcke, Fernabsatzrecht, § 312e BGB Rn. 66

634 Diskussionsentwurf vom 04.08.2000, S. 350; Regierungsentwurf vom 14.05.2001, BT-Drs. 14/6040, S. 173 f.

635 Begründung zum Referentenentwurf des FernAG, Stand 31.05.1999, S. 97; Piepenbrock/Schmitz, K&R 2000, 378 (380)

Weitere Sanktionen schließt diese Regelung nicht aus. Vielmehr können die allgemein gültigen Regeln Anwendung finden[636]. So kann der Kunde seine Erklärung gegebenenfalls nach § 119 BGB anfechten. Zudem kann der Pflichtverstoß des Anbieters möglicherweise Schadensersatzansprüche des Kunden nach sich ziehen. Um dies entscheiden zu können, bedarf es zunächst einer Klärung der Rechtsnatur der Pflichten des § 312e BGB.

b) Rechtsnatur der Pflichten des § 312e BGB

Fraglich ist, ob es sich bei den Pflichten des § 312e BGB um Nebenpflichten[637] im Sinne des § 241 II BGB handelt oder um reine Obliegenheiten, deren Erfüllung nicht eingefordert werden kann.

Obliegenheiten liegen nur dann vor, wenn der Belastete bei ihrer Verletzung einen Rechtsverlust oder eigene Rechtsnachteile erleidet, wie zum Beispiel die Schadensanzeige im Versicherungsrecht[638]. Dem Gegner steht weder ein Erfüllungsanspruch noch eine Schadensersatzforderung gegen den Belasteten zu[639]. § 312e BGB soll aber den Verbraucher schützen und nicht den Unternehmer vor sich selbst. Daher handelt es sich um Rechtspflichten des Unternehmers gegenüber seinem Kunden[640]. Diese Ansicht wird auch dadurch untermauert, dass der Gesetzgeber selbst davon ausgeht, dass die Verletzung der dem Unternehmer obliegenden Pflichten sanktioniert ist[641].

Da die Pflichten des § 312e BGB nicht die eigentlichen vertraglichen Leistungspflichten (leistungsbezogene Pflichten) betreffen, sind sie als (leistungsbegleitende) Nebenpflichten anzusehen[642]. Es handelt sich daher um Schutzpflichten im Sinne des § 241 II BGB[643].

---

636 Regierungsentwurf vom 14.05.2001, BT-Drs. 14/6040, S. 173; Lütcke, Fernabsatzrecht, § 312e BGB Rn. 69; Weber/Dospil/Hanhörster, Neues Schuldrecht, S. 222; a. A. Aigner/Hofmann, Fernabsatzrecht, Rn. 363: § 312e III 2 BGB soll als spezielle zivilrechtliche Sanktionsnorm den allgemeinen Regeln vorgehen.

637 so Hassemer, MMR 2001, 635 (638); Tettenborn/Bender/Lübben/Karenfort, Beilage 1 zu K&R 12/2001, S. 24; Masuch in: Bamberger/Roth, § 312e BGB Rn. 20

638 Heinrichs in: Palandt, Einl v § 241 BGB Rn. 16

639 Heinrichs in: Palandt, Einl v § 241 BGB Rn. 16

640 Glatt, ZUM 2001, 390 (392 u. 395); Lütcke, Fernabsatzrecht, § 312e BGB Rn. 65

641 Regierungsentwurf vom 14.05.2001, BT-Drs. 14/6040, S. 173

642 Glatt, ZUM 2001, 390 (392 u. 395); Weber/Dospil/Hanhörster, Neues Schuldrecht, S. 221; Schmidt-Räntsch, Das neue Schuldrecht, Rn. 1084

643 Grigoleit, NJW 2002, 1151 (1155); Wendehorst in: Münchener Kommentar, § 312e BGB Rn. 122

c) Folgen der Pflichtverletzung

Das deutsche Recht kennt bei Verstößen gegen vertragliche Nebenpflichten (Schutz-/Verhaltenspflichten) grundsätzlich keine explizite Nichtigkeitsfolge[644]. Das gleiche gilt für die Nichtbeachtung von Informationspflichten[645]. Der Kunde kann seinen Anspruch auf Nacherfüllung der Informationspflichten klageweise geltend machen; allerdings gilt dies nur für den Fall, dass die Nacherfüllung zu dem späteren Zeitpunkt noch sinnvoll ist[646].

Bei mindestens fahrlässigem Verstoß gegen eine Verhaltenspflicht hat der Geschädigte Anspruch auf Schadensersatz nach §§ 280, 311 II, 241 II BGB (culpa in contrahendo)[647]. Außerdem kann der Kunde Schadensersatz oder Aufwendungsersatz statt der Hauptleistung verlangen, sofern ihm die Abnahme der Hauptleistung vom Anbieter nicht mehr zuzumuten ist, §§ 280, 282, 284, 311 II, 241 II BGB[648]. Der Kunde muss dem Anbieter entsprechend § 281 BGB zuvor eine angemessene Frist zur Nacherfüllung setzen: Da es sich bei einem Verstoß gegen § 312e BGB häufig nicht um eine besonders grobe Pflichtverletzung handelt, wird in diesen Fällen eine erfolglose Abmahnung des Anbieters erforderlich sein, um die Unzumutbarkeit zu bejahen[649].

Weiterhin kann der Kunde gemäß §§ 324, 311 II, 241 II BGB[650] von dem Vertrag zurücktreten[651] (ebenfalls nach Fristsetzung entsprechend § 281 BGB[652]), wodurch gemäß § 325 BGB seine Ansprüche auf Schadens- bzw. Aufwen-

---

644 Tettenborn/Bender/Lübben/Karenfort, Beilage 1 zu K&R 12/2001, S. 24

645 Schneider, K&R 2001, 344 (348)

646 Ring in: Anwaltkommentar Schuldrecht § 312e BGB Rn. 48; Lütcke, Fernabsatzrecht, § 312e BGB Rn. 65; Schmidt-Räntsch, Das neue Schuldrecht, Rn. 1085

647 Krebs in: Dauner-Lieb/Heidel/Lepa/Ring, Das neue Schuldrecht, § 3 Rn. 29; Fingerhut/Kroh, Das neue Schuldrecht, S. 66; Artz, JuS 2002, 528 (535); Schulte-Nölke in: Hk-BGB, § 312e BGB Rn. 12; Heinrichs in: Palandt, § 312e BGB Rn. 11; Grigoleit, NJW 2002, 1151 (1155); Wendehorst in: Münchener Kommentar, § 312e BGB Rn. 122

648 Wendehorst in: Münchener Kommentar, § 312e BGB Rn. 123

649 Diskussionsentwurf vom 04.08.2000, S. 350; Dauner-Lieb in: Anwaltkommentar Schuldrecht, § 282 BGB Rn. 7; Heinrichs in: Palandt, § 282 BGB Rn. 4

650 Krebs in: Anwaltkommentar Schuldrecht, § 311 BGB Rn. 38: § 324 BGB ist auch bei vorvertraglichen Schuldverhältnissen anwendbar. Wird eine vorvertragliche Schutzpflichtverletzung oder deren gravierende Auswirkung erst nach Vertragsschluss entdeckt, so kann ein Rücktrittsanspruch erwachsen.

651 Tettenborn/Bender/Lübben/Karenfort, Beilage 1 zu K&R 12/2001, S. 24; Hassemer, MMR 2001, 635 (638); Schneider, K&R 2001, 344 (348); Wendehorst in: Münchener Kommentar, § 312e BGB Rn. 123; einschränkend Lütcke, Fernabsatzrecht, § 312e BGB Rn. 64

652 Dauner-Lieb in: Anwaltkommentar Schuldrecht, § 324 Rn. 9; Heinrichs in: Palandt, § 324 BGB Rn. 5

dungsersatz nach §§ 280, 282, 284, 311 II, 241 II BGB nicht ausgeschlossen werden. Dies gilt sowohl für das positive wie auch für das negative Interesse[653]. Fraglich ist, ob eine Nichterfüllung der Pflichten des § 312 e I BGB auch bei Fehlerhaftigkeit der erteilten Informationen gegeben ist[654]. Dies beurteilt sich nach dem Inhalt der einzelnen Pflichten. Bei einer Haftung für fahrlässig fehlerhaft erteilte Informationen dürfen jedoch die Anforderungen an die Sorgfaltspflichten nicht überspannt werden[655].

Da die Pflichten in § 312e BGB von unterschiedlichem Gewicht sind, müssen sie unterschiedliche Sanktionen nach sich ziehen[656].

5. Vorvertragliche Informationspflichten

Die E-Commerce-Richtlinie erlegt dem Diensteanbieter gegenüber seinen Kunden gemäß Art.10 ECRL Informationspflichten auf. Im deutschen Recht sind solche gesetzlich statuierten Informationspflichten verhältnismäßig neu. Es gab zwar bisher Publizitätserfordernisse wie öffentliche Register (Handelsregister, Grundbuch) sowie die Hinweispflicht auf AGB, zudem nicht gesetzlich normierte Informationspflichten in Form vertraglicher oder vorvertraglicher Nebenpflichten. Gesetzlich normierte Informationspflichten sind jedoch allesamt jüngeren Datums und beruhen – von der Anbieterkennzeichnungspflicht des § 6 TDG abgesehen – auf EU-Richtlinien. Ein Vorläufer ist die Pflicht zur Belehrung in § 2 HWiG von 1986 (jetzt § 312 II BGB). § 4 VerbrKrG (1990) (jetzt § 492 I BGB) schreibt einen bestimmten Inhalt für das vom Verbraucher zu unterschreibende Kreditvertragsformular vor. Vorvertragliche Informationspflichten wurden durch das Gesetz vom 24.06.1994 zur Durchführung der Richtlinie des Rates vom 13.06.1990 über Pauschalreisen eingeführt, das dem § 651 a BGB u. a. den Absatz 5 anfügte, der die Ermächtigung zur Verordnung über Informationspflichten für Reiseveranstalter gibt. Pflichtangaben für Prospekte über Teilzeitwohnrechte sehen §§ 2 ff. TzWrG vom 20.12.1996 (jetzt § 482 BGB) vor. Erst zum 01.07.2000 in Kraft getreten sind die Informationspflichten des § 2 FernAbsG (jetzt § 312c BGB), welcher auf der EU-Fernabsatzrichtlinie von 1997 beruht.

---

653 Dauner-Lieb in: Anwaltkommentar Schuldrecht, § 325 Rn. 2; Heinrichs in: Palandt, § 325 Rn. 2 f.; Weber/Dospil/Hanhörster, Neues Schuldrecht, S. 106

654 Tettenborn/Bender/Lübben/Karenfort, Beilage 1 zu K&R 12/2001, S. 24

655 Krebs in: Das neue Schuldrecht, § 3 Rn. 29

656 Regierungsentwurf vom 14.05.2001, BT-Drs. 14/6040, S. 173; Hassemer, MMR 2001, 635 (638); Wendehorst in: Münchener Kommentar, § 312e BGB Rn. 122

Bei den Informationspflichten des Art. 10 I ECRL handelt es sich nicht um Obliegenheiten, sondern um vertragliche Nebenpflichten[657]. Die Informationen müssen nach dem Wortlaut des Art. 10 I ECRL „klar, verständlich und unzweideutig" erteilt werden. § 312e I Nr. 2 BGB spricht davon, dass die Informationen dem Kunden klar und verständlich mitgeteilt werden müssen. Hier bietet sich eine analoge Anwendung von § 305 II BGB an[658].

Laut der E-Commerce-Richtlinie müssen die Informationen „zumindest" erteilt werden: Der Umfang der Informationspflichten ist also nicht abschließend definiert[659]. Diese Wendung wurde in § 312e BGB nicht aufgenommen, ist aber durch die Verordnungsermächtigung in Art. 241 EGBGB indirekt erfasst, da die in Art. 10 ECRL aufgeführten Informationen hier unter „insbesondere" aufgeführt werden.

Gemäß § 312e III 1 BGB bleiben weitergehende Informationspflichten aufgrund anderer Vorschriften unberührt. In der Regel werden dies die Informationspflichten für Fernabsatzverträge gemäß § 312c BGB sein[660].

a) Technische Schritte

Art. 10 I a ECRL verlangt, dass der Anbieter den Kunden klar, verständlich und unzweideutig vor der Abgabe der Bestellung über die einzelnen Schritte informiert, die zum Vertragsabschluss führen.

aa) Zweck der Vorschrift

Diese Regelung soll zum einem dem Kunden mehr Sicherheit bei Vertragsabschlüssen über die neuen Medien verleihen, indem ihm gezeigt wird, ab wann er rechtlich relevante Erklärungen abgibt (also seine Bindung eintritt)[661]. Auf diese Weise wird ihm die Angst, etwas falsch zu machen, genommen, was die Hemmschwelle des Kunden vor dem Abschluss eines Vertrages via Internet senken wird. Dem Kunden wird also technische wie rechtliche Hilfestellung ge-

---

657 Tettenborn/Bender/Lübben/Karenfort, Beilage 1 zu K&R 12/2001, S. 23; Hassemer, MMR 2001, 635 (638)

658 Wendehorst in: Münchener Kommentar, § 312e BGB Rn. 76

659 Micklitz, EuZW 2001, 133 (141)

660 Regierungsentwurf vom 14.05.2001, BT-Drs. 14/6040, S. 172 f.

661 Maennel, MMR 1999, 187 (191); Lindholm/Maennel, CRi 2000, 65 (68); Tettenborn/Bender/Lübben/Karenfort, Beilage 1 zu K&R 12/2001, S. 24; Lütcke, Fernabsatzrecht, § 312e BGB Rn. 35; Hoenike/Hülsdunk, MMR 2002, 415 (419); Wendehorst in: Münchener Kommentar, § 312e BGB Rn. 78

leistet[662]. Hierhinter steht der Schutzgedanke, dass es derzeit für viele Teilnehmer noch nicht Routine ist, Verträge über das Internet abzuschließen[663].

Zum anderen wird auf diese Weise verhindert, dass Erklärungen versehentlich, also ohne Erklärungsbewusstsein abgegeben werden[664]: Dies kann passieren, weil die einzelnen Anbieter unterschiedliche Bestellvorgänge vorsehen. So könnte beispielsweise ein Kunde versehentlich eine Bestellung abgeben, weil er auf eine Schaltfläche mit der Aufschrift „Bestellen" klickt in der Annahme, dass erst noch einmal die Lieferbedingungen aufgeführt werden, während dieser Befehl bei diesem Anbieter aber das Abschicken des ausgefüllten Bestellformulars auslöst.

bb) Anforderungen

Der Begriff „technische Schritte" impliziert, dass der Anbieter keine rechtliche Bewertung darüber treffen muss, von welcher Partei nun das Angebot ausgeht, sondern lediglich mitteilen soll, wann der Kunde eine Bestellung abgibt, die dann eventuell bindende Folgen (als Angebot oder als Annahme) für ihn haben könnte[665].

Nach anderer Ansicht soll die Pflicht des Anbieters zur Information über die Vertragsschlusstechnik auch dann bestehen, wenn die Anfrage des Kunden keine bindende Wirkung hat, sondern beispielsweise eine invitatio ad offerendum darstellt[666]. In einem solchen Fall bedient sich der Anbieter des Internets gerade nicht zum Zwecke eines Vertragsschlusses. Wenn der Kunde nur unverbindlich Informationen abfragt, kann die Pflicht zur Bereitstellung von Korrekturmöglichkeiten allenfalls die Einhaltung bestimmter komfortabler Bedienungsstandards für gewerbliche Websites gewährleisten. Die E-Commerce-Richtlinie will die Voraussetzungen für eine größere Verbreitung des elektronischen Geschäftsverkehrs schaffen. Sie bezieht sich aber nur auf Vertragsschlüsse im Internet und nicht auf die unverbindliche Anforderung von Informationen über dieses Medium. Die Regelungen greifen somit nur bei Erklärungen des Kunden, mit denen dieser sich in rechtlicher Hinsicht bindet. Gerade hier ist es erforder-

662 Micklitz, EuZW 2001, 133 (141)
663 Lindholm/Maennel, CRi 2000, 65 (68)
664 Grigoleit, WM 2001, 597 (601); ders., NJW 2002, 1151 (1157)
665 Wendehorst in: Münchener Kommentar, § 312e BGB Rn. 78; Günther, ITRB 2002, 9 (11); Aigner/Hofmann, Fernabsatzrecht, Rn. 345; etwas anders Dörner, AcP 202 (2002), 363 (378): Anbieter muss klarstellen, ob seine Präsentation bereits ein bindendes Angebot darstellt. Dies geht aber zu weit – es muss lediglich klargestellt werden, ab wann der Kunde gebunden ist, damit dieser weiß, ab wann er eine bindende Erklärung abgibt.
666 Ring in: Anwaltkommentar Schuldrecht, § 312e BGB Rn. 18

lich, dass der Kunde nicht versehentlich eine Erklärung abgibt, an die er dann gebunden ist.

Eine unverbindliche Anfrage des Kunden soll nur dann erfasst sein, wenn diese planmäßig in einen Vertragsschluss münden soll[667], wenn also die Gefahr besteht, dass die von ihm dem Anbieter übermittelten Daten später Vertragsinhalt werden. Als Beispiele werden hier Versicherungsanträge über das Internet angeführt, die lediglich eine invitatio ad offerendum darstellen sollen[668]. Dem könnte zwar zugestimmt werden, wie aber bereits oben[669] ausgeführt, wird eine vermeintliche invitatio ad offerendum häufig bereits ein bedingtes Angebot darstellen.

Teilweise wird angenommen, dass der Kunde, wenn eine digitale Signatur erforderlich ist, darüber zu informieren sei, wie er das betreffende Dokument signieren kann[670]. Hierbei muss der Kunde aber nicht darüber aufgeklärt werden, wie sein eigenes Signaturprogramm funktioniert, sondern nur über die Programmbesonderheiten im Bereich des jeweiligen Anbieters. Der Anbieter muss den Kunden also darauf hinweisen, zu welchem Zeitpunkt im Bestellvorgang der Kunde sein Signaturprogramm einsetzen muss.

Art. 10 I a ECRL regelt nicht explizit, zu welchem Zeitpunkt der Kunde über die technischen Schritte informiert werden muss. Die Informationspflicht macht aber nur Sinn, wenn die Information vor der Bestellung durch den Kunden erfolgt. Da die Hemmschwelle zur Nutzung des Internets zum Abschluss von Verträgen genommen werden soll, muss der Kunde bereits zu dem Zeitpunkt, an dem er überlegt, eine Bestellung bei dem entsprechenden Anbieter abzugeben, über die technische Ausgestaltung des Bestellvorgangs informiert werden. Dies bedeutet, dass die Informationen dem Kunden bereits beim Aufrufen der Website des Anbieters, auf der sich eine Bestellmöglichkeit befindet, erteilt werden müssen. Sonst besteht die Gefahr, dass besonders internetunerfahrene Kunden sich schon gar nicht trauen, im zur Verfügung gestellten Katalog zu recherchieren, aus Angst, versehentlich eine verbindliche Bestellung abzugeben. Der Anbieter muss also, wenn er eine Bestellmöglichkeit im Internet eröffnet, seine Website so gestaltet haben, dass die erforderlichen Informationen dem Kunden bereits beim Aufrufen zur Verfügung gestellt werden[671].

---

667 Schneider, K&R 2001, 344 (345)
668 Schneider, K&R 2001, 344 (345)
669 D I 1 a
670 Tettenborn/Bender/Lübben/Karenfort, Beilage 1 zu K&R 12/2001, S. 24; a. A. Wendehorst in: Münchener Kommentar, § 312e BGB Rn. 78
671 Tettenborn/Bender/Lübben/Karenfort, Beilage 1 zu K&R 12/2001, S. 24

Um die Startseite der Website nicht zu überfrachten, sollten die Informationen dort nicht im Volltext dargestellt werden. Eine Platzierung von Links mit entsprechenden Überschriften ist ausreichend (gegebenenfalls versehen mit dem Hinweis: „Wenn Sie mehr zu diesem Thema erfahren wollen, klicken Sie bitte auf die entsprechenden Überschrift").

cc) Umsetzung

Diese Regelung wird in § 312e I 1 Nr. 2 BGB in Verbindung mit Art. 241 EGBGB und § 3 Nr. 1 BGB-InfoV weitgehend wortgleich umgesetzt. Bis auf die Hemmung des Beginns der Widerrufsfrist gemäß § 312e III 2 BGB gibt es keine spezielle Regelung für den Fall des Pflichtenverstoßes.

dd) Sanktionen

(1) Materiellrechtlich

Denkbar ist, dass die von dem Kunden versehentlich abgegebene „Erklärung" von vornherein nichtig ist, da sie bereits objektiv aus Sicht des Empfängers nicht als bindende Willenserklärung verstanden werden kann[672]. In den meisten Fällen wird aber für den Anbieter nicht erkennbar sein, dass die „Erklärung" des Kunden auf fehlerhafter Information über den Bestellvorgang beruhte. Dies wäre nur dann der Fall, wenn der Bestellvorgang so konzipiert wäre, dass er ungewollte Bestellungen geradezu herausfordert.

Nach den allgemeinen Regeln kann der uninformierten Kunde seine versehentlich abgegebene, möglicherweise „abhanden gekommene" Willenserklärung wegen Fehlen des Erklärungsbewusstseins nach § 119 I BGB anfechten[673]. Der Schadensersatzanspruch des Anbieters gemäß § 122 BGB soll in diesen Fällen im Ergebnis ausgeschlossen sein[674]. Der Regierungsentwurf begründet dies damit, dass der Anbieter zwar nach § 122 BGB rein formal einen Anspruch auf Schadensersatz habe, die Geltendmachung aber ein Fall widersprüchlichen Ver-

---

672 Grigoleit, WM 2001, 597 (601); ders., NJW 2002, 1151 (1157); Fingerhut/Kroh, Das neue Schuldrecht, S. 66

673 Hassemer, MMR 2001, 635 (638); Wendehorst in: Münchener Kommentar, § 312e BGB Rn. 121; Lorenz/Riehm, Neues Schuldrecht, Rn. 142; Saenger in: Erman, § 312e BGB Rn. 30; siehe auch oben C II

674 Diskussionsentwurf vom 04.08.2000, S. 350; Regierungsentwurf vom 14.05.2001, BT-Drs. 14/6040, S. 173; Hassemer, MMR 2001, 635 (638)

haltens sei, was den Anspruch gemäß § 242 BGB ausschließe[675]. Gegen eine ausdrückliche gesetzliche Klarstellung entschied sich der Gesetzgeber jedoch mit der Begründung, dies sei nicht erforderlich[676]. Nach anderer Ansicht soll der Anbieter für den Irrtum verantwortlich sein[677], weil der Grund für den Irrtum aus seiner Sphäre stamme[678]. Eine weitere Meinung führt an, da der Unternehmer den Irrtum mitverursacht habe, müsse der Schadensersatzanspruch gemäß § 254 BGB gemindert werden oder entfalle gänzlich[679].

Dieser Anspruchsausschluss ergibt sich aber bereits aus § 122 II BGB: Der Schadensersatzanspruch tritt dann nicht ein, wenn der Anbieter den Anfechtungsgrund kannte oder aus Fahrlässigkeit nicht kannte. Anfechtungsgrund ist hier die versehentliche Abgabe der Bestellung durch den Kunden aufgrund fehlender Information. Unterlässt es der Anbieter entgegen seiner gesetzlichen Verpflichtung, den Kunden zu unterrichten, so ist zumindest anzunehmen, dass er seine gesetzliche Verpflichtung aus Fahrlässigkeit nicht kannte. Ein Unternehmer muss schließlich über die gesetzlichen Erfordernisse seiner gewerblichen oder beruflichen Tätigkeit informiert sein. Die versehentliche Abgabe der Erklärung des Kunden wäre unterblieben, wenn der Anbieter den Kunden ordnungsgemäß über die entsprechenden technischen Schritte informiert hätte.

Die Kosten für die Anfechtungserklärung sowie sein weiteres negatives Interesse kann der Kunde nach §§ 280, 311 II, 241 II BGB vom Unternehmer ersetzt verlangen. Der Anbieter hat schließlich zumindest fahrlässig (er muss über die gesetzlichen Erfordernisse seiner gewerblichen oder beruflichen Tätigkeit informiert gewesen sein) gegen seine gegenüber dem Kunden bestehenden gesetzlichen Verpflichtungen verstoßen.

Alternativ kann der Kunde nach §§ 324, 311 II, 241 II BGB vom Vertrag zurücktreten. Voraussetzung hierfür ist wie bei der Anfechtung, dass die mangelnde Information durch den Anbieter kausal für das Zustandekommen des Vertrages war[680]. Eine Fristsetzung entsprechend § 281 BGB ist nicht erforderlich, da das Festhalten an dem ungewollten Vertrag dem Kunden in keinem Fall zumutbar ist: Schließlich basiert das Zustandekommen des Vertrages allein auf dem

---

675 Regierungsentwurf vom 14.05.2001, BT-Drs. 14/6040, S. 173; Lütcke, Fernabsatzrecht, § 312e BGB Rn. 62; Schmidt-Räntsch, Das neue Schuldrecht, Rn. 1083; Wendehorst in: Münchener Kommentar, § 312e BGB Rn. 121; Saenger in: Erman, § 312e BGB Rn. 30; Masuch in: Bamberger/Roth, § 312e BGB Rn. 33

676 Schmidt-Räntsch, Das neue Schuldrecht, Rn. 1083

677 Grigoleit, WM 2001, 597 (602)

678 Hassemer, MMR 2001, 635 (638)

679 Glatt, ZUM 2001, 390 (395)

680 Grigoleit, WM 2001, 597 (601)

Verschulden des Anbieters. Auch in diesem Fall kann der Kunde sein negatives Interesse gemäß § 280 BGB von dem Anbieter erstattet verlangen.

Ersatz seines positiven Interesses (z. B. die Mehrkosten eines Deckungsgeschäfts) kann der Kunde nach § 282 BGB nur geltend machen, wenn die mangelnde Aufklärung durch den Anbieter über die Vertragschlusstechnik ein Festhalten des Kunden an dem an sich von ihm gewollten Vertrag unzumutbar macht. Dies ist nicht der Fall, da der Kunde die Leistung des Anbieters ja eigentlich wünscht.

Denkbar wäre bei einer solchen Fallgestaltung eine Vertragsanpassung als Anspruchsziel im Rahmen des § 282 BGB, wenn der Kunde zwar einen Vertrag mit dem Anbieter abschließen wollte, dieser Vertrag aber einen anderen Inhalt haben sollte. So ist die Konstellation vorstellbar, dass der Kunde noch eine Änderung auf dem Bestellformular vornehmen wollte (beispielsweise hinsichtlich der Warenmenge), aber aufgrund fehlender bzw. mangelhafter Information doch die unkorrigierte Bestellung abgesandt hat. Das positive Interesse des Kunden beliefe sich dann auf den Abschluss des Vertrages in der vom Kunden gewollten Form. Auch in diesem Fall ist eine Fristsetzung entsprechend § 281 BGB nicht erforderlich, da dem Kunden das Festhalten an dem versehentlich abgeschlossenen Vertrag in keinem Fall zuzumuten ist.

Teilweise wird angenommen, dass sich die Ansprüche des Kunden auf Aufhebung oder Anpassung des Vertrages bereits aus §§ 311 II, 241 II, 280 BGB ergeben[681]. Dem kann nicht gefolgt werden, da das neue Schuldrecht für diese Fallgestaltung Spezialvorschriften beinhaltet. Die Regeln der Informationshaftung sind jedoch für die Auslegung dieser Vorschriften in Bezug auf die Anforderungen an die Sorgfaltspflichten heranzuziehen[682]. Da es sich vorliegend um gesetzlich festgelegte Sorgfaltspflichten handelt, von denen erwartet werden darf, dass der Anbieter sie kennt, ist gegen die Geltendmachung von Ansprüchen durch den Kunden auch bei fahrlässiger Pflichtverletzung des Anbieters nichts einzuwenden.

Eine weitere Möglichkeit des Kunden, um sich von der ungewollten Vertragsbindung zu befreien, bietet die Verlängerung des Widerrufsrechtes in § 312e III 2 BGB[683].

---

681 Regierungsentwurf vom 14.05.2001, BT-Drs. 14/6040, S. 173; Hassemer, MMR 2001, 635 (638); Grigoleit, WM 2001, 597 (601); ders. NJW 2002, 1151 (1157); Wendehorst in: Münchener Kommentar, § 312e BGB Rn. 122; Lorenz/Riehm, Neues Schuldrecht, Rn. 142; Saenger in: Erman, § 312e BGB Rn. 31; Masuch in: Bamberger/Roth, § 312e BGB Rn. 34

682 Krebs in: Dauner-Lieb/Heidel/Lepa/Ring, Das neue Schuldrecht, § 3 Rn. 29

683 siehe unten D III 9

(2) Prozessual

Prozessual spielt die Informationspflicht des § 312e I 1 Nr. 2 BGB in Verbindung mit Art. 241 EGBGB und § 3 Nr. 1 BGB-InfoV eine Rolle, und zwar in Bezug auf den Informationserfolg. Hier lässt sich ein Anscheinsbeweis konstruieren.

Dieses gewohnheitsrechtliche[684] Institut erlaubt bei typischen Geschehensabläufen den Nachweis eines ursächlichen Zusammenhangs oder eines schuldhaften Verhaltens ohne exakte Tatsachengrundlage, sondern aufgrund von Erfahrungssätzen[685]. Typischer Geschehensablauf ist ein Sachverhalt, der nach der Lebenserfahrung auf eine bestimmte Ursache oder einen bestimmten Ablauf hinweist[686]. Es handelt sich um Tatbestände, bei denen eine ohne weiteres nahe liegende Erklärung nach der allgemeinen Lebenserfahrung zu finden ist und bei denen angesichts des typischen Charakters die konkreten Umstände des Einzelfalls für die tatsächliche Beurteilung zunächst ohne Belang sind[687]. Als Grundlage für einen Anscheinsbeweis dient häufig der Verstoß gegen Schutzgesetze; wobei vorausgesetzt wird, dass sich die vom Schutzgesetz bekämpfte Gefahr eines Schadens tatsächlich verwirklicht hat[688].

Bei einem Kunden, der in der Lage ist, seinen Browser so zu bedienen, dass er auf die Website eines Anbieters gelangt, der die für den Kunden interessanten Produkte anbietet, kann davon ausgegangen werden, dass er eine versehentliche Bestellung nur abgibt, wenn der Anbieter ihn nicht über die geforderte Vorgehensweise unterrichtet hat oder wenn diese Informationen irreführend oder unbrauchbar waren. § 312e I 1 Nr. 2 BGB in Verbindung mit Art. 241 EGBGB und § 3 Nr. 1 BGB-InfoV soll den Kunden vor Schäden durch versehentliche Bestellungen schützen. Sie hat damit Schutzgesetzcharakter. Bei einem Verstoß gegen die Informationspflicht spricht der Anschein dafür, dass die fehlende oder ungeeignete Information die Abgabe der versehentlichen Bestellung zur Folge hatte.

Dies ist keine Beweislastumkehr, bedeutet aber eine Beweiserleichterung für den Kunden sowohl hinsichtlich des Vorliegens der Voraussetzungen des § 119 BGB als auch des § 122 II BGB, für die er beweispflichtig ist[689]. Die fehlende

---

684 Leipold in: Stein/Jonas, § 286 ZPO Rn. 99a

685 Greger in: Zöller, Vor § 284 ZPO Rn. 29

686 Hartmann in: Baumbach/Lauterbach, Anh § 286 ZPO Rn. 16; Greger in: Zöller, Vor § 284 ZPO Rn. 29

687 Leipold in: Stein/Jonas, § 286 ZPO Rn. 88

688 Leipold in: Stein/Jonas, § 286 ZPO Rn. 91

689 Heinrichs in: Palandt, § 119 Rn. 32 und § 122 BGB Rn. 7

Anleitung war ursächlich für die Abgabe der Bestellung. Die Nichtbeachtung der gesetzlichen Informationspflicht, die zur Anfechtbarkeit der versehentlich abgegebenen Erklärung führt, lässt auf schuldhafte Unkenntnis des Anbieters schließen. Der Anbieter kann diesen vorläufigen Beweis durch einen vereinfachten Gegenbeweis erschüttern, indem er die ernsthafte Möglichkeit eines anderen als des erfahrungsgemäßen Verlaufs beweist[690], hier also, dass der Kunde die Fehlbestellung nicht aufgrund der fehlenden oder mangelhaften Anleitung durch den Anbieter abgegeben hat.

Der Anscheinsbeweis erlaubt jedoch nicht nur die Feststellung eines Ursachenzusammenhangs zwischen einem bestimmten Ereignis und einem Erfolg[691], sondern lässt auch den Schluss von einem festgestellten Erfolg auf die Ursache zu, also von Schaden auf Verschulden[692]. Es ist also möglich, von einer versehentlich abgegebenen Bestellung auf das Fehlen der erforderlichen Information durch den Anbieter zu schließen. Der Anbieter kann als Gegenbeweis anführen, dass er seiner Informationspflicht nachgekommen ist, dass also die geforderten Informationen sowohl gut auffindbar vorhanden wie auch klar, verständlich und unzweideutig waren, bzw. dass der Kunde nicht durch das Fehlen einer Erläuterung zur Fehlbestellung verleitet worden sein kann, etwa weil der Aufbau des Online-Bestellformulars selbsterklärend war.

Ein solcher Anscheinsbeweis überstrapaziert nicht den Gesetzestext, weil die Regelung in § 312e BGB klarstellt, welche Belange in wessen Zuständigkeitsbereich fallen. Es ist sicherlich Aufgabe des Kunden, keine versehentlichen Bestellungen abzugeben – dies ist durch die Schadensersatzpflicht gegenüber dem Anbieter gemäß § 122 I BGB sanktioniert. Es ist aber Aufgabe des Anbieters, alles ihm Mögliche zu tun, um Fehlbestellungen seines Kunden zu vermeiden. Dies ergibt sich aus § 122 II BGB in Verbindung mit § 312e I 1 Nr. 2 BGB in Verbindung mit Art. 241 EGBGB und § 3 Nr. 1 BGB-InfoV.

Hinsichtlich der weiteren Ansprüche des Kunden (u. a. auf Schadensersatz) findet bezüglich der Frage, ob die Pflichtverletzung des Anbieter ursächlich war, ebenfalls der Anscheinsbeweis Anwendung[693], wobei im Rahmen des § 280 BGB das Verschulden des Anbieters vermutet wird (§ 280 I 2 BGB).

---

690 Hartmann in: Baumbach/Lauterbach, Anh § 286 ZPO Rn. 20 f.; Greger in: Zöller, Vor § 284 ZPO Rn. 29; Leipold in: Stein/Jonas, § 286 ZPO Rn. 98

691 Greger in: Zöller, Vor § 284 ZPO Rn. 30; Leipold in: Stein/Jonas, § 286 ZPO Rn. 100

692 Greger in: Zöller, Vor § 284 ZPO Rn. 30a; Leipold in: Stein/Jonas, § 286 ZPO Rn. 100

693 Grigoleit, WM 2001, 597 (602) geht sogar von einer Beweislastumkehr nach den Grundsätzen der Informationshaftung aus.

b) Speicherung des Vertragstextes

Gemäß Art. 10 I b ECRL muss der Kunde vor der Abgabe seiner Bestellung Angaben dazu erhalten, ob der Vertragstext nach Vertragsabschluss vom Diensteanbieter gespeichert wird und ob er zugänglich sein wird. Wichtig ist hier im Zusammenhang mit Art. 10 III der Richtlinie, dass die Information vor der Abgabe der Bestellung gegeben werden muss, während die Zur-Verfügung-Stellung der Vertragsbestimmungen und der AGB nach dem Willen des Verfassers der Direktive nicht notwendig vor Vertragsschluss erfolgen muss.

aa) Zweck und Anforderungen

Fraglich ist, ob der Wendung „Vertragsbestimmungen und AGB“ begrifflich eine andere Bedeutung zugedacht ist als dem Wort „Vertragstext“. So liegt zunächst die Vermutung nahe, dass „Vertragsbestimmungen“ die besonders zwischen Anbieter und Kunden ausgehandelten Vertragsbestandteile erfassen soll, während unter „Allgemeinen Geschäftsbedingungen“ regelmäßig die vom Anbieter einseitig gestellten Regelungen zu verstehen sind. Der Begriff „Vertragstext“ müsste vor dem Hintergrund dieser Auslegung dann eigentlich Vertragsbestimmungen und AGB in ihrer Gesamtheit umfassen. Andererseits könnte der Begriff „Vertragstext“ aber auch nur die Vertragsbestimmungen nebst dem bloßen Hinweis „Es gelten unsere Lieferbedingungen“ meinen. Was ist richtig?

Es kann davon ausgegangen werden, dass Art. 10 III ECRL das gesamte Vertragswerk meint, das der Kunde bei sich zur eigenen Information über seine vertraglichen Verpflichtungen und Ansprüche und zu Beweiszwecken archivieren können soll. Dafür spricht die amtliche englische Version der Richtlinie. Dort werden in Art. 10 III ECRL die Begriffe „contract terms and general conditions“ verwendet, in Art. 10 I b ECRL hingegen die Formulierung „concluded contract“. Während in der deutschen Version die Wendung „nach dem Abschluss“ eher wie ein überflüssiger zeitlicher Hinweis wirkt (Wie sollte der Vertrag auch vor dem Abschluss, also vor seiner Existenz gespeichert werden?), weist „concluded contract“ darauf hin, dass gerade das soeben Vereinbarte gespeichert werden soll. Dazu gehören natürlich auch die miteinbezogenen AGB. Zudem umfasst der Begriff „contract“ den Vertrag in seiner Gesamtheit.

Als weiterer guter Grund spricht für die Auslegung der Vorschrift dahingehend, dass sich Art. 10 I b ECRL nur auf die Vertragsbestimmungen bezieht, dass die Allgemeinen Geschäftsbedingungen ohnehin beim Anbieter gespeichert sind. Ändert der Anbieter jedoch seine AGB, so müssten die für den mit dem Kunden geschlossenen Vertrag geltenden alten AGB gesondert auf der Site zur Verfügung gestellt werden, weil ansonsten der Vertrag für den Kunden nicht mehr in seiner Gesamtheit rekonstruierbar wäre.

Vor dem Hintergrund der vorgenannten Argumente ist davon auszugehen, dass „Vertragstext“ die Vertragsbestimmungen nebst den für diesen Vertrag geltenden AGB meint[694].

Sinn der Information über die Speicherung und Zugänglichkeit des Vertragstextes ist es, dem Kunden eine Entscheidung darüber zu ermöglichen, ob er den Vertragstext selbst bei sich speichern und gegebenenfalls sogar ausdrucken muss, wenn er zu Informations- und Beweiszwecken noch auf ihn Zugriff haben will. Zudem soll der Kunde wissen, ob er trotz eines eventuellen Verlustes des Vertragstextes in seinem Bereich – beispielsweise durch Verlegen des Ausdruckes, versehentliches Löschen der Datei oder Festplattencrash – weiterhin beim Anbieter auf den Vertragstext zugreifen kann[695]. Nach dieser ratio muss der Anbieter den Kunden auch darüber aufklären, wie er nachträglich auf den Vertragstext zugreifen kann, da ansonsten die Regelung keinen Sinn ergibt[696].

Durch diese Regelung werden die Anbieter zudem aufgefordert, den Vertragstext für den Kunden zugänglich zu speichern[697]. Dies erklärt auch, warum der Anbieter den Kunden vor Vertragsschluss entsprechend aufklären soll: Der zugänglich gespeicherte Vertrag soll für den Kunden Anreiz sein, mit diesem Anbieter einen Vertrag zu schließen. Datenschutzrechtliche Probleme würden durch die Speicherung nur entstehen, wenn die Bestellung des Nutzers auch nach Abwicklung des Vertrags und Ablauf der Gewährleistungsfristen gespeichert wird und auf diese Weise zusammen mit anderen Bestellungen des Kunden bei dem Anbieter ein Nutzerprofil entsteht[698].

---

694 Grigoleit, WM 2001, 597 (602)

695 Grigoleit, NJW 2002, 1151 (1157); ders., WM 2001, 597 (602)

696 Grigoleit, WM 2001, 597 (602)

697 Eine Pflicht hierzu besteht nicht, so auch Lütcke, Fernabsatzrecht, § 312e Rn. 32; Grigoleit, NJW 2002, 1151 (1157); anders noch ders., WM 2001, 597 (602)

698 Nach Micklitz, EuZW 2001, 133 (141) soll Art. 10 I b ECRL zwei andere Zielrichtungen haben: Die Information über die Speicherung des Vertragstextes soll den Kunden darüber in Kenntnis setzen, welche Informationen er weitergibt und wie sein potentieller Geschäftspartner mit diesen Informationen umgehen wird. Des Weiteren soll der Kunde darüber aufgeklärt werden, ob die beim Unternehmer gespeicherten Daten auch für ihn selbst zugänglich sind oder ob sie ihm vorenthalten werden. Es ist aber selbstverständlich, dass der Anbieter den Vertrag auch für sich zu Beweiszwecken speichern wird. Ähnlich Wendehorst in: Münchener Kommentar, § 312e BGB Rn. 80. Nach ihrer Ansicht soll dem Kunden aber gemäß § 3 Nr. 2 BGB-InfoV vor allem die Speichermöglichkeit nach § 312 I 1 Nr. 4 BGB erläutert werden. Dies ist aber der hier vertretenen Ansicht nach ohnehin Bestandteil der Pflicht nach § 312 I 1

bb) Umsetzung

Art. 10 I b ECRL wird in § 312e I 1 Nr. 2 BGB, Art. 241 EGBGB und § 3 Nr. 2 BGB-InfoV im Prinzip wörtlich umgesetzt. Die Wendung „ob er dem Kunden zugänglich ist" dient der Klarstellung, dass der Text nicht öffentlich zugänglich sein muss (dies wird bisher ohnehin nicht so gehandhabt: der Kunde kann meist auf ein Passwort geschütztes Nutzerkonto zurückgreifen). Sinnvoll wäre es allerdings, wenn nicht der Begriff „Vertragstext" aus der Richtlinie übernommen worden wäre, sondern klarstellend die Wendung „der Vertragstext einschließlich der allgemeinen Geschäftsbedingungen" oder „der Vertrag (einschließlich der allgemeinen Geschäftsbedingungen)" oder „die Vertragsbestimmungen und die allgemeinen Geschäftsbedingungen". Formulierungen wie „Der Vertrag in seiner Gesamtheit" oder „der komplette Vertrag" wären zwar griffiger, aber wieder unnötig auslegungsbedürftig. Am besten wäre es sicherlich, in § 3 Nr. 2 BGB-InfoV und § 312e I 1 Nr. 4 BGB den selben Wortlaut zu verwenden: „Vertragstext einschließlich der allgemeinen Geschäftsbedingungen".

cc) Sanktionen

Gewährleistet werden soll ein einheitlicher Standard für die Kunden. Ein Schaden kann dem Kunden entstehen, wenn er den Vertragstext nicht abspeichert im Vertrauen darauf, dass dieser beim Anbieter zugänglich sein wird, und er deshalb nicht weiß, was für Rechte er geltend machen kann, oder er eine Gewährleistungsfrist versäumt, obwohl diese länger als die gesetzlich vorgesehene war. Ein Schaden liegt nur vor, wenn die zugängliche Abspeicherung mittlerweile als Standard beim E-Commerce erwartet werden kann. Der Kunde könnte dann Ersatz des negativen Interesses gemäß §§ 280, 311 II, 241 II BGB (culpa in contrahendo) geltend machen – Fahrlässigkeit ist, wie oben ausgeführt[699], bei Verstoß gegen eine spezielle gesetzliche Pflicht immer anzunehmen. Zu ersetzen ist dann jener Schaden, der dem Kunden dadurch entstanden ist, dass er im Vertrauen auf die Zugänglichkeit beim Anbieter den Vertragstext nicht selbst abgespeichert hat. Weist der Anbieter den Kunden also nicht darauf hin, dass der Vertragstext bei ihm nicht abgespeichert und dem Kunden zugänglich gemacht wird, und verzichtet der Kunde daraufhin, den Text bei sich selbst abzuspeichern oder auszudrucken, so haftet der Anbieter dem Kunden für vertragliche Vergünstigungen, die über die gesetzlichen Regeln hinausgehen, und die der Kunde wegen Fehlens des Vertragstextes nicht wahrgenommen hat.

Nr. 4 BGB. Grigoleit, NJW 2002, 1151 (1158) u. WM 2001, 597 (603) weist darauf hin, dass § 3 Nr. 2 BGB-InfoV auch der Beweisvereitelung vorbeugen soll.

[699] D III 5 a dd (1)

Ist beispielsweise die vertragliche Gewährleistungsfrist länger als die gesetzliche, so kann der Kunde auch dann noch Gewährleistungsansprüche geltend machen, wenn er nachweisen kann, dass der Mangel zwar nach Ablauf der gesetzlichen, aber noch während der vertraglichen Gewährleistungsfrist zur Erscheinung gekommen ist. Nachzuweisen wäre dies z. B. bei technischen Geräten durch die Vorlage der datierten Werkstattrechnungen über die Reparatur des Gegenstands.

Sofern die zugängliche Abspeicherung zum Zeitpunkt des Vertragsschlusses bereits als Standard im E-Commerce angesehen werden durfte, ist ein Anscheinsbeweis von der Pflichtverletzung auf das Fristversäumnis des Kunden denkbar. Ursache für das Fristversäumnis des Kunden ist ja gerade, dass der Vertrag nicht via Internet zugänglich war und der Anbieter den Kunden entgegen § 312e I 1 Nr. 2 BGB und § 3 Nr. 2 BGB-InfoV nicht vorab darüber informiert hatte.

Bei Verstoß des Anbieters gegen § 312e I 1 Nr. 2 BGB und § 3 Nr. 2 BGB-InfoV ist zudem eine Unterlassungsklage gemäß § 2 UKlaG möglich. Eine Klage nach §§ 3, 8 UWG hingegen wegen Vorsprungs durch Rechtsbruch käme nur dann in Frage, wenn dem Anbieter durch sein Verhalten ein Wettbewerbsvorteil entstehen würde. Worin dieser Wettbewerbsvorteil bei Verstoß gegen § 312e I 1 Nr. 2 BGB in Verbindung mit Art. 241 EGBGB und § 3 Nr. 2 BGB-InfoV bestehen sollte, ist nicht ersichtlich.

c) Korrektur

Gemäß Art. 10 I c ECRL muss der Diensteanbieter den Kunden über die technischen Mittel zur Erkennung und Korrektur von Eingabefehlern vor Abgabe der Bestellung informieren, zu deren Bereitstellung er aufgrund Art. 11 II ECRL verpflichtet ist[700]. Diese Regelung wird in § 312e I 1 Nr. 2 BGB, Art. 241 EGBGB und § 3 Nr. 3 BGB-InfoV (zusammen mit § 312e I 1 Nr. 1 BGB für die Bereitstellungspflicht) umgesetzt. Wie Art. 10 I a ECRL bzw. § 3 Nr. 1 BGB-InfoV soll diese Regelung den Kunden mehr Sicherheit im Umgang mit Bestellungen im Internet verleihen. Dies fördert auch den Wettbewerb der Anbieter untereinander, weil sichergestellt wird, dass kein Anbieter nur deswegen von vielen Kunden nicht frequentiert wird, weil Bestellvorgang bzw. Korrekturmöglichkeiten nicht erklärt werden. Es geht um Mechanismen, mit denen der Kunde

700 Wendehorst in: Münchener Kommentar, § 312e BGB Rn. 83 weist darauf hin, dass diese Regelung im Grunde genommen überflüssig ist, da sie bereits Bestandteil der Pflicht gemäß § 312e I 1 Nr. 1 BGB ist.

seinen virtuellen Einkaufskorb seinen Wünschen gemäß verwalten kann, indem er Ware herauslöschen oder Warenmengen korrigieren kann.

Verstößt der Anbieter gegen diese Informationspflicht, so hat dies, wie bereits erläutert, nicht die Nichtigkeit des Vertrages zur Folge. Hier wird angenommen, dass Art. 10 I c ECRL der Vermeidung von Eingabefehlern diene, wobei es sich in der Regel um Erklärungsirrtümer aufgrund von Verschreiben handele. Der Kunde könne im Falle fehlender Information wie bei Verstoß des Anbieters gegen Art. 10 a ECRL seine Bestellung anfechten[701].

Eine solche Rechtsfolgenvermutung ist jedoch nicht zutreffend: Der Kunde kann sich keineswegs darauf berufen, er habe eine Bestellung mit zu hoher Warenmenge oder unerwünschten Artikeln nur deswegen abgeschickt, weil er nicht darüber informiert worden sei, wie er die Bestellung korrigieren könne. In einem solchen Fall liegt kein Irrtum vor, weil der Kunde ja wusste, dass er eine Bestellung abgab, die nicht seinem Willen entsprach. Mangels Irrtums ist eine Anfechtung folglich nicht möglich[702].

Relevant als Anfechtungsgrund könnte hingegen sein, dass der Kunde eine vermeintlich korrigierte Bestellung abschickt, die in Wirklichkeit aber nicht verändert worden war, weil er den Korrekturmechanismus nicht richtig bedient hatte. Allerdings ist dieser Fall unwahrscheinlich, da ja auf dem Bildschirm ersichtlich ist, ob der Korrekturversuch Erfolg hatte. Schickt der Kunde die ersichtlich nicht korrigierte Bestellung trotzdem ab, so liegt kein Irrtum im Sinne des § 119 I BGB vor – zumindest keiner, den der Anbieter selbst durch die mangelnde Information des Kunden hinsichtlich der Korrekturmöglichkeiten verursacht hat.

d) Sprachen

Gemäß Art. 10 I d ECRL muss der Diensteanbieter den Kunden über die für den Vertragsabschluss zur Verfügung stehenden Sprachen informieren. Diese Regelung wurde durch § 312e I 1 Nr. 2 BGB, Art. 241 EGBGB und § 3 Nr. 4 BGB-InfoV umgesetzt.

aa) Zweck

Sinn dieser Regelung ist auch hier, den elektronischen Geschäftsverkehr für potentielle Kunden zugänglicher zu machen. Zudem sollen durch die vorgenannten

---

701 Grigoleit, WM 2001, 597 (601)
702 A. A. wohl Hassemer, MMR 2001, 635 (639)

Vorschriften die Anbieter offensichtlich veranlasst werden, ihre Websites in mehreren Sprachen aufzulegen – passend zum europäischen Binnenmarkt. Außerdem soll durch die Regelung unterbunden werden, dass ein Kunde einen Vertrag in einer ihm nicht oder zumindest nicht sehr geläufigen Fremdsprache abschließt, obwohl der Text auf der Website des Anbieters auch in seiner Muttersprache – oder zumindest in einer englischen Fassung – zur Verfügung gestanden hätte[703]. In diesen Fällen ist es für den betroffenen Kunden aufgrund der allein angebotenen Fremdsprache schwer, seine Rechte geltend zu machen. Zudem ist die Wahrscheinlichkeit recht groß, dass irrtümlich Verträge abgeschlossen werden, die nicht den Wünschen des Kunden entsprechen[704].

Damit dieser ratio der Norm Genüge getan wird, ist der Hinweis des Anbieters mit einem Link zu versehen, der den Kunden den Wechsel in die andere Sprache erlaubt[705]. Dieser Link sollte sich auf jeder Seite der Website befinden und nicht nur auf einer der Homepage vorangestellten Sprachwahlseite, da der Kunde möglicherweise die von ihm gewünschte Seite der Website direkt anwählt[706].

Erforderlich ist dieser Hinweis natürlich nur für den Fall, dass der Anbieter seine Homepage in verschiedenen Sprachen anbietet[707].

bb) Sanktionen

Auch bei einem Verstoß des Anbieters gegen §§ 312e I 1 Nr. 2 BGB, 3 Nr. 4 BGB-InfoV ist der Vertrag gültig. Nach dem deutschen Recht muss der Kunde, der sich auf fremdsprachige Vertragsverhandlungen eingelassen hatte, die fremdsprachigen AGB gegen sich gelten lassen, selbst wenn er diese nicht verstanden hat[708]. Dieser Grundsatz hat auch weiterhin Bestand.

---

703 Wendehorst in: Münchener Kommentar, § 312e BGB Rn. 85

704 Grigoleit, WM 2001, 597 (603)

705 Lütcke, Fernabsatzrecht, § 312e BGB Rn. 39; Wendehorst in: Münchener Kommentar, § 312e BGB Rn. 86

706 Lütcke, Fernabsatzrecht, § 312e BGB Rn. 39

707 Hoenike/Hülsdunk, MMR 2002, 415 (419); Wendehorst in: Münchener Kommentar, § 312e BGB Rn. 86. Letztere empfiehlt zur Vermeidung von Komplikationen einen Hinweis, dass nur die Website-Sprache vom Unternehmer verstanden wird; ähnlich Aigner/Hofmann, Fernabsatzrecht, Rn. 346

708 Härting, Internetrecht, Rn. 143; Schwerdtfeger in: Schwerdtfeger, Cyberlaw, S. 34 f.; Heermann, K&R 1999, 6 (10); Wolf in: Wolf/Horn/Lindacher, § 2 AGBG Rn. 28; Grigoleit, WM 2001, 597 (603)

Zudem ist zu berücksichtigen, dass der Unternehmer nicht verpflichtet ist, sein Angebot mehrsprachig bereitzuhalten[709]. Gestaltet er dennoch seine Website entsprechend, so wird er bereits aus eigennützigen Motiven darauf hinweisen. Vor diesem Hintergrund aber eine Sanktionierung dieser Vorschrift abzulehnen[710], wäre verfehlt. Schließlich soll ein einheitlicher Standard für Websites mit Bestellmöglichkeit geschaffen werden. Die Einhaltung der gesetzlichen Vorschriften durch den Anbieter erfolgt daher keineswegs ausschließlich in seinem Interesse.

Nur in den Fällen, in denen der Kunde sich ausschließlich deshalb auf den fremdsprachigen Vertragsabschluss eingelassen hatte, weil der Anbieter ihn nicht über die anderen zur Verfügung stehenden Sprachen informiert hatte, kann der Verstoß des Anbieters Folgen zeigen[711]. Hierzu zählt jedoch nicht, wie teilweise angenommen wird[712], die Aufhebung des Vertrages; dies gilt auch dann, wenn der Kunde den Vertrag nicht oder zumindest nicht so abgeschlossen hätte, selbst wenn ihm der Text in seiner Sprache vorgelegen hätte. Die einzelnen Vertragsklauseln werden nicht ungültig, weil der Kunde sie nicht oder nicht richtig versteht. Der Anbieter muss aber gemäß §§ 311 II, 241 II, 280 BGB (culpa in contrahendo) dem Kunden den Schaden ersetzen, der diesem durch den fremdsprachigen Vertragstext entstanden ist. Missverständnisse erzeugen hier keine Verlängerung beispielsweise von Mängelgewährleistungsfristen. Jedoch muss der Anbieter dem Kunden z. B. die Kosten für die Hinzuziehung eines Übersetzers erstatten[713].

Prozessual kann hier auch mit Hilfe des Anscheinsbeweises argumentiert werden: Die Vorschrift der §§ 312e I 1 Nr. 2, 3 Nr. 4 BGB-InfoV soll den Kunden vor überflüssigen Aufwendungen im Zusammenhang mit fremdsprachlichen Vertragstexten schützen. Entstehen solche Aufwendungen, ist der Verstoß gegen die Informationspflicht als ursächlich anzusehen.

Den Vorschriften des §§ 312e I 1 Nr. 2 BGB, 3 Nr. 4 BGB-InfoV ist zu entnehmen, dass der Anbieter den Kunden wahrheitsgemäß zu informieren hat. Er darf dem Kunden also nicht vorspiegeln, dass seine Website in mehreren Sprachen verfügbar ist. Es ist allerdings kaum denkbar, dass eine Täuschung über die vorhandenen Sprachversionen vertragsrechtliche Auswirkungen hat; denn der Kunde wird dann lediglich vergeblich versuchen, die Website-Version in der von

709 Grigoleit, NJW 2002, 1151 (1158); ders., WM 2001, 597 (603); Masuch in: Bamberger/Roth, § 312e BGB Rn. 24
710 Grigoleit, NJW 2002, 1151 (1158); noch abwägend ders., WM 2001, 597 (603)
711 so auch Tettenborn/Bender/Lübben/Karenfort, Beilage 1 zu K&R 12/2001, S. 24
712 Tettenborn/Bender/Lübben/Karenfort, Beilage 1 zu K&R 12/2001, S. 24
713 zweifelnd Grigoleit, WM 2001, 597 (603)

ihm gewünschten Sprache aufzurufen. Wenn dies scheitert, könnte der Kunde allenfalls nach §§ 311 II, 241 II, 280 BGB die Kosten für die solchermaßen vergeudete Zeit von dem Anbieter zurückfordern, sofern diese Zeit überhaupt einen Geldwert hat.

Weitere Sanktion ist auch hier die Unterlassungsklage nach § 2 UKlaG[714]. Für eine wettbewerbsrechtliche Unterlassungsklage nach §§ 3, 8 UWG bleibt kein Raum, da ein Wettbewerbsvorteil des Anbieters nicht ersichtlich ist. Die – wenn auch nur scheinbare – Beschränkung auf eine Sprache dürfte dessen Kundenkreis eher verkleinern und ihm somit zum Wettbewerbsnachteil gereichen. Der Anbieter spart in diesem Fall nicht einmal Kosten ein, da § 312e I 1 Nr. 2 BGB in Verbindung mit Art. 241 EGBGB und § 3 Nr. 4 BGB-InfoV ihm ja nicht vorschreibt, mehrere Sprachen zur Verfügung zu stellen, sondern nur über die tatsächlich verfügbaren zu informieren. Der Anbieter muss seine Website also nicht übersetzen lassen. Spiegelt der Anbieter aber in seiner Werbung vor, dass seine Website in mehreren Sprachen zur Verfügung steht, so liegt nicht nur eine Irreführung des Kunden, sondern sogar ein Vorsprung durch Rechtsbruch und – je nach Sachlage – ein übertriebenes Anlocken vor.

e) Verhaltenskodizes

Gemäß Art. 10 II ECRL muss der Diensteanbieter alle einschlägigen Verhaltenskodizes angeben, denen er sich unterwirft, einschließlich Informationen darüber, wie diese Kodizes auf elektronischem Wege zugänglich sind. Diese Regelung wird in § 312e I 1 Nr. 2 BGB, Art. 241 EGBGB und § 3 Nr. 5 BGB-InfoV umgesetzt. Dort wird verlangt, dass der Anbieter diese Informationen vor Vertragsschluss erteilt. In der Richtlinie wird die Frage des für die Informationserteilung relevanten Zeitpunkts offengelassen. Da es sich aber bei den Verhaltenskodizes um Faktoren handelt, welche die Entscheidung zum Vertragsschluss beeinflussen, ist es sinnvoll, diese Informationen vor dem Vertragsschluss zu verlangen.

---

714 Grigoleit, NJW 2002, 1151 (1158) (anders noch WM 2001, 597 (603)) empfiehlt, diese Vorschrift im Wege teleologischer Reduktion nicht anzuwenden. Der Hinweis auf die Mehrsprachigkeit des Angebots sei schließlich im Interesse des entsprechenden Anbieters. Um jedoch einheitliche Standards zu schaffen, müssen die entsprechenden Vorschriften auch hinreichend sanktioniert sein. Wie ausgeführt kann durchaus auch ein Interesse des Verbrauchers angenommen werden, so dass § 2 UKlaG durchaus anwendbar ist.

aa) Verhaltensregelwerke

Was Verhaltenskodizes (oder Verhaltensregelwerke, wie sie der BGB-Entwurf noch nannte) eigentlich sind, bleibt unklar. Art. 16 ECRL schreibt vor, dass die Mitgliedsstaaten und die Kommission die Handels-, Berufs- und Verbraucherverbände und -organisationen dazu ermutigen sollen, auf Gemeinschaftsebene Verhaltenskodizes aufzustellen, die zur sachgemäßen Anwendung der Art. 5 bis 15 ECRL beitragen. Nach Erwägungsgrund 49 soll dies nicht die Freiwilligkeit dieser Kodizes und die Möglichkeit der Beteiligten, sich nach freiem Ermessen einem solchen Kodex zu unterwerfen, beeinträchtigen.

Sicher ist, dass es sich um Verhaltensregeln handelt, die dem Kunden zum Vorteil gereichen, da die Informationspflichten des Art. 10 ECRL allesamt dem Kunden den Zugang zum Abschluss von Verträgen über das Internet erleichtern sollen. Es ist also unwahrscheinlich, dass die Regeln einer europäischen Dependance der Cosa Nostra ein Verhaltenskodex im Sinne des Art. 10 II ECRL sind. Verhaltensregelwerke können zum Beispiel Regeln über die Verwendung bestimmter sicherer Zahlungssysteme sein. In Frage kommen hier auch spezielle Datenschutzkodizes. Ein praktisches Beispiel ist „Trusted Shops", ein Gütesiegel für Sicherheit, Datenschutz und Transparenz bei Online-Einkäufen, welches durch Zusammenarbeit mit einem Versicherungsunternehmen auch eine Geld-zurück-Garantie bietet[715]. Online-Shops, die die Aufnahmekriterien erfüllen, erhalten ein Zertifikat und dürfen mit dem „Trusted Shops"- Emblem werben. Weitere Gütesiegelanbieter finden sich auf der Website der Initiative D21[716].

Nach der Begründung zum Regierungsentwurf sind mit Verhaltenskodizes bestimmte Verhaltensregelwerke gemeint, denen sich ein Unternehmer – zumeist zu Werbezwecken – unabhängig vom Vertragsschluss mit dem einzelnen Kunden freiwillig unterwirft, um damit im Wettbewerb eine besondere Unternehmens- und/oder Produktqualität dokumentieren zu können[717]. Über die Vorgaben der Richtlinie hinausgehend werden von § 3 Nr. BGB-InfoV nicht nur vertragsbezogene Verhaltensweisen erfasst, sondern zum Beispiel auch Gütesiegel für den kontrollierten Anbau von Nahrungsmitteln oder für einen fairen Handel mit Entwicklungsländern[718].

---

715 http://www.trustedshops.de

716 http://www.initiatived21.de

717 Regierungsentwurf vom 14.05.2001, BT-Drs. 14/6040, S. 171; Micklitz, EuZW 2001, 133 (141); Saenger in: Erman, § 312e BGB Rn. 16

718 Wendehorst in: Münchener Kommentar, § 312e BGB Rn. 90

bb) Zweck

Art. 10 II ECRL soll darauf hinwirken, dass es für Unternehmer zum Standard wird, die Verhaltensregelwerke, denen sie sich unterwerfen, zu benennen. Auf diese Weise kann der Kunde sich ein besseres Bild von seinem potentiellen Vertragspartner machen. Auf diese Weise wird der Wettbewerb unter den Anbietern gefördert; denn es wird, so das Benennen von Regelwerken zum Standard gehört, negativ auffallen, wenn ein Anbieter keine Empfehlung dieser Art vorweisen kann. Eine Pflicht, dem Kunden das Fehlen eines Verhaltensregelwerks ausdrücklich mitzuteilen, besteht für Anbieter nicht[719]. Die Anbieter werden jedoch bemüht sein, sich bestehenden Kodizes anzuschließen oder neue kundenfreundliche Regelwerke zu entwickeln, was dann den Kunden zugute kommt. Voraussetzung hierfür ist aber, dass die Verhaltenskodizes bei den Kunden tatsächlich Einfluss auf die Wahl des Anbieters haben werden. Die Entwicklung zu vieler Standards könnte hier verwirrend und eher kontraproduktiv wirken. Es ist allerdings zu erwarten, dass die Einführung seriöser Kodizes insgesamt das Vertrauen der Kunden in die E-Commerce-Anbieter gestärkt wird, was dem Ausbau eines elektronischen Marktes zugute kommt.

Die Pflicht, dem Kunden den Inhalt der Regelwerke zugänglich zu machen, soll sicherstellen, dass mit diesen Kodizes nicht nur geworben wird, sondern dem Kunden seine Rechte tatsächlich nahe gebracht werden, sodass er sie geltend machen und durchsetzen kann[720].

cc) Anforderungen

Wichtig ist, dass der Anbieter den Kunden ebenfalls darüber informieren muss, wie diese Kodizes auf elektronischem Wege zugänglich sind. Die bloße Angabe der betreffenden Internetadresse genügt nicht, es muss sich schon um einen funktionierenden Link handeln, damit der Kunde den Inhalt dieses Regelwerkes sofort zur Kenntnis nehmen kann[721]. Es kann nicht erwartet werden, dass der Kunde die betreffende Adresse[722] per Hand in die Browserbefehlszeile eingibt, genauso wenig wie vorausgesetzt werden kann, dass jeder Internetnutzer die

---

719 Lütcke, Fernabsatzrecht, § 312e BGB Rn. 41; Grigoleit, WM 2001, 597 (604); a. A. Masuch in: Bamberger/Roth, § 312e BGB Rn. 25: Pflicht, wenn in der Branche entsprechende Kodizes vorhanden sind

720 Grigoleit, NJW 2002, 1151 (1158); ders., WM 2001, 597 (604)

721 Lütcke, Fernabsatzrecht, § 312e BGB Rn. 40; a. A. aufgrund des Gesetzeswortlauts Wendehorst in: Münchener Kommentar, § 312e BGB Rn. 92

722 die höchstwahrscheinlich auch länger und komplizierter sein wird, es sei denn, es handelt sich um eine eigene Domain speziell für diesen Kodex

Funktion der Zwischenablage (Kopieren und Einfügen; „Clipboard") des Betriebssystems kennt. Anderenfalls würde dieser Bestandteil der Informationspflicht leer laufen. Idealerweise wird der Anbieter den Inhalt des Regelwerkes auf seiner Website bereithalten, damit der Kunde nicht durch eventuelle Probleme auf fremden Servern gestört wird. Verlangt wird Letzteres vom Gesetz allerdings nicht.

dd) Sanktionen

Bei der Untersuchung, was für Folgen ein Verstoß gegen diese Informationspflicht hat, ist zu beachten, dass der Anbieter nur positiv aufführen muss, welche Verhaltensregelwerke er anerkennt; nicht aber, welchem Kodex er sich nicht oder ob er sich überhaupt keinem Verhaltenskodex unterwirft. Ein Verstoß gegen diese Verpflichtung berührt die Gültigkeit des Vertrages nicht.

Dem Kunden steht zudem weder ein Anfechtungsrecht noch ein Schadensersatzanspruch zu, wenn er mit dem Anbieter in der irrigen Annahme, dieser habe sich einem bestimmten Verhaltenskodex unterworfen, einen Vertrag schließt. Dies gilt freilich nur, wenn der Anbieter lediglich gegen seine Pflicht aus § 312e I 1 Nr. 2 BGB verstößt, nicht jedoch, wenn er den Irrtum des Kunden in irgendeiner Weise verursacht.

Sofern der Anbieter dem Kunden den Inhalt des Regelwerkes nicht zur Verfügung gestellt hat, kann der Kunde dies auch noch nach Vertragsschluss fordern[723].

Teilt der Anbieter seinen Kunden nicht mit, welchen Verhaltenskodizes er sich unterworfen hat, so entsteht ihm kein Wettbewerbsvorteil im Sinne von §§ 3, 8 UWG. Denkbar ist dann lediglich eine Klage nach § 2 UKlaG, um die Einhaltung der gesetzlich vorgegebenen Mindeststandard zu gewährleisten, was aber in der Praxis nie relevant werden wird.

Wirbt der Anbieter jedoch mit Gütesiegeln, ohne deren Inhalt bekannt zu geben, könnte er hierdurch möglicherweise Kunden gewinnen, die blind auf diese Werbung vertrauen. Ein Wettbewerbsvorsprung entstünde ihm jedoch nur dann, wenn der Inhalt dieser Regelwerke hinter den gängigen deutlich zurücksteht bzw. entsprechende Kodizes gar nicht existieren.

---

723 Grigoleit, NJW 2002, 1151 (1158); ders., WM 2001, 597 (604)

6. Korrekturmöglichkeit

Gemäß Art. 11 II der E-Commerce-Richtlinie hat der Diensteanbieter dem Nutzer angemessene, wirksame und zugängliche technische Mittel zur Verfügung zu stellen, mit denen er Eingabefehler vor der Abgabe der Bestellung erkennen und korrigieren kann. Diese Regelung wurde in § 312e I 1 Nr. 1 BGB weitgehend wörtlich übernommen[724].

7. Empfangsbestätigung

Art. 11 I ECRL verlangt, dass der Diensteanbieter bei einer Bestellung durch den Nutzer auf elektronischem Wege den Eingang der Bestellung unverzüglich ebenfalls auf elektronischem Wege bestätigt. Hierbei sollen Bestellung und Empfangsbestätigung dann als eingegangen gelten, wenn die Parteien, für die sie bestimmt sind, sie abrufen können.

Diese Regelung hat bis zur endgültigen Fassung der Richtlinie erhebliche Änderungen durchlaufen. Ursprünglich sollte mit dieser Vorschrift eine EU-weit einheitliche Regelung für Vertragsschlüsse im Internet geschaffen werden. Die erste Version des Richtlinienentwurfs sah vor, dass der Vertrag erst dann geschlossen sein sollte, wenn der Nutzer vom Diensteanbieter auf elektronischem Wege die Bestätigung des Empfangs seiner Annahme erhalten hat und er den Eingang der Empfangsbestätigung bestätigt hat[725]. Die Begründung stellte allerdings klar, dass die Regelung nur die Situation erfassen sollte, bei welcher der Diensteanbieter bereits ein konkretes Angebot unterbreitet hat. Es ginge nicht um die Fallgestaltung, dass der Diensteanbieter lediglich zur Angebotsabgabe aufforderere[726].

a) Zweck

Die jetzige Regelung betrifft alle Vertragsschlüsse via Internet, regelt aber nicht das rechtliche Zustandekommen von Verträgen. Art. 11 I ECRL statuiert lediglich, dass der Anbieter auf eine Bestellung des Kunden unverzüglich mit einer Empfangsbestätigung zu reagieren hat – unabhängig davon, wie diese rechtlich einzuordnen ist[727]. Die Empfangsbestätigung kann auch zugleich Annahmeerklärung des Anbieters sein, wenn der Fall vorliegt, dass die Bestellung des Kun-

---

724 ausführlich hierzu oben B II 2
725 Art. 11 I 1. Spiegelstrich aus dem Vorschlag der Kommission vom 18.11.1998
726 Begründung zum Vorschlag der Kommission vom 18.11.1998, S. 29
727 Glatt, ZUM 2001, 390 (393); Micklitz, EuZW 2001, 133 (141)

den als Angebot zu werten ist[728]. Sinn dieser Vorschrift ist also nicht, den Zeitpunkt des Vertragsschlusses zu regeln – auch wenn dies auf den ersten Blick so erscheinen mag –, sondern dem Kunden Gewissheit zu verschaffen, dass seine Bestellung bei dem Anbieter auch angekommen ist[729]. Auf diese Weise sollen die Nutzerfreundlichkeit des E-Commerce erhöht werden, mehr Kunden für diese Art des Geschäftsverkehrs gewonnen werden und so die Bedeutung des E-Commerce in Europa gesteigert werden.

Nicht halten lässt sich allerdings die Ansicht, dass Art. 11 I ECRL auch für einseitige empfangsbedürftige Willenserklärungen gelten soll[730]. Dies wäre sicherlich wünschenswert, wird aber durch Art. 11 I ECRL nicht vorgeschrieben, da die Überschrift des Abschnittes 3 der E-Commerce-Richtlinie „Abschluss von Verträgen auf elektronischem Weg" lautet. Art. 11 I ECRL schreibt daher eine Empfangsbestätigung nur für das Angebot bzw. die Annahme des Kunden vor[731].

b) Rechtsnatur der Empfangsbestätigung

Die Empfangsbestätigung des Art. 11 I ECRL ist keine Willenserklärung, sondern lediglich die Bestätigung des Empfangs einer Willenserklärung[732]. Auch in dem Fall, dass die Bestellung des Kunden als Angebot zu werten ist, handelt es sich nicht um eine Annahmeerklärung[733]. Sie kann aber gegebenenfalls mit einer Annahmeerklärung verbunden werden[734].

---

728 Glatt, ZUM 2001, 390 (393); Micklitz, EuZW 2001, 133 (141)

729 Lindholm/Maennel, CRi 2000, 65 (68); Glatt, ZUM 2001, 390 (393); Sujecki, MMR 2003, 378 (382)

730 Micklitz, EuZW 2001, 133 (142)

731 Sujecki, MMR 2003, 378 (382)

732 Hassemer, MMR 2001, 635 (636)

733 Schulte-Nölke in: Hk-BGB, § 312e BGB Rn. 9; Lütcke, Fernabsatzrecht, § 312e BGB Rn. 46; Schneider, K&R 2001, 344 (347); Saenger in: Erman, § 312e BGB Rn. 18; AG Wolfenbüttel, CR 2003, 622 (622) bzw. MMR 2003, 492 (492); AG Butzbach, CR 2002, 765 (766); LG Hamburg, MMR 2005, 121

734 Wendehorst in: Münchener Kommentar, § 312e BGB Rn. 94; LG Köln, MMR 2003, 481 (481); Masuch in: Bamberger/Roth, § 312e BGB Rn. 26; AG Westerburg, CR 2003, 699 (700); AG Butzbach, CR 2002, 765 (766); Lindhorst, MMR 2005, 121; Stockmar/Wittwer, CR 2005, 118 (119); zur Abgrenzung einer reinen Zugangsbestätigung von einer Annahmeerklärung: Bodenstedt, MMR 2004, 719 ff.

Sie ist also eine reine Wissensmitteilung[735]. Da es sich um eine auf tatsächlichen Erfolg (Bekanntgabe des Empfangs der Bestellung gegenüber dem Absender) gerichtete Erklärung[736] handelt, ist sie eine geschäftsähnliche Handlung[737].

c) Anforderungen

aa) Unverzüglichkeit

Der Diensteanbieter hat den Eingang der Bestellung des Nutzers unverzüglich auf elektronischem Wege („without undue delay and by electronic means") zu bestätigen.

Ob der Begriff „unverzüglich" mit dem in § 121 I 1 BGB legaldefinierten („ohne schuldhaftes Zögern") identisch ist, kann, da es sich um einen europäischen und nicht um einen deutschen Gesetzestext handelt, nicht ohne weiteres angenommen werden. Andererseits gilt die Legaldefinition in § 121 I 1 BGB für das gesamte Privatrecht und das öffentliche Recht[738], so dass die Verwendung dieses Begriffes sicherlich nicht zufällig sein dürfte. Der englische Begriff „undue" ist wertend im Sinne von „unangemessen" zu verstehen und trägt kein Verschuldensmoment in sich. Das Verschuldensmoment spielt auch bei dem deutschen Begriff kaum eine Rolle. Im Vordergrund steht hier die Wertung: Der Betroffene muss nicht sofort reagieren, sondern hat eine angemessene Überlegungsfrist[739].

Nach anderer Ansicht soll „unverzüglich" hier im Sinne von „sofort" zu verstehen sein[740]. „Sofort" verlangt aber nach der Terminologie des BGB (vgl. § 147 I 1 BGB) eine schnellere Entscheidung als „unverzüglich"[741]. Aus dem Vergleich mit der englischen Fassung wird aber deutlich, dass dies hier nicht gemeint ist.

---

735 Schneider, K&R 2001, 344 (347); Lütcke, Fernabsatzrecht, § 312e BGB Rn. 47; Saenger in: Erman, § 312e BGB Rn. 18
736 Heinrichs in: Palandt, Überbl v § 104 BGB Rn. 6
737 Hassemer, MMR 2001, 635 (636); Glatt, ZUM 2001, 390 (393); Artz, JuS 2002, 528 (535); Wendehorst in: Münchener Kommentar, § 312e BGB Rn. 94
738 Heinrichs in: Palandt, § 121 BGB Rn. 3
739 Heinrichs in: Palandt, § 121 BGB Rn. 3; Wendehorst in: Münchener Kommentar, § 312e BGB Rn. 97: nicht länger als 4 – 5 Bürostunden
740 Micklitz, EuZW 2001, 133 (142)
741 Wolf in: Soergel, § 147 BGB Rn. 6; Hefermehl in: Erman (Voraufl.), § 147 BGB Rn. 16

Richtig ist jedoch, dass der Begriff der „Unverzüglichkeit" an die höhere Geschwindigkeit des elektronischen Geschäftsverkehrs angepasst werden muss[742]. Die Bestätigung sollte am besten sofort erfolgen[743]. Zeitbestimmungen wie „maximal innerhalb von 24 Stunden"[744] sind daher die oberste Grenze[745]. In der Regel kann eine Empfangsbestätigung durch entsprechende Gestaltung der Website oder mittels eines Autoresponders problemlos sofort erfolgen.

bb) Form

Idealerweise sollte sofort nach dem Absenden des Online-Formulars anstelle des Formulars der Hinweis erscheinen, dass die Bestellung eingegangen ist[746]. Eine andere Möglichkeit wäre das Versenden einer E-Mail (per Autoresponder)[747] oder einer SMS an den Kunden. Da der Kunde aber möglicherweise weder einen E-Mail-Account noch ein Handy besitzt, bietet die Browserfensterlösung die höchste Gewähr, dass der Kunde die Empfangsbestätigung auch erhält.

Sofern der Vertrag noch nicht durch die Bestellung des Kunden geschlossen ist und der Anbieter lediglich den Empfang bestätigen will, sollte er in seiner Mitteilung klarstellen, dass es sich noch nicht um eine Annahme seinerseits handelt[748].

d) Umsetzung

Das Schuldrechtsmodernisierungsgesetz hat Art. 11 I 1. Spiegelstrich ECRL in § 312e I 1 Nr. 3 und I 2 BGB übernommen. Der Richtlinienbegriff des „Eingangs" wurde entsprechend den Begrifflichkeiten des § 130 BGB durch das Wort „Zugang" ersetzt und an die Voraussetzung geknüpft, dass die Parteien Bestellung und Empfangsbestätigung unter gewöhnlichen Umständen abrufen können, da

742 Lütcke, Fernabsatzrecht, § 312e BGB Rn. 49

743 Dörner, AcP 202 (2002), 363 (378)

744 Micklitz, EuZW 2001, 133 (142)

745 A.A. Dörner, AcP 202 (2002), 363 (378): zu spät; so auch Mehrings in: Hoeren/Sieber, Handbuch Multimedia-Recht, 13.1 Rn. 173: sofort Antwort mittels Auto-Reply erforderlich; etwas anders die deutsche Umsetzung in § 312e I 1 Nr. 3 BGB, die auf die gewöhnliche Kenntnisnahme abstellt, also die jeweiligen Geschäftszeiten, siehe unten d; noch a. A. Aigner/Hofmann, Fernabsatzrecht, Rn. 359: Reaktion innerhalb einer Woche sei ausreichend, hierbei handele es sich immerhin um eine Halbierung der Zwei-Wochen-Frist des § 121 BGB.

746 Glatt, ZUM 2001, 390 (393); Dörner, AcP 202 (2002), 363 (378)

747 Tettenborn/Bender/Lübben/Karenfort, Beilage 1 zu K&R 12/2001, S. 25; Glatt, ZUM 2001, 390 (393); Wendehorst in: Münchener Kommentar, § 312e BGB Rn. 96

748 Wendehorst in: Münchener Kommentar, § 312e BGB Rn. 94

dies der Rechtsprechung zum Zugang einer Willenserklärung entspräche[749]. Der Regierungsentwurf spricht von einer Zugangsfiktion[750].

Der Referentenentwurf sah noch keine eigene Umsetzung des zweiten Spiegelstrichs vor. Der Grund hierfür war, dass diese Regelung der h. M. in Deutschland zum Zugang elektronischer Erklärungen entspricht[751].

e) Sonderfälle

aa) Download

In Erwägungsgrund 34 der E-Commerce-Richtlinie wird darauf hingewiesen, dass die Empfangsbestätigung auch darin bestehen kann, dass der Anbieter die bezahlte Dienstleistung online erbringt[752]. Dies lässt sich auf kostenlose sowie unbezahlte Leistungen übertragen. Zudem sollte der Download von Dateien hiervon erfasst werden, wo die Leistung keine Dienstleistung, sondern eine Ware ist. Die brauchbarste Lösung sind daher die Online-Bestätigung und die Online-Leistung.

Es genügt also, dass der Anbieter den Download der Datei ermöglicht. Eine ausdrückliche Empfangsbestätigung ist nicht erforderlich, da der Kunde ohnehin merkt, ob seine Bestellung – das Auslösen des Downloads – beim Anbieter eingegangen ist, je nach dem, ob der Download durch das Betätigen des entsprechenden Button gestartet werden konnte oder nicht. Eine Ergänzung des § 312e I 1 Nr. 3 BGB durch einen Satz wie „Die Zugangsbestätigung kann auch darin bestehen, dass der Anbieter die Leistung online erbringt“ wäre zwar eine Klarstellung, ist aber nicht erforderlich.

Nicht ausreichend ist hingegen die herkömmliche Erbringung der Leistung, die nicht auf elektronischem Wege erfolgt[753]. Eine solche Empfangsbestätigung wäre außerdem nicht mehr unverzüglich.

---

749 Regierungsentwurf vom 14.05.2001, BT-Drs. 14/6040, S. 172
750 Regierungsentwurf vom 14.05.2001, BT-Drs. 14/6040, S. 172
751 siehe oben C III 3 b u. c
752 ABl. L 178 v. 17.07.2000, S. 5
753 Glatt, ZUM 2001, 390 (393)

bb) Online-Auktionen

Bei Online-Auktionen sind Sinn und Zweck des § 312e I 1 Nr. 3 BGB zu berücksichtigen: Der Kunde soll durch diese Information die Gewissheit erlangen, dass seine Bestellung bei dem Anbieter eingegangen ist. Der Vertragsschluss als solcher wird nicht geregelt. Es geht lediglich darum, dass der Kunde sicher sein kann, dass er eine rechtlich verbindliche Erklärung abgegeben hat, die dem Adressaten auch zugegangen ist und daher Wirksamkeit erlangt hat. Geht das Angebot vom Kunden aus, so wird die Empfangsbestätigung des Anbieters in der Regel gleichzeitig die Annahme sein.

Bei dieser Form von Onlineauktionen geht das Angebot jedoch ohnehin vom Anbieter aus[754], indem er die Ware auf der Website einstellt und den Beginn des Auktionszeitraums verstreichen lässt. Der Kunde sieht bereits nach Abgabe seines Gebotes, dass sein Gebot in der Gebotsliste der Onlineauktion auftaucht. Dies genügt als Empfangsbestätigung, auch wenn sie nicht vom eigentlichen Anbieter, sondern vom Auktionshaus ausgeht.

cc) Verträge per E-Mail

Gemäß Art. 11 III ECRL findet auf Verträge, die ausschließlich durch den Austausch von elektronischer Post geschlossen werden, nur Art. 11 I 2. Gedankenstrich ECRL Anwendung. Diese Regelung ist mit § 312e I 2, II 1 BGB ins deutsche Recht umgesetzt worden.

Beim Vertragsschluss per E-Mail gelten Bestellung und Zugangsbestätigung dann als zugegangen, wenn die Parteien sie abrufen können. Es ist also keine unverzügliche Empfangsbestätigung erforderlich. Begründung hierfür ist, dass es sich bei E-Mails um individuelle Kommunikation handelt. Es wird kein vom Anbieter vorgegebenes Formular ausgefüllt und an dessen IT-System geschickt. Anders als beim Vertragsschluss über eine Website bedarf der Kunde nicht einer Rückversicherung darüber, ob sein abgeschicktes Formular auch beim Anbieter angekommen ist und dort bearbeitet wird.

Ein Vertragschluss per E-Mail unterscheidet sich (von der Geschwindigkeit der Übermittlung abgesehen) im Prinzip nicht von einem Vertragsschluss per Brief[755]. Möchte der Absender sichergehen, dass der Empfänger die Mail erhalten hat, so kann er in seiner Mail um eine Empfangsbestätigung bitten. Darüber hinaus sehen die meisten E-Mail-Programme eine Funktion vor, durch die dem

---

754 D I 1 c aa

755 Schulte-Nölke in: Hk-BGB, § 312e BGB Rn. 5

Absender vom E-Mail-Programm des Empfängers automatisch eine Empfangsbestätigung zugesandt wird. Es kann auf diese Weise sogar eine Bestätigung darüber versandt werden, ob die Mail geöffnet (und dann vermutlich auch gelesen) wurde.

All diese Optionen können aber dem Belieben der betreffenden Parteien überlassen werden, da es beim Vertragsschluss per E-Mail auch nicht möglich ist, dass der Vertrag zustande kommt, ohne dass beide Parteien dies erfahren. Verschickt der Kunde ein Angebot, so kommt der Vertrag nur zustande durch die Annahme des Anbieters oder gemäß § 151 BGB durch den Versand der Ware. Im letzteren Fall ist aber zu beachten, dass diese Reaktion des Anbieters auf die Bestellung nicht zu lange dauern darf, da – wie im Fall des § 147 II BGB – die Annahmefrist wegen der hohen Geschwindigkeit des elektronischen Geschäftsverkehrs sehr kurz ist[756].

f) Sanktionen

Die Gültigkeit des Vertrags soll von dem Verstoß gegen die Pflicht aus Art. 11 I ECRL nicht berührt werden. Rechtsgeschäftliche Wirkungen hat die Empfangsbestätigung ohnehin nicht, da sie nur geschäftsähnliche Handlung ist. Ihr Fehlen hindert daher nicht den Vertragsschluss[757].

Dies könnte aber dazu führen, dass der Kunde, obwohl keine Empfangsbestätigung bei ihm eingegangen ist, überraschend mit der Leistung des Anbieters konfrontiert würde: Der Kunde hatte nicht mehr mit einer Leistung des Anbieters gerechnet hat, weil er davon ausging, dass – mangels Reaktion des Anbieters – seine Bestellung Opfer eines technischen Versagens geworden ist. Angesichts der Direktivenregelung wurde bei der Transformation in deutsches Recht angedacht, dem Kunden bis zum Eingang der Empfangsbestätigung ein verlängertes Widerrufsrecht zu gewähren[758]. Dieses verlängerte Widerrufsrecht ist in § 312e III 2 BGB Gesetz geworden.

Man könnte aber auch § 147 BGB heranziehen. Die Kommunikation über eine Website, bei der der Anbieter über seine Informationstechnologien sofort auf die Eingaben des Kunden reagiert, gleicht einer Dialog-Situation[759]. Nach § 147 I BGB kann ein Antrag unter Anwesenden nur sofort angenommen werden. Dies bedeutet: Reagiert der Anbieter (der die Bindung an die in der Website gemach-

---

756 D IV 1 a

757 Hassemer, MMR 2001, 635 (637)

758 Spindler, MMR-Beilage 7/2000, 4 (11)

759 D IV 1 c (2)

ten Angaben ausgeschlossen hat) nicht sofort auf das Absenden des Online-Bestellformulars durch den Kunden, so erlischt die Wirksamkeit dieses Antrags. Dies gilt auch für Online-Bestellformulare auf Websites, bei denen der Anbieter klargestellt hat, dass die Annahme erst später via E-Mail erfolgen wird. Reagiert der Anbieter dann nicht unverzüglich per E-Mail, so kann der Kunde gemäß § 147 II BGB sein Angebot als unwirksam ansehen. Allerdings stellt sich dann die Frage, ob § 312e III 2 BGB nicht möglicherweise (seine Stellung im Gesetz legt es nahe, da er immerhin außerhalb des Allgemeinen Teils platziert ist) lex specialis gegenüber § 147 BGB ist.

Problematisch ist ohnehin die Situation, dass die Angaben des Anbieters bereits als bindendes Angebot zu deuten sind, welches vom Kunden angenommen wird. In diesen Fällen kommt § 147 BGB nicht zur Anwendung, weil der Vertrag bereits geschlossen ist. Einer analogen Anwendung des § 147 BGB steht aber § 312e III 2 BGB entgegen.

Diese Wertung erscheint merkwürdig. Es wird willkürlich danach differenziert, ob ein bindendes Angebot oder eine invitatio ad offerendum vorliegt. Sinnvoll erscheint es, § 312e I 1 Nr. 3 BGB von § 312e III 2 BGB auszunehmen. Dann würde der Vertrag automatisch ungültig, wenn der Anbieter den Eingang der Bestellung nicht unverzüglich bestätigt. Der Begriff „unverzüglich" führt hier zwar zu einer gewissen Unsicherheit, ab wann ein tatsächlich geschlossener Vertrag unwirksam wird, lässt aber Spielraum für eine angemessene Entscheidung im Einzelfall.

Allerdings hätte diese Konstruktion genau das zur Folge, was durch die Änderung der EU-Richtlinie verhindert werden sollte: Eine Neuregelung für Vertragsschlüsse im Internet, weil Verträge dann erst durch die unverzügliche Empfangsbestätigung durch den Anbieter endgültig wirksam würden. Dies hätte die Konsequenz, dass Verträge über Websites immer in ähnlicher Weise wie bei einer invitatio ad offerendum geschlossen würden. Für den Anbieter würde damit die Notwendigkeit entfallen, eine Warenverfügbarkeitsprüfung auf seiner Website zu installieren. Zudem hätte eine fehlende Prüfung der Lieferfähigkeit des Anbieters keine Folgen, weil diese Prüfung nachträglich erfolgen kann.

Es ist daher sinnvoll, § 312e III 2 BGB in Verbindung mit § 312e I 1 Nr. 3 BGB als lex specialis zu § 147 BGB anzusehen und den Verstoß gegen die Pflicht des § 312e I 1 Nr. 3 BGB hinsichtlich der Gültigkeit des Vertrages folgenlos zu lassen, um zunächst die Entwicklung des elektronischen Geschäftsverkehrs in den nächsten Jahren zu beobachten. Dann lässt sich entscheiden, ob der Vertragsschluss für Geschäfte über das Internet tatsächlich einer einheitlichen Regelung bedarf. Zudem besteht die Klagemöglichkeit nach dem UKlaG und eventuell nach dem UWG. Indirekte Sanktion ist zudem das nach § 312e III 2 BGB verlängerte Widerrufsrecht des §§ 312c, 355 BGB, da Kunden überraschenderweise doch versandte Ware in der Regel zurückgeben werden, weil sie schon bei einem anderen Anbieter gekauft haben.

Außerdem stellt das Unterlassen der Zugangsbestätigung die Verletzung einer Nebenpflicht dar. Der Kunde kann von dem Anbieter somit Schadensersatz fordern. Anspruchsgrundlagen sind § 280 BGB (positive Vertragsverletzung) oder §§ 280, 311 II, 241 II BGB (culpa in contrahendo), je nach dem, ob das Angebot vom Anbieter oder vom Kunde ausging[760]. Hat der Kunde sich bereits anderweitig eingedeckt, so kann er gemäß § 324 BGB vom Vertrag zurücktreten, da ihm ein Festhalten daran nicht zugemutet werden kann[761]. Macht er von dem Rückgaberecht nach § 312d BGB Gebrauch, so kann er zum Beispiel die Kosten für die Rücksendung der Ware ersetzt verlangen, wenn er diese des geringen Warenwertes wegen selbst tragen müsste[762]. Der Anbieter trägt gemäß § 280 I 2 BGB die Beweislast dafür, dass er das Ausbleiben der Zugangsbestätigung nicht zu vertreten hat.

8. Vertragsbestimmungen

Gemäß Art. 10 III ECRL müssen die Vertragsbestimmungen und die allgemeinen Geschäftsbedingungen dem Nutzer so zur Verfügung gestellt werden, dass er sie speichern und reproduzieren kann. Dem Nutzer muss also der komplette Vertragstext zur Verfügung gestellt werden.

a) Zweck

Sinn dieser Vorschrift ist auch hier, das Vertrauen des Kunden in den elektronischen Geschäftsverkehr zu stärken. Indem der Vertragstext dem Kunden zur Verfügung gestellt wird, kann dieser ihn entsprechend seinem eigenen Bedarf archivieren, gegebenenfalls auch in Form eines Ausdrucks. Auf diese Weise hat der Kunde einen Kaufbeleg bzw. ein eigenes Vertragsexemplar in der Hand, anhand dessen er sich jederzeit über seine Rechte und Pflichten gegenüber seinem Vertragspartner informieren kann[763].

---

760 Dörner, AcP 202 (2002), 363 (378 f.)

761 Schneider, K&R 2001, 344 (348) geht von einem Schadensersatzanspruch auf Vertragsaufhebung aus.

762 § 357 II 3 BGB. Allerdings wäre überlegenswert, ob hier nicht bereits ein Fall des § 357 II 3 2. Hs. BGB (keine Möglichkeit, dem Kunden die Kosten aufzuerlegen, weil die gelieferte Ware nicht der bestellten entspricht) vorliegt.

763 Ranke, MMR 2002, 509 (512)

Die Pflicht des Art. 10 III ECRL dient aber nicht nur dem Verbraucherschutz, sondern auch der Beweisbarkeit und der Rechtssicherheit[764] im elektronischen Geschäftsverkehr, weswegen sie auch im B2B-Bereich und bei individueller Kommunikation nicht abbedungen werden kann[765].

b) Anforderungen

aa) Vertragsschluss über Website

Im Internet sind folgende Möglichkeiten der Zur-Verfügung-Stellung denkbar: Eine Speicherung auf dem Server des Anbieters, die der Kunde über das Internet mittels Kundenname/Auftragsnummer und Passwort abrufen kann, als Datei zum Download[766] vom Server des Anbieters, als E-Mail an den Kunden (als Textversion), als Attachment zu einer E-Mail an den Kunden, als SMS oder E-Mail auf das Handy des Kunden oder – zu guter Letzt – als normaler Brief an den Kunden auf dem Postwege.

(1) Speicherung auf dem Server des Anbieters

Eine Speicherung auf dem Server des Anbieters dürfte den Anforderungen von Art. 10 III ECRL nicht entsprechen, da der Kunde auf diese Weise allenfalls die Adresse des Speicherortes auf seinem Rechner speichern kann. Gewünscht ist jedoch von der Richtlinie, dass der Kunde unabhängig von dem Anbieter Zugriff auf den Text nehmen kann, was bei dieser Variante nicht möglich ist. Außerdem soll der Kunde sichergehen können, dass der Anbieter den Vertragstext nicht nachträglich ändert. Dies ist nur bei einer Speicherung beim Kunden gewährleistet. Zudem ist die Variante „Speicherung beim Anbieter" bereits in Art. 10 I b ECRL aufgeführt worden. Diese Möglichkeit ist also schon beim Entwurf der Richtlinie ins Auge gefasst worden; wäre sie als ausreichend angesehen worden, so wäre Art. 10 III ECRL anders formuliert worden. Schließlich meint „Zur-Verfügung-Stellen" auch das Überlassen an den Kunden, damit dieser den Text nach eigenem Gutdünken jederzeit benutzen kann. Der Anbieter muss sich einer Kopie des Vertragstextes entäußern.

---

764 Ranke, MMR 2002, 509 (512)

765 Hassemer, MMR 2001, 635 (636); Lütcke, Fernabsatzrecht, § 312e BGB Rn. 58

766 Tettenborn/Bender/Lübben/Karenfort, Beilage 1 zu K&R 12/2001, S. 24; Glatt, ZUM 2001, 390 (391)

(2) Speicherung des Inhalts des Browserfensters

Das Browserfenster mit dem Text der Bestellung kann der Kunde speichern[767] und ausdrucken. Das gleiche gilt für die AGB, die der Kunde ebenfalls in seinem Browserfenster aufrufen und lesen kann. Allerdings verschwindet der Text der Bestellung meist durch das Absenden und bleibt auch nicht im Cache des Browsers gespeichert. Bietet der Anbieter dem Kunden also keine andere Möglichkeit als das Speichern der Browserfenster, so muss er den Kunden darauf hinweisen, dass dieser vor der Abgabe der Bestellung den Text abspeichern sollte[768]. Anderenfalls sollte der Anbieter den Vertragstext nach Absenden der Bestellung in der Empfangsbestätigung erscheinen lassen, am besten gleich in einem zum Ausdruck geeigneten Format.

(3) Download des Textes

Eine Meinung in der Literatur vertritt die Ansicht, der Anbieter genüge seiner Pflicht nach Art. 10 III ECRL, indem er die Daten auf seiner Homepage zum Download bereithält[769]. Er müsse nicht dafür sorgen, dass der Kunde von dieser Downloadmöglichkeit auch Gebrauch macht. Dies sei allein Sache des Kunden. Tatsächlich liegt diese Variante nahe. Der Kunde kann entscheiden, ob er den Vertragstext wirklich speichern will. Die praktische Gestaltung ist recht einfach: Der Anbieter verweist auf die Downloadmöglichkeit, stellt eine verständlich formulierte Anleitung zur Verfügung[770] und markiert den Download-Button am besten mit einem entsprechenden Hinweis („Download", „Herunterladen des Vertragstextes"). Eine möglichst einfache und klare Gestaltung nebst verständlicher Anleitung des Hinweises ist wichtig, da eine große Zahl der Internetnutzer alles andere als Computerfreaks sind, sondern lediglich die einfachsten Grundzüge der Bedienung ihres Browsers kennen – am Anfang häufig nur die Eingabe von URLs in die Adressleiste ihres Browsers und das Klicken auf Links. Der Anbieter sollte sich daher auf den Fall einstellen, dass die von ihm angesprochene Zielgruppe aus laienhaften Nutzern besteht, denen das Downloaden und das Öffnen einer solchen Datei erst erklärt werden muss.

---

767 Kamanabrou, CR 2001, 421 (424): die Fähigkeit zum Speichern des Inhalts des Browserfensters über die Menüleiste darf beim Kunden vorausgesetzt werden.

768 Tettenborn/Bender/Lübben/Karenfort, Beilage 1 zu K&R 12/2001, S. 25; Kamanabrou, CR 2001, 421 (425) (und im Anschluss daran Hoenike/Hülsdunk, MMR 2002, 415 (419)) weisen darauf hin, dass der Kunde bei Fehlen eine Menüleiste über die Speichermöglichkeit via Shortcut aufzuklären ist.

769 Tettenborn/Bender/Lübben/Karenfort, Beilage 1 zu K&R 12/2001, S. 24

770 Hoenike/Hülsdunk, MMR 2002, 516 (517)

Wichtig ist auch, dass der Text in einem auf allen Plattformen lesbaren Format erscheint. Nicht jeder Nutzer arbeitet mit Word. Das Pdf-Format wäre hier – seiner weiten Verbreitung wegen – beispielsweise eine sinnvolle Alternative, nebst einem Link für den Download des Acrobat Readers (oder eines entsprechenden Programms).

(4) Text als E-Mail (Text oder Attachment)

Da viele Nutzer des Internets – zumindest anfänglich – recht ungewandt im Umgang mit diesem Medium sind, sollte der Anbieter als weitere Variante den Vertragstext als E-Mail zur Verfügung stellen[771]. Wichtig ist, dass der Vertragstext als reiner E-Mail-Text versandt wird, damit unerfahrene Kunden nicht mit einem Attachment konfrontiert werden. Attachments sind durch die Virenwarnungen ohnehin häufig Angst belegt. Die Vertragstextmail kann der Nutzer dann bequem in seinem E-Mail-Programm belassen und lesen sowie bei Bedarf auch ausdrucken. Wenn die E-Mail sofort nach Vertragsschluss versandt wird, hat der Kunde den Text auch sofort als Kaufbeleg vorliegen. Zudem bleibt beim sofortigen Absenden der Anschein der Authentizität gewahrt. Der Kunde kann dann den E-Mail-Text und den Vertragstext auf der noch aufgerufenen Website miteinander vergleichen.

Für fortgeschrittene Internetnutzer ist der Versand als Attachment eine praktische Option, weil der Vertragstext dann wie beim Download an beliebiger Stelle auf der Festplatte abgelegt werden kann. Beim Vorhandensein eines Virenscanners und in Anbetracht der Tatsache, dass die E-Mail erwartet und der Absender bekannt ist, wird hier die Angst vor Viren keine allzu große Rolle spielen.

Die Variante des Versands per E-Mail ist auch deshalb wichtig, weil der Nutzer sich möglicherweise nicht des eigenen, sondern eines öffentlichen Terminals bedient, auf dem er den Text nicht für sich speichern kann oder will (z. B. im Internetcafe oder in einer entsprechend ausgerüsteten Telefonzelle). Der Versand per E-Mail ermöglicht ihm daher überhaupt erst die Speicherung.

Wichtig ist beim Versand des Vertragstextes via E-Mail, dass dieser der Schnelligkeit des Mediums Internet entsprechend sofort erfolgen sollte, spätestens aber zusammen mit der Leistung, weil zu diesem Zeitpunkt der Kunde in der Lage sein muss, sich über seine Rechte und Pflichten gegenüber seinem Vertragspartner zu informieren. Erfolgt die Leistung sofort nach Vertragsschluss online (z. B. durch Download einer Software), so muss die entsprechende Mail gleichzeitig abgeschickt werden. Wird die Leistung geliefert (z. B. Ware per Post), so

---

771 Wendehorst in: Münchener Kommentar, § 312e BGB Rn. 107

genügt es, wenn die E-Mail mit den Vertragsbestimmungen und AGB beim Abschicken der Ware versandt wird[772].

(5) Versand auf das Handy

Eine letzte elektronische Möglichkeit wäre der Versand der Vertragsbestimmungen und AGB vom Anbieter per SMS auf das Handy des Kunden. Da mittlerweile fast jeder Deutsche ein Handy hat, wäre dies eine denkbare Lösung. Der Kunde kann den Text auch beliebig lange auf dem Handy speichern. Allerdings haben Handys nur eine begrenzte Speicherkapaziät. Beim Abschluss vieler Internetverträge wird der Kunde an die technischen Grenzen seines Handys stoßen. Des Weiteren ist der Vertragstext sehr schlecht auf dem kleinen Handy-Display zu lesen. Der Nutzer muss sich durch eine lange Textschlange scrollen. Zudem kann der Vertragstext bei nicht WAP-fähigen Handys nur im SMS-Format verschickt werden. Dies bedeutet, dass der Text ohne jedes Layout wie Zeilenumbruch, Sonderzeichen und Hervorhebungen versandt wird und zudem noch in mehrere SMS-Nachrichten (à 160 Zeichen) aufgespalten werden muss, die zudem meist in ungeordneter Reihenfolge bei dem Nutzer ankommen. Der Text ist somit völlig unübersichtlich und kaum lesbar. Der Versand auf das Handy kann daher keine Alternative im Sinne des Art. 10 III ECRL sein.

E-Mails können auch mit einem gewöhnlichen Handy als Voice-Mail abgerufen werden. Diese Möglichkeit käme in Frage für Kunden, die zwar einen E-Mail-Account, aber keinen eigenen Rechner haben. Hier wird der Text dem Nutzer vorgelesen. Der Kunde kann nicht gezielt in dem Vertrag blättern. Dann wäre es sinnvoller, sich den Text von einer öffentlichen Workstation aus ausdrucken zu lassen.

Bei WAP-fähigen Handys können zwar E-Mails im ursprünglichen Format übermittelt werden, der Text ist aber wegen der Kleinheit des Displays kaum als vernünftig abrufbar einzustufen. Dazu müsste der Kunde den Text nachträglich auf seinen Rechner überspielen. Aus diesem Grunde erweist sich der Textversand per E-Mail als sinnvoller. Das gleiche gilt für Palms und Organizer: Auch hiermit können E-Mails abgerufen werden. Für eine brauchbare abrufbare Archivierung müsste der Vertragstext jedoch ebenfalls erst wieder auf den Rechner überspielt werden. Hat der Kunde aber einen eigenen Rechner zur Verfügung, bedarf es der Alternative des Versands aufs Handy oder den Palm nicht. Gewöhnliche E-Mails kann der WAP-Handy- oder Palm-Besitzer ohnehin mit sei-

---

[772] Die deutsche Umsetzung in § 312e I 1 Nr. 4 BGB verlangt jedoch, dass die Abruf- und Speichermöglichkeit bereits bei Vertragsschluss gewährleistet wird. Siehe dazu nachfolgend unter c

nem Gerät zur Kontrolle abrufen und später endgültig auf seinen richtigen Rechner herunterladen.

(6) Versand als Brief

Angesichts der auf elektronische Medien ausgerichteten Formulierung der Richtlinie („Speichern“ und „Reproduzieren“) mutet die Option, den Vertragstext als Brief zu verschicken, als obsolet und unpassend an. Hier ist jedoch zu berücksichtigen: Nicht jeder Internetnutzer hat tatsächlich einen eigenen Rechner, auf dem er die Vertragstextdatei ablegen kann. Viele Nutzer verwenden öffentliche Terminals, wie z. B. in Universitäten oder Internetcafés. Wenn die Möglichkeit entfällt, sich den Text per E-Mail auf seinen Rechner schicken zu lassen, bleibt der Brief letzte praktikable Möglichkeit. Hinzukommt, dass nicht jeder Internetnutzer bereits über eine E-Mail-Adresse verfügt, obwohl dies die beliebteste Funktion der neuen Medien ist. Auch hier bleibt nur der Brief zur Textverschickung.

Wichtig beim Versand des Vertragstextes als Brief ist, dass dieser spätestens zusammen mit der Leistung des Anbieters beim Kunden eintreffen soll. Es bietet sich der Versand noch am Tag des Vertragsschlusses an; auf diese Weise wird der Geschwindigkeit des Mediums Internet entsprechend reagiert. Auch soll der Kunde möglichst schnell eigenen Zugriff auf den Text des Vertrages haben. Damit der Kunde seine Rechte aus dem Vertrag geltend machen kann, sollte ihm deshalb, wie bereits gesagt, der Text spätestens bei Erhalt der Leistung vorliegen.

Erfolgt die Erfüllung unmittelbar nach dem Vertragsschluss online, kann der Vertragstext dem Kunden aber nur als Brief per Post dauerhaft zur Verfügung gestellt werden, so ist dies unschädlich, da der Kunde in dieser Konstellation weiterhin online bleibt, um die Leistung zu erhalten, und in diesem Zusammenhang dann auch den Text des Vertrages in seinem Cache zur Verfügung hat. Wenn dies nicht der Fall ist, weil der Vertragstext nicht im Cache abgespeichert wurde, so weiß der Kunde dennoch, was er bestellt hatte, weil er die Leistung gerade erhält, während er gleichzeitig auf die AGB auf der Anbieter-Website Zugriff nehmen kann. Zudem ist bei online-erfüllbaren Verträgen ohnehin davon auszugehen, dass der Kunde eine digitale Speichermöglichkeit zur Verfügung hat und daher auch den Vertragstext downloaden könnte. Handelt es sich um eine flüchtige Leistung wie eine Live-Übertragung, so muss der Kunde zunächst mit den auf der Anbieter-Website zur Verfügung gestellten Informationen vorlieb nehmen.

(7) Fazit

Aus den vorangegangenen Ausführungen folgt: Um jedem Kunden die eigene Speicherung und Reproduktion des Vertragstextes zu ermöglichen, muss der Anbieter mehrere Möglichkeiten zur Auswahl stellen. Minimum sind Text-E-Mail und Brief, am besten durch eine direkte Downloadmöglichkeit ergänzt. Ideal ist, zusätzlich den Versand als Attachment oder als E-Mail/SMS auf Handy/Palm zu ermöglichen. Bietet der Anbieter zumindest die genannte Minimallösung an, darf er dem Kunden neben diesen Möglichkeiten auch den Weg des Nutzerkontos auf dem anbietereigenen Server anbieten. Hierbei muss aber klargestellt werden, dass die anderen Möglichkeiten dem Kunden empfohlen werden, da er dann ohne Netzzugang und unabhängig vom Anbieter auf den Vertragstext zurückgreifen kann.

Teilweise wird angenommen, dass dem Kunden der komplette Vertragstext bereits vor Vertragsabschluss zur Verfügung gestellt werden müsse[773]. Dies ist aber nicht erforderlich. Es genügt, wenn der Kunde den Text nach Abschluss des Vertrages erhält. Den Inhalt des Vertrages kannte der Kunde zum Zeitpunkt des Vertragsschlusses; denn darauf muss sich ja seine Annahmeerklärung bzw. sein Angebot beziehen. Der Text der AGB wird nach §§ 305 II, 310 I BGB gegenüber Verbrauchern nur dann Vertragsbestandteil, wenn der Kunde, die Möglichkeit zur zumutbaren Kenntnisnahme hatte, also nicht durch ein nachträgliches Zurverfügungstellen.

Die deutsche Umsetzung schreibt vor, dass der Kunde die Möglichkeit bekommen muss, die Vertragsbestimmungen einschließlich der AGB *bei Vertragschluss* abzurufen und in wiedergabefähiger Form zu speichern[774].

bb) Vertragsschluss über WAP

Ähnlich wie beim Vertragsschluss über Websites ist die Situation bei Vertragsschluss über WAP. Das Handy ist aufgrund seines begrenzten Speicherplatzes nicht dafür konzipiert, größere Nachrichten dauerhaft zu speichern[775]. Zudem ist die Wahrnehmung des Textes aufgrund des kleinen Displays und der begrenzten Layout-Möglichkeiten für den Kunden unzumutbar. Auch die Speicherung des Textwortlautes beim Anbieter selbst ist dem Kunden nicht zuzumu-

---

773 Micklitz, EuZW 2001, 133 (142)

774 dazu nachfolgend unter c

775 Ranke, MMR 2002, 509 (512) setzt eine entsprechende Ausstattung der mobilen Endgeräte voraus.

ten[776]. Daher bleiben dem Anbieter als Alternativen für eine korrekte Erfüllung seiner Informationspflichten nur die Versendung als E-Mail (wenn der Kunde einen E-Mail-Account und einen eigenen Rechner hat) oder als Brief.

cc) Vertragsschluss über Web-TV

Die vorstehende Darstellung ging davon aus, dass der Kunde sich einer privaten oder öffentlichen Workstation als Internetzugang bedient. Alternativ könnte der Kunde sich mittels eines Zusatzgerätes zu seinem häuslichen Fernsehgerät ins Internet einwählen[777]. Diese Variante ist gerade für die Bevölkerungskreise interessant, die ansonsten keine Verwendungsmöglichkeit für einen PC haben und die – auch für ein älteres, gebrauchtes Gerät – nicht ganz unerheblichen Ausgaben scheuen. In Kombination mit einem bereits vorhandenen Fernsehgerät ist für sie ein Internetzugang zum Einkaufen, zum Abruf von Nachrichten und Magazinen, zum Spielen und zum E-Mailen (über Web-Mailer wie GMX oder web.de) durchaus interessant.

Problematisch bei einem solchen Gerät ist aber, dass es – außer dem Cache – keine Speichermöglichkeit besitzt und auch der Anschluss eines Druckers nicht möglich und wahrscheinlich auch nicht gewollt ist. Beim Versand einer E-Mail bliebe dem Kunden nur die Möglichkeit, sie auf seinem Account bei seinem E-Mail-Provider zu speichern. Dieser verfügt aber meist nur über begrenzten und zeitlich befristeten Speicherplatz, zudem müsste der Kunde immer online gehen, wenn er den Vertragstext lesen wollte.

Besonders problematisch wird die Ausgangslage, wenn es sich um den Vertrag des Kunden mit dem E-Mail-Provider handelt. Dann ist die Lösungsmöglichkeit, den Text in dem E-Mail-Account des Kunden – und damit auf dem Server des Providers – zu speichern, für den Kunden nicht zumutbar. Schließlich soll ihm der Vertragstext jederzeit unabhängig von seinem Vertragspartner zur Verfügung stehen. In einem solchen Fall ist die Option, dem Kunden den Vertragstext per Brief zuzuschicken, notwendigerweise immer vom Anbieter bereitzustellen.

dd) Vertragsschluss durch individuelle Kommunikation

Beim Vertragschluss durch individuelle Kommunikation richtet sich die Erfüllung der Anforderungen des § 312e I 1 Nr. 4 BGB nach den jeweiligen Umständen. Die Anforderungen an den Anbieter sind geringer, da die Vertragsschluss-

776 siehe oben b aa (1)
777 siehe hierzu auch D II 2

technik nicht von ihm vorgegeben wurde. So wird es beim Vertragsschluss über E-Mail ausreichen, dass Bestimmungen und AGB dem Kunden als Text-E-Mail übersandt werden. Entsprechendes gilt beim Chat und auch bei der Internettelefonie, da bei beiden Kommunikationsmitteln davon auszugehen ist, dass der Kunde auch über einen E-Mail-Account verfügt.

c) Umsetzung

Art. 10 III ECRL wird in § 312e I 1 Nr. 4 BGB umgesetzt.

Der Referentenentwurf des damaligen § 305b III BGB hatte folgende Fassung: „Über § 309[778] hinaus sind dem Nutzer die Vertragsbedingungen unter Einschluss der in den Vertrag einbezogenen Allgemeinen Geschäftsbedingungen so zur Verfügung zu stellen, dass er sie speichern und wiedergeben kann."

§ 309 des Referentenentwurfs entsprach inhaltlich weitgehend den jetzigen §§ 305 – 305 b BGB (entsprechend §§ 1, 2, und 4 AGBG). In dieser Formulierung wurde klargestellt, dass AGB nur dann Vertragsbestandteil sind, wenn sie in den Vertrag einbezogen wurden. Die zumutbare Kenntnisnahme im Sinne des § 309 I BGB-E (= § 305 II BGB = § 2 AGBG) genügt also nicht. Damit wird auch deutlich, dass die abrufbare Speicherung auf dem Anbieterserver nicht ausreichend ist. Der Verweis „über § 309 hinaus" sollte auch klarstellen, dass der damalige § 305b III BGB keine Spezialregel zur Einbeziehung von AGB im E-Commerce sein sollte, sondern nur eine gesonderte (also unabhängig von den Erfordernissen der Vorschriften zu AGB bestehende) Verpflichtung des Anbieters bei Geschäften über das Internet.

§ 312e I 1 Nr. 4 BGB deutet diesen Gedanken nur noch durch die Formulierung „Vertragsbestimmungen *einschließlich* der Allgemeinen Geschäftsbedingungen" an. Der Regierungsentwurf verwandte noch die Wendung „*einbezogene* Allgemeine Geschäftsbedingungen". In der Begründung wurde davon ausgegangen, dass sich die Erfordernisse des § 305 II BGB und des § 312e I 1 Nr. 4 BGB weitgehend decken: Die Erfordernisse Hinweis und Kenntnisnahmemöglichkeit werden im elektronischen Geschäftsverkehr dadurch erfüllt werden, dass der Anbieter dem Kunden eine Möglichkeit aufzeigt, wie er die Vertragsbedingungen herunterladen (= abrufen) und speichern kann[779]. Im Unterschied zu § 305

[778] Der Entwurf nennt hier § 310 BGB (entspricht § 305c I BGB = § 3 AGBG – überraschende Klauseln –), was aber sicher ein Redaktionsversehen ist.
[779] Regierungsentwurf vom 14.05.2001, BT-Drs. 14/6040, S. 172

II BGB müssen allerdings die Vertragsbedingungen auch Unternehmern durch die Möglichkeit des Abrufs zur Verfügung gestellt werden[780].

Sinnvoll wäre die Klarstellung im jetzt geltenden Gesetzestext des § 312e I 1 Nr. 4 BGB gewesen, dass der Kunde den Vertragstext bei sich speichern können soll, um die Speicherung auf dem Anbieterserver sofort erkennbar auszuschließen. Es wird daher eine Änderung des Gesetzestextes in § 312e I 1 Nr. 4 BGB wie folgt vorgeschlagen: „...die Vertragsbestimmungen einschließlich der Allgemeinen Geschäftsbedingungen bei Vertragsschluss abzurufen und in wiedergabefähiger Form *bei sich* zu speichern."

Anders als die E-Commerce-Richtlinie verlangt § 312e I 1 Nr. 4 BGB, dass die Abruf- und Speichermöglichkeit *bei Vertragsschluss* bestehen muss. Der Regierungsentwurf ließ hier noch genügen, dass das Abrufen und Speichern alsbald, spätestens bis zur vollständigen Erfüllung des Vertrages, bei Waren spätestens bis zur Lieferung an den Kunden ermöglicht wird. Der Bundesrat wandte hiergegen ein, dass dieser Zeitpunkt zu spät sei. Aus dem Zusammenhang der Richtlinie ergäbe sich, dass die Informationen zumindest im Regelfall beim Vertragsschluss zur Verfügung stehen sollten. Dies entspräche auch dem Schutzzweck der Regelung. Anders als bei bestimmten Formen des Fernabsatzes, zum Beispiel nach telefonischer Bestellung, könnten – so der Bundesrat weiter – im elektronischen Geschäftsverkehr die geforderten Informationen dem Kunden technisch ohne weiteres schon bei Vertragsschluss zur Verfügung gestellt werden[781]. Die Beschlussempfehlung des Rechtsausschusses weist darauf hin, dass zu den Vertragsbestimmungen nicht sämtliche, unter Umständen auch nach § 312c BGB zu erteilenden Informationen gehören, sondern nur der Vertragstext und die Allgemeinen Geschäftsbedingungen. Diese sollten dem Kunden aber bereits bei Vertragsschluss speicherbar zur Verfügung stehen[782].

Zweifelhaft ist, welcher Zeitpunkt mit „bei Vertragsschluss" gemeint ist. Teilweise wird die Ansicht vertreten, dass die Abgabe der Willenserklärung des Kunden gemeint ist, also der Zeitpunkt, in dem die rechtliche Bindung des Kunden an seine Erklärung eintritt[783]. Erst zu diesem Zeitpunkt stehe fest, welche Vertragsbestimmungen für den avisierten Vertrag überhaupt gelten sollen. Nach einer anderen Meinung soll es ausreichend sein, wenn Vertragsbestimmungen

780 Regierungsentwurf vom 14.05.2001, BT-Drs. 14/6040, S. 172; Lütcke, Fernabsatzrecht, § 312e BGB Rn. 56; Micklitz, VuR 2001, 71 (73)
781 Stellungnahme des Bundesrates vom 13.07.2001, BT-Drs. 14/6857, S. 20
782 Beschlussempfehlung des Rechtsausschusses vom 09.10.2001, BT-Drs. 14/7052, S. 192
783 Hoenike/Hülsdunk, MMR 2002, 516 (516)

und AGB erst unmittelbar nach Vertragsschluss zur Verfügung gestellt werden[784].

Der Vertragschluss ist erst erfolgt, wenn das Angebot angenommen wurde. Geht das Angebot vom Anbieter aus, so ist es tatsächlich durch die Bestellung des Kunden angenommen. Geht hingegen das Angebot vom Kunden aus, so muss dieses zunächst von dem Anbieter angenommen werden. Zwar wird sich am Inhalt der Vertragsbestimmungen und der AGB, die in der Bestellung des Kunden vorgesehen waren, voraussichtlich nichts ändern. Denkbar ist jedoch, dass der Anbieter das Angebot nur unter Änderungen annimmt, so dass ein neues Angebot vorliegt, welches vom Kunden angenommen werden muss (§ 150 II BGB). Erst danach ist der Vertrag zustande gekommen, so dass auch erst zu diesem Zeitpunkt die Bestimmungen und AGB zur Verfügung gestellt werden können.

d) Sanktionen

Die Richtlinie sieht keine spezielle Sanktion vor. Die Gültigkeit des Vertrages soll nicht durch einen Verstoß gegen § 312e I 1 Nr. 4 BGB berührt werden. Für die wettbewerbsrechtliche Klage nach §§ 3, 8 UWG ist kein Raum, da der Rechtsbruch dem Anbieter keinen Wettbewerbsvorteil verschafft. Die Download/E-Mail-Versand-Möglichkeiten sind nicht so schwer zu installieren, dass der betreffende Anbieter seine Site schneller als andere ins Netz stellen könnte. Zudem schafft das Angebot, den Vertragstext dem Kunden zur Verfügung zustellen, Vertrauen bei den Kunden. Der Anbieter, der gegen § 312e I 1 Nr. 4 BGB verstößt, verschafft sich eher einen Wettbewerbsnachteil. Es bliebe als Sanktionsmöglichkeit nur die Klage nach § 2 UKlaG.

Fraglich ist, ob sich eine Sanktionierung der Pflichtverletzung des Anbieters aus den allgemeinen Vorschriften ergibt.

Der Anbieter kann seine Rechte aus dem Vertrag wahrnehmen, auch wenn er diesen seinem Vertragspartner entgegen § 312e I 1 Nr. 4 BGB nicht zur Verfügung gestellt hat. Verträge können – formpflichtige ausgenommen – grundsätzlich auch mündlich geschlossen werden. AGB sind bei Erfüllung der Voraussetzungen des § 305 II BGB miteinbezogen. Der Anbieter selbst hat den Vertragstext vorliegen.

Problematisch ist aber, dass der Kunde nicht in der Lage ist, seine Rechte geltend zu machen, ohne die AGB des Anbieters von dessen Site abzurufen. Weiter

---

[784] Grigoleit, NJW 2002, 1151 (1158); Wendehorst in: Münchener Kommentar, § 312e BGB Rn. 108; Aigner/Hofmann, Fernabsatzrecht, Rn. 352

ist denkbar, dass der Anbieter seine AGB mittlerweile geändert hat, so dass der Kunde auf die für seinen Vertrag geltenden AGB gar keinen Zugriff mehr nehmen kann. Grundsätzlich führen Rechtsverstöße nicht zum Wegfall eigener Rechte[785], so dass der Kunde dem Anbieter bei der Inanspruchnahme aus dem Vertrag nicht den Einwand unzulässiger Rechtsausübung[786] entgegenhalten kann. Eine Ausnahme hiervon läge vor, wenn die Unterlassung des Anbieters sich als besonders grober Pflichtverstoß darstellt.

Der Anbieter haftet dem Kunden aber nach §§ 311 II, 241 II, 280 BGB (culpa in contrahendo) für vertragliche Vergünstigungen, die über die gesetzlichen Regeln hinausgehen, und die der Kunde in Unkenntnis des Vertragstextes nicht geltend gemacht hat[787].

9. Widerrufsrecht, § 312e III 2 BGB

Teilweise wird die Verlängerung der Widerrufsfrist bis zur Leistungserbringung (§ 355 III 2 BGB) als eine zu weitgehende Sanktion angesehen. Schließlich betreffe § 312e I BGB überwiegend Sanktionen, die für ein Festhalten des Kunden am Vertrag nicht maßgeblich sein dürften, wie zum Beispiel bezüglich der Speicherung des Vertragstexts[788] oder der zur Verfügung gestellten Sprachen[789]. Weiterhin wird moniert, dass diese Vorschrift sachlich zu der Regelung des Widerrufrechts in § 312d BGB gehöre und dort hätte platziert werden sollen[790]. Außerdem habe § 312e III 2 BGB zur Folge, dass Verträge im elektronischen Geschäftsverkehr regelmäßig widerrufbar seien, da dem Unternehmer fast immer ein kleiner Pflichtverstoß unterlaufen werde[791].

Nach einer Ansicht soll eine teleologische Reduktion des § 312e III 2 BGB zwar nicht möglich sein, das Widerrufsrecht solle aber nicht verlängert werden, wenn diese Sanktion im keinen Verhältnis zur Pflichtverletzung des Unternehmers stehe[792]. Lasse sich die versäumte Pflicht sinnvoll nachholen, so sei dies ausreichend, um die Rechtsfolge des § 312e III 2 BGB nicht eintreten zu lassen[793].

---

785 Heinrichs in: Palandt, § 242 BGB Rn. 46

786 Spindler, MMR-Beilage 7/2000, 4 (12)

787 vgl. die Ausführungen zu Art. 10 I b ECRL (§ 312e I 1 Nr. 2 BGB) unter D III 5 b dd

788 Schneider, K&R 2001, 344 (348)

789 Schneider, K&R 2001, 344 (348); Grigoleit, NJW 2002, 1151 (1158): teleologische Reduktion erforderlich

790 Schneider, K&R 2001, 344 (348)

791 Wendehorst in: Münchener Kommentar, § 312e BGB Rn. 113

792 Wendehorst in: Münchener Kommentar, § 312e BGB Rn. 113

793 Aigner/Hofmann, Fernabsatzrecht, Rn. 364; Wendehorst in: Münchener Kommentar, § 312e BGB Rn. 118

Auch die Vertragsbestimmungen sollen dem Kunden nachträglich zur Verfügung gestellt werden können[794]. Sei eine Nachholung der Pflichten nicht möglich, so könne der Anbieter die Widerrufsfrist auf das Normalmaß verkürzen, wenn er den Kunden nachträglich hierüber belehre[795]. Sei die Empfangsbestätigung nicht unverzüglich erfolgt, so werde dieser Mangel folgenlos geheilt, wenn der Kunde nachträglich durch eine Handlung des Unternehmers vom Zugang seiner Bestellung erfahre[796].

Der hier vertretenen Ansicht nach handelt es sich bei der pauschalen Verlängerung des Widerrufsrechts um eine besonders abschreckende Sanktion im Sinne des Art. 20 ECRL, da sich der Kunde an einen Vertrag mit einem Anbieter, der die gesetzlichen Regelungen nicht berücksichtigt, nicht gebunden zu fühlen braucht. Diese Abschreckungswirkung sollte nicht dadurch unterlaufen werden, dass dem Unternehmer als Alternative zum rechtmäßigen Verhalten die Möglichkeit der späteren Verkürzung der Widerrufsfrist nach Gutdünken eingeräumt wird.

Allerdings ist zu berücksichtigen, dass § 312e III 2 BGB ausdrücklich vorsieht, dass die Verlängerung des Widerrufrechts durch nachträgliche Erfüllung der jeweiligen Pflicht verhindert werden kann. Dies gilt aber nur für Pflichten, die sinnvoll nachgeholt werden können[797]. Dazu gehören lediglich die Information über die Speicherung des Vertragstextes und die einschlägigen Verhaltenskodizes sowie das Überlassen der Vertragsbedingungen[798]. Alle Pflichten, die mit der Vertragsschlusstechnik auf der Website des Anbieters zusammenhängen, können nach Vertragsschluss nicht nachgeholt werden[799].

Da aber gemäß Art. 20 ECRL die Sanktionen nicht nur abschreckend, sondern auch verhältnismäßig sein müssen, ist § 312e III 2 BGB einschränkend dahingehend auszulegen, dass die Vorschrift nur dann gelten soll, wenn der Kunde aufgrund der Pflichtverletzung des Anbieters einen Anfechtungsgrund bzw. einen Anspruch auf Rücktritt vom Vertrag hat. Auch bei Versäumung der Anfechtungsfrist könnte der Kunde sich dann durch Widerruf von dem Vertrag lösen.

---

794 Wendehorst in: Münchener Kommentar, § 312e BGB Rn. 120

795 Aigner/Hofmann, Fernabsatzrecht, Rn. 364; Wendehorst in: Münchener Kommentar, § 312e BGB Rn. 117

796 Wendehorst in: Münchener Kommentar, § 312e BGB Rn. 119

797 Masuch in: Bamberger/Roth, § 312e BGB Rn. 38

798 Wendehorst in: Münchener Kommentar, § 312e BGB Rn. 120 weist zutreffend darauf hin, dass dem Kunden ein aktives Handeln zur Erlangung der Vertragsbestimmungen zu diesem Zeitpunkt nicht mehr zugemutet werden kann.

799 Masuch in: Bamberger/Roth, § 312e BGB Rn. 38

Diese teleologische Reduktion ist gerechtfertigt, da sich nur in den genannten Fällen das spezifische Risiko elektronischer Vertragsschlüsse, vor dem der Gesetzgeber den Kunden schützen will, realisiert. In den anderen Fällen ist der Kunde durch sein Recht auf Schadensersatz hinreichend geschützt. Schließlich hat der Kunden in den Fällen, in denen weder ein Anfechtungsgrund noch ein Rücktrittsrecht besteht, kein über die ihm gegebenenfalls zustehenden Widerrufrechte hinausgehendes Interesse an einer Vertragsauflösung.

Außer im Falle des § 507 BGB (Darlehen für Existenzgründer) wird ein Widerrufsrecht nur Verbrauchern zustehen[800]. Es handelt sich bei § 312e III 2 BGB also um eine Regelung, die die bestehenden Sanktionen zusätzlich zugunsten der Verbraucher verschärft. Kunden, die nicht Verbraucher sind, müssen den Vertrag unverzüglich anfechten[801].

Die Erstreckung der Sanktion des § 312e III 2 BGB auf alle Pflichten des § 312e BGB wäre nur dann gerechtfertigt, wenn bestimmte Pflichten ansonsten sanktionslos wären, weil dem Kunden bei ihrer Verletzung weder ein Anfechtungs- bzw. Rücktrittsrecht noch ein Anspruch auf Schadensersatz zustünde. Dies ist aber wegen der Klagemöglichkeiten nach UKlaG und UWG nicht der Fall.

IV. Annahmefrist

Der Vertrag ist geschlossen, wenn die Annahmeerklärung wirksam wird. Dies ist in der Regel der Fall im Zeitpunkt ihres Zugangs, bei § 151 BGB im Zeitpunkt ihrer Abgabe[802].

Die Annahmeerklärung ist eine grundsätzlich empfangsbedürftige Willenserklärung (Ausnahme: § 151 BGB)[803]. Sie kann – unabhängig davon, ob sie empfangsbedürftig ist oder nicht – durch schlüssiges Verhalten und sogar durch Schweigen erfolgen, sofern letzteres einen Erklärungswert besitzt[804].

Der Antrag erlischt gemäß § 146 BGB, wenn er dem Antragenden gegenüber abgelehnt oder nicht nach §§ 147 – 149 BGB rechtzeitig angenommen wurde. Hat der Antragende keine Annahmefrist bestimmt, so ist gemäß § 147 BGB die

800 Wendehorst in: Münchener Kommentar, § 312e BGB Rn. 110
801 Sujecki, MMR 2003, 378 (383)
802 Heinrichs in: Palandt, Einf v § 145 Rn. 4
803 Hefermehl in: Erman (Voraufl.), § 147 BGB Rn. 2; Wolf in: Soergel, § 145 BGB Rn. 24; Dilcher in: Staudinger, § 146 BGB Rn. 3; Armbrüster in: Erman, § 147 BGB Rn. 2
804 Hefermehl in: Erman (Voraufl.), § 147 BGB Rn. 3; Dilcher in: Staudinger, § 146 BGB Rn. 6; Armbrüster in: Erman, § 147 BGB Rn. 3

Rechtzeitigkeit der Annahme danach zu beurteilen, ob die Antragstellung unter Anwesenden oder Abwesenden erfolgte.

1. Annahmefrist, § 147 BGB

Hinsichtlich der allgemeinen Annahmefrist des § 147 BGB ist streitig, wann von einem elektronischer Antrag unter Anwesenden und wann von einem solchen unter Abwesenden zu sprechen ist.

Teilweise wird angenommen, dass § 147 I BGB unverkörperte und § 147 II BGB verkörperte Willenserklärungen erfasse, weil es für § 147 I 2 BGB unerheblich sei, auf welche Weise die Übermittlung von Person zu Person erfolge[805].

Nach anderer Auffassung handele es sich bei § 147 I 2 BGB um eine Ausnahmeregelung, aus der sich ergebe, dass der Begriff „Anwesende" in § 147 I 1 BGB im Sinne von gleichzeitiger physischer Präsenz der Parteien verstanden werden muss[806]. Körperliche Anwesenheit beider Parteien an einem Ort ist im Verkehr über das Internet nie der Fall.

Es wird aber auch die Meinung vertreten, dass § 147 I 2 BGB klarstelle, dass Anwesenheit auch dann vorliegt, wenn trotz räumlicher Trennung der Verhandelnden eine unmittelbar sinnliche Wahrnehmung stattfindet[807] bzw. eine unmittelbare Kommunikation zwischen den Personen möglich ist[808]. Ein über Btx gemachter Antrag erfolge daher unter Anwesenden[809]. Das gleiche gelte für einen Antrag, der gegenüber zur Interaktion fähigen Informationstechnologien gemacht werde, sofern die Anlage das Angebot prüfen und gutheißen kann[810]. Hiergegen wird eingewandt, dass sich eine analoge Anwendung des § 147 I 2 BGB verbiete, da es sich um eine eng umgrenzte Ausnahmevorschrift handele und § 147 II BGB flexibel genug sei[811].

Nach anderer Ansicht soll § 147 I 2 BGB im elektronischen Rechtsgeschäftsverkehr keine Anwendung finden, da die von dieser Vorschrift vorausgesetzte

805 Dilcher in: Staudinger, § 147 BGB Rn. 2
806 Kuhn, Rechtshandlungen, S. 114
807 Kramer in: Münchner Kommentar, § 146 BGB Rn. 2; Wolf in: Soergel, § 147 BGB Rn. 3
808 Müglich, MMR 2000, 7 (9)
809 Kramer in: Münchner Kommentar, § 146 BGB Rn. 3; Heinrichs in: Palandt, § 147 BGB Rn. 6
810 Wolf in: Soergel, § 147 BGB Rn. 3
811 Kuhn, Rechtshandlungen, S. 114

Möglichkeit individueller Nachfrage und sofortiger Überprüfung des materiellen Erklärungsinhalts im Internet nicht gegeben sei[812].

Die Frage ist insofern nicht von großer Relevanz, da § 147 II BGB die Annahmefrist nach den „regelmäßigen Umständen" bestimmt. Seit der Neufassung des § 147 I 2 BGB durch das Formvorschriftenanpassungsgesetz vom 13.07.2001[813] sind alle Anträge erfasst, die mit direktem Übermittlungskontakt von Person zu Person erfolgen. Darunter fallen die Internettelefonie und der Chat, nicht aber der Geschäftsverkehr via E-Mail[814]. Hier ist § 147 II BGB anzuwenden. Bei Websites ist danach zu differenzieren, ob das Angebot vom Anbieter oder dem Kunden ausgeht.

a) Vertragsschluss via E-Mail

Vertragsverhandlungen per E-Mail finden ohne direkten Übermittlungskontakt statt. Daher kann nur § 147 II BGB Anwendung finden; denn der einem Abwesenden gemachte Antrag kann nur bis zu dem Zeitpunkt angenommen werden, in welchem der Antragende den Eingang der Antwort unter regelmäßigen Umständen erwarten darf. Die gesetzliche Annahmefrist des § 147 II BGB umfasst folgendes:

- Zeit für die Beförderung des Antrags zum Empfänger,
- Überlegungs- und Bearbeitungszeit,
- Zeit für die Rückbeförderung der Annahmeerklärung.

Verzögerungen in einem dieser Zeitabschnitte können durch Beschleunigung in einem anderen ausgeglichen werden[815].

Grundsätzlich gilt das Prinzip der Beförderungsmittelkongruenz[816]. Das bedeutet, der Absender darf eine Antwort mittels eines Mediums erwarten, welches ebenso schnell wie die E-Mail ist. Der Empfänger müsste sich also nach einer Überlegungsfrist per E-Mail rückäußern. Hier sind aber die Umstände des Einzelfalls zu berücksichtigen. So kann der Empfänger beispielsweise auf seiner Website klarstellen, dass er nicht per E-Mail antworten wird, sondern aus besonderen Gründen per Brief. Dies spielt aber nur dann eine Rolle, wenn aufgrund des Sitzes des Empfängers mit langen Brieflaufzeiten zu rechnen ist.

---

812 Mehrings, MMR 1998, 30 (33)
813 BGBl. I S. 1542
814 Heinrichs in: Palandt, § 147 BGB Rn. 6; BT-Drs. 14/4987, S. 21
815 Wolf in: Soergel, § 147 BGB Rn. 8; Dilcher in: Staudinger, § 147 BGB Rn. 9
816 Dilcher in: Staudinger, § 147 BGB Rn. 12

Allgemein ist also festzustellen, dass bei einem Anschreiben per E-Mail auch eine Antwort per E-Mail zu erwarten ist; gegebenenfalls – der ähnlichen Übermittlungsgeschwindigkeit wegen – eine Antwort per Fax.

Ein besonderes Problem ergibt sich aus der für gewöhnlich sekundenschnellen Übermittlung der E-Mails. Grundsätzlich führt nämlich eine ungewöhnliche Verzögerung auf dem Hinweg zum Adressaten zum Erlöschen des Antrags[817]. Außerdem kann eine nicht vorhersehbare Beförderungsverzögerung schon im Vorfeld die Annahmefähigkeit des (verspätet zugegangenen) Antrags analog § 147 II BGB ausschließen, weil der Absender hier nicht weniger schützenswert ist als bei der verspäteten Annahme durch den Adressaten. Dies gilt aber nur dann, wenn der Absender sich eines Beförderungsmittels bedient hat, auf dessen Betrieb er keinen Einfluss nehmen konnte (z. B. der Post; Gegenbeispiel wäre ein vom Absender selbst beauftragter Bote)[818].

Zwar ist bei E-Mails häufig schon eine Verzögerung der Zustellung um einen Tag ungewöhnlich, da die normale Übertragungszeit nur wenige Sekunden beträgt. Es hängt aber von den Geschäftsgewohnheiten der beteiligten Parteien ab, wann ein Angebot via E-Mail erlischt. Wichtiger Gesichtspunkt dürfte hier sein, mit welcher Schnelligkeit in der entsprechenden Branche Geschäfte abgeschlossen werden. Insbesondere kommt es darauf an, zu welchem Zugangszeitpunkt der Antragende sich noch als an den Text seines Angebots gebunden betrachten muss. Eine für E-Mails ungewöhnliche Verzögerung spielt also nur dann eine Rolle, wenn die übliche Übertragungsgeschwindigkeit für die Parteien relevant ist.

b) Vertragsschluss via EDI

Bei EDI werden im Prinzip automatisiert E-Mails versandt. Bei automatisierter Auftragsbearbeitung kann sich die Überlegungszeit auf Null verkürzen[819]. Sind die Systeme der Parteien so ausgestaltet, dass eingehende Aufträge sofort automatisiert bearbeitet werden, so liegt im Sinne des § 147 I 2 BGB Kommunikation unter Anwesenden vor. Sieht die EDI-Vereinbarung der Parteien die Versendung einer Nachricht des Formats „Annahmeerklärung“ nicht vor, sondern soll bei Lieferbarkeit gleich der Versand der Ware und der Lieferanzeige erfolgen, so ist darin ein Verzicht des Antragenden auf den Zugang der Annahmeerklärung der Gegenseite im Sinne des § 151 BGB zu sehen.

---

817 Dilcher in: Staudinger, § 147 BGB Rn. 7
818 Dilcher in: Staudinger, § 146 BGB Rn. 1
819 Kuhn, Rechtshandlungen, S. 115

c) Vertragsschluss über eine Website

Bei einem Vertragsschluss über eine Website muss zunächst geklärt werden, ob es sich bei der Präsentation auf der Website um ein verbindliches Angebot handelt oder um eine invitatio ad offerendum. Dann ist zu prüfen, ob die Annahme sofort erfolgen kann, um festzustellen, ob es sich um einen Dialog unter Anwesenden handelt oder um Kommunikation unter Abwesenden.

Vielfach wird angenommen, dass es sich bei Vertragsschlüssen über Websites um Vertragsschlüsse unter Abwesenden handele. Allerdings verzichte der Anbieter beim Einsatz schneller Buchungs- und Bestellsysteme fast gänzlich auf die ihm nach § 147 II BGB gewährte Überlegungs- und Bearbeitungszeit, da die Überprüfung von Lagerbestand und Bonität in für den Kunden kaum wahrnehmbarer Geschwindigkeit erfolge. Werbe der Anbieter mit „24-Stunden-Service“ bzw. „sofortiger Bestätigung am Bildschirm“, so könne der Kunde eine sofortige Annahmeerklärung erwarten[820].

Die Situation bei Vertragschlüssen über Websites entspricht häufig der in § 147 I 2 BGB geregelten. Handelt es sich um ein bindendes Angebot des Anbieters und folgt auf die Annahme durch den Kunden sofort die Erfüllung, so ist eindeutig, dass hier ein Dialog vorliegt; zwar nicht von Person zu Person, aber von einer Person zu Informationstechnologien, über die eine andere Person Rechtsgeschäfte abschließt und erfüllt. Zwar können zwei physisch präsente Personen anders aufeinander reagieren und Missverständnisse ausräumen. Dies spielt aber für Geschäfte via Internet keine Rolle, weil der Rahmen dessen, was vereinbart werden kann, eindeutig durch die auf der Website angebotenen Funktionen beschränkt ist. Der Nutzer findet auf einer Website Kataloge mit den angebotenen Leistungen und Online-Formulare mit Eingabefeldern für die Angaben, die die Informationstechnologien zu verarbeiten in der Lage sind. Damit sind Missverständnisse so gut wie ausgeschlossen.

Wenn der Anbieter vor Vertragsschluss seiner Pflicht gemäß Art. 10 ECRL/§§ 312e I 1 Nr. 2 BGB, 3 Nr. 1, 3 BGB-InfoV nachkommt, die technische Vorgehensweise zum Vertragsschluss und zur Korrektur von Eingabefehlern zu erklären, ist der Zuständigkeitsbereich der betreffenden Informationstechnologien bzw. der darauf installierten Software geklärt. Kein Nutzer wird nun beispielsweise den Versuch unternehmen, über die Adress- oder „Bemerkungen“-Zeile im Online-Formular mit den Informationstechnologien einen Rabatt auszuhandeln. Schickt er über die Website des Anbieters unter Benutzung der „Mail-to“-

820 Mehrings, MMR 1998, 30 (33); Kuhn, Rechtshandlungen, S. 116; Arndt/Köhler, EWS 2001, 102 (108)

Funktion eine entsprechende Anfrage an den Anbieter, so wird er nicht gleichzeitig das Online-Formular absenden – er befindet sich noch in der Phase der Vertragsverhandlungen und wird erst bestellen, wenn die Frage zu seiner Zufriedenheit geklärt ist. Zudem ist bei „Mail-to"-Funktionen immer ersichtlich, dass hier eine E-Mail an eine bestimmte Person oder Organisationseinheit versandt wird, die nicht sofort darauf reagieren kann. Es ist also eindeutig, dass der Nutzer sich in Vertragsverhandlungen mit einer abwesenden Person begibt.

Die Frage, ob ein Vertragsschluss über eine Website unter Anwesenden oder Abwesenden erfolgt, beurteilt sich also nicht nach dem Grad der Automation des Vertragsschlusses, sondern nach den Möglichkeiten, die die Website bietet.

aa) Angebot des Anbieters

Das Angebot des Anbieters gegenüber dem Kunden gilt nur für den Zeitraum des Aufrufens der Website. Verlässt der Kunde die Website, so erlischt das Angebot und mit ihm die Bindung des Anbieters gegenüber dem Kunden gemäß § 145 BGB. Dem Kunden ist während des Verweilens auf der Website eine entsprechende Bedenkzeit einzuräumen.

Das Angebot des Anbieters gilt auch nur für den Moment des Aufrufens. Schließlich werden zu diesem Zeitpunkt möglicherweise mehrere andere Kunden dieselbe Warenpräsentation aufrufen oder bereits aufgerufen haben. Es besteht daher die Gefahr, dass während der Überlegungszeit des Kunden ein anderer das letzte Exemplar der betreffenden Ware erwirbt. Dies ist jedoch technisch durch ein Warenkorbsystem vermeidbar: Hat der Kunde das letzte Exemplar der Ware in seinen Warenkorb verbracht, wird nachfolgenden Kunden mitgeteilt, dass die Ware ausverkauft ist. Der Kunde hat es also in der Hand, die Annahmefrist für das Angebot zu verlängern.

Auch wenn das Angebot vom Anbieter ausgeht, ist eine Empfangsbestätigung nach Art. 11 I 1. Sp. ECRL/§ 312e I 1 Nr. 3 BGB erforderlich[821]. Sie soll dem Kunden Klarheit darüber verschaffen, ob seine Bestellung überhaupt eingegangen ist – unabhängig davon, wie diese Bestellung rechtlich zu bewerten ist.

---

821 dazu oben D III 7

bb) Angebot des Kunden

(1) Vertragsschluss unter Anwesenden

Ist eine Website so ausgestaltet, dass die Informationstechnologien sofort eine Bestellung des Kunden annehmen können, so findet ein direkter Online-Dialog statt. Der Vertragsschluss erfolgt unter Anwesenden. Kann die Vertragserfüllung z. B. durch den Download von Software, sofort erfolgen, liegt ein Dialog unter Anwesenden vor. Dies gilt auch für Websites, bei denen aufgrund der Bestellung des Kunden Lieferbarkeit der Ware und Bonität des Kunden umgehend überprüft werden, so dass die Informationstechnologien sofort über eine Annahme entscheiden können. Hier ist keine längere Überlegungszeit erforderlich: Die Annahmefrist verkürzt sich auf wenige Sekunden[822].

(2) Vertragschluss unter Abwesenden

Kann die Website nur Bestellungen des Kunden entgegennehmen, ohne dass sogleich eine Annahme erfolgt, so liegt ein Vertragsschluss unter Abwesenden vor. Dies gilt beispielsweise für Websites mit nicht vernetzten Warenkatalogen, bei denen nicht unverzüglich geprüft werden kann, ob die Ware überhaupt lieferbar ist. Wichtig ist aber, dass letzteres für den Kunden ersichtlich ist bzw. vom Anbieter deutlich hierauf hingewiesen wird. Erweckt die Website den Eindruck, die Bestellung würde umgehend bearbeitet, so darf der Kunde eine sofortige Annahme erwarten[823].

d) Chat und Internettelefonie

Bei Chat und Internettelefonie handelt es sich um Kommunikation unter Anwesenden im Sinne des § 147 I 2 BGB[824]. Ein Antrag unter Anwesenden kann, sofern keine Frist gemäß § 148 BGB bestimmt wurde, nur sofort angenommen werden, das heißt so rasch wie objektiv möglich. Auch schuldloses Zögern schadet hier (anders als bei der Unverzüglichkeit im Sinne des § 121 BGB). Die entsprechende Zeitspanne richtet sich nach dem Inhalt des jeweiligen Antrags: Die Zeitspanne, die objektiv erforderlich ist, um das Angebot und eventuelle

822 Backu, DAR 2001, 106 (111); Arndt/Köhler, EWS 2001, 102 (108)
823 Kuhn, Rechtshandlungen, S. 116
824 Heinrichs in: Palandt, § 147 BGB Rn. 6; Regierungsentwurf des FormvorschriftenanpassungsG von 06.09.2000, S. 41; BT-Drs. 14/4987, S. 2; Armbrüster in: Erman, § 147 BGB Rn. 16

Vertragsfolgen zu überdenken. Eine darüber hinausgehende Überlegungsfrist muss gemäß § 148 BGB bestimmt werden[825].

e) Vertragsschluss mittels Commerce-Bots

Commerce-Bots verhandeln in der oben beschriebenen Ausgestaltung[826] direkt miteinander, so dass § 147 I 2 BGB anzuwenden ist[827]. Versendet der Store-agent ein Angebot an den Buyer-agent hinsichtlich dessen Anfrage, wobei klar ist, dass der Buyer-agent Angebote von mehreren Store-agents einholt und diese dann vergleichen muss, so kann dieses Angebot seiner Aktualität wegen nur sofort angenommen werden. Der Vergleich der Angebote durch den Buyer-agent erfolgt grundsätzlich in Sekundenschnelle; es sei denn, die Reaktion anderer Store-agents verzögert sich. Sofern nichts anderes vereinbart ist, erlischt das Angebot des ersten Store-agents dann, wenn es nicht umgehend angenommen wurde.

Vorstellbar ist aber, dass solche Angebote mit einer Annahmefrist gemäß § 148 BGB versehen werden. Wendet sich der Buyer-agent nach Ablauf der Annahmefrist an den Store-agent mit dem von diesem ursprünglich gemachten Angebot, so ist dies gemäß § 150 I BGB als neues Angebot von Seiten des Buyer-agents zu werten, welches von dem Store-agent angenommen wird, sofern dieser noch zu diesem Preis die betreffende Ware leisten kann.

f) Elektronische Marktplätze

Bei elektronischen Marktplätzen ist die jeweilige Ausgestaltung des Marktplatzes zu berücksichtigen. Je nachdem, ob der Vertragschluss via Onlineformular, EDI oder E-Mail zustande kommt, ist auch die Rechtzeitigkeit der Annahmeerklärung zu beurteilen. Da aber in jedem Fall mit elektronischen Kommunikationsmedien zurückgeantwortet wird, ist eine Korrespondenz der Beförderungsmittel immer gegeben. Es stellt sich also immer nur die Frage der Dauer der Überlegungszeit. Diese richtet sich nach der Art des verwendeten Kommunikationsmittels und der weiteren Ausgestaltung des Vertragsschlusses.

---

825 Wolf in: Soergel, § 147 BGB Rn. 6; Hefermehl in: Erman (Voraufl.), § 147 BGB Rn. 16; Dilcher in: Staudinger, § 147 BGB Rn. 3

826 D I 4

827 Cornelius, MMR 2002, 353 (357) geht davon aus, dass eine Differenzierung nicht erforderlich ist, da bei elektronischen Agenten wegen der schnellen Verarbeitungsgeschwindigkeit immer eine sofortige Annahme erfolge.

2. Nichtempfangsbedürftige Annahmeerklärung, § 151 BGB

Gemäß § 151 BGB braucht die Annahme nicht gegenüber dem Antragenden erklärt zu werden, wenn eine solche Erklärung nach der Verkehrssitte nicht zu erwarten ist oder der Antragende auf sie verzichtet hat. Durch diese Vorschrift soll der Rechtsverkehr beschleunigt werden. Die Vertragsannahme durch eine empfangsbedürftige Annahmeerklärung wird aber nicht ausgeschlossen[828].

Relevant wird § 151 BGB – neben der Variante, dass die Website nur eine invitatio ad offerendum darstellt, bei der die Annahmeerklärung aufgrund der Versendung der Ware dem Kunden nicht zugehen muss – beim Download von Software. Hier wird das durch die Funktionstüchtigkeit des Servers bedingte Angebot des Anbieters vom Kunden durch das Auslösen des Downloads angenommen. Akzeptiert der Kunde vorher noch allgemeine Geschäftsbedingungen, so ist darin eine Annahmeerklärung anzusehen, die dem Anbieter zugeht. Beim bloßen Auslösen des Downloads kann jedoch nicht mehr von dem Zugang einer Annahmeerklärung gesprochen werden. Dieser ist auch nach § 151 BGB dann verzichtbar, wenn er nach der Verkehrssitte nicht zu erwarten ist oder der Antragende auf ihn verzichtet hat.

Die Möglichkeit, dass der Kunde eine zum Download bereitgestellte Datei ohne weiteres herunterladen kann, also ohne dass seine Annahmeerklärung dem Anbieter zugehen muss, könnte als eine Verkehrssitte verstanden werden. Verkehrssitte ist eine innerhalb des beteiligten Personen- oder Unternehmenskreises herrschende gebräuchliche Übung[829]. Sie kann sich nicht nur im Handelsverkehr, sondern auch im Verkehr mit Verbrauchern herausbilden[830]. Vom Gewohnheitsrecht unterscheidet sie sich durch das Fehlen der Rechtsüberzeugung. Sie ist also keine Rechtsnorm[831] und wird auch nicht als solche verstanden. Eine Verkehrssitte besteht erst, wenn die Übung eine gewisse Festigkeit erreicht hat. Ein Geschäftsgebrauch, der zwar vielfach, aber häufig auch nicht befolgt wird, stellt keine Verkehrssitte im Sinne des Gesetzes dar[832].

Bei Freeware und Shareware ist der Verzicht auf die Annahmeerklärung als Verkehrssitte anzusehen. Manche Freeware-Anbieter verlangen, dass der Kunde sich vor dem Auslösen des Downloads registriert, das heißt ein Online-Formular ausfüllt und absendet. Hierbei handelt es sich jedoch nicht um eine Annahmeerklärung. Vielmehr sammelt der Anbieter auf diese Weise Daten über seine Kun-

---

828 Dilcher in: Staudinger, § 151 BGB Rn. 2
829 Heinrichs in: Palandt, Einleitung Rn. 25
830 Wolf in: Soergel, § 151 Rn. 12
831 Heinrichs in: Palandt, Einleitung Rn. 25
832 Heinrichs in: Palandt, § 133 BGB Rn. 21

den, die dann für Werbezwecke, wie beispielsweise für die Versendung von Werbemails, oder zur Erstellung von geldwerten Kundenprofilen verwendet werden können. Es handelt sich also um eine Gegenleistung des Kunden für die ansonsten kostenlose Bereitstellung der Software. Der Kunde nimmt das Angebot des Anbieters zuvor durch nichtempfangsbedürftige Willenserklärung gemäß § 151 BGB an und erbringt sofort die Gegenleistung, indem er seine Daten zur Verfügung stellt. Die Tatsache, dass manche Anbieter eine Annahmeerklärung zwecks Einbeziehung ihrer AGB verlangen, schließt eine Verkehrsitte insgesamt nicht aus. Der Antragende kann nämlich trotz einer bestehenden Verkehrsitte eine Annahme durch empfangsbedürftige Willenserklärung verlangen[833].

Es kann aber auch ein Verzicht des Anbieters auf den Zugang der Annahmeerklärung vorliegen. Letzteres ist zum Beispiel der Fall, wenn der Antrag durch das Anbieten der Leistung selbst erfolgt (Realofferte)[834] oder bei nur vorteilhaften Angeboten[835]. Da beides hier zutrifft, ist auch insoweit § 151 BGB gegeben. Dass die Annahme des Kunden nach § 151 BGB erfolgt[836], lässt sich also sowohl aus Verkehrssitte[837] als auch aus Verzicht begründen.

Da beim Anbieten von Software-Downloads die Annahme durch nicht empfangsbedürftige Willenserklärung erfolgt, gilt für das Angebot § 151 S. 2 BGB: Der Zeitpunkt, in welchem der Antrag erlischt, bestimmt sich nach dem aus dem Antrag oder den Umständen zu entnehmenden Willen des Antragenden. Allerdings besteht im Ergebnis kein Unterschied zu § 147 BGB bei Angeboten auf Websites.

---

833 Dilcher in: Staudinger, § 151 BGB Rn. 8

834 Kramer in: Münchener Kommentar, § 145 BGB Rn. 9; Wolf in: Soergel, § 151 Rn. 22; Dilcher in: Staudinger, § 151 BGB Rn. 4

835 Wolf in: Soergel, § 151 Rn. 22; Dilcher in: Staudinger, § 151 BGB Rn. 4

836 Ernst, NJW-CoR 1997, 165 (165); nach Arndt/Köhler, EWS 2001, 102 (108) erfolgt die Annahme des Anbieters auf diese Weise

837 Arndt/Köhler, EWS 2001, 102 (108)

E. Resümee

I. Willenserklärungen

1. E-Mails

E-Mails werden wie mit Hilfe von Textverarbeitungsprogrammen verfasste Briefe erstellt. Das Auslösen des Versands, also die Abgabe, erfolgt durch Handlung des Verfassers, so dass zum Zeitpunkt des elektronischen Versands bereits der Tatbestand einer Willenserklärung vorliegt.

2. Websites

Informationstechnologien, die im Hintergrund einer Website Erklärungen erstellen und versenden, sind keine Vertreter des zu Verpflichtenden, weil sie mangels Rechtsfähigkeit und Handlungswillen keine eigenen Willenserklärungen abgeben können. Da sie die Erklärungen erstellen und nicht übermitteln, sind sie auch nicht Bote. Sie sind auch keine Erklärungsgehilfen, da das Risiko beim Einsatz von Informationstechnologien zur Erstellung und Abgabe von Erklärungen in einer möglicherweise fehlerhaften Programmierung besteht, während die Unwägbarkeiten bei Blanketterklärungen darin liegen, dass der Erklärungsgehilfe von den ihm gemachten Vorgaben abweicht.

Handlungswille, Erklärungsbewusstsein und abstrakter Geschäftswille des zu Verpflichtenden liegen bereits im Zeitpunkt der Inbetriebnahme der Informationstechnologien vor. Die konkrete Formulierung des Geschäftswillens steuert der zu Verpflichtende durch die Programmierung der Informationstechnologien. Die von hinter einer Website stehenden Informationstechnologien erstellten und abgegebenen Erklärungen sind Willenserklärungen des zu Verpflichtenden.

3. Agenten

Das soeben ausgeführte gilt ebenfalls für den Einsatz von Agenten, die im Vergleich zu hinter einer Website stehenden Informationstechnologien größere Autonomie aufweisen. Auch diese werden von dem zu Verpflichtenden durch ihre Programmierung gesteuert, so dass die von ihnen erstellten und abgegebenen Erklärungen ebenfalls Willenserklärungen des zu Verpflichtenden sind.

II. Anfechtbarkeit

1. Fehler des Anbieters beim Einsatz von Informationstechnologien

Maschinell verursacht können nur Fehler bei der Konkretisierung der Erklärung und ihrer Abgabe und Übermittlung sein. Die unterschiedlichen beim Einsatz von Informationstechnologien auftretenden Fehler sind Programmfehler, Eingabefehler, Konzeptionsfehler und Übermittlungsfehler.

Auch im elektronischen Rechtsgeschäftsverkehr muss stets geprüft werden, ob der Fehler nicht schon durch die Auslegung der Erklärung geheilt wird.

Programmfehler sind nur dann beachtlich und damit anfechtbar gemäß § 119 BGB, wenn hierdurch keine unzulässige Risikoverlagerung auf den Empfänger erfolgt. Anfechtbarkeit ist daher nur dann gegeben, wenn der Fehler trotz sorgfältiger Überprüfung der Programmierung der eingesetzten Informationstechnologien aufgetreten ist.

Wird die Programmierung nicht vor jedem Einsatz sorgfaltsgemäß überprüft, so sind etwaige in Erklärungen eingehende Fehler als Motivirrtümer anzusehen. Beweggrund für die Abgabe der betreffenden Erklärung war allein das Vertrauen des sich Verpflichtenden auf das fehlerfreie Funktionieren der Anlage. Dieses Vertrauen ist nicht identisch mit dem Fehler, der in die Erklärung eingeht.

Eingabefehler sind nur dann beachtliche Erklärungsirrtümer, wenn sie nicht auf dem Motiv des Verpflichteten beruhen, die sorgfaltswidrig nicht gewarteten Datenbanken seien fehlerfrei. Basiert die Datenbank lediglich auf Motiven des Verpflichteten, die nicht in die konkrete Erklärung eingehen, liegt ebenfalls nur ein unbeachtlicher Motivirrtum vor.

Konzeptionsfehler der Website sind nur dann beachtlich, wenn diese auch bei sorgfaltsgemäßer Prüfung der Website durch den Anbieter, bevor diese für Kunden verfügbar gemacht wurde, nicht entdeckt worden wären.

Systemfehler sind allein dann beachtlich, wenn Hardware und Betriebssystem vor der Inbetriebnahme sorgfaltsgemäß auf ihr fehlerfreies Funktionieren überprüft wurden.

Ein Übermittlungsfehler gemäß § 120 BGB liegt dann vor, wenn der Übermittlungsphase eine eigenständige Bedeutung zukommt. Dies ist der Fall, wenn ein

Dritter, zum Beispiel ein Provider, beim Versand der Erklärung eingeschaltet wird.

2. Fehler auf der Kundenseite

Stellt der Unternehmer entgegen Art. 11 II ECRL/ § 312e I 1 Nr. 1 BGB keine Korrekturmittel zur Verfügung, steht dem Kunden, der bewusst eine fehlerhafte Erklärung versendet, kein Anfechtungsrecht und kein Schadensersatzanspruch zu. In teleologischer Reduktion des § 312e III 2 BGB kann der Kunde in diesem Fall aus diesem Grunde seine Erklärung auch nicht widerrufen.

III. Wirksamwerden von Erklärungen

1. Abgabe der Erklärung

Erklärungen per E-Mail, Websiteformular, Chat und SMS gelten rechtlich durch das Auslösen des Absendebefehls als abgegeben, bei Internettelefonie durch die Äußerung als solche. Erklärungen durch hinter einer Website stehende Informationstechnologien, EDI und Agenten sind durch das Absenden der konkreten Erklärung durch die jeweiligen Informationstechnologien abgegeben.

Bei so genannten abhanden gekommenen Erklärungen fehlt entweder der Handlungswille oder das Erklärungsbewusstsein des Erklärenden.

2. Zugang der Erklärung

Erklärungen unter Abwesenden werden gemäß § 130 BGB mit Zugang wirksam. Erklärungen unter Anwesenden werden durch Vernehmung bzw. Übergabe wirksam.

Zugang nach § 130 BGB ist erforderlich, wenn der Erklärende die Übermittlung der Erklärung nicht unter seiner Kontrolle hat. Dies ist der Fall, wenn er sich vom Übermittlungserfolg nicht sofort überzeugen kann, sondern erst mit relevanter zeitlicher Verzögerung.

So werden Erklärungen per E-Mail, EDI über Provider und per SMS erst mit ihrem Zugang wirksam. Dies gilt auch für Websiteformulare, die als E-Mail versandt werden und auf die nicht durch die hinter der Website stehenden Informationstechnologien sofort reagiert werden kann.

Erklärungen im Chat erhalten Rechtsverbindlichkeit, sobald sie auf dem Bildschirm des Empfängers erscheinen. Erklärungen bei Internettelefonie werden mit Vernehmung wirksam. Erklärungen über Websiteformulare (sofern diese nicht E-Mails entsprechen), EDI-Nachrichten über Standleitung sowie Agentenerklärungen werden rechtsverbindlich, wenn die sofortige Verarbeitung durch den Empfänger möglich ist.

E-Mails (und solchermaßen versandte Websiteformulare) gelangen in den Bereich des Empfängers, wenn diese abrufbar auf dessen eigenem Server bzw. dem Server des Providers gespeichert werden. Letzteres gilt ebenfalls für EDI-Nachrichten über Provider sowie für SMS. Eine Mailbox ist allerdings nur dann Empfangsvorrichtung, wenn die E-Mail-Adresse von Geschäftsleuten allgemein im Geschäftsverkehr bekannt gemacht wurde bzw. von Privatpersonen für die konkrete Geschäftsbeziehung genannt wurde. Zugegangen ist eine E-Mail bei Eingang während der bekannten Geschäftszeiten des Empfängers, bei Websites ohne entgegenstehenden Hinweis jederzeit. Bei Privatpersonen gilt eine E-Mail am ersten Werktag nach Eingang als zugegangen.

Über die von Art. 11 I 2. Sp. ECRL geforderte Empfangsfiktion hinaus enthält § 312e I 2 BGB eine Zugangsfiktion für Bestellung und Empfangsbestätigung im elektronischen Geschäftsverkehr, die aber zu den gleichen Ergebnissen führt wie hier dargestellt.

Bei schlechter Verbindung im Verlauf eines Telefongesprächs über Internet hat der Erklärende sich rückzuversichern, dass seine Erklärung auch verstanden wurde. Beim Chat muss der Absender darauf achten, dass seine Erklärung laut Bildschirmdarstellung auch vom Adressaten erhalten wurde. Bei EDI via Standleitung muss der Erklärende beim Ausbleiben der Gegenreaktion auch bei wiederholter Versendung den Empfänger von diesem Vorgang in Kenntnis setzen.

Kann eine E-Mail nicht zugehen, so muss der Erklärende den Zustellversuch wiederholen. Scheitert dieser Versuch erneut, muss der Empfänger den Inhalt der Erklärung gegen sich gelten lassen, sofern er für den Absender nicht auf anderem Wege erreichbar ist. Gleiches gilt bei einem Nachrichten- bzw. Erklärungsversand über SMS, WebEDI oder EDI über einen Provider.

IV. Widerruf von Erklärungen

Hinsichtlich der Widerrufbarkeit von Erklärungen ist aufgrund der Geschwindigkeit der Übermittlung elektronischer Erklärungen § 130 I 2 BGB dahingehend zu modifizieren, dass es ausreicht, wenn Erklärung und Widerruf gleichzeitig in der Mailbox vorgefunden werden, auch wenn schon automatisiert ein Empfangsbekenntnis versandt wurde. Ein Widerruf ist daher nicht möglich, wenn die Bestellung sofort nach Eingang weiterbearbeitet wird.

Ratio der besonderen Regelungen zu Fernabsatzverträgen ist der Schutz des Kunden vor den speziellen Risiken bei Fernabsatzgeschäften. Abgesehen von den Rechtsgeschäften, auf die die Vorschriften der §§ 312b ff. BGB keine Anwendung finden (§ 312b III BGB), besteht gemäß § 312d IV BGB insbesondere kein Widerrufsrecht in den Fällen, in welchen die Einräumung eines Widerrufrechts dem Unternehmer nicht zumutbar wäre.

Bei downgeloadeten Dateien handelt es sich nicht um entsiegelte Datenträger, sondern um eine Ware, die nicht zur Rücksendung geeignet ist. Das gleiche gilt für elektronische Newsletters. Bei Internetauktionen in der Form der Versteigerung gegen Höchstgebot sowie Abwärtsversteigerungen besteht ebenfalls kein Widerrufsrecht. Bei Co-Shopping gilt dies nur, wenn die Ware vom Kunden durch seine Teilnahme verbindlich reserviert wurde.

V. Rechtsverbindliche Angebote

Die Präsentation von Ware in einem Online-Shop ist als bindendes Angebot, bedingt durch den positiven Ausgang der Prüfung der Bonität des Kunden, anzusehen. Mangels eines entgegenstehenden Hinweises des Anbieters muss der Kunde davon ausgehen, dass die online präsentierte Ware lieferbar ist und die Bonitätsprüfung mit dem Versand der Empfangsbestätigung erfolgt ist.

Bei dem Bereitstellen von Software zum Download handelt es sich um ein Angebot, bedingt durch die erfolgreiche Übertragung der Datei und den positiven Ausgang der Prüfung der Bonität des Kunden.

Das Einrichten einer Internetauktion gegen Höchstgebot stellt ein Angebot dar, das durch das Höchstgebot angenommen wird. Dieses Angebot ist hinsichtlich der Gegenleistung durch die Vorgaben bezüglich Startpreis, Mindestpreis und Höhe der Bietschritte auch hinreichend bestimmt. Eine Regelung in den AGB des Auktionshauses, nach der der Anbieter verpflichtet ist, den Vertrag mit dem Höchstbietenden zu schließen, ist weder gemäß § 307 BGB noch bei Beteiligung eines Verbrauchers nach § 306 BGB unwirksam, da der Anbieter sein Risiko hinsichtlich einer für ihn akzeptablen Gegenleistung steuern kann.

Die Präsentation von Ware im Wege einer Abwärtsversteigerung stellt ein Angebot dar, das unter die Bedingung des positiven Ausgangs der Prüfung der Bonität des Kunden gestellt ist. Das gleiche gilt für Warenpräsentationen im Rahmen des Co-Shoppings.

Ausschreibungen auf B2B-Marktplätzen sind in der Regel unverbindlich. Käuferauktionen sind bei geschlossenem Nutzerkreis in der Regel als Angebote anzusehen. Bei Verkäuferauktionen gegen Höchstgebot handelt es sich – sofern nur der Preis ausschlaggebend ist – ebenfalls um Angebote. Das gleiche gilt für Abwärtsverstigerungen sowie Warenkataloge.

Shopping-Bots liefern nur eine Liste von Unternehmern, die die gewünschte Ware anbieten. Ob es sich um Angebote handelt, richtet sich nach der Präsentation des jeweiligen Unternehmens.

Warenangebote über WAP-Seiten sind ebenso wie solche in Online-Shops mangels eines entgegenstehenden Hinweises als Angebote zu verstehen.

Ob eine E-Mail ein Angebot darstellt, richtet sich nach deren Inhalt und gegebenenfalls dem der Website, auf die geantwortet wird.

Warenabrufe über EDI bei bestehendem Rahmenvertrag sind Realakte. Gehen sie über die im Rahmenvertrag vorgesehene Abrufmenge hinaus, liegen Angebote auf entsprechende Vertragsänderung vor. Bei Bestellungen handelt es sich um bindende Angebote, da sie eine Vernetzung mit dem Empfänger voraussetzen.

Werden Commerce-Bots eingesetzt, sind die Antworten der Store-Agents auf die Anfragen der Buyer-Agents die Angebote.

VI. Einbeziehung Allgemeiner Geschäftsbedingungen

Beim Vertragsschluss über eine Website muss der Hinweis auf die Allgemeinen Geschäftsbedingungen auf dem Bestellformular vor der Schaltfläche, mit der das Bestellformular abgesendet wird, erscheinen. Dieser Hinweis („Es gelten unsere Lieferbedingungen“) sollte mit einem Link zu den AGB mit der Aufschrift „Hier können Sie unsere Lieferbedingungen lesen“ verbunden sein. Soll das Angebot zum Vertragsschluss vom Kunden ausgehen, so muss er bereits vor dem Aufrufen des Katalogs darauf hingewiesen werden, dass die AGB des Verkäufers gelten sollen.

Voraussetzung für eine zumutbare Kenntnisnahme sind ein übersichtliches Layout und das Zurverfügungstellen einer Druckversion. Außerdem sollte der Kunde die Ware mittels eines speichernden Warenkorbs vorübergehend reservieren können, oder es sollte ihm eine kostenlose Interneteinwahl ermöglicht werden.

Zur Vermeidung von Missverständnissen sollte die Bestellung des Kunden nur versandt werden können, wenn dieser zuvor bestätigt hat, mit der Geltung der AGB des Anbieters einverstanden zu sein.

Soll nach dem Download einer Datei ein Click-wrap-agreement geschlossen werden, handelt es sich lediglich um ein Angebot auf Vertragsänderung. Diese Gestaltung ist nur wirksam, wenn die Datei von einer Mirrorsite heruntergeladen wurde, nicht jedoch, wenn der Download über den Anbieter selbst erfolgte. Anderenfalls führt die Bestätigung des Kunden, mit der Geltung der AGB einverstanden zu sein, nicht zur Einbeziehung der Geschäftsbedingungen des Anbieters.

Da beim Aufrufen von Internetseiten über WebTV die AGB nur online gelesen werden können, sollte dem Kunden – sobald die Internetnutzung über WebTV nicht mehr nur eine seltene Ausnahme ist – eine kostenlose Einwahl zur Lektüre der Geschäftsbedingungen ermöglicht werden.

Beim Vertragsschluss über WAP ist eine zumutbare Kenntnisnahme nur möglich, wenn die AGB dem Kunden kostenlos und mit der Möglichkeit, gezielt nachfragen zu können, vorgelesen werden oder wenn die AGB sehr kurz gefasst sind und in einem dem Medium entsprechenden lesbaren Layout dargestellt werden. Alternativ werden die Allgemeinen Geschäftsbedingungen Vertragsbestandteil, wenn der Kunde vor Vertragsschluss ausdrücklich auf ihre Kenntnisnahme verzichtet.

VII. Anbieterpflichten (Art. 10, 11 ECRL/§ 312e BGB)

1. Technische Schritte

Die Information des Kunden über die einzelnen technischen Schritte, die einen Vertragsabschluss bezwecken, soll mittels Hinweisen und Links vor der Bestellung erfolgen und dem Kunden aufzeigen, wann er eine rechtlich relevante Erklärung abgibt. Eine Bestellung, die der Kunde aufgrund fehlender Information durch den Anbieter abgibt, kann er gemäß § 119 I BGB (fehlendes Erklärungsbewusstsein) anfechten. Ein Schadensersatzanspruch des Anbieters ist wegen dessen fahrlässigen Verstoßes gegen die ihm obliegende Informationspflicht gemäß § 122 II BGB ausgeschlossen. Alternativ kann der Kunde gemäß § 324

BGB ohne Fristsetzung vom Vertrag zurücktreten. Gegebenenfalls kann der Kunde auch gemäß § 282 BGB Vertragsanpassung verlangen.

Ein etwaiges Widerrufsrecht ist gemäß § 312e III 2 BGB unbefristet. Ein Anspruch auf Ersatz seines negativen Interesses hat der Kunde nach §§ 280, 311 II, 241 II BGB. Prozessual kann im Wege des Anscheinsbeweises bei einem Verstoß des Anbieters gegen §§ 312e I 1 Nr. 2 BGB, 3 Nr. 1 BGB-InfoV auf dessen Ursächlichkeit für die fehlerhafte Bestellung des Kunden geschlossen werden.

2. Speicherung des Vertragstextes

Die Information, ob der Anbieter den Vertragstext zugänglich für den Kunden bei sich speichert oder nicht, soll dem Kunden seine Wahlmöglichkeit vor Augen führen. Er muss für sich die Entscheidung treffen, ob er bereits bei Vertragsschluss den Vertragstext für sich abspeichern will oder muss bzw. dass er dies zu einem späteren Zeitpunkt nachholen kann, wenn er möchte. Vertragstext meint Vertragsbestimmungen und AGB. Verzichtet der Kunde auf die Speicherung, weil ihn der Anbieter nicht darauf hingewiesen hat, dass er nach Vertragsschluss keinen Zugriff mehr auf den Vertragstext haben wird, so kann der Kunde seine Rechte aus dem Vertrag auch nach Ablauf etwaiger Fristen geltend machen. Auch hier greift wieder der Anscheinbeweis hinsichtlich der Kausalität des Verstoßes.

3. Korrektur

Der Verstoß des Anbieters gegen seine Pflicht, den Kunden über die Anwendung der Korrekturmittel zu informieren, führt nicht zu einem Anfechtungsrecht des Kunden, wenn dieser bewusst eine nicht korrigierte Bestellung an den Anbieter versandt hat.

4. Sprachen

Der Anbieter soll den Kunden über die zur Verfügung stehenden Sprachversionen seiner Homepage informieren, damit dieser nicht einen Vertrag in einer ihm nicht geläufigen Sprache abschließt. Der Anbieter sollte beim Bereithalten verschiedener Sprachversionen auf jeder Seite den Wechsel in eine andere Sprache ermöglichen. Verstößt der Anbieter gegen diese Informationspflicht, dann hat der Kunde Anspruch auf Ersatz etwaiger Übersetzungskosten, jedoch keine Ansprüche hinsichtlich des Inhalts des abgeschlossenen Vertrages. Auch hier gilt der Anscheinsbeweis.

5. Verhaltenskodizes

Bei den Verhaltenskodizes, über die der Anbieter den Kunden informieren soll, handelt es sich um Regelwerke über vertragsbezogene Verhaltensweisen. Wirbt der Anbieter mit Kodizes, die sich auf eine besondere Produkt- oder Unternehmensqualität beziehen, so muss er den Kunden auch über den elektronischen Zugang zu diesen Regelwerken informieren. Ratio dieser Informationspflicht ist, dass der Kunde seine Rechte kennen und die Möglichkeit haben soll, sie durchzusetzen. Der Anbieter muss auf seiner Website einen Link zu den entsprechenden Regelwerken bereithalten.

6. Korrekturmittel

Informiert der Unternehmer den Kunden nicht über die bereitgestellten Korrekturmöglichkeiten, so steht dem Kunden, der bewusst eine fehlerhafte Erklärung versendet, kein Anfechtungsrecht und kein Schadensersatzanspruch zu. In teleologischer Reduktion des § 312e III 2 BGB kann der Kunde in diesem Fall aus diesem Grunde seine Erklärung auch nicht widerrufen.

7. Empfangsbestätigung

Die unverzügliche Empfangsbestätigung soll dem Kunden die Gewissheit verschaffen, dass seine Bestellung beim Anbieter angekommen ist. Sie ist nur erforderlich für gegenseitige Vertragserklärungen, also eine Annahme oder gegebenenfalls ein Angebot des Kunden. Die Empfangsbestätigung ist als reine Wissensmitteilung geschäftsähnliche Handlung. Aufgrund der hohen Geschwindigkeit der Erklärungsübermittlung im elektronischen Geschäftsverkehr ist das Empfangsbekenntnis nur dann unverzüglich erfolgt, wenn es sofort oder maximal nach 24 Stunden versandt wird, z. B. als Hinweis auf der Website nach Versand der Bestellung oder per E-Mail mittels eines Autoresponders. Beim Vertragsschluss über den Download einer Datei genügt der Start der Übermittlung als Empfangsbestätigung. Bei einer Internetauktion ist es ausreichend, dass das Gebot des Kunden in der Gebotsliste des Auktionshauses erscheint.

Anders als die E-Commerce-Richtlinie verlangt § 312e I 1 Nr. 3 BGB eine Zugangsbestätigung.

§ 312e III 2 BGB i. V. m. § 312e I 1 Nr. 3 BGB ist lex specialis zu § 147 I BGB, das heißt, das Angebot des Kunden erlischt nicht, wenn der Anbieter nicht unverzüglich mit einer Zugangsbestätigung hierauf reagiert. Der Kunde hat dann Anspruch auf Schadensersatz nach § 280 BGB bzw. §§ 280, 311 II, 241 II BGB.

Er kann gegebenenfalls ohne Fristsetzung gemäß § 324 BGB vom Vertrag zurücktreten.

8. Vertragsbestimmungen

Die Vertragsbestimmungen einschließlich der AGB sollen dem Kunden speicherbar zur Verfügung gestellt werden, damit der Kunde einen Kaufbeleg und ein eigenes Vertragsexemplar besitzt. Da diese Vorschrift der Beweisbarkeit und Rechtssicherheit dient, ist sie auch im Bereich B2B nicht abdingbar. Nicht ausreichend ist es, wenn die Vertragsbestimmungen lediglich auf dem Server des Anbieters gespeichert sind. Der Anbieter muss dem Kunden die Vertragsbestimmungen im Browserfenster speicherbar zur Verfügung stellen (am besten in Kombination mit dem Empfangsbekenntnis) oder diesem als downloadbare Datei (vorzugsweise im Pdf-Format) oder als E-Mail schicken (als Text-E-Mail, ggf. als Attachment). Auch ein Versand als Brief wäre zulässig. Nicht geeignet dagegen ist der Versand als SMS.

Bei Vertragsschluss über WAP können die Vertragsbestimmungen dem Kunden nur als E-Mail oder Brief zur Verfügung gestellt werden. Erfolgt der Vertragsschluss über WebTV, sollte dem Kunden in jedem Fall auch der Versand als Brief angeboten werden. Bei individueller Kommunikation ist die Form als E-Mail ausreichend.

9. Verlängerung des Widerrufsrechts

Nachholbar im Sinne von § 312e III 2 BGB sind lediglich die Informationen über die Speicherung des Vertragstextes und die einschlägigen Verhaltenskodizes sowie das Überlassen der Vertragsbedingungen.

Hinsichtlich der Verletzung der anderen Pflichten ist § 312e III 2 BGB einschränkend dahingehend auszulegen, dass die Rechtsfolge der Bestimmung ausschließlich in den Fällen eintreten soll, in denen der Kunde aufgrund der Pflichtverletzung des Anbieters einen Anfechtungsgrund besitzt oder berechtigt ist, vom Vertrag zurückzutreten.

VIII. Annahmefrist

Anträge per Chat oder Internettelefonie werden mittels einer sonstigen technischen Einrichtung von Person zu Person gemacht und können daher gemäß §

147 I 2 BGB nur sofort angenommen werden. Ist bei EDI die sofortige Bearbeitung des Antrags möglich, so findet § 147 I 2 BGB Anwendung. Die Annahmeerklärung ist aber gegebenenfalls gemäß § 151 BGB nicht zugangsbedürftig. § 147 I 2 BGB gilt bei Commerce-Bots, sofern das Angebot des Store-Bots nicht befristet ist.

Für E-Mails findet § 147 II BGB Anwendung. Wegen der erforderlichen Korrespondenz der Beförderungsmittel muss die Annahme ebenfalls per E-Mail erfolgen.

Geht bei einer Website das Angebot vom Anbieter aus, gilt § 147 I 2 BGB. Stammt das Angebot vom Kunden, so ist zu differenzieren: Kann das Angebot technisch sofort angenommen werden, so findet § 147 I 2 BGB Anwendung. Die Annahmefrist beträgt dann nur wenige Sekunden. Ist die sofortige Annahme nicht möglich, so gilt § 147 II BGB.

Bei Angeboten auf einem B2B-Marktplatz ist eine Korrespondenz der Beförderungsmittel immer gegeben. Die Dauer der Überlegungszeit richtet sich dann nach den verwendeten Kommunikationsmitteln.

Bei einem Angebot über den Download einer Datei ist die Annahme des Kunden aufgrund Verkehrssitte oder Verzicht des Anbieters gemäß § 151 BGB nicht zugangsbedürftig. Das Angebot erlischt gemäß § 151 S. 2 BGB.

Literaturverzeichnis

Aigner, Dietmar/ Hofmann, Dietrich, Fernabsatzrecht im Internet, München 2004

Anwaltkommentar Schuldrecht, Hrsg. v. Dauner-Lieb, Heidel, Lepa u. Ring, Bonn 2002

Arndt, Hans-Wolfgang/ Köhler, Markus, Elektronischer Handel nach de E-Commerce-Richtlinie, EWS 2001, 102 ff.

Artz, Markus, Schuldrechtsmodernisierung 2001/2002 – Integration der Nebengesetze in das BGB, JuS 2002, 528 ff.

Backu, Frieder, Rechtliche Probleme beim Autokauf im Internet, DAR 2001, 106 ff.

Bamberger, Heinz Georg/ Roth, Herbert, Kommentar zum Bürgerlichen Gesetzbuch, Band 1: Gesamtsachverzeichnis, §§ 1 – 610, München 2003

Baumbach, Adolf/ Lauterbach, Wolfgang/ Albers, Jan/ Hartmann, Peter, Zivilprozessordnung mit Gerichtsverfassungsgesetz und anderen Nebengesetzen, 63. A., München 2005

Bernstorff, Christoph Graf von, Ausgewählte Rechtsprobleme im Electronic Commerce, RIW 2000, 14 ff.

Bierekoven, Christiane, Der Vertragsabschluss via Internet im internationalen Wirtschaftsverkehr: Zustandekommen – Schriftform – Beweisrecht – Elektronische Signaturverfahren, Köln/Berlin/Bonn/München 2001

Bodenstedt, Kai, „Alles für einen Euro?“: Abgrenzung von Zugangsbestätigungen und Annahmeerklärungen im Internet, MMR 2004, 719 ff.

Boehme-Neßler, Volker, CyberLaw: Lehrbuch zum Internet-Recht, München 2001

Borges, Georg, Das Widerrufsrecht in der Internet-Auktion, DB 2005, 319 ff.

Braun, Johann, Widerrufsrecht und Haftungsausschluss bei Internetauktionen, CR 2005, 113 ff.

Brauner, Karl-Ernst, Das Erklärungsrisiko beim Einsatz von elektronischen Datenverarbeitungsanlagen, Witterschlick/Bonn 1988

Brisch, Klaus M., EU-Richtlinienvorschlag zum elektronischen Geschäftsverkehr, CR 1999, 235 ff.

Bühlow, Peter/ Artz, Markus, Fernabsatzverträge und Strukturen eines Verbraucherprivatrechts im BGB, NJW 2000, 2049 ff.

Burgard, Ulrich, Das Wirksamwerden empfangsbedürftiger Willenserklärungen im Zeitalter moderner Telekommunikation, AcP 195 (1995), 74 ff.

Clemens, Rudolf, Die elektronische Willenserklärung – Chancen und Gefahren, NJW 1985, 1998 ff.

Contreras, Jorge L./ Slade, Kenneth H., Click-Wrap Agreements: Background and Guidelines for Enforceability, CRi 2000, 104 ff.
Cordes, Alexandra, Form und Zugang von Willenserklärungen im Internet im deutschen und US-amerikanischen Recht, Münster 2001
Cornelius, Kai, Vertragsabschluss durch autonome elektronische Agenten, MMR 2002, 353 ff.
Czeguhn, Ignacio, Fernabsatzgesetz und Online-Versteigerungen, ITRB 2001, 295 ff.

Dauner-Lieb, Barbara/ Heidel, Thomas/ Lepa, Manfred/ Ring, Gerhard, Das neue Schuldrecht in der anwaltlichen Praxis: Verjährungsrecht, Leistungsstörungsrecht, Kaufrecht, Werkvertragsrecht, Schadensersatzrecht, Mietrecht, Bonn 2002
Deutsch, Andreas, Vertragsschluss bei Internetauktionen – Probleme und Streitstände, MMR 2004, 586 ff.
Deville, Rainer/ Kalthegener, Regina, Wege zum Handelsverkehr mit elektronischer Unterschrift, NJW-CoR 1997, 168 ff.
Dietrich, Christian, Der Zugang einer per E-Mail übermittelten Willenserklärung, MMR 2002, 138 ff.
Dörner, Heinrich, Rechtsgeschäfte im Internet, AcP 202 (2002), 363 ff.

Eichhorn, Bert, Internet-Recht: ein Lehrbuch für das Recht im World-Wide-Web, Köln 2000
Eichler, Alexander, Arzneimittel im Internet, K&R 2001, 144 ff.
Ende, Lothar/ Klein, Alexander, Grundzüge des Vertriebsrechts im Internet: Fernabsatz und Vertrieb von Waren und Dienstleistungen, München 2001
Erman, Walter, Handkommentar zum Bürgerlichen Recht, hrsg. v. Harm Peter Westermann, 1. Band, 9. A., Münster 1993
ders., Bürgerliches Gesetzbuch, Handkommentar, hrsg. v. Harm Peter Westermann, I, 11. A., Münster/Köln 2004
Ernst, Stefan, Die Online-Versteigerung, CR 2000, 304 ff.
ders., Der Mausklick als Rechtsproblem – Willenserklärungen im Internet, NJW-CoR 1997, 165 ff.

Fingerhut, Michael/ Kroh, Gundo, Das neue Schuldrecht in der Unternehmenspraxis, Köln/Berlin/Bonn/München 2002
Fischer, Hardy, Widerruf bei Internetauktionen – Bedürfnis nach einem zivilrechtlichen Versteigerungsbegriff?, VuR 2005, 91 ff.
Flume, Werner, Allgemeiner Teil des bürgerlichen Rechts, Bd. 2: Das Rechtsgeschäft, 4. A. Berlin/Heidelberg u. a. 1992
Fringuelli, Pietro Graf/ Wallhäuser, Matthias, Formerfordernisse beim Vertragsschluss im Internet, CR 1999, 93 ff.

Geis, Ivo, Die digitale Signatur, NJW 1997, 3000 ff.

Gitter, Rotraud/ Roßnagel, Alexander, Rechtsfragen mobiler Agentensysteme im E-Commerce, K&R 2003, 64 ff.

Glatt, Christoph, Vertragsschluss im Internet: Die Artikel 9 bis 11 der E-Commerce-Richtlinie und ihre Umsetzung im deutschen Recht, ZUM 2001, 390 ff.

Gößmann, Christine, Electronic Commerce: Die EU-Fernabsatzrichtlinie und ihre Auswirkungen auf Handel über neue Medien, MMR 1998, 88 ff.

Grapentin, Sabine, Vertragsschluss bei Internetauktionen, GRUR 2001, 713 ff.

Grigoleit, Hans Christoph, Besondere Vertriebsformen im BGB, NJW 2002, 1151 ff.

ders., Rechtsfolgenspezifische Analyse „besonderer" Informationspflichten am Beispiel der Reformpläne für den E-Commerce, WM 2001, 597 ff.

Günther, Andreas, Schuldrechtsmodernisierung und E-Commerce – Überblick über die wichtigsten Auswirkungen, insbesondere im Fernabsatzrecht, ITRB 2002, 9 ff.

Handkommentar BGB, Schriftleitung: Reiner Schulze, 3. A., Baden-Baden 2003

Härting, Niko, Referentenentwurf für neues Fernabsatzgesetz, CR 1999, 507 ff.

ders., Fernabsatzgesetz: Kurzkommentar, Köln 2000

ders., Internetrecht, Köln 1999

ders., Das Widerrufsrecht des Verbrauchers nach § 3 FernAbsG, VuR 2001, 11 ff.

Hartung, Stephanie G./ Hartmann, Alexander, „Wer bietet mehr?" – Rechtssicherheit des Vertragsschlusses bei Internetauktionen, MMR 2001, 278 ff.

Hassemer, Michael, Elektronischer Geschäftsverkehr im Regierungsentwurf zum Schuldrechtsmodernisierungsgesetz, MMR 2001, 635 ff.

Heermann, Peter W., Vertrags- und wettbewerbsrechtliche Probleme bei der E-Mail-Nutzung, K&R 1999, 6 ff.

Heinrichs, Helmut, Die Entwicklung des Rechts der Allgemeinen Geschäftsbedingungen im Jahre 1998, NJW 1999, 1596 ff.

Henke, Udo, Unterliegen Rechtsanwälte den Regeln des Fernabsatzvertrages?, AnwBl 2002, 106 f.

Herwig, Volker, Zugang und Zustellung in elektronischen Medien, MMR 2001, 145 ff.

Heun, Sven-Erik, Die elektronische Willenserklärung, CR 1994, 595 ff.

Hoenike, Mark/ Hülsdunk, Lutz, Die Gestaltung von Fernabsatzangeboten im elektronischen Geschäftsverkehr nach neuem Recht: Gesetzesübergreifende Systematik und rechtliche Vorgaben vor Vertragsschluss, MMR 2002, 415 ff.

dies., Rechtliche Vorgaben für Fernabsatzangebote im elektronischen Geschäftsverkehr bei und nach Vertragsschluss: Ein Überblick über die gesetzlichen Anforderungen und die Rechtsfolgensystematik bei Verstößen, MMR 2002, 516 ff.

Hoeren, Thomas, Rechtsfragen des Internets: Ein Leitfaden für die Praxis, Köln 1998

ders., Internet und Recht – Neue Paradigmen des Informationsrechts, NJW 1998, 2849 ff.

ders., Vorschlag für eine EU-Richtlinie über E-Commerce: Eine erste kritische Analyse, MMR 1999, 192 ff.

ders., Skript Internetrecht, http://www.uni-muenster.de/Jura.itm/hoeren/material/Skript/skript_maerz2005.pdf (Stand März 2005)

ders./ Sieber, Ulrich, Handbuch Multimedia-Recht, Rechtsfragen des elektronischen Geschäftsverkehrs, München 1999, Stand September 2004

ders./ Queck, Rechtsfragen der Informationsgesellschaft, Berlin 1999

Hoffmann, Mario, Willenserklärungen im Internet: Rechtssicherheit durch elektronische Signaturen sowie Anpassung der Formvorschriften und des Beweisrechts, Hamburg 2003

Hohenegg, Christoph/ Tauschek, Stefan, Rechtliche Problematik digitaler Signaturverfahren: Videokonferenzsysteme im unternehmerischen Bereich, BB 1997, 1541 ff.

Horn, Christian, Verbraucherschutz bei Internetgeschäften, MMR 2002, 209 ff.

Horst, Hans Reinold, Electronic Contracting durch Einbezug von Internet-AGB – zugleich Anmerkung zu OLG Hamburg, Urteil vom 13.06.2002 – 3 U 168/00, DWW 2002, 324 ff.

Horstmann, Ralph/ Butterwegge, Gerald, Internet-Auktionen, DSWR 2000, 206 ff.

Jayme, Erik, Festschrift für Hubert Niederländer zum siebzigsten Geburtstag am 10. Februar 1991, Heidelberg 1991

John, Uwe, Grundsätzliches zum Wirksamwerden empfangsbedürftiger Willenserklärungen, AcP 184 (1984), 385 ff.

Kaiser, Andreas/ Voigt, Dennis, Vertragsschluss und Abwicklung des Electronic Commerce im Internet – Chancen und Risiken, K&R 1999, 445 ff.

Kamanabrou, Sudabeh, Vorgaben der E-Commerce-RL für die Einbeziehung von AGB bei Online-Rechtsgeschäften, CR 2001, 421 ff.

dies., Die Umsetzung der Fernabsatzrichtlinie, WM 2000, 1417 ff.

Keim, Christopher, Das Ende der Blankobürgschaft?, NJW 1996, 2774 ff.

Kilian, Wolfgang, Zweck und Inhalt des deutschen EDI-Rahmenvertrages, CR 1994, 657 ff.

Klewitz, Lilian/ Mayer, Patrick, K&R- Kommentar zur Entscheidung des LG Münster vom 21.01.2000, K&R 2000, 200 f.

Koch, Frank A., Internetrecht: Praxishandbuch mit dem neuen Medien- und Telediensterecht, Checklisten und Musterverträgen, München u. a. 1998

Koch, Robert, Einbeziehung und Abwehr von Verkaufs-AGB im b2b-commerce, K&R 2001, 87 ff.

Köhler, Helmut, BGB, Allgemeiner Teil: ein Studienbuch, 28. A., München 2004

ders., Die Problematik automatisierter Rechtsvorgänge, insbesondere von Willenserklärungen, AcP 182 (1982), 126 ff.

Köhler, Markus/ Arndt, Hans-Wolfgang, Recht des Internet: Eine Einführung, 4. A., Heidelberg 2003

Kreis, Michael, Thesen zu Vertragsschluss mittels Btx, jur-pc 1994, 2879 ff.

ders., Vertragsschluss mittels Btx, Marburg 1992

Kröger, Detlef/ Gimmy, Marc A., Handbuch zum Internetrecht: Electronic Commerce – Informations-, Kommunikations- und Mediendienste, Berlin/Heidelberg u. a. 2000

Kuhn, Matthias, Rechtshandlungen mittels EDV und Telekommunikation: Zurechenbarkeit und Haftung, München 1990

Lachmann, Jens-Peter, Ausgewählte Probleme aus dem Recht des Bildschirmtextes, NJW 1984, 405 ff.

Lackum, Jens von, Der Richtlinienvorschlag der EU-Kommission zum elektronischen Geschäftsverkehr – Teil II, JurPC Web-Dok. 135/1999

Larenz, Karl/ Wolf, Manfred, Allgemeiner Teil des Bürgerlichen Rechts, 9. A., München 2004

Lauktien, Annette-Tabea/ Varadinek, Brigitta, Der Vertragsabschluss im Internet, ZUM 2000, 466 ff.

Lehmann, Michael, Rechtsgeschäfte im Netz – Electronic commerce, Stuttgart 1999

Leible, Stefan/ Sosnitza, Olaf, K&R-Kommentar zur Entscheidung des BGH vom 07.11.2001, K&R 2002, 89 ff.

Lettl, Tobias, Versteigerung im Internet – BGH, NJW 2002, 363, JuS 2002, 219 ff.

Lindholm, Pia/ Maennel, Frithjof A., Directive on Electronic Commerce (2000/31/EC), CRi 2000, 65 ff.

Lindhorst, Hermann, Anmerkung zum Urteil des LG Hamburg vom 15.11.2004, MMR 2005, 121

Loewenheim, Ulrich/ Koch, Frank A., Praxis des Online-Rechts, München 2001

Löhnig, Martin, Die Einbeziehung von AGB bei Internet-Geschäften, NJW 1997, 1688 ff.

Loock-Wagner, Oliver, Das Internet und sein Recht: ein problemorientierter Grundriss, Stuttgart/Berlin/Köln 2000

Lorenz, Stephan, Im BGB viel Neues: die Umsetzung der Fernabsatzrichtlinie, JuS 2000, 833 ff.

ders./ Riehm, Thomas, Lehrbuch zum neuen Schuldrecht, München 2002

Lütcke, Jens, Fernabsatzrecht: Kommentar zu den §§ 312b-312f BGB, München 2002

Maennel, Frithjof A., Elektronischer Geschäftsverkehr ohne Grenzen – der Richtlinienvorschlag der Europäischen Kommission, MMR 1999, 187 ff.

Medicus, Dieter, Allgemeiner Teil des BGB: ein Lehrbuch, 8. A., Heidelberg 2002

Meents, Jan Geert, Verbraucherschutz bei Rechtsgeschäften im Internet: Anwendung und Wirkung klassischer Instrumentarien des Verbraucherschutzrechts und der europäischen Fernabsatzrichtlinie, Köln 1998

Mehrings, Josef, Verbraucherschutz im Cyberlaw: Zur Einbeziehung von AGB im Internet, BB 1998, 2373 ff.

ders., Vertragsabschluss im Internet: Eine neue Herausforderung für das „alte“ BGB, MMR 1998, 30 ff.

Merz, Michael, Electronic Commerce: Marktmodelle, Anwendungen und Technologien, Heidelberg 1999

Michel, Wolfgang, Bedeutet das Fernabsatzgesetz das Aus für die Internetversteigerung?, JurPC Web-Dok. 63/2001

Micklitz, Hans-W., Fernabsatz und E-Commerce im Schuldrechtsmodernisierungsgesetz, EuZW 2001, 133 ff.

ders., Vertragsschlussmodalitäten im Diskussionsentwurf eines Schuldrechtsmodernisierungsgesetzes, VuR 2001, 71 ff.

ders., Verbraucherschutz und Bildschirmtext, NJW 1982, 263 ff.

Müglich, Andreas, Neue Formvorschriften für den E-Commerce: Zur Umsetzung der EU-Signaturrichtlinie in deutsches Recht, MMR 2000, 7 ff.

ders./ Simon, Martina, Datenaustausch im elektronischen Zahlungsverkehr per UN/EDIFACT, K&R 2000, 282 ff.

Münchener Kommentar, zum Bürgerlichen Gesetzbuch, Band 1, Allgemeiner Teil, §§ 1-240, AGBG, 3. A., München 1993

dto., zum Bürgerlichen Gesetzbuch, Band 1, Allgemeiner Teil, §§ 1-240, AGBG, 4. A., München 2001

dto., zum Bürgerlichen Gesetzbuch, Band 2, Schuldrecht Allgemeiner Teil, §§ 241-432, FernAbsG, 4. A., München 2001

dto., zum Bürgerlichen Gesetzbuch, Band 2a, Schuldrecht Allgemeiner Teil, §§ 241-432, 4. A., München 2003

Paefgen, Thomas Christian, Forum: Bildschirmtext – Herausforderung zum Wandel der allgemeinen Rechtsgeschäftslehre?, JuS 1988, 592 ff.

ders., Bildschirmtext aus zivilrechtlicher Sicht: die elektronische Anbahnung und Abwicklung von Verträgen, Weinheim 1988

Palandt, Otto, Bürgerliches Gesetzbuch, 64. A., München 2005

Piepenbrock, Hermann-Josef/ Schmitz, Peter, Fernabsatzgesetz: Neuer Rechtsrahmen für E-Commerce, K&R 2000, 378 ff.

Priller, Stefan, Der ungewollte Vertrag im grenzüberschreitenden Fernabsatz, München 2003

Ranke, Johannes, M-Commerce – Einbeziehung von AGB und Erfüllung von Informationspflichten, MMR 2002, 509 ff.

Rüfner, Thomas, Virtuelle Marktordnungen und das AGB-Gesetz, MMR 2000, 597 ff.

Scheuerer, Dominik, Die Willenserklärung im elektronischen Rechtsverkehr, Köln 1999

Schmidt-Räntsch, Jürgen, Das neue Schuldrecht – Anwendung und Auswirkungen in der Praxis, Köln/Berlin/Bonn/München 2002

Schmittmann, Jens M., Aktuelle Entwicklungen im Fernabsatzrecht, K&R 2003, 385 ff.

Schneider, Christian, Zur Umsetzung der E-Commerce-Richtlinie im Regierungsentwurf zur Schuldrechtsmodernisierung, K&R 2001, 344 ff.

Schwerdtfeger, Armin, Cyberlaw: Grundlagen, Checklisten und Fallbeispiele zum Online-Recht, Wiesbaden 1999

Seidel, Ulrich, Das Recht des elektronischen Geschäftsverkehrs: Rahmenbedingungen, technische Infrastruktur und Signaturgesetzgebung, Braunschweig/Wiesbaden 1997

Soergel, Hans Theodor/ Siebert, Wolfgang, Bürgerliches Gesetzbuch mit Einführungsgesetz und Nebengesetzen, Teil 2: §§ 104-240, 13. A., Stuttgart/Berlin/Köln/Mainz 1999

Spindler, Gerald, E-Commerce in Europa: Die E-Commerce-Richtlinie in ihrer endgültigen Fassung, MMR-Beilage 7/2000, 4 ff.

ders., Vertragsabschluss und Inhaltskontrolle bei Internetauktionen – Zugleich eine Besprechung des Urteils des OLG Hamm vom 14. Dezember 2000, ZIP 2001,291 – ricardo.de, ZIP 2001, 809 ff.

ders./ Wiebe, Andreas, Internet-Auktionen, Rechtliche Rahmenbedingungen, München 2001

ders., Anmerkung zum Urteil des BGH vom 03.11.2004, MMR 2005, 40 ff.

Staudinger, Ansgar/ Schmidt-Bendun, Rüdiger, Kein Ausschluss des Widerrufsrechts des Verbrauchers im Rahmen einer Internetauktion – eBay; BB 2005, 732 ff.

Staudinger, Julius von, Kommentar zum Bürgerlichen Gesetzbuch, Buch 1. Allgemeiner Teil. §§ 90 – 240, 12. A., Berlin 1980

ders., Kommentar zum Bürgerlichen Gesetzbuch, Buch 1. Allgemeiner Teil. §§ 90 – 133; §§ 1 – 54, 63 BeurkG, Berlin 2004

Stein, Friedrich/ Jonas, Martin, Kommentar zur Zivilprozessordnung, Bd. 3, §§ 253-299a, 21. A., Tübingen 1997
Stern, Michael, Anmerkung 2 zum Urteil des BGH vom 03.11.2004, CR 2005, 57 ff.
Stockmar, Kendra/ Wittwer, Alexander, Die Pflicht zur Empfangsbestätigung von elektronischen Bestellungen im Spiegel der Rechtsprechung, CR 2005, 118 ff.
Stögmüller, Thomas, Auktionen im Internet, K&R 1999, 391 ff.
ders., Glücksspiele, Lotterien und Sportwetten im Internet, K&R 2002, 27 ff.
Strömer, Tobias H., Online-Recht: Rechtsfragen im Internet, 3. A., Heidelberg 2002
Sujecki, Bartosz, Internetpräsentation und elektronischer Vertragsabschluss nach dem niederländischen Gesetzentwurf zur Umsetzung der E-Commerce-Richtlinie, MMR 2003, 378 ff.

Taupitz, Jochen/ Kritter, Thomas, Electronic Commerce – Probleme bei Rechtsgeschäften im Internet, JuS 1999, 839 ff.
Tettenborn, Alexander/ Bender, Gunnar/ Lübben, Natalie/ Karenfort, Jörg, Rechtsrahmen für den elektronischen Geschäftsverkehr: Kommentierung zur EEG-Richtlinie über den elektronischen Geschäftsverkehr und zum Elektronischen Geschäftsverkehr-Gesetz – EEG: Inhalt – Auswirkungen – Umsetzung in Deutschland, Beilage 1 zu K&R 12/2001
Thome, Rainer/ Schinzer, Heiko, Electronic commerce: Anwendungbereiche und Potentiale der digitalen Geschäftsabwicklung, 2. A., München 2000
Thot, Norman B., Elektronischer Vertragsabschluss: Ablauf und Konsequenzen – ein Rechtsvergleich zwischen dem amerikanischen und dem deutschen Recht, Frankfurt a. M. 1999

Ulmer, Detlef, Computerprogramme im Fernabsatz: Grundzüge des Fernabsatzrechts. Die Rolle des Internets. Die Unterrichtungspflichten und ihre Sanktionen., ITRB 2001, 140 ff.
Ulmer, Peter, AGB-Gesetz: Kommentar zur Regelung des Rechts der allgemeinen Geschäftsbedingungen, 9. A., Köln 2001
Ulrici, Bernhard, Zum Vertragsschluss bei Internetauktionen, NJW 2001, 1112 f.
Ultsch, Michael L., Zugangsprobleme bei elektronischen Willenserklärungen: Dargestellt am Beispiel der Electronic Mail, NJW 1997, 3007 ff.

Vehslage, Thorsten, Entwurf eines Fernabsatzgesetzes: Verbraucherschutz im Versandhandel, DuD 1999, 639 ff.
Waldenberger, Arthur, „Alles schwebend unwirksam“ – Distanzgeschäfte nach dem Referentenentwurf eines Fernabsatzgesetzes, K&R 1999, 345 ff.

Weber, Hans-Joachim/ Dospil, Joachim/ Hanhörster, Hedwig, Mandatspraxis Neues Schuldrecht, Köln/Berlin/Bonn/München 2002

Wenzel, Henning, Internetauktion: Anwendbarkeit des AGB-Gesetzes im Verhältnis Antragender/Annehmender? – Widerrufrecht gem. § 3 FernAbsG? – DB 2001, 2233 ff.

ders., Vertragsabschluss bei Internet-Auktion – ricardo.de, NJW 2002, 1550 f.

Wiebe, Andreas, Vertragsschluss bei Online-Auktionen, MMR 2000, 284 ff.

ders., Anmerkung zur Entscheidung des BGH vom 07.11.2001, CR 2002, 216 f.

ders., Die elektronische Willenserklärung, Tübingen 2002

ders., Anmerkung 1 zum Urteil des BGH vom 03.11.2004, CR 2005, 56 f.

Wildemann, Daniela, Vertragsschluss im Netz, München 2000

Wilmer, Thomas, Anmerkung zu den Internet-Auktionsrecht-Urteilen LG Wiesbaden "Extralot.com" und LG Münster "Ricardo.de", NJW-CoR 2000, 172 ff.

Wolf, Manfred/ Horn, Norbert/ Lindacher, Walter F., AGB-Gesetz: Gesetz zur Regelung der Allgemeinen Geschäftsbedingungen, 4. A., München 1999

Zerdick, Axel/ Picot, Arnold, Die Internetökonomie: Strategien für die digitale Wirtschaft, Berlin/Heidelberg 1999

Zöller, Richard, Zivilprozessordnung: mit Gerichtsverfassungsgesetz und den Einführungsgesetzen, mit Internationalem Zivilprozessrecht, EG-Verordnungen, Kostenanmerkungen, 25. A., Köln 2005

Schriften zum Wirtschafts- und Medienrecht, Steuerrecht und Zivilprozeßrecht

Herausgegeben von Jürgen Costede und Gerald Spindler

Band 1 Reiner Fu: Die stille Gesellschaft im internationalen Steuerrecht aus deutscher Sicht. 1997.

Band 2 Kirsten Forsblad: Restschuldbefreiung und Verbraucherinsolvenz im künftigen deutschen Insolvenzrecht. 1997.

Band 3 Vassilios Tountopoulos: Die Reichweite der registerrechtlichen Gründungsprüfung einer AG. Eine Untersuchung unter rechtsvergleichendem Aspekt. 1998.

Band 4 Franc Pfahl: Die Maßgeblichkeit der Handelsbilanz, ein dem Steuerbilanzrecht vorgegebenes Grundprinzip? Von der Notwendigkeit einer steuerrechtlichen Begründung der durch § 5 Abs. 1 EStG in das Steuerrecht übernommenen handelsrechtlichen Vorschriften der Gewinnermittlung. 1999.

Band 5 Michael Schröder: Die Wertpapierhandelsaufsicht nach dem Zweiten Finanzmarktförderungsgesetz. 1998.

Band 6 Daniela Hasche: Die Sachgründung der GmbH. 1999.

Band 7 Oliver Wendt: Die rechtliche Problematik von Strahlenschäden. Rechtliche und rechtstatsächliche Aspekte der Haftung für Strahlenschäden unter Einbeziehung der Vorfälle in der strahlentherapeutischen Abteilung des Universitäts-Krankenhauses Eppendorf. 2000.

Band 8 Susanne Matussek: Zum Werbungskostenbegriff im Einkommensteuerrecht. 2000.

Band 9 Klaas Ziervogel: Rufausbeutung im Rahmen vergleichender Werbung. Veränderungen im Zuge der gesetzlichen Regelung vergleichender Werbung. 2002.

Band 10 Sven Wortberg: Lösungsklauseln und Insolvenz. 2003.

Band 11 Eva Ullrich: Die Zurechnung von Buchgutschriften. Zufluß und Leistungsfähigkeit im Einkommensteuerrecht. 2004.

Band 12 Carmen Werner: Einkommensteuerrechtliche Zurechnungen bei mittelbaren Beteiligungen an Personengesellschaften. 2003.

Band 13 Ulf Andreas Nissen: Die Online-Videokonferenz im Zivilprozess. 2004.

Band 14 Oliver Wiegmann: Grund, Grenzen und Wirkungsweise des § 105 InsO. 2004.

Band 15 Holger Seidler: Eigene Aktien. Eine Analyse des Aktien-, Handelsbilanz- und Kapitalmarktrechts zur Ermittlung von Deregulierungspotential und Regulierungsbedarf. 2004.

Band 16 Stefan Eck: Providerhaftung von Konzernunternehmen. Rechtliche Zusammenschau von Konzernunternehmen bei der Verbreitung rechtsverletzender Informationen im Internet. 2004.

Band 17 Frauke Fasold: Die einkommensteuerliche Problematik der Buchwertfortführung. Übertragung stiller Reserven und Gewinnrealisierung im Einkommensteuerrecht. 2005.

Band 18 Thomas Linke: Selbstregulierte Streitlösung für deutsche Domains. 2005.

Band 19 Malte Abel: Pfändungsschutz nach § 851 ZPO. Speziell die Pfändung zweckgebundener Forderungen. 2005.

Band 20 Harriet Eidam: Typische Risiken des elektronischen Rechtsgeschäftsverkehrs. 2005.

www.peterlang.de

Kolibri 360 GmbH
Ferdinand-Jühlke-Straße 7
99095 Erfurt, Deutschland
produktsicherheit@kolibri360.de

Druck:
CPI Druckdienstleistungen GmbH
im Auftrag der
Kolibri 360 GmbH
Ferdinand-Jühlke-Str. 7
99095 Erfurt